평생 교육학 입문

이상오 지음

연세대학교 대학출판문화원

평생교육학 입문

지은이 이상오
펴낸곳 연세대학교 대학출판문화원
주 소 서울시 서대문구 연세로 50
ysup@yonsei.ac.kr
http://press.yonsei.ac.kr
전 화 02)2123-3380~2
팩 스 02)2123-8673
등 록 1955년 10월 13일 제9-60호
인 쇄 (주)동국문화

2017년 3월 2일 1판 1쇄
ISBN 978-89-6850-182-1 (93370)

값 18,000원

프롤로그

1. 21세기 평생교육(平生教育, Lifelong Education)은 교육패러다임(educational paradigm)의 전환이자 대안적 신교육개념으로 이해되고 있다. 심지어 평생교육은 새로운 교육정책 및 교육전략의 차원으로 발전하고 있다. 따라서 오늘날 평생교육에 대한 연구의 주요한 흐름은 전통적인 교육과정을 새로운 시각에서 반성하고 통찰하도록 자극하고 있다. 눈에 띄는 것은 전통적인 교육의 권위들도 이제는 점점 '교수자 중심의 교육권' 대신 학습자 개개인의 창의성 및 능력개발을 중요시하는 "학습권"(the right to learn/ 1985년 파리 UNESCO 국제회의 선언) 사상을 수용하고 있다. 특히 평생교육의 현장에서는 교육과정의 개념을 교수-학습의 관계정립 보다는 개인의 학습능력이라는 인간적 본능에 초점을 모으고 있다. 또한 평생교육에서 교육과정은 전통적인 학교교육에서 핵심이었던 순수한 지적 영역에만 국한하지 않고 있으며, 삶(life)과 존재(being)의 모든 차원을 포함하고 있다. 이는 1972년 에드가 포르(Edgar Faure)가 프랑스 정부에 제출한 "존재로의 학습"(Learning to Be)이라는 제목을 가진 소위 "포르보고서"의 선언적 의미에 담긴 평생교육의 내용과 의미를 계승한다. "존재로의 학습"은, 첫째, 삶의 다양한 문제, 도전 그리고 위기에 맞설

수 있는 전체적 삶의 능력을 배양하는 학습이며, 둘째, 끝없는 자기 개발(self-development) 과정으로서의 학습이다. 한마디로, 21세기 미래교육으로서의 평생교육은 "존재 즉 삶으로의 학습"을 위한 기본 조건이어야 하며, 부단한 자기 개발을 위한 환경이어야 한다.

1980년 중반부터 유네스코 교육위원회(UNI: Unesco Institute of Education)는 위원회의 교육연구소장인 데이브(R. H. Dave)의 주도하에 특별연구팀을 구성하여 "평생교육을 위한 학습의 기초 영역들"을 선정하고 이를 역사적이고 체계적으로 분석하는 작업을 시작했다. 즉 연구팀은 평생교육의 시대를 살아가는 우리들이 그야말로 평생 동안 교육을 받고 학습해야 할 기초 지식의 영역들을 선정하고 분류하는 작업을 시작했다. 이들은 이러한 지식의 영역들을 평생교육의 항구적 연구 대상으로 삼았으며, 평생교육의 실천적 내용, 방향 그리고 목표가 되어야 한다고 강조했다. 이들이 선정한 평생교육의 범주와 내용 그리고 목표들은 다음과 같다. 커뮤니케이션(communication), 신체적 인간(corporal man), 시간(time), 공간(space), 예술(art), 시민(the citizen), 윤리적 영역(the ethical domain), 테크놀로지(technology) 그리고 과학적 영혼(the scientific spirit) 등 총9개의 영역이다.

결국 평생교육의 기초로서 학습 영역을 발견하고 탐구하는 작업은 오늘날 평생교육 연구의 중핵과제가 된다. 예를 들면, 커뮤니케이션의 학습은 평생 동안 언어적 관계 형성에 기여하고, 신체적 인간에 대한 학습은 감성적 차원을 과학적으로 이해하도록 한다. 시간과 공간의 영역은 유한자로서 태어나는 인간이 평생 동안 터득해야 할 학습과제가 되며, 예술 영역은 우리의 삶과 정신의 객관화인 문화 이해의 본질로서 그리고 심미적 감각의 발달을 정리하는 커뮤니케이션의 기준으로서 우리가 평생 동안 학습해야 하는 지적 탐구의 대상이 된다. 또한 인류의 역사를 '시민권' 사상의 발달이라고 본다면, 오늘날 소비자 주권 시대는 시민권의 성숙을 부추기는 민주주의를 보장한다. 민주주의는 한 순간에 완성되는 것이 아니고 "계속 되어 가는 과정"이다. 즉 인류의 역사가 끝나는 날까지 민주주의의 성숙될 뿐이며, 완성되는 일은 없다. 한마디로 민주주의와 민주사회에서는 "민주화"(民主化)라는 "과정의 개념"(procedure)에 대한 이해가 중요하다. 따라서 이 역시 평생 동안 우리가 학습해야 할 과제 영역이다.

인류의 역사는 공동체 문화를 누가 얼마나 어떻게 창조하고 유지하고 발전시켰는가와 결부된다. 이렇게 본다면, 우리가 가장 가치 있게 살아남을 수 있도록 하는 윤리적 영역에 대한 학습은 평생 동안 중단될 수 없는 학습의 이슈이며, 테크놀로지의 발전과 과학적 영혼의 문제는 "한시교육"(限時敎育)으로서의 학교교육으로 완전히 해결될 영역도 아니다. 그러나 가장 중요한 사실은, 우리가 이러한 학습의 영역들을 삶이라는 전체적 맥락(context) 속에서 "계속적이고 창조적으로" 학습할 때 비로소 새로운 시대의 교육 대안으로서 그리고 개혁교육의 새로운 패러다임으로서 평생교육의 위상은 정립될 수 있을 것이다. 이러한 9개의 영역들은 전통적 관점의 교육개념과 학교교육의 영역을 초월하고 있으며 서로 별개로 독립될 수 없이 엇물려 있는 영역들이다. 따라서 이들은 반드시 학제간의 접근을 통해서만 연구될 수 있는 학제적-전체적 연구(interdisciplinary approach)의 속성을 가지고 있다고 할 수 있다.

1986년 UNI는 각각의 전문 분야에서 독특한 이론을 구축하고 있는 세계 각국의 전문학자 군을 선정하여, 이들에게 각각 페이퍼를 받아서 한 권의 책을 출간했다. 물론 평생 학습의 영역에 대한 개개의 연구는 학제간의 연구로서 진행되었다. 여기서 "서론"과 "개별 연구를 종합한 내용"은 데이브의 선임자로서 현대적 의미의 평생교육을 최초로 주장한 랑그랑(Paul Lengrand)이 맡았다. 그는 우선 학교와 주변 사회변화의 관계를 분석하고, 분석의 결과를 토대로 "새로운 교육의 질서"를 구축하고자 했다. 그에 의하면, 시대가 요구하는 "새로운 교육의 질서"는 무엇보다도 학교울타리

교육을 떠나 학교 외에서도 "계속교육"과 "성인교육"을 강조할 때 비로소 접근될 수 있다. 이는 한시교육으로서의 전통적 학교교육과 학령기(學齡期)라는 교육적 신화에 대한 정면 도전이었다. 그가 의미하는 새로운 교육 질서는 평생 동안 계속되는 교육에의 실천을 의미하기도 한다. 이는 그동안 전통적 학교교육의 틀 속에서 점차 위상을 상실하여 온 "계속성", "창조성" 그리고 "학습"이라는 본래의 교육적 개념에 대한 향수로부터 비롯된다. 그는 이러한 잊혀진 교육의 본래개념을 다시 교육의 현장에 부각시킴으로서 "본래 교육으로서의 평생교육"의 가능성을 찾고 있다. 한마디로 랑그랑에게는 이러한 세 가지 개념으로의 회귀가 바로 그로 하여금 평생교육론을 주창할 수 있도록 하는 논리적 근거가 된다.

그러나 이 세 가지 요인들 역시 따로 떼어 내어 별도로 언급하기에는 어려울 정도로 서로 엇물려 있다. 이러한 엇물림은 더 나아가 평생교육의 연구에 근거를 제공하는 학습 개념의 본질을 전체적(holistic)으로 해석하게 한다. 한마디로 계속성과 창조성이 결여된 학습의 본질은 불가능한 것이다. 따라서 학령기를 중심으로 하고 학교라는 제한된 울타리에서 교육실천에 주력하는 학교교육 중심의 전통적 교육 및 학습 개념으로는 평생교육을 위한 학습의 계속성과 창조성은 보장되지 않는다. 결국 평생교육의 기초를 위한 학습 영역을 발견하는 일은 삶의 전(全)방위적 교육요소를 인식하는 "존재로서의 학습"에 중요한 토대를 제공하게 된다. 평생교육을 향한 개념적 엇물림의 과정은 결국 "학습개념 중심"으로 귀결된다. 평생교육을 가능하게 하는 학습 개념은 "학습사회론"(The Learning Society, 1968/Robert M. Hutchins)에서 보다 구체화된다. 평생교육의 1차적 환경을 구축하는 학습 행위를 통해 우리는 자아실현, 완성형 인간, 교육 평등, 참된 가치 실현, 삶의 질 향상에 접근한다.

2. 1960년대 중반부터 OECD와 UNESCO에서 사회적 요청으로서의 "

평생교육"에 대한 주장이 나오기 시작하면서(Kade/ Seitter, 1996: 15) 현실적으로 중요한 이슈가 되기 시작했다. 우리 정부에서도 1980년 10월 헌법 제9조 제5항에 "국가는 평생교육을 진흥해야 한다"는 법규 조항을 명시하면서 이미 오래전에 국가주도의 평생교육을 위한 법적 토대를 만들어 놓았다. 구체적으로 평생교육이라는 개념이 법석-제도적 장치를 마련하게 된 계기는 1990년대 중반 문민정부에서 추진한 교육개혁의 일환으로 많은 전문가들이 평생교육을 주창하면서 비롯되었다고 할 수 있다. 드디어 우리 정부는 1999년 12월 31일부 『평생교육법』을 제정하기에 이르렀으며, 시행령(2000년 3월 13일 대통령령 제16750호)과 시행규칙(2000년 3월 31일, 교육부령 제765호)을 마련하여 일반에 공포했다. 이제 우리노 2000년 8월 1일부터 법적 근거 위에서 평생교육의 정책을 수립할 수 있게 되었으며, 이에 준하여 평생교육사업도 활성화될 수 있게 되었다.

평생교육의 개념은 시대적-상황적 요청에서 갑자기 불거져 나온 교육의 새 이슈로 생각되지만 실제로는 그렇지 않을지도 모른다. 즉 평생 교육은 "자연적 교육"(김도수, 1995: 3)이며, "본래의 교육"(김종서 외, 1987)과 동의어라고 할 수 있다. 이런 의미에서 평생교육의 거장인 데이브는 "평생교육이란 개념은 오래된 생각의 새로운 의미 발견(A New Significance of an old Idea)"(Dave, 1976)라고 풀어 놓았다. 따라서 우리는 평생교육을 교육의 의미를 "본래의 교육"이라는 포괄적 범주 속에 넣어 해석할 수 있어야 한다. 한마디로 따지고 보면 우리의 삶에서 교육과 학습 아닌 것은 없다. 삶이 곧 교육이고 학습인 것이다. 따라서 이러한 맥락에서 평생교육에 관한 온전한 이해가 이루어질 수 있으며 아울러 평생교육에 대한 방향, 내용, 방법 그리고 문제점과 시정 보안 대책도 전체적 관점에서 제시될 수 있을 것이다.

실제로 현재 우리의 평생교육은 1982년 12월 『사회교육법』의 발효 이후 대학부설 사회교육원(평생교육원), 각종 문화센터, 지역사회교육시설,

학원 등에 의하여 "소위 성인 사(私)교육의 시장에 거의 방치된 상태에" 있다고 할 수 있다. 비록 종래의 사회교육법을 계승하는 『평생교육법』이 새로운 법적 토대를 마련하였다고는 하지만, 21세기 국가 경쟁력 제고의 차원에서 평생교육의 본래 이념과 원칙을 준수하며 실천력을 배양하기 위한 바람직한 국가와 정부의 기능과 역할에 대하여는 법적 테두리를 떠나 보다 심도 있는 논의와 결정이 이루어져야 할 필요성이 제기된다.

오늘날 OECD의 선진국들은 21세기가 요구하는 평생학습사회를 건설하기 위하여 모든 국가는 바람직한 평생교육체제를 구축하는 역할에 주도적이어야 한다는 사실에 공감하고 있다(OECD, 1996: 13). 미국 정부는 세기의 전환기에 시작된 「School-to-Work」,「Goal 2000」 등의 선언과 함께 교육개혁의 목표를 "모든 사람들을 위한 평생학습체제의 구축"으로 설정하였고, 영국 정부는 21세기를 「학습시대(The Learning Age)」로 선언하였다. 특히 영국은 "교육은 최선의 경제 정책(토니 블레어)"이라는 구호 하에 모든 사람들에게 생애에 걸친 평생학습을 가능하게 하는 사회를 건설하는 것을 지식기반 세계화 경제(knowledge-based global economy) 체제에서 가장 으뜸가는 국가 전략으로 채택하고 있다(House of Commons, 1998). 한마디로, 오래 전부터 이들 선진국들은 21세기 지식기반사회(Knowledge-based society)에서 경쟁력 있는 평생학습사회를 건설하기 위해서는 무엇보다도 국가 주도의 평생교육체제를 구축하는 일이 시급하다는 사실을 인식하고 있다. 심지어 이를 21세기 국가의 생존전략으로 받아들이고 있는 나라도 점점 늘고 있다. 그러나 보다 시급한 과제는 "모든 사람에게 가능한 교육 평등"을 지향하는 평생교육체제를 구축하는 일로 귀결되고 있다. 특히 21세기 지식기반사회에서 "모든 사람에게 평등하게" 지식과 정보를 취득하고 이를 활용할 수 있는 교육과 학습으로의 접근이 용이하지 못하다면 평생학습사회로의 이상은 거품일 뿐이다.

3. 우리는 자본주의 체제에 살고 있다. 무한자유경쟁체제 속에서 확장되는 자유시장경제의 원리 속에서 자본주의는 극도로 발전된다. 그러나 자본주의 체제가 무르익으면서 한편으로는 많은 문명의 이기를 누리면서 삶의 편리를 경험하지만 다른 한편으로 사회 문제는 보다 심각해진다.

자본주의 사회는 체제의 속성상 "모든 사람에게 공유되는 사회적 혜택과 기회 그리고 이에 따른 사회적 평등"의 문제를 항상 미해결의 과제로 품고 있다. 그럼에도 불구하고 우리에게는 "모두에게의 평등"을 반드시 이루어야 한다는 과제를 안고 있다. 평등의 문제는 인류의 역사이기도 하다. 우리의 역사는 평등사회를 이룩하기 위해 오랜 세월 동안 논쟁하고 투쟁하여 왔다. 상상하기 힘든 희생도 따랐으며 지금도 담론은 끊이질 않고 있다. 특히 자본주의 체제에서 평등의 문제는 보다 심각하다. 구체적으로 이는 "분배"의 문제로 귀결된다. 자본주의 사회에서 분배의 문제는 매우 중요한 테마이다. 분배 문제의 미해결로 인하여 분배의 정의가 실현되지 못하는 사회는 항상 위기를 안고 있는 위태로운 사회로 남아 있을 뿐이다. 분배의 불평등은 사회적 불평등, 계층 간의 위화감을 야기할 수 있고 이는 사회적 혼란의 원인이 될 수 있다. 급속화되는 사회양극화 현상 때문이다. 따라서 분배의 문제는 자본주의체제의 최대의 약점이자 한계이기도 하다. 결국 분배의 정의는 자본주의 사회가 실천해야 할 가장 중요한 과제이며 덕목이 되었다. 만약 이 문제가 해결될 조짐이 없다면 더 이상 자본주의의 미래는 없다. 바로 이 문제를 보완하고 해결하기 위해 자본주의 사회가 도입한 제도가 "사회보장 및 사회복지제도"라는 "사회안전망"이다. 이는 고질적인 분배의 문제를 해소하고 분배의 정의를 실현하여 사회 평등 및 사회 정의를 구현하기 위한 제도적-방법적 대안이며 전략이다. 따라서 자유경쟁을 보장하는 자본주의체제에서 분배의 정의를 목표하는 사회보장 및 사회복지정책은 자본주의의 과정에서 뗄 수 없는 동전의 앞면과 뒷면의 관계가 되어 버렸다. 즉 자본주의의 성숙과 사회보장의 성숙은 상호 함수관계를 가지게 되었다.

한편, 교육 평등은 사회적 평등에 접근할 수 있는 중요한 과정이며 수단이다. 어쨌든 우리는 교육을 통하여 사회로 진출하고 이러한 과정을 밟는 것은 중요하다. 이는 우리들에게 상대적으로 유리한 사회에 살 수 있도록 보장하고 있다. 우리가 교육을 통하지 않고는 또는 교육의 혜택을 남보다 적게 받고는 또 아니면 남보다 양질의 교육을 받지 못하면 사회 진출에서 불이익을 감수할 수밖에 없다. 그러나 문제는 이러한 불이익을 감수할 수 있는 합리적 근거가 점점 줄어들고 있다는 사실이다. 물론 아직 일반보통 교육 내지 기초교육도 받지 못하고 남보다 불리한 교육 조건과 환경에 처해있는 취약계층은 사회 진출에서도 남들보다 불리할 수밖에 없다. 오늘날 이들은 자신들에게 닥친 교육 및 학습 조건의 불리함으로 인해 야기되는 사회적 불평등에 대하여 불만을 토로하기 시작하였다. 국가 역시 인간자본(human capital)이 가장 중요한 자본으로 변화되는 이 시대에 이들 모두에게 교육과 훈련의 혜택을 골고루 주어 국민 모두의 역량을 개발함으로써 국가와 사회 발전에 전 노동력을 활용할 수 있어야 할 것이다.

만약 국가가 유휴 노동력 자원을 개발, 결집, 활용할 수 없다면, 국가 역시 분명 손해를 보는 길로 가는 것일 것이고, 그 사회에 살고 있는 구성원들 역시 모두 불행하게 될 수 있다. 교육 평등의 문제가 해결되지 못하면 개인적으로는 자아실현의 길이 막힌다. 그러나 더욱 중요한 문제는 이로 인하여 국가와 사회가 커다란 위기에 봉착할 수 있다는 사실이다. 한마디로 교육양극화가 사회양극화를 부채질한다. 이렇게 본다면, "교육 평등의 이슈"는 개인적 차원에서 그치는 것이 아니다. 국가 사회적으로도 매우 심각한 영역이 된다. 따라서 사회적 평등을 위한 교육 평등이 이루어질 수 있도록 모든 사람들이 교육현장에 동원되는 소위 교육 참여의 사회보장 및 사회복지 즉 "교육복지"(educational welfare)가 반드시 제도화되어야 한다. 자본주의체제에서의 약점과 문제를 해결하기 위하여 사회보장 및 사회복지사업이 당연하듯이, 교육현장에서 교육복지는 극히 당연한 과제이다. 왜냐하면 우리는 자본주의 체제에 살면서 자본주의 교육체제에서 배우고 가르치고 있기 때문이다.

특히 오늘날 모두에게 교육의 기회와 조건이 개방되는 평생교육 및 평생학습의 시대에는 학교교육중심의 시대에서보다 사회 문제가 더 커지고 심각해진다. 즉 평생교육과 평생학습은 "누구든지 언제 어디서라도" 교육받고 학습할 수 있도록 모든 국민들에게 교육의 기회 균등과 교육평등의 조건과 환경을 마련해 주는 소위 "전방위교육"(全方位教育)이다. 자본주의 사회에서 교육기회균등의 조건과 환경의 불리함은 결국 "평생동안" 사회적 불평등으로 이어질 확률이 높다. 또한 이로 인하여 야기되는 사회적 위화감과 사회적 혼란의 문제는 평생 동안 우리가 감낭해야 할 힘에 겨운 문제가 되고 말 것이다.

4. 지금까지 우리 사회에서 학교교육은 인력자원의 양성과 이들의 사회적 분배, 배치, 이동, 상승을 도맡아 왔으며 이에 관하여 거의 절대적인 영향력을 행사하여 왔다. 개인적으로도 우리는 학교를 사회 진출의 수단과 방법 심지어는 반드시 거쳐야 하는 사회진출과 사회이동 그리고 사회적 상승의 유일한 교두보로서 활용하여 왔다. 즉 학교 교육의 수준과 졸업장으로 개인의 사회 진출이 결판날 만큼 그 위력은 대단했다. 간단히 말해서 교육의 질보다는 학교 성적과 졸업장이 더 중요하다고 해도 과언이 아닐 정도로 "학교"는 이미 세력화된 지 오래이다. 지금은 많이 달라졌다고는 하지만 아직도 "학교"와 "학교 교육"은 심지어 인간 평가의 척도로 군림하고 있다.

우리는 앞으로 미래 사회가 형식적 학력사회가 아닌 "실질적 능력사회"가 된다고 주장하고 있다. 여기저기서 "학력 파괴"와 "학벌 없는 사회"를 외치고 있기도 하다. 그렇게 되면 학교 교육은 많은 영향력을 잃게 되고, 대신 학교 외(外)의 교육현장에서 이루어지고 있는 평생교육 및 평생학습의 영향력이 늘어날 것으로 기대하고 있다. 그래서 우리는 평생교육의 필요성과 중요성 그리고 평생학습사회로의 희망을 가지고 있는 것이다. 특히 "지식"이 "자본"과 "삶"이 되는 21세기 지식기반사회에서 평생교육을 통한 지식 추구는 보다 활성화될 전망이다. 그러나 이는 논리적으로는 설득력을 가지고 있으면서도 아직은 하나의 가설(hypothesis)일 수 밖에 업다. 심지어 추상으로 끝날 지도 모른다. 물론 21세기 미래 지식기반사회에서는 개인의 자아실현뿐만 아니라, 더 나아가 평생교육 및 평생학습으로 국가 경쟁력이 결판날 것이라는 긍정적 전망은 가능하다.

그럼에도 불구하고 우리 사회의 구조와 논리는 이론적 전망과 달리 엉뚱한 방향으로 달려가는 일이 허다하다. 우리 인류의 역사는 이를 입증하기라도 하듯 이론과 실제가 달라질 수밖에 없었던 근거들을 밝혀내고 있다. 구체적으로 우리 인류의 역사 속에는 항상 무엇인가 "안 보이는 힘"에 의해서 비논리적이고 비합리적인 목표와 방향들이 결정되는 경우도 많았다. 한마디로, 우리가 추구하는 21세기 평생교육 및 평생학습사회 역시 분명한 시대적-상황적 요청임에도 불구하고 현실적 가능성에 있어서는 할 일이 태산이며 "평생교육원리의 자연발생적 생성논리"에 의존하기에는 너무나 나약하다. 특히 현재 선언적 의미의 평생교육 또는 아직도 구호 차원에서 크게 벗어나지 못하고 있는 평생학습사회를 "지금 이곳에서" 현실화시키기 위해서 우리는 "실천을 위한 조건들"에 보다 능숙해져야 할 필요가 있다.

5. 오늘날 우리 사회에서는 "사교육 시장의 팽창과 공교육의 부실"에 대하여 말들이 많다. 이는 사교육이 팽창하는 것에 비례해서 공교육이 부실해지거나 아니면 반대로 공교육의 부실 때문에 사교육 시장이 팽창된다는 상대성 논리에 근거하고 있다. 그러나 자본주의 자유경쟁체제에서 실제로 사교육의 팽창은 문제가 안 될 수도 있다. 심지어 공교육과 사교육의 개념을 반대개념 또는 대립개념으로 이해하는 것은 곤란한 측면이 없지 않다. 공교육을 살려 내기 위해는 사교육을 억제하기만 하면 된다는 이분법적 사

고(dichotomy)로 이룰 수 있는 것은 그리 많지 않다. 공교육(公教育)은 국가와 사회의 공공성(公共性, Öffentlichkeit)을 기반으로 하는 국가 및 정부주도의 교육이고, 사교육(私教育)은 이에 대한 보완이며 보충교육일 것이다. 한마디로 사교육은 원칙적으로 공교육의 보완재(補完財)이다. 그러나 우리 사회에서는 이미 사교육이 공교육의 대체재(代替材)로 인식되는 수준에 달했다는 사실이 위험수위라고 할 수 있을 것이다. 원래 교육은 공교육도 사교육도 모두 필요하다. 왜냐하면 삶에는 공적인 영역과 사적인 영역이 함께 존재하기 때문이다. 특히 사교육은 학습자들의 "개인차"(個人差) 때문에 어쩔 수 없이 발생하는 학습부진, 학습장애, 학습낙오를 구제할 수 있는 중요한 수단으로 작용해 왔다. 사실 역사적으로도 '학교'라는 공교육 기관이 탄생하기 이전에 우리 인류는 알게 모르게 사교육의 반경으로부터 학습을 해 왔을 것이다. 이렇게 본다면, 공교육보다 사교육이 먼저라고 볼 수도 있으며 사교육의 권한 역시 국민들에게 보장된 기본권에 해당될 수 있다. 이러한 연유에서인지 아니면 우연의 일치인지 오래 전에 헌법재판소가 과외금지 조처에 대하여 위헌 판결을 내린 적이 있다. 국민의 기본권 보장의 차원에서 사교육의 권리도 보장되어야 한다는 취지이다. 가뜩이나 공교육의 부실과 위축 문제 때문에 여기저기로부터 곤혹을 치러야 했던 교육부로서는 보다 현실적인 대안 마련에 전전긍긍할 수밖에 없었다. 이렇게 해서 태어난 새로운 방안이 "EBS 수능방송제도"였다. 그럼에도 불구하고 공교육의 질적 향상과 내실화의 문제는 끊임없는 사회적 현안이 되고 있다. 왜냐하면 국민 전체의 기초교육을 책임지고 있는 공교육의 위상 정립과 권위 회복은 중요한 과제이기 때문이다.

언젠가부터 우리의 학교교육 현장은 극도의 소모적 과열 경쟁의 장이 되어 버리고 말았다. 자본주의 체제는 자유경쟁을 허락하고 있으며 심지어 이를 부추긴다. 이러한 과잉 사교육의 풍토는 전 세계에서 대한민국이 유일하다는 사실이 지적되고 있다. 그러면서도 교육의 질적 성장은 세계의 최하위수준으로 조사되고 있다. 우리의 학부모들은 치열한 대학입시나 점수경쟁에서 도태되고 낙오되지 않도록 자녀들에게 고액과외, 비밀과외 또는 족집게 과외로 지원한다. 왜냐하면 우리 사회에서는 치열한 대학입시나 점수경쟁 체제에서 떨어지고 낙오되면 인간 취급을 받기 힘들기 때문이다. 그러나 중요한 것은 학생들이 점수 경쟁에서 탈락하고 낙오하는 것은 오로지 개인책임이며 가정책임으로 둔갑한다는 사실이다. 이는 국가가 국민의 기초학력증진이라는 목표를 위해 의무교육제도라는 미명하에 학생들을 학교 울타리에 강제적으로 몰아넣어서 성적 경쟁에서 진을 다 빼 놓고는 결국 경쟁에서 낙오되고 탈락한 자들은 헌신짝 버리듯 관심을 보이지 않는 꼴이나 다름이 없다. 즉 우리의 사회나 정부는 점수경쟁의 탈락자와 낙오자를 별도로 치유하거나 책임지지 않는다. 결국 결과에 대하여 국가와 사회가 책임지지 않고 그 책임을 모두 개인과 가정으로 돌리는 사회에서 교육 경쟁을 위한 사교육 시장의 경쟁은 극히 당연하다고 할 수 있다. 만약 국가가 학생들을 모아서 교육에 대한 모든 책임을 지기로 했으면 끝까지 책임을 져야 하는 것이 아닌가? 바로 이점이 왜곡된 사교육 시장을 조성하게 만드는 것이다. 즉 학부모들은 당장 자녀의 앞길을 책임질 수 없는 국가 앞에서 울며 겨자 먹기로 사교육비에 전력투구하는 교육경쟁시장에 끼어 들 수밖에 없다.

몇 년 전 서울대학교의 사회과학연구소에서 실시한 조사연구에서 이러한 결과가 나왔다, 연구결과가 신문지상에 알려지면서 사회적 파장이 커졌으며 이에 대한 갑론을박에 – 연구의 취지와는 무색할 정도로 다양한 관점으로 – 온 사회가 시끄러웠던 적이 있다. 그러나 그 연구결과는 서구에서도 이미 50여년 전부터 계속해서 반복 검증된 결과들이었다. 미국의 콜멘 보고서(Coleman Report, 1966)와 영국의 프라우든 보고서(Prowden Report, 1967)가 대표적인 사례들이다. 이밖에도 같은 결과를 낸 보고서들은 세계 각국에서 무수히 쏟아져 나왔다. 이들 보고서들은 공히 학생들의 가정-경제적 사정이 교육의 기회균등 및 교육을 통한 사회이동, 사회균등화에 절대적으로 기여한다고 보고하고 있다(권이종 외, 1998: 158-166). 그래서 "교육은 소유"(Böhm, 1988)이고 또 투자가 되는 것이다. 이렇게 본다면, 사회균등이나 사회정의가 현행 교육제도로서는 해결될 전망은 희박하다고 할 수 있다. 왜냐하면 이제 빈부의 격차 때문에 발생하는 사회적 불균형과 위화감의 문제는 자본주의 사회의 체제적 모순과 제도적 문제에 속하기 때문이다. 이러한 사회 문제를 현행 교육과 교육제도가 조금이나마 해소하기는커녕 오히려 부추긴다는 사실도 속속 밝혀지고 있다.

결국 교육 현장에서 "부익부 빈익빈 현상"이 연출되고, 이는 사회에서의 "부익부 빈익빈" 현상으로 이어진다. 다시 말하면, 교육 투자를 할 수 없는 빈곤 계층의 자녀들에게 엘리트가 될 확률은 적다. 엘리트가 되지 못하는 이들은 자식들에게도 투자하지 못한다. 결국 "빈곤의 악순환"이 세습된다. 그러나 더 심각한 문제는 교육의 부익부 빈익빈 현상이 "빈곤의 세습 고리"를 보다 늘려놓고 가속화시킨다. 즉 우리 사회에서는 교육투자-성공, 교육낙오-사회적 낙오 그리고 "교육투자 못함-빈곤의 세습 고리"들이 계속 순환되는 것이다. 이미 지적한대로 자본주의 사회에서 빈부 격차로 야기되는 사회적 불평등과 계층 간의 사회적 위화감은 사회양극화라는 심각한 문제가 발생한다. 따라서 교육의 부익부 빈익빈 현상은 마침내 사회양극화를 낳게 하는 주원인이 될 수 있다. 평생교육의 이념은 바로 이러한 교육적 불평등 및 사회적 불평등을 초래하는 교육결손의 악순환과 이를 통한 빈곤의 악순환의 고리를 끊어 보고자 하는 과정에서 태어난 새로운 대안교육제도임이 분명하다. "언제, 어디서라도 그리고 누구에게나" 개방되는 평생교육은 교육의 기회를 재차 보장함으로써 교육을 통한 사회적 이동과 사회적 상승에 보다 기여할 수 있을 것이라는 가설이다.

6. 오늘날 우리는 교육개혁의 시대에 살고 있다. 교육개혁은 이제 개인

적 차원에서나 국가 사회적 차원에서 생존의 기준이 되고 있다. 21세기 지식기반사회에서 교육개혁의 목표는 평생교육체제의 구축이다(Broedl, 1998; Knoll, 1996; Ranson; 1994; Dohmen, 1996, OECD, 1996). 왜냐하면 의무학교제도의 성립이후 학교의 공교육에게 기대했던 "온전한 의미에서" 교육기회의 평등을 실현시키지 못했기 때문이다. 새로운 교육이데올로기로서의 평생교육은 양적 교육기회만을 보장하는 학교교육의 한계점을 극복하고 질적으로도 명실공이 교육기회의 균등을 실천함으로써 궁극적으로는 교육평등을 통한 사회정의를 목표한다. 즉 평생을 통한 학습은 우리 모두의 개인적 삶을 풍요롭게 하고 경제적 부를 증진시키고 아울러 사회적 응집력을 지속시키기 위하여 결정적인 중요성을 가지고 있다(OECD, 1996: 21). 한마디로 평생교육은 소위 "패자부활전의 교육"이라고 할 수 있을 것이다. 즉 평생교육은 오늘날 우리가 선택하고 있는 치열한 자본주의 경쟁교육의 체제에서 어쩔 수 없이 도태되고 낙오될 수밖에 없는 사람들에게 다시금 교육의 기회를 보장해 줌으로써 가능한 한 교육을 통한 사회적 불이익을 최소화하여 교육을 통하여 사회적 평등을 최적화해 보려는 목표를 가지고 있다. 이러한 의미에서 독일의 성인교육학자인 볼프강 샤이베(Wolfgang Scheibe)는 "오늘날 우리에게 주어진 과제로서의 교육개혁이란 기존의 학교교육에 평생교육의 요소들이 대거 도입되는 것"이라고 요약한 바 있다.

우리의 현실을 잘 살펴보면 심각한 문제가 또 있다. 구시대의 교육 불평등 문제가 21세기 평생교육의 시대에도 그대로 재현되고 있다는 사실이다. 즉 이미 오래 전부터 "사회교육"(社會教育)이라는 미명 하에서 우리의 평생교육현장들은 거의 (성인)사교육시장의 언저리에 자리를 잡아 왔다. 즉 경제적으로 여유가 있고 시간적으로 여가를 가지고 있는 사람들에 의해서 학교 외(外) 평생교육의 현장이 거의 독점되어 왔다는 사실이다. 한마디로 평생교육의 참여자들은 시간적-경제적으로 여유가 있는 성인들이 대부분이다. 따라서 평생교육에 참가할 수 있는 여유가 없는 사람들에게 제2의 패자부활전의 교육기회를 제공한다는 평생교육의 이념은 공염불인 셈이다. 공교육의 영역이 아닌 사교육으로서의 평생교육은 제2차 교육의 기회균등이라는 교육의 기본원리 및 이념에서도 크게 벗어난다. 또한 실제로도 평생교육의 이념은 실질적으로 먼저 혜택을 받아야 할 수혜자는 바로 사회적 빈곤층 또는 교육 빈곤층이라는 인본주의-교육적 관점에서 보더라도 전혀 의미를 잃고 만다.

이렇게 오랫동안 사교육시장에서 잔뼈가 굵어 온 우리의 평생교육의 현장들이 앞으로도 계속해서 "국가의 적절한 개입" 없이 거의 이대로 방치된다고 한다면, 지금까지 학교 교육을 위한 사교육 시장에서 발생한 문제의 고리 즉 "교육-사회 불평등"의 고리가 대를 이어서 세습되는 일은 확대 재생산될 가능성이 높다. 심지어 그 이상의 비극적인 상황으로 재현될 가능성마저 있다. 예를 들면, 지식이 자본이 되는 21세기 지식기반사회에서는 교육을 통한 지식의 양적·질적 습득이 삶에 중요한 변수가 된다. 즉 지식기반사회에서 지식을 매개하고 중재하는 교육의 중요성은 어느 때보다도 높아졌다고 할 수 있다. 따라서 교육의 불평등은 지식소유의 불평등을 초래할 수 있으며, 이는 어느 때 보다도 지식기반사회에서 직접적으로 사회적 불평등의 원인이 될 소지가 높다.

언젠 가부터 우리는 [교육=학교]라는 등식 속에서 살고 있다. 특히 산업혁명은 우리사회에서 이러한 교육 등식을 강력하게 현실화시켰다. 학교 교육에서 기회 획득의 양과 질이 우리 인생에서 결정적이었다. 우리가 학교교육을 받는 것과 못 받는 것 그리고 유리한 조건에서 기회를 갖는 것과 불리한 조건에서 기회를 갖는 것은 그 후의 인생살이를 매우 다른 양상으로 바꾸어 놓아 왔다. 즉 지금까지 우리의 개인적 삶은 대부분 학교교육의 양과 질에 의해 좌우되어 왔다고 해도 과언이 아니다. 보다 정확히 말하면, 교육의 내용보다는 학교 성적과 졸업장이 우리의 인생을 결정했다고 해도 지나친 말은 아니다. 물론 유리한 학교 성적과 졸업장을 가진 소위 학교 성적 엘리트들에게는 신나는 일인지도 모른다. 그러나 신나는 사람들보다는 그렇지 못한 사람들이 대다수라는 사실을 우리 사회는 잊고 있다. 한마디로 학교교육의 여부와 정도에 따라 우리의 삶은 확장되기도 하지만 제한되기도 한다. 그런데 이제 이러한 교육의 부익부 빈익빈 현상이 지금처럼 국가와 정부로부터 거의 방치되다시피 한 평생교육의 현장에서 재현되고 확대 재생산될 여지가 다분한 것이다.

● 참고문헌

권이종, 최운실, 권두승, 이상오 (1998). 신교육사회학 탐구-학교교육과 사회교육의 새로운 이해. 서울: 교육과학사.

김도수 (1995). 사회교육학. 서울: 교육과학사.

김종서 (1987). 평생교육 원론, 현로 김종서 교수 정년기념 논문집. 서울: 교육과학사.

Böhm, W. (1988). Wörtbuch der Pädagogik. Stuttgart: Alfred Kröner Verlag.

Broedel, R.(Hrsg.) (1998). Lebenslanges Lernen-Lebensbegleitende Bildung. Neuwied: Luchtrhand.

Dave, R. H.(ed.) (1976). Foundation of Lifelong Education. New York: Pegamon Press Inc.

Dohmen, G. (1996). Das Lebenslange Lernen. Leitlinien einer modernen Bildungspolitik. Bonn. Bundesministerium fuer Bildung. Wissenschaft, Forschung und Technologie.

House of Commons (1998). The Learning Age: a Renaissance for a New Britain. London: The Stationery Office.

Hutchins, R. M. (1968). The Learning Society. New York: Prager.

Kade, J/ Seiter, W. (1996). Lebenslanges Lernen. Moegliche Bildungswelter. Opladen: Leske+Budrich.

Knoll, J. (1996). Internationalle Weiterbildung und Erwachsenenbildung. Konzepte, Institutionen, Methoden. Darmstadt: Wissenschaftliche Buchgesellschaft.

OECD (1996). Lifelong learning for all. Meeting of the Education Committee at Ministerial Level, 16-17 January 1996. Karis: Organization for Economic Co-operation and Development Publishing.

차 례

제 I 부

평생교육의 탄생

제1장

전통학교의 한계: 개혁교육운동의 근거

1. 계몽의 산물: 근대학교의 탄생

근대학교(近代學校)는 계몽주의시대의 산물이다. 이 시대에는 경험주의 사상가로 알려진 로크(John Locke, 1632-1704)와 뉴턴 과학을 추종한 백과사전학파 즉 볼테르, 디드로, 달랑베르 등이 계몽사상의 확산과 지식의 대중화에 지대한 역할을 했다. 반면 계몽주의 시대에 태어났고 이 시대를 함께 겪으면서도 - 물론 계몽시대의 말기였지만 - 루소(Jean-Jacques Rousseau, 1712-1778), 바제도우(Johann Bernhard Basedow, 1724-1790), 페스탈로찌(Johann Heinrich Pestalozzi, 1746-1827) 같은 사상가들은 계몽주의에 반기를 들었던 인물들이다. 계몽주의 시대의 특징은 국가가 학교(Mission School)를 교회(또는 교황권)로부터 인수한 점을 들 수 있다. 즉 절대국가의 탄생과 함께 학교는 국가의 관리체제로 들어가게 된다.

대표적인 국가가 프랑스였다. 프랑스의 근대교육사상가인 상 피에르(Chales Irenes Caste de Saint Pierre, 1659-1743)는 교육이 국민 전체의 복지향상을 위해 존재해야 한다는 주장을 했다. 그는 "정치가에게 가장 중요한 몫은 아동에게 훌륭한 교육을 실시하는 것이며, 이는 정치적으로도 가장 숭고한 사명"이라고 했다. 피에르의 사상은 마침내 "프랑스의 교육개혁안"(Project Pour Perfectionner, I'Education)으로 작성되어 행정부에 제출되었다. 이로써 프랑스에서는 최초의 공교육기관인 국민학교의 설립에 대한 논의가 시작되었다. 그의 "교육개혁안"은 1762년부터 1764년까지 2년에 걸쳐서 예수회(Jesuit)를 추방하는 계기를 만들기도 했다. 이를 계승한 라 샬로떼(Louis Rene de la Chalotais, 1701-1785)와 롤랑(Rolland d' Erceville, 1734-1793)은 교육개혁에 앞장섰다. 라 샬로떼는 당시 렌느(Rhenne) 고등법원의 법관으로서 법원의 명령에 의하여 특별히 예수회의 교육방침을 검토할 기회를 가지게 된다. 당시 프랑스의 교육은 주로 로욜라(Ignatio de Loyola, 1491-1556)에 의해 창설된 예수회(Jesuit, 1534년, 1540년 교황청으로부터 공식으로 인정받음)에서 선교활동이나 포교활동으로 활용하고 있었다. 당시 신교의 종교개혁에 반기를 든 예수회는 선교를 명목으로 학교교육의 확장에 주력했다. 즉 예수회는 그들의 반대파인 개신교의 그것과 비슷하면서도 그들 자신의 특별한 목적에 맞게 수정된 고등학교와 대학 체계를 수립해 나갔던 것이다(윌리암 보이드, 1921/ 이홍우 외 역, 1996: 306). 학교는 대호황을 이루어서 로욜라가 사망하기 전에 이미 교단은 열두개의 교구(敎區)에 100여 개의 고등학교와 회관을 가지고 있었으며, 16세기 말 경부터 캐톨릭 국가의 고등학교와 대학 교육의 대부분이 예수회의 통제 하에 들어 있었다(윌리암 보이드, 1921/ 이홍우 외 역, 1996: 307).

라 샬로떼의 교육개혁보고서에 의하면, 당시 예수회는 국가에 소속된 종교단체도 아니고, 국가원수보다는 교단의 수장이나 교황에게 충성하며, 조국의 개념도 없고 오로지 자기 교단의 목표만을 따르며 국가의 법을 준수하기보다는 캐톨릭 교리규정만을 우선시하고 있었다. 이 보고서는 다음과 같이 묻고 있었다: 과연 이러한 자들이 어떻게 프랑스 국적의 청소년들을 제대로 교육할 수 있겠는가? 과연 프랑스 정부는 이들에게 프랑스의 미래인 청소년들을 맡겨도 되는 것인가? 실제로 당시 예수회 교육체제의 가장 두드러진 특징은 교사와 학생 모두를 교단과 교회의 권위에 종속시킴으로써 한 사람 한 사람의 순간적인 감정이나 판단을 억제하도록 의도적인 노력을 기울인다는 데에 있었다(윌리암 보이드, 1921/ 이홍우 외 역, 1996: 310) 이러한 맥락에서 라 샬로떼는 1761년 12월 7일과 그 다음해 1월 7일 두 차례에 걸친 보고서를 통해서 프랑스로부터 예수회를 영구히 추방할 것을 강력하게 주장하게 된다(조명래, 1975: 145). 또한 탈레랑(C. M. Talleyland, 1754-1833)과 디데로(Diderot)와 같은 백과전서학파의 중심인물들 역시 예수회를 지원하는 캐톨릭 교회로부터 국가가 최소한 교육의 분야만이라도 인수해야 한다고 외쳤다. 즉 국민의 교육은 이제 국가책임이라는 점을 강변하였던 셈이다. 결국 프랑스 정부는 이러한 보고서들의 내용을 전적으로 수용하는 결정을 내림으로써, 1762년 5월 27일 예수회의 추방을 명령했다.

이로써 프랑스에서는 지금까지 예수회(캐톨릭 교회)에 의해 장악되었던 교육체제가 와해되기 시작하였다. 결국 이로부터 프랑스의 교육은 실질적으로 근대화될 수 있는 기틀을 마련하게 된 셈이다. 아울러 시대가 요청하고 프랑스 국적의 시민들에게 적합한 새로운 교육체제가 긴급하게 요청되었다. 라 샬로떼는 "국가교육론"(Essaid'education Nationale, ou Plan-d'etudes Pours ia Jeunesse, 1763.3.24/ 일명: 청소년을 위한 교육계획)이라는 논문을 발표하면서, 새로운 대안으로서의 교육방침을 제안했다. 이 논문은 곧 책으로 출간되었는데, 이는 우연히도 루소의 『에밀(Emile)』이 출간된(1762년) 이듬해인 1763년이었다. 당시 에밀이 출간되면서 사회적 파장은 엄청났는데, 이 역시 그에 못지않은 반응을 일으켰다. 그러나 라 샬로테의 『국가교육론』이 교육-사회이상론인 『에밀』보다 국가적 차원에서 실용적으로 채택될 수 있는 이점을 더 가지고 있었다.

라 샬로떼의 『국가교육론』은 때를 잘 맞추어 세상에 나왔다. 프랑스에서는 그 책에서 다루었던 문제들이 예수회 학교가 폐쇄되면서 즉시 시급한 과제로 되었다.

> "그러한 문제가 표면에 부각되지 않았던 다른 나라에서는 『에밀』에 제시된 루소의 견해가 교육개혁을 위한 광범위한 열의를 불러 일으켰고 이로 인하여 사람들은 교육에 관한 심각한 논의라면 어떤 것에든지 귀를 기울일 태세가 되어 있었다.... 그 책(『국가교육론』)이 교회와 인문주의자들의 반대를 불러일으킨 것은 사실이지만, 『에밀』의 경우보다 더 심하지는 않았다. 반면에 『국가교육론』은 교회의 세력에 대하여 시민의 세력을 드높이려는 정치가나 실용적인 교육체제를 환영할 태세를 갖추고 있는 정치가에게 확실한 매력을 가지고 있었다. 게다가 그 책은 두드러지게 실제를 겨냥했다는 커다란 장점을 가지고 있었다. 거기서는 루소의 저작에서처럼 평범하고 무딘 사람들에게 거부감을 자아내는 복잡한 생각이나 역설 같은 것은 전혀 찾아볼 수 없었다. 그 책은 행정적 통제에 관한 것 이외에는 혁명적 변화라고 할 만한 것이 아무 것도 없는 구체적인 제안을 상세하게 잘 제시하였다. 그리하여 적어도 단기적인 결과만을 두고 말하자면 개혁 운동에 불을 당긴 것은 루소였지만, 그 운동의 방향을 지시한 것은 주로 라 샬로떼였다는 결과가 나타났다."(윌리암 보이드, 1921/ 이홍우 외 역, 1996: 456-457)

『국가교육론』에서 라 샬로떼는 다시 한번 프랑스교육 특히 중등교육이 로마 카톨릭 교회의 수중에 지배되고 있음은 문화적 수치이며, '교황지상주의의 교육'이라고 거듭 비난하면서, 빠른 시간 내에 프랑스 정부는 교육체제를 인수하여 이제부터라도 "건전한 시민"을 양성할 수 있는 "시민교육"을 전국적으로 실시해야 한다고 촉구했다. 이는 1775년 루이 16세(1754-1793)에게 "왕에게 보내는 건의서(M'emores auroi)"를 제출하면서 자유로운 시민을 육성하고 그들로 하여금 민주적 의무와 애국심을 기르도록 하기 위해서는 프랑스 정부가 책임 있는 교육제도를 확립하고 정부기관에 공교육청을 두고 공교육장관을 두어야 한다고 주장했던 튀르고(A.R.J. Turgo)의 입장과도 그대로 일치했다.

결국 공교육(公教育) 기관으로서의 근대학교는 프랑스대혁명을 계기로 세상에 모습을 드러내게 되었다. 공교육이란 국가가 모든 아동에게 무상으로 교육의 기회를 동등하게 제공하고 이를 국가가 책임지고 관리하는 것이다. 이때부터 교육은 '공공재'(公共材)의 개념에 속하게 된다. 한마디로 '모든 사람을 위한 교육'(education for all) 즉 공교육이 시작된 것이다.

그러나 시간이 지나면서 공교육의 개념은 변질되기 시작했다. 즉 모든 아동들이 적절한 나이가 되는 의무적으로 입학해야 학교는 '나폴레옹의 친위대'를 양성하는 것을 공교육의 목표로 변질시켰다. 이로써 근대국가가 주도하는 근대교육은 태생부터 기형적으로 출발했던 셈이다. 국가가 지원하고 관리하는 근대학교는 국가의 목표와 이념에 따라서 아동을 교육하는 것은 정당하다. 그러나 국가의 의도에 따라서 학교교육의 목표와 방향 그리고 내용은 달라진다. 결국 나폴레옹의 독재가 시작되면서 "교육을 통한 자유, 평등, 박애"라는 시민혁명의 3대 목표를 가진 공공재로서의 공교육의 취지는 독재자의 통치목표에 따라서 왜곡되기 시작했다.

> "혁명을 계기로 마음 속에 독재적인 정신이 싹튼 사람들은 아동은 부모에 속하는 것이 아니라 국가에 속한다고 역설하고, 국가에 대한 충성을 주된 관심사로 하지 않는 교육은 일체 용납하려고 하지 않았다."(윌리암 보이드, 1921/ 이홍우 외 역, 1996: 469)

이렇게 본다면, 오늘날 우리가 염려하는 '공교육의 위기'는 - 물론 시간의 흐름 속에서 내용과 형태는 달리한다고 해도 - 공교육이라는 개념이 세상에 태어나는 순간부터 시작되었다고 할 수 있다. 한마디로 공교육은 항상 위기였다. 왜냐하면 교육은 국가의 소관이지만 국가는 완전히 이상적(ideal)이지 않기 때문이다. 심지어 국가는 교육을 수단화시킬 수 있는 강력한 힘을 가지고 있다. 여기에 공교육제도의 딜레마가 숨어 있는 셈이다.

사실 '자유, 평등, 박애'의 이념 구현으로 시작된 프랑스 혁명기에 콩도세의 교육초안에 의해서 정초된 공교육제도의 이념은 학교를 통한 교육의 기회균등이 혁명이 추구하는 '사회평등의 이념'을 달성하는데 중요한 초석을 놓아 줄 것이라는 확신에서 비롯되었다.

> "당시의 형편으로 보아 콩도세는 랴 샬로테나 그의 후계자들이 한 것과 같이, 국가교육은 필연적으로 좋은 것이라는 것을 당연한 것으로 받아들일 수 없었다. 불란서 혁명은 루소가 분명히 깨우쳐 준 국가와 개인 사이의 대립을 부활시켰으며, 따라서 콩도세는 국가교육을 자유나 평등과 어긋나는 것이 아님을 보임으로써 국가교육을 저당화하는 일부터 시작하지 않으면 안 되었다. 그로서 이 일을 하기가 더욱 어려웠던 것은, 그는 인간이 원래의 타고난 능력에 있어서 불평등할 뿐만 아니라 교육은 이 불평등을 더욱 확대한다는 것을 인정할 수밖에 없었기 때문이다. 그러면서도 그는 당당히 올바른 교육은 진정으로 자유와 평등을 증진시킨다는 것을 주장한다."(윌리암 보이드, 1921/이홍우 외 역, 1996: 470-471)

당시 사회는 '신분세습사회'로서 평등사회가 아니었다. 이러한 구제도(舊制度) 즉 앙시앙레짐(ancien regime) 하에서는 시민사회가 요구하는 평등사회 내지 사회평등을 완수할 수 없다. 따라서 혁명세력은 구제도를 철폐하고 평등사회를 달성하기 위해서는 혈통적 신분세습에 의한 사회구조 대신 공정하고 합법적인 신분이동 및 신분상승 구조를 만드는 것이 필요하다. 이러한 역할을 담당할 수 있는 최적의 방법이 바로 '국가주도의 공교육제도'로 여겨졌던 것이다. 따라서 근대학교는 '혈통에 의한 신분세습사회'라는 구제도를 폐지하고 '법치주의'라는 합리주의에 입각한 평등사회의 신제도를 수립하는데 결정적 역할자로 기대되었다. 그것이 바로 역사적으로 인류가 공공재로서의 공교육제도를 도입했던 근본적 취지였던 것이다.

그러나 근대국가는 학교를 인수하면서 이러한 공교육의 이념 대신 근대국가의 형성이라는 목표달성에 학교가 매우 중요한 수단으로 기여할 수 있다는 사실인식에만 주력했던 것이다. 왜냐하면 당시 형성되고 있던 근대국가는 늘 불안했기 때문이다. 실제로 프랑스는 1789년 대혁명의 소용돌이를 겪으면서 나라의 운명이 휘청거리고, 1800년부터 15년간 나폴레옹 전쟁을 통하여 국가의 장래가 흔들렸다(정종화, 1996: 4). 따라서 근대국가는 국가의 모습을 보다 공고히 하고 정당화하기 위해서 학교라는 공교육을 수단화할 수밖에 없었던 것이다. 이런 연유로 결국 공교육의 취지는 처음부터 왜곡되어 일그러진 채로 출발하게 되었다. 불안정한 국가결집체를 공고히 하기 위해서는 획일적이고 표준적인 국가교육체제가 제격이었던 셈이다.

이제 근대국가의 성립에 도구화가 되고 수단화가 된 학교는 국가가 요구하는 인재양성을 추구한다는 미명 하에 특히 공교육을 최초로 기안한 프랑스에서는 나폴레옹의 군대에 봉사해야 하는 교육목표와 내용 그리고 방법 등을 제도화한다. 한마디로 나폴레옹의 친위대를 양성하기 위하여서 학교가 하나의 목표를 가진 '획일화 교육'을 실행할 수밖에 없었으며, 이를 위해서 주입식의 세뇌화 교육도 정당화되었다. 따라서 이렇게 본다면 오늘날도 여전히 우리가 비판하고 있는 주입식의 획일화 교육은 이미 공교육의 탄생과 함께 시작된 태생적 한계였던 것이다. 한마디로 혈통적 신분세습제도 대신 합리주의적 법치국가시스템의 구현을 통한 사회평등 및 평등사회의 목표를 위해 태어난 공교육의 취지는 처음부터 국가의 공권력에 의해서 완전히 왜곡되고 말았다. 공공재로서의 학교가 공공성을 핑계로 결국은 처음부터 정치적 공권력의 시녀로 출발했던 셈이다.

2. 산업혁명기: 학교의 전성시대

계몽의 연장선에서 이루어진 18세기 유럽의 산업혁명(industrial revolution)은 학교의 전성시대를 가져 왔다. 과거 농사를 짓던 사람들이 공장으로 몰리면서 최소한 공장에서 어떤 일을 어떻게 해야 하는가가 교육되어야 했다. 특히 공장이 전문적 숙련공을 요청하게 되면서 노동력은 학교에서 양성되고 조달되어야 했다. 한마디로 '농업사회'에서 '공업사회'로 전환되면서 공업사회가 요구하는 산업노동력 즉 인적자원이 학교에서 양성되면서 학교는 급격하게 번성하게 된다. 학교는 산업혁명을 계기로 조직화되고 체계화되기 시작했으며, 반대로 산업혁명은 학교라는 사회제도를 적절하게 활용하면서 가속화될 수 있었다. 교육의 관점에서 본다면, 산업혁명은 학교(제도)를 명실공이 '교육의 전당'으로 군림할 수 있도록 했다. 결국 근대국가의 성립과 함께 탄생한 근대학교가 정치적 차원에서 국가 공권력의 수단화를 계몽주의 시대가 남긴 교육의 한계라고 한다면, 경제적 차원에서 교육의 문제는 유럽의 산업혁명과 함께 발생한다.

1765년 와트(James Watt, 1736-1819)가 증기기관을 발명하고, 1769년 아크라이트(Richard Arkwright, 1732-1792)가 방적기계를 발명함으로써 영국에서는 산업혁명이 시작되었다. 산업혁명은 개인으로 하여금 실리추구의 철학을 가지도록 했다. 이들은 고전문헌의 비실용성과 비(非)실리성을 혹독하게 비판하였으며, 고전어 대신 모국어를 배움으로써 실질적으로 써 먹을 수 있는 지식을 터득해야 한다고 생각했다. 일명 실과주의(實科主義, realism)가 그것이다. 배움은 실생활에 유용해야 하며, 써 먹을 수 있는 것이 아니면 가르치지도 배우지도 않는다. 한 예로 신문, 잡지의 기고문들도 라틴어나 희랍어로 표현되지 않고, 학교에서도 모국어 교육의 열기가 폭증되기 시작했다. 특히 자연과학과 기계문명 그리고 모국어에 대한 관심과 모방은 학교교육을 고전주의에서 실과주의 내지 실학주의로 변화시키는데 결정적으로 작용하게 된다. 지식습득의 내용과 방법도 경험(empirie)에 입각하여 이루어졌으며, 관념이나 가치도 경험을 통하여 터득하지 않으면 의미를 상실한다.

이러한 사유의 성향은 역사적으로 꾸준히 발전해 온 로크(John Locke, 1632-1704)의 경험주의(Empiricism) 사상과 통하였다. 로크는 "인간은 태어날 때 백지와 같다"는 백지설(tabula rasa)의 주창한 경험주의의 산실이다. 인간은 각종 경험을 통하여 백지를 채워감으로써 인간이 된다. 로크에게는 실제적-현실적 경험을 통하여 얻어지는 지식만이 참지식이며, 경험과 무관한 지식은 배울 가치도 가르칠 필요도 없다. 또한 교육은 외적 자극과 경험이며 이를 통하여 내적 경험 즉 지식습득과 관념 등이 생겨난다. 한마디로 교육은 '경험'(經驗)이며, 경험이 쌓이면서 복잡한 지식이 생성된다. 따라서 인간의 성장에서는 외부 환경의 작용이 가장 중요하다. 교육은 경험을 제공하는 것이며, 교육은 만능이었다. 로크의 경험주의 교육사상은 당시의 현실적 교육현장 즉 교육실제와 교육실천에서 어느 누구보다도 직접적이고 실질적인 영향을 미쳤다.

결국 18세기 학교개혁 프로젝트는 계몽의 두 방향 즉 '민중(또는 서민)을 위한 계몽'과 '시민계층을 위한 계몽'으로 현실화되었다. 지금까지 민중은 항상 교육의 대상으로 '피교육자'였으며, 제3세력으로 등장한 (상공)시민계층은 오히려 점점 교육의 주체로 성장했다. 특히 축적된 상공자본을 바탕으로 정치·종교적 권력집단과 결탁하여 거부(巨富)가 된 소위 일부 대시민계층(Grossbuergertum)은 "배운 계층"(Die Gelernten) 또는 "도야된 계층"(Die Gebildeten)으로서 혈통적 귀족은 아니지만 후천적으로 사회적 지도층이 되어 있었다. 그러나 거의 대부분의 계층 특히 소시민계층(KleinbuÜrgertum)과 일반서민들이 다시 계도(啓導)와 계몽의 대상 즉 교육의 대상이 된 근거는 바로 "산업"(industry, 産業)이라는 개념 때문이었다.

1776년 자본주의 경제이론의 창시자인 영국의 아담 스미스(Adam Smith,

1723-1790)는 자신의 저서 『국부론(國富論)』에서 "산업"(industry)이라는 용어를 "직물공장의 생산공정"으로 설명했다. 즉 공장에서는 이미 공정의 자동화와 편리성을 위해 생산시스템이 발 빠르게 개편되고 있었다. 이를 우리는 산업화(産業化, Industrialization)라고 한다. 이러한 산업화에 대한 이해는 오히려 산업혁명이 시작된 영국인들의 관점이었다. 반면 아직 산업화의 영역에서 뒤쳐지고 있었던 독일어권에서는 "산업" 또는 "공업"이라는 용어는 수공업자의 후계자를 길러내는 "도제 교육"의 영역과 밀착되었다(Blankertz, 1982: 56-57). 그럼에도 불구하고 산업과 교육의 관계성에 대한 이해가 산업화의 현장인 전 유럽으로 파급되면서 지금까지의 각종 교육현상들은 '산업의 교육학적 개념' 즉 "산업학교"(Industrieschule)의 이념에 편입되기 시작한다. 산업혁명의 시대를 경험하면서 이제 유럽의 교육이상은 바로 "산업화"(産業化)로 규정되었던 것이다.

결국 국가와 사회는 민중들과 시민들을 산업화의 역군이 되도록 계몽해야 했다. 또한 국가는 이들을 산업역군이 될 수 있도록 책임지고 교육해야 했다. 특히 당시의 산업화와 가장 밀착되어 있던 신흥 상공시민들은 가장 유력한 교육의 대상이 된다. 일반 민중 또는 서민에 대한 교육은 과거 수공업시대부터 실시되어 온 장인(匠人, Meister) 후계자교육의 틀을 크게 벗어나지 않았다. 그럼에도 불구하고 산업혁명은 이들에게도 또 다른 기능과 자격을 요청할 수밖에 없었다. 따라서 어느 누구도 미래 인력을 양성하는 교육의 체계와 방법에서의 변화를 거부할 수는 없었다. 이로써 유럽사회에서는 다양하고 차별화된 교육제도가 시작될 수 있었으며 교육의 방법에서도 획기적인 전환이 이루어질 수 있었다. 왜냐하면 공장마다 특성이 다르고 목표도 달랐기 때문에 후계자나 상공시민계층을 양성하는 교육시스템을 합리적으로 채택할 수 있는 근거는 시장의 논리에 따라 각 공장이나 교육기관에 주어질 수밖에 없었기 때문이다.

그러나 보다 분명한 변화는 상공시민교육의 목표가 보다 뚜렷해지고 구체화되었다는 사실이다. 전통적인 귀족교육의 목표가 "신사"(Gentilhomme, 紳士)의 양성이라면, 이제 시민교육의 목표는 "경제적 동물"(homo öconomicus)의 양성이 된다(Blankertz, 1982: 57). 즉 상공시민계층의 자제들을 대상으로 하는 시민교육의 학교들은 학생들에게 '생산적 기능과 자질능력의 습득'을 목표로 운영되었다. 이제 인간들은 '경제적 동물'로 양성되어야 하며, 경제적 동물로 양성된 자만이 '완성된 인간'으로 간주되었다. 시골에 살고 있었던 농부들도 상공시민교육의 중요한 대상이었다. 왜냐하면 당시 유럽지역의 농업인구가 총 인구의 80% 정도를 차지하고 있었기 때문이다.

그러나 당시 유럽의 어떤 국가도 이렇게 많은 농부들을 한꺼번에 교육시킬 재력이나 능력이 없었다. 다만 농부들도 '산업'이나 '산업화'의 범주 속에서, 생산성의 극대화 즉 '산업성'으로 훈련되고 교육되어야 한다는 원칙론만 거론되고 있었을 뿐이다. 결국 이러한 원칙은 이미 일반기초학교로 설립되었던 초등학교(초등교육)를 '농부학교'(農夫學校)로 전환하는 프로젝트를 통하여 조금씩 구현될 수 있었다. 이곳저곳에 '농부학교'(Bauernschule)가 설립되면서 농부계층들도 차츰 산업학교 또는 산업교육의 개념 속에 포함될 수 있었다.

그런데 당시 학교들은 내용 면에서 볼 때 빈민학교의 모습을 크게 벗어나지 못하고 있었다. 따라서 당시의 학교개혁 프로젝트 역시 빈민보호와 구제의 관심 속에서 진행되어야 했다(Blankertz, 1982: 57). 학교는 교육의 장소이기도 하지만, 동시에 보호와 양육(care)의 장소가 되어야 했던 것이다. 당시 공장지역이나 농촌지역이나 전쟁고아, 거지, 실업자 그리고 사회적 낙오자들로 들끓었었기 때문에, 이들을 보호 양육하고 치료하는 것이 국가 사회적으로도 급선무였다. 그때까지 가난과 사회적 긴급상황은 개인적 문제로만 치부되어 왔으며, 빈곤을 낳은 게으름과 무지는 개인적 책임이었다. 그러나 이제부터라도 국가가 이들의 문제에 개입하지 않는다면,

더 이상 사회적 공공성은 와해될 수밖에 없다는 사실인 인식되기 시작했다. 사회적 공공성의 와해는 곧 사회공동체의 파멸을 의미하며 (근대)국가 자체의 존립 근거가 무너지는 것이다. 바로 이러한 와중에서 '산업학교의 구상'은 이들의 중요한 사회문제에 개입하는 핵심 수단으로 작용하게 되었다. 즉 정치-경제적으로도 와해되는 사회질서를 회복하기 위해서 교육은 새로운 수단이며 방법이 된 것이다.

우선 프로이센의 계몽교육자 로코우(Friedrich Eberhard Rochow)는 새로운 모델학교(Modellschule)로서 프로이센 농부학교(Preussen Bauernschule)를 세웠다. 이는 당시 시대가 요구했던 "산업화" 또는 "공업화"의 물결에 따른 교육개념 즉 산업교육학(Indusrielle Pädagogik)의 콘셉을 가진 학교로서 농촌지역에 필요한 구체적 시범학교가 되었다. 로코우는 브란데부르크 렉칸(Reckahn) 지역의 지주로서 자신의 재산을 농부학교의 설립을 위해 내 놓을 정도로 학교에 '산업교육학'의 개념을 도입하는 것에 대하여 대단한 열정을 가지고 있었다. 결국 그는 모델학교들을 이곳저곳에 계속 세워 나가는 학교사업가로 변신하였다. 그는 이러한 학교사업을 통하여 당시 신분사회에서 농부의 자제들에게 주어져 있었던 삶의 조건과 제약을 해방시킬 수 있음을 인식했다. 즉 교육을 통해서만 농부자제들이 인간으로서의 가치를 회복할 수 있을 것이라는 확신이었다. 왜냐하면 당시의 국가와 사회는 실용주의적인 경향을 우선시하고 있었기 때문이었다. 따라서 그가 세운 농부학교가 유용한 경제적 능력을 양성하는 산업학교로 운영된다면, 당시 신분이 낮은 농부들의 지위도 어느 정도 격상될 수 있다는 논리였다.

한마디로 경제적 가치가 인간의 가치를 결정하는 상황이 되어 버린 시대에 농부들에게 경제적 유용성을 제고시킬 수 있는 교육은 인간으로서의 가치도 제고시키게 되는 것이다. 이러한 확신에 매력을 얻은 로코우는 거침없이 자신의 농부학교를 모델학교로 운영하는데 전념할 수 있었다. 그는 직업적인 사회혁명가는 아니었지만 정치·사회적 맥락에서 자신의 농부학교를 구상한 것은 사실이며, 심지어 교육을 통하여 사회현실의 문제를 해결해 보려는 의도를 가지고 있었다(Blankertz, 1982: 62). 이러한 사실은 17세기 당시 고타의 교육시스템을 벤치마킹 하는 사람들이 주로 교수학적 개혁에 관심을 가졌던 반면, 로코우가 세운 렉칸의 방문자들은 주로 국가의 장관, 고위 행정관리, 상급종교국평정관(Oberkonsistorialraete), 지주와 영주들 그리고 목사들로서 이들은 주로 정치적 지도자들이거나 정치적으로 영향력을 가지고 있었던 사람들이었다는 사실에서 확인된다(Blankertz, 1982: 62).

일반적으로 로코우 농부학교는 수업, 교과서, 교실, 교사처우 그리고 의무출석의 차원에서 이미 유럽지역 전역에 파급되고 있었던 기초학교들(Elementarschule)과 차별화되었다. 로코우 농부학교에서의 수업은 교회에서처럼 암기와 암송의 교리문답법으로 진행되었으며, 일정한 도식에 따라 움직였다. 학생들은 성서의 경구를 무조건 외워야 했으며, 받아쓰기 수업은 주로 신약성서에 입각하여 이루어졌다. 또한 일반적으로 교과서는 암기와 암송의 교리문답 수업에 맞도록 쓰여졌으며, 주로 성경과 찬송가의 내용들로 구성되었다. 종교적 테마를 부각시킨 교과서도 많았으며, 주로 연습과 되풀이를 통하여 암기되고 암송되도록 했다. 그러나 아주 특별한 목표로 쓰여진 교과서들도 있었다. 이를테면 당시 프로이센 산업학교에서 사용된 베를린식 철자법 책과 읽기 책은 표준어로의 발음교정과 발음치료를 위하여 제작되었다. 또한 로코우는 자신이 직접 교과서를 쓰기도 했는데, 〈아동의 친구〉라는 제목의 교과서는 독일어 수업용으로 제작되었다(Blankertz, 1982: 61).

일반적으로 당시의 교실은 집이나 공장과 같은 부대 공간을 활용하는 것이 대부분이었다. 로코우 농부학교의 교실풍경을 살펴보면, 농부의 집 양계장 한쪽 모퉁이에 위치한 교실에서는 날개 짓을 하는 닭들과 오리들이 주변을 정신없이 돌아다니기도 했다. 한쪽에서는 주부가 우는 아이들을 달래기도 하고, 벽 옆에서는 재봉틀이 소리를 내며 돌아가고 있었다. 또한 이곳저곳에 의복, 침대, 음식물, 서고 등이 널려 있기도 했으며, 모퉁이에 학동들은 긴 의자에 옹기종기 바짝 붙어 앉아서 채찍을 들고 서 있는 교사를 바라보고 있기도 했다. 좀 커다란 아이가 교사의 주문에 따라 무엇인가를 먼저 외우느라고 앞에 나와 서 있고, 이어서 작은 아이들이 이를 따라서 했던 것으로 추측된다. 대체로 이러한 풍경으로 수업이 진행되었으며, 이곳이 바로 교실로 활용되었던 것이다. 이로써 우리는 산업교육이 현장에서 즉시적으로 이루어지고 있었음을 추측할 수 있다.

당시 학교가 계몽과 교육의 주요 대상으로 한 "시민"(Bürger)이라는 계층은 각종 역사적 시민혁명, 귀족지배계층의 붕괴, 국가교회의 후견과 절대적 지배형태로부터의 해방이라는 개념들과 함께 등장한 새로운 사회계층이자 동시에 새로운 이데올로기였다. 따라서 새로운 이데올로기와 함께 학교도 새로워졌다. 실과학교(Realschulen) 및 전문학교(Fachschulen)라는 명칭이 그것들인데, 이들로 인하여 학교라는 개념도 상당히 다른 방향으로 이해되기 시작했다.

산업혁명 초기의 직업훈련은 주로 공장에서 이루어졌다. 공장은 자체적으로 도제들을 받아들여 기초부터 가르치면서 일꾼으로 써 먹고 있었다. 따라서 직업훈련은 이미 공장의 몫이었다. 이러한 와중에서 직업훈련을 전담하기 위해 탄생한 전문학교들은 실제로 공장에서의 도제훈련과 크게 다를 바 없었다. 그러나 직업현장훈련의 차원에서 본다면 공장에서 실시되는 도제훈련보다 질적 차원에서 뒤떨어질 수밖에 없었으며 제한도 많이 따랐다. 그럼에도 불구하고 이곳저곳에서 우후죽순으로 '전문학교'(Fachschule)가 탄생하였다. 우선 가장 쉽게 볼 수 있는 것은 '실과학교'(Realschule)로부터 '전문학교'(Fachschule)로의 탈바꿈을 들 수 있다. 즉 여기저기에 산재하였던 실과학교들 중에서 주변 상인들로부터 자식들에게 상업기술을 좀 가르쳐달라는 부탁을 받으면서 아예 '계산전문학교' 등으로 간판을 고쳐 다는 학교도 생겨났다. 주변 환경의 요청은 점차 주변 공장에서 또 심지어는 동업조합에서도 이루어졌다. 대부분 "꼭 그 부분만" 집중 훈련시켜 달라는 주문들이었다. 결국 이런 저런 주변의 요청으로 탈바꿈하기 시작하는 많은 실과학교들은 전문학교로 탈바꿈하게 되었다. 물론 당시의 전문학교는 일반 공장에서와는 달리 보다 이론지향으로 과목들을 운영했다. 이러한 전문학교의 교육전통은 지금까지 이어지고 있다. 또한 전문학교들은 동업조합으로부터의 간섭을 공장보다는 상대적으로 덜 받을 수 있었다. 이는 당시 전문학교가 가지고 있었던 이점이라고 할 수 있다. 왜냐하면 과거 도제훈련과 실과학교에서 흔했던 동업조합의 교육적 간섭은 대단히 엄격하고 심했기 때문이다.

3. 산업사회 계몽교육의 한계

17-18세기 산업사회의 계몽교육은 대략 다음과 같이 3가지 차원에서 특징을 가지고 있었다.

첫째, 계몽의 시대에 서구의 모든 국가들은 한편으로는 종교성직자들과 귀족계급들의 안정질서를 유지하는 차원에서 종교적이며 보수적인 교육을 지속하였으며, 다른 한편으로는 그들이 구상하는 정치적-경제적 목적을 달성하는 도구로 교육을 활용할 수 있는 절대 권력을 국민들로부터 위임받았다.

둘째, 모든 사람들에게 동등한 교육의 기회를 부여해야 한다는 원칙에의 요구는 비록 실천의 차원에서는 유효하지 못했지만, 공교육제도로서의 학교제도를 합법화해야 한다는 사회적 요청을 최초로 부각시킬 수 있었다. 또한 이 시기는 의무교육제도와 수업의무의 개념이 활성화된 시점이기도 하다.

셋째, 계몽의 시대에는 전통적 고전과 인문수업을 중심으로 하는 이론

교육이 대세였지만, 점차 급변하는 실생활에서 요청하고 과학적 실증주의, 실학주의, 실과주의를 기반으로 하는 전문적 직업기술교육에의 수요가 급증함으로써 소위 "새로운 학교들" - 이를테면, 아카데미, 전문학교, 실과학교, 범애학교(汎愛學校), 농부학교, 산업학교, 칼리지, 개혁대학 등 - 에 대한 갈망이 항상 노정되고 있었다.

특히 18세기에 있어서 최대의 사건은 프랑스혁명(1789년)과 영국을 필두로 시작된 산업혁명(1770-1830)인데, 이러한 획기적인 혁명을 일으키게 한 지도적 사상은 말할 것도 없이 유럽의 18세기 사상계를 지배한 이른바 '계몽사상'이다(안상원, 1971: 179). 따라서 계몽교육의 실천은 절대적으로 계몽사상에 근거하고 있다. 그러나 그들의 계몽사상이 오로지 교육적 차원에서만 다루어진 것은 아니다. 물론 교육과 교육실제는 교육자체만으로 존재하지 않는 복합적 삶의 현상이며 복잡한 삶의 엇물림이다. 따라서 정치적, 경제적, 사회적, 문화적 차원들과 함께 계몽교육이 등장한 셈이다. 특히 당시의 계몽주의자들 중에는 '교육'에 대하여 지대한 관심을 가진 사람들이 많았다. 왜냐하면 계몽은 곧 교육이었기 때문이다. 아마 이들이 계몽교육사상가의 반열에 쉽게 들 수 있을지도 모른다. 스스로 이성으로 해방되는 것도 계몽이요 - 정확히 말하면 자기도야(Selbstbildung) - 어리석은 다른 사람들을 계도하는 것도 계몽이다. 이렇게 본다면 계몽은 분명히 교육과 한 몸이다. 물론 교육은 - 엄밀히 말하면 - 계몽 이상일 것이다. 다만 계몽주의 시대에는 교육과 계몽의 관계에 대하여 심도 있는 논의 한 번 없이 그냥 계몽과 교육은 어정쩡한 관계로 일관되어 왔다.

그러나 문제는 계몽의 시대가 교육사상을 중심으로 또는 최소한 교육사상과 병행하여 이루어진 것이 아니라, 항상 교육은 당시 국가와 사회가 추구하는 정치, 경제, 사회적 목표 특히 권력에 의해 계획된 "의도된 계몽"을 달성하기 위한 실천적 수단으로서 전락되었다는 사실이다. 이미 역사가 말해 주듯이 당시의 교육적 현실들도 이러한 도구화·수단화된 교육실제의 반영들이었다. 이러한 근거에서 계몽의 시대에 태어나 계몽의 시대를 살았으며 계몽의 시대에 자신의 사상을 펼쳐 나갔던 자연주의자 인 루소나 이를 기점으로 교육실천에 나섰던 바제도우, 잘츠만 등 범애주의자들은 당시의 교육현실을 매우 못마땅하게 여길 수밖에 없었던 것이다. 즉 교육은 동서고금을 막론하고 교육의 본질을 풀어나가기보다는, 항상 정치, 경제, 사회적 수단으로서의 역할을 충실하게 할 뿐이다.

결국 20세기 초 독일에서 "개혁교육학"(Reformpädagogik)의 운동이 대대적으로 전개되어 전 유럽지역으로 파급되기 시작하였다. 이때 바로 개혁교육학은 개혁의 대상으로 계몽주의교육을 지목하였다. 루소, 페스탈로치, 케르센슈타이너 등의 "아동중심의 교육" 즉 "아동으로부터"(von Kind aus)라는 구호를 내건 독일의 개혁교육학운동은 우선 획일적인 국정교과서 중심의 교육도 개혁의 대상이고, 주입식 암기중심의 획일적 수업방법도 개혁되어야 할 대상이었다(Wilhelm, 1963: 61). 심지어 학교에서 교사와 학생간의 수직적 위계관계도 개혁되어야 하는 것이었으며, 결코 사회적 변화에도 불구하고 항상성과 보수성만을 고집하는 계몽주의 학교도 문제였다. 물론 지나치게 유용성과 현실주의에 편승하는 계몽주의 교육도 문제이다. 결국 교육의 본질이 무엇인지에 대해서 생각하지도 않으면서 맹목적 또는 권력적인 국가와 사회가 원하는 의도된 계몽의 방향으로 움직이는 것도 "개혁교육학"(reformpädagogik)이 문제 삼았던 대목이다.

한마디로 계몽은 계몽 자신에 대해서는 결코 이성적이지 못했다(장은주, 2000: 462). 여기서 교육은 개인적으로는 "도구적 이성"의 책략에, 국가 사회적으로는 "의도된 계몽"에 한낱 심부름꾼의 역할만을 수행할 수밖에 없었다. 이러한 상황에서는 위대한 교육사상이나 교육이상도 한갓 무용지물이 아닐 수 없다. 이는 루소의 언어로 표현된 바 있다.

"인간은 단순히 다른 사람을 위한 도구로 사용되도록 강요당하기에는 너무 고귀한 존재이다. 인간을 기용할 때, 오로지 인간이 무슨 일에 적합한가만을 문제 삼으면서 무슨 일이 인간에게 적합한가를 고려하지 않는다면, 이것은 잘못이다. 인간이 직분을 위해서 만들어진 것이 아니라 직분이 인간을 위해서 만들어진 것이다."(Rousseau, New Heloise, v.2/ 윌리암 보이드, 1921/ 이홍우 외 역, 1996: 429에서 재인용)

유럽의 계몽주의시대에 태어나서 계몽중의 사상의 대표자로 군림하다가 결국은 계몽주의를 비판한 죄목으로 사회적으로 추방된 루소(Jean Jacques Rousseau, 1712-1778)의 자유사상을 철저히 추종했던 - 그러나 교육사상에서는 루소와 달리 적극적 교육을 주장했던 - 칸트(Immanuel Kant, 1724-1803) 역시 '너 자신이건 다른 사람이건 인간을 사용할 때에는 언제나 목적으로 사용할 뿐, 결코 수단으로 사용하지 말라'는 말로 '도구화되고 수단화된 이성'의 계몽을 강력히 비판한 바 있다(이상오, 2005: 299).

● 참고문헌

안상원 (1971). 신교육사. 서울: 재동문화사.

이상오 (2005). 계몽주의 교육 - 이론과 실제 - 서울: 학지사

장은주 (2000). 계보학적 사회비판을 넘어서. 니체가 뒤흔든 철학 100년(김상환 외), 449-470쪽. 서울: 민음사.

정종화 (1996). 영국의 교육제도, 유럽연합(EU) 국가들의 교육제도. 고려대학교 EU 연구센터 제5회 학술세미나(1996. 9. 12).

윌리암 보이드 (1921). 서양교육사(원제: The history of western education/ 이홍우, 박재문, 유한구 역, 1999). 서울: 교육과학사.

Blankertz Herwig (1982). *Die Geschichte der Paedagogik. Von der Aufklaerung bis zur Gegenwart*. Buechse der Pandora 1982.

제2장

사회적 엔트로피로서의 학교

1. 엔트로피의 개념 – 과학이론적 접근

현대이론물리학을 가능하게 한 중요한 조건은 〈열역학이론〉의 탄생이었다. 열역학 이론은 열의 정체가 무엇인가? 하는 의문으로부터 출발한다. 17세기 유럽에서는 베이컨, 보일, 뉴턴 등 기계적 철학의 영향으로 '열의 본질' 역시 물질입자의 운동으로 간주되었다. 18세기 들면서 열을 칼로릭(caloric)이라는 무게 없는 물질입자로 간주하는 "칼로릭 이론"이 탄생했다. 그러나 마찰열의 발생으로 칼로릭이 빠져 나올 때 무한으로 빠져 나올 수가 없는데도 불구하고, 마찰열은 지속된다는 이론적 모순이 발견됨으로써 칼로릭 이론에 의문이 제기되었다.

그럼에도 불구하고 칼로릭 이론은 현대 열역학 이론의 성립에 지대한 공헌을 하였다. 실제로 푸리에(Joseph Fourier, 1768-1830)는 칼로릭 이론에 기초하여 열전달 이론의 수학적 시스템까지 세웠다(김영식·임경순, 2002: 195). 또한 카르노(Sadi Carnot, 1796-1832)는 1824년 자신의 논문「열의 운동에 관한 고찰(Rèflexions sur la puissqnce motrice de feu)」에서 열기관의 열효율 문제를 해석했다. 즉 물이 높은 곳에서 낮은 곳으로 이동하면서 일을 하듯이 열 곧 칼로릭도 높은 온도에서 낮은 온도로 이동하면서 일을 하게 된다는 생각에서 출발한 그의 이론은 "카르노의 원리"(1824)로 발전하게 된다(Mainzer, 1997: 85). 카르노의 사후인 1840년경부터 세간에 알려지기 시작한 이 원리에 의하면, 열기관의 열효율은 그 열기관의 작동물질에 관계없이 그 열기관을 구성하는 두 온도만의 함수가 된다.

그러나 카르노의 원리와 무관하게 1830년부터는 열에 대한 칼로릭이론이 쇠퇴하게 된다. 이런 와중에 과학자들 사이에서는 열이 역학적 에너지뿐만 아니라 화학적 에너지와 똑 같은 물리적 양에 해당되고 서로 변환도 될 수 있다는 생각을 하게 된다. 여기에는 18세기말부터 독일을 중심으로 퍼져 나갔던 자연철학의 영향이 컸다(김영식·임경순, 2002: 196). 자연철학은 당시 영국과 프랑스 중심의 계몽주의 사조가 지나치게 기계주의적-실험적-수학적 자연관을 강조한 나머지 자연으로부터 생명, 신비함, 통일성, 감성 등을 빼앗아 버린 데 대한 반발로 나타난 사상적 흐름을 말한다. 자연철학주의자들은 특히 자연세계의 통일성을 강조했고, 기계적 자연관이 자연을 조각내고 분해해서 그 통일성을 보지 못함을 비난했다(김영식·임경순, 2002: 197). 독일의 대표적인 자연철학자이며 낭만주의자였던 쉘링(Friedrich Schelling, 1775-1854)은 인간이 결코 기계일 수 없으며 생명체는 자연세계의 통일성을 내재하고 있다고 주장한 바 있다(Weyl, 2000: 270). 또한 그는 조직화와 재생산이 생명의 주요한 특성이라고 가정하는 "생명에 관한 과학"을 설계했다(Mainzer, 1997: 84). 그는 자연현상은 통일성으로 존재하지만, 때에 따라서 전기, 자기, 빛, 소리, 열, 화학 및 역학현상 등 다양한 형태로 나타난다고 생각했다. 이러한 쉘링의 자연 철학적 사고에 편승하여 마이어(Robert Mayer, 1814-1878), 헬름홀츠(Hermann Helmholz, 1821-1894) 그리고 주울(James P. Joule, 1818-1889) 등 세 사람은「에너지 보존의 원리」 즉 「열역학 제1법칙」을 발견했다. 「열역학 제1법칙」에 의하면 에너지는 절대로 새로 창조되거나 파괴되지 않는다(Manizer, 1997: 85). 이들은 모두 각기 자신의 전공분야에서 제각기 다른 실험을 하였지만 결론은 같았다.

의사였던 마이어는 동물의 혈액 색깔이 다른 이유를 추적하다가 열대인의 혈액이 더 붉은 이유를 "열"(熱, fiber) 때문이라고 설명했다. 또한 물리학자이며 생리학자였던 헬름홀츠는 에너지보존의 법칙을 수학적으로 접근했다. 그는 만약 에너지가 창조되지도 파괴되지도 않고 오로지 형태변화만 존재한다면, 우리의 몸도 에너지가 여기서 저기로 변화되는 메커니즘의 고안물일 뿐으로 특별한 정신적 힘이라든지 영혼은 의미가 없을 것이라고 하면서 이를 화학적 작용으로 설명했다(Mainzer, 1997: 120). 마지막으로 주울은 같은 열을 내는 각종 에너지를 재는 실험을 통하여 역학적 에너지(일), 화학에너지, 전기에너지가 열과 치환될 수 있다는 사실을 밝혀냈다. 이렇게 하여 마이어, 헬름홀츠, 주울은 열과 일이 서로 같은 종류의 양이고 서로 변환되며 그 합은 보존된다는 이른바 「열역학 제1법칙」 즉 「에너지 총량 불변의 법칙」을 탄생시킬 수 있는 실험에 성공했다. 한마디로 에너지가 자연 속에서 항상 일정하게 진행되는 기계적 작업, 전기적 에너지 또는 화학적 변화에도 불구하고, 닫힌 시스템 속에서 총 에너지는 불변으로 유지된다(Mainzer, 1997: 85). 이로써 새로운 열의 영역으로 등장했던 칼로릭의 개념은 더 이상 가치가 없는 것처럼 여겨졌다.

그러나 1847년 칼로릭 개념의 완성자격인 카르노의 논문을 다시 검토하던 클라우지우스(Rudolph Clausius, 1822-1888)와 톰슨(William Thomson, 1824-1907)은 주울의 생각에 모순이 있음을 발견했다. 우선 클라우지우스는 열과 일의 합(合)이 보존된다는 주울의 결론을 수용하면서도, "열은 반드시 높은 온도에서 낮은 온도로만 흐르며 열기관의 열효율도 두 온도에만 관계된다"는 소위 "카르노의 원리"를 입증해 냈다. 만약 온도차의 구별이 없이 마이어, 헬름홀츠, 주울의 생각대로 에너지의 변환만 강조한다면 낮은 온도에서 높은 온도로 열이 이동하는 것도 가능해진다. 바로 이 부분이 모순인 것이다. 또한 톰슨 역시 주변에서 자연현상에 아무 변화도 없이 물체가 주위로부터 열을 흡수하여 일로 바꾸는 것이 불가능하다는 사실을 토대로 '카르노의 원리'를 다시 한번 입증해 냈다(Weyl, 2000: 179). 이렇게 하여 『열역학 제2법칙』이 탄생한 것이다. 이 법칙에 의하면, 아무런 다른 변화 없이 열은 낮은 온도에서 높은 온도로 흐를 수 없으며, 주위로부터 열을 흡수해서 그대로(낮은 온도로 내보내지 않고) 일로 바꿀 수는 없다. 다시 말해서 모종의 에너지의 희생 없이 자연에서는 물리적, 화학적, 생물학적 또는 정보적 변형을 포함하는 어떤 과정도 일어날 수 없다(Mainzer, 1997: 85). 한마디로, 에너지 A가 에너지 B로 변화하기 위해서는 에너지 C의 희생과 헌신이 필요하다는 말이나. 즉 에너지 A에서 에너지 B로 되는 과정에서 전혀 다른 차원의 에너지 C가 어디론가 사라지거나(발생하거나) 아니면 미지의 세계로 흡수되고 만다.

결국 『열역학 제1법칙』이 일과 열을 포함한 제반 자연현상의 변화에서 역학의 총합은 반드시 보존된다는 양적 관계에 대한 규정이었다면, 『열역학 제2법칙』은 열의 변화의 방향을 제한한 셈이다. 즉 열은 반드시 높은 온도에서 낮은 온도로만 흐르고, 일은 열로 바뀔 수는 있지만 반대로 열은 일로 바뀔 수 없다는 것이 열역학 제2법칙이다. 그러나 열역학 제1, 제2법칙에 대하여 "법칙의 보편성과 규칙성"이라는 문제에서 항상 불안하게 생각했던 클라우지우스는 법칙을 보다 완전하고 보편적으로 하기 위해 수학적으로 표현하고자 했다. 바로 이 과정에서 1865년 그는 "엔트로피"(entropy)의 개념을 (재)발견해 내게 된다. 다시 말하면, 물리적 진화의 맥락에서 열역학 제2법칙의 근본적 중요성은 '진화' 또는 '전이'를 의미하는 그리스어인 '엔트로피'라는 전문용어를 차용한 클라우지우스에 의해 추인된 셈이다(Mainzer, 1997: 85).

실제로 클라우지우스가 이러한 엔트로피의 개념을 발견하게 된 확실한 동기는 1852년 톰슨이 발표한 짤막한 논문인 「에너지의 낭비」

(dissipation)라는 부분에 주목하면서 가능했다. 지표면의 열이 서서히 식어 가는 현상을 목격한 톰슨은 우리 일상과 자연에서는 반드시 에너지의 낭비 과정이 생겨나게 된다고 주장했다. 왜냐하면 일로부터 열의 생성, 열의 전도(conduction) 그리고 열의 복사(radiation) 등 세 가지 비가역적 과정이 필연적이기 때문이다. 결국 그는 현재 물질세계에는 역학적 에너지가 낭비되고 있다고 결론을 짓는다. 톰슨의 연구결과를 토대로 클라우지우스는 1865년 발표한 자신의 논문 「우주의 두 가지 기본 법칙들」에서, 첫째, 우주의 에너지는 일정하며, 둘째, 우주의 엔트로피는 항상 증가한다는 주장을 했다. 즉 우주의 모든 변화를 통해서 항상 보존되는 것이 "에너지"인 반면, 이런 변화가 방향성을 나타내 주면서 항상 증가하는 양이 "엔트로피"인 것이다(김영식·임경순, 2002: 200). 역으로 말하면, 엔트로피 법칙 속에서 자연과정은 반드시 비가역적이며 항상 엔트로피는 증가할 뿐이다(Weyl, 2000: 247).

그러나 클라우지우스에 의해 처음 제시된 엔트로피의 개념은 오랜 시간 동안 일반에게 받아질 수 없었으며, 과학자들 사이에서도 많은 오해를 불러 일으켰다. 특히 비가역적 과정에 대한 엔트로피의 변화를 정확히 수학적으로 계산해 내는 일은 클라우지우스에게도 어려운 일이었다. 15년 동안의 노력에도 불구하고 클라우지우스 자신도 기껏해야 이를 미분의 양으로만 계산하는데 만족했다. 결국 엔트로피의 계산은 '확률'(確率)에 의존하여 근사치로만 가능했던 것이다. 이러한 한계는 이미 존재할 수밖에 없었다. 즉 열역학 제2법칙은 애초부터 수학적 추론이나 이론적 증명을 통해 얻어진 결론이 아니었으며 오로지 경험적 사실에 기인한 것이었기 때문이다. 따라서 엔트로피 즉 "에너지의 손실"은 극히 미미해서 경험상으로 관측이 거의 불가능한 영역이기 때문에 정확하게 수학적으로 계산해 내는 것은 불가능한 것이다. 다만 우리는 "열이 높은 온도에서 낮은 온도로 흐르는 것은 그 방향으로 변화가 일어날 확률이 지극히 높은 것이며, 엔트로피가 증가하는 방향에서 일어나는 모든 변화는 그러한 변화의 확률이 지극히 높은 것"이라고 말할 수 있을 뿐이다. 한마디로 어떤 상태에 대한 엔트로피는 그 상태에 대한 확률의 척도가 된다(김영식·임경순, 2002: 202). 이러한 확률적 계산은 실제로 볼츠만(Ludwig Boltzmann, 1844-1906)에게서야 가능해졌다(Mainzcr, 1997: 86). 그는 엔트로피를 [k*log D]라는 표현으로 정의했는데, 여기서 D는 무질서의 척도이며 k는 32,983*10-24cal/0C로 우주 상수를 의미한다(Weyl, 2000: 258). 클라우지우스의 시대에는 엔트로피가 물리학적으로도 어떤 의미를 가지고 있는가에 대하여 대답하는 것도 쉬운 일이 아니었다. 그러나 볼츠만의 연구결과를 통해 엔트로피가 '무질서의 척도'로 알려지면서 엔트로피에 대한 연구는 가속화된다.

볼츠만은 모든 시스템이 고체 상태에서보다 기체 상태에서 더 무질서하며, 기체 상태에서 분자배열의 확률은 높아지고 고체 상태에서는 상대적으로 낮아진다는 사실을 알아냈다. 또한 기체 상태에서 분자들은 시간이 흘러감에 따라 질서 있는 배열에서 점점 '무질서'한 상태로 변한다는 사실도 알아냈다. 이러한 원리는 카드놀이에서 카드 패를 계속 섞으면 섞을수록 카드 배열이 질서에서 무질서로 바꾸어 가는 이치와 같다. 질서 상태에서 무질서 상태로 이전하는 것은 완전히 수리적으로 계량화될 수 없다. 단지 확률로만 계산될 수 있다. 예를 들어, 연속 패로 잘 정리된 카드를 두 번 섞은 다음에 연속 패가 나올 수 있는 것은 확률일 뿐이다. 따라서 엔트로피의 물리량은 확률로만 계산이 가능하다. 특히 증가할 수밖에 없는 엔트로피는 질서 있는 배열에서 무질서한 배열로 진행되는 물리량에 해당되기 때문에 확률로만 계산될 수 있다. 이제 기체의 무질서한 분자배열과의 관계가 밝혀지고 특히 일종의 물리량인 엔트로피의 존재가 인식되면서, 열역학 이론은 물리학의 새로운 연구분야로 떠올랐다. 그동안 주로 화학자, 의사, 기술자들 그리고 자연철학주의자들이나 갖가지 실험을 하던 사람들의 경험적 지식의 종합에 지나지 않던 열에 관한 지식이 이론적 기초를 갖추게 되고,

시스템화-수학화된 하나의 과학분야가 된 것이다(김영식·임경순, 2002: 204).

결국 엔트로피란 자연물질이 변형되어 다시 원래의 상태로 돌아갈 수 없게 되는 현상을 말한다. 즉 엔트로피는 '무질서의 정도'를 의미하는데, 자연물질을 무질서의 상태로 만듦으로써 다른 에너지로의 변화를 가능하게 한다. 따라서 엔트로피의 증가는 에너지의 사용으로 인하여 결국은 사용가능한 에너지가 손실되는 결과를 초래한다. 엔트로피란 '변화'를 의미하는 그리스어 $\tau\rho o\pi\eta$에서 나온 물리량을 의미한다. 따라서 인간이 자연에서 에너지를 얻는 순간 물질계의 엔트로피는 증가한다. 즉 우주 전체의 에너지의 양은 일정하지만, 전체 엔트로피는 항상 증가한다. 왜냐하면 우주에 살고 있는 우리 인간은 늘 에너지를 사용하면서 자신의 생명을 유지해야 하기 때문이다.

2. 학교: 엔트로피의 최대치

현대사회는 과학이 세상을 지배하고 있다. 따라서 현대이론물리학에 근거한 엔트로피 이론은 오늘날 사회문제에 대한 과학적 해법을 제시하는 토대를 제공하고 있다. 이렇게 본다면, 오늘날 대표적인 사회문제로 등장하고 있는 교육의 문제 역시 엔트로피의 개념으로 설명될 수 있다.

인류가 발명한 사회제도는 무수히 많다. 그 중에 학교제도는 인류 역사상 가장 획기적인 사회제도임이 분명하다. 독일의 계몽주의 철학자 칸트(Immanuel Kant, 1724-1804)에 의하면, "인간은 교육을 받을 수 있는 유일한 피조물"이다. 즉 인간은 교육없이 결코 제대로 된 인간이 될 수 없고, 교육받지 않고 교육되지 않은 인간은 더 이상 인간이라고 할 수 없다는 의미이다. 물론 과장일 수 있다. 그러나 따지고 보면 우리 인간의 삶에서 교육과 학습의 결과가 아닌 것이 없다. 젖먹이가 걸어 다니는 아이로 성장하는 과정에서도 수많은 것들이 가르쳐지고 배워지고 있다. 아이들은 아빠 엄마 그리고 누군가의 가르침을 통하여 배우면서 마침내 성장하는 것이다. 아이가 청소년이 되고 성년이 되고 어른이 되고 심지어는 노인이 되는 과정에서도 또 다른 가르침과 학습현상이 끊임없이 이루어지고 있다. 평생교육과 평생학습을 거론하지 않더라고 인간의 삶은 한 순간도 교육과 학습 없이 이루어지는 것은 없다. 어른들은 아이들에게 말한다. 너는 거저 큰 것 같지. 사실 아이들은 자기가 스스로 성장한 것으로 여길 것이다. 그러나 알게 모르게 교육과 학습이 없었다면 그는 지금의 그가 아니다. 물론 '교육무용론'(敎育無用論)을 주장하는 것도 가능할 것이다. 그러나 교육에 대한 이해의 관점이 서로 다른 것이지 삶이 스스로 삶이 되지 않는다는 사실에는 이의가 없을 것이다. 삶이 교육이고 학습이다. 반대로 교육과 학습이 삶을 만든다.

이런 의미에서 본다면 학교는 인간의 삶에 필수적일 수밖에 없다. 왜냐하면 교육과 삶은 불가분의 관계이기 때문이다. 그러나 학교가 인류의 탄생과 함께 해 온 것은 아니다. 왜냐하면 아담과 이브가 미팅에서 처음 만나서 "저 실례지만 어느 학교를 나왔나요?"라고 묻지는 않았을 것이기 때문이다. 학교는 언젠가 필요와 요청에 의해서 발생한 사회적 제도이다. 사회제도로서의 학교는 사회의 필요와 요청에 의해서 생겨났다. 그러나 우리는 개인적 필요에 의해서도 교육과 학습을 요구한다. 교육과 학습에 대한 개인적 욕구는 사회제도로 탄생한 학교의 역할과 기능에 호응하면서 학교는 언젠가부터 "학생들이 모여서 교육과 학습을 하는 교육의 전당"으로 군림하게 된다. 학교의 전성기이다. 그때가 바로 위에서 보았던 유럽의 계몽주의 시대와 산업혁명의 시대였다. 한마디로 학교는 바로 그때가 최고 정상이었다. 특히 농경사회에서 산업사회로의 급격한 사회변화와 함께 교육의 전당으로서 부각된 학교의 역할과 기능은 전문교육기관으로서 학교의 위상을 굳건하게 만들어 주었다. 한마디로 이 시대에는 학교가 사회의 효자였다.

오늘날 우리는 탈산업사회의 지식정보사회를 살고 있으며, 포스트모던의 신(新)사고 시대를 거쳐 사이버 가상공간의 하이퍼리얼리티(hyper-reality) 세계에서 모든 연결(network)과 복제(duplication, 複製)가 가능해지는 디지털 세상 그리고 인간의 사고능력을 넘보는 인공지능의 시대로 접어들고 있다. 모두가 하이 테크놀로지의 발달 때문이다. 결국 우리의 교육 특히 교육의 전당으로 군림해 온 학교는 이렇게 빠르게 변화하는 사회에 직면하여야 하고 테크놀로지의 발달 추세와 대결해야 한다.

그러나 과연 지금 우리의 학교가 변화하는 사회추세와 테크놀로지의 변화에 대응할 수 있는 역량을 가지고 있는가? 결국 우리는 오늘날 학교가 '죽은 지식의 창고'로 전락하고 있다는 비판에 직면하고 있다. 1990년대 공과대학에 입학하여 286 PC로 열심히 수업을 하고 많이 배웠지만, 사회에 나가는 순간 386으로 버전이 바뀌는 바람에 대학에서 배운 지식은 사회에서 바로 무용지물이 되었다. 지금도 콘텐츠만 바뀔 뿐 이러한 악순환의 고리는 계속 되풀이 되고 있다. 애궂은 학생들은 학교라는 죽은 지식의 창고에서 청춘을 보내고 있다는 비판이다. 이세돌과 알파고의 대결을 통하여 바야흐로 오늘날은 '집단지성'(集團地性)의 시대라는 사실이 새삼 인식되고 있음에도 불구하고, 우리 학교의 교단에서는 여전히 '나홀로 지성' 즉 교수자 한사람에 의해서 일방적으로 지식이 전달되는 '받아쓰기 수업'이 지속되고 있다. 물론 다른 해석도 가능하다. 하여간 이러한 관점에서 본다면, 학교는 이미 죽은 지식의 전당이 된 지 오래이다.

학교에서 벌어지는 또 다른 사회적 이슈는 '학교폭력'의 문제이다. 폭력은 어느 시대, 어느 사회에도 존재한다. 또한 학교폭력의 원인이 학교에만 있는 것은 아니다. 그러나 분명한 것은 가장 교육적이어야 하는 학교에서 가장 '비교육적'이라고 할 수 있는 '폭력사태'가 발생하고 있다는 사실이 문제인 것이다. 설령 폭력의 원인제공이 외부에 있다고 하더라도 교육의 전당인 '학교'가 폭력의 현장이 된다는 사실은 사회적으로 문제가 된다. 물론 학교가 폭력의 현장이 되지 않기 위해서는 가해학생을 학교 울타리로 추방하면 된다. 달리 말하면, 학교가 학교폭력의 장소로 비난받지 않기 위해서는 이들을 거리로 방출하면 된다. 그러나 학교가 이들을 추방하는 것은 법적으로도 문제가 된다. 성년에게 해당되는 형법에서도 형벌을 받은 범죄자들도 언젠가는 다시 사회에 복귀하도록 하고 있다. 즉 법치국가에서는 만약 학교에서 추방된 가해자라도 그는 언젠가 학교로 복귀되는 것이 정당하다. 결국 오늘날 인성교육의 부재라는 비난 앞에서 학교는 망연자실이다. 물론 인성교육이 가정에서부터 일어나야 한다는 반론도 가능하다. 그러나 분명한 것은 학교가 인성교육의 일부도 못 맡겠다는 논리에는 사회적 공감대가 취약하다. 결국 인성교육의 부재라는 비판은 학교의 몫이 된다. 그러나 학교는 여전히 변명한다. 학교는 학생들의 지식교육만을 책임지겠다고 학부모들과 암묵적으로 약속했지 인성교육을 위임받은 적이 없다고 한다. 그럼에도 불구하고 교육의 전당임을 자처하는 학교 현장에서 폭력사태가 발생한다는 사실은 아이러니가 아닐 수 없다.

마지막으로 학교가 당면한 사회문제는 '사회적 불평등의 재생산'이다. 경제적으로 우월한 집안의 아이들이 학교성적도 높고 이른바 상위권 대학에 진학한다는 통계가 여기저기서 쏟아져 나오고 있다. 전 세계의 상황도 대동소이하다. 물론 일반화의 오류는 존재한다. 그럼에도 불구하고 학교는 오래 전부터 사회적 불평등을 재생산하는 장소로 전락되었다는 비판은 여전히 유효하다. 특히 정보사회를 기화로 정보의 격차부터 교육의 불평등 요인이 고발되고 있다.

정리하자면, 오늘날 학교는 최소한 세 가지 차원에서 사회문제의 중심에 놓여 있다. 첫째, 학교가 죽은 지식의 창고가 되고 있으며, 둘째, 학교폭력 등 인성교육이 부재하며, 셋째, 교육적 불평등이 재생산되고 있다. 물론 이밖에도 사회문제로서의 학교가 고발될 소지는 얼마든지 있다. 바로 이러한 사회문제들은 우리의 학교가 이미 '사회적 엔트로피의 최대치'로 향하고 있다는 사실을 알려주는 대목들이다. 왜냐하면 인류의 유산으로 전승되고 있는 '학교'가 이제는 '교육의 전당'에서 '가장 비교육적인 장소'로 전락하고 있기 때문이다.

엔트로피의 이론에 의하면, 우리 인간은 자신의 생명을 보존하기 위해서 에너지를 사용한다. 그러나 이는 엔트로피를 증가시킴으로써 결국 모두 사멸하게 된다. 구체적으로 우리는 살아남기 위해서 호흡하면서 에너지를 취득하지만, 이로 인하여 증가하는 엔트로피 때문에 언젠가 우리는 숨을 거두어야 한다. 살아남기 위한 에너지 작용이 결국은 우리를 죽게 한다. 이를테면 우리가 살아가는데 산소는 필수지만, 끊임없는 산소호흡으로 우리의 몸은 산화(酸化)된다. 산화된 육체는 언젠가는 사멸하게 마련이다. 살아남기 위한 행동이 결국은 죽어야 한다. 아이러니가 아닐 수 없다.

열역학 제2법칙에 따르면 이러한 자연현상이 '비가역적'이라는 사실이다. 즉 이러한 자연적 소멸현상은 다시 돌이킬 수가 없다. 이렇게 본다면 인간의 작품으로 탄생한 사회제도로서의 학교 역시 결국은 소멸해야 하는 운명을 가진다. 따라서 학교라는 사회제도는 언젠가 엔트로피가 증가로 인하여 사멸할 수밖에 없다. 바로 지금이 그 시점이다. 즉 우리는 급변하는 사회의 변화추세에 따라갈 수조차 없는 태생적 한계를 가진 학교에서 발생하는 엔트로피를 피해 갈 수는 없다. 물론 학교는 당면한 문제와 사회적 비판에 대처하고 문제를 극복하기 위해서 나름의 수단과 대책을 강구하고 있다. 학교개혁이 바로 그것이다. 즉 학교가 소멸하지 않으려면 '개혁'(reform)과 '혁신'(innovation)이라도 해야 한다. 그러나 학교가 살아남기 위한 자구책을 강구하면 할수록 학교의 엔트로피도 점점 더 증가할 수밖에 없다. 즉 인간 개개인이 언젠가는 사멸하듯이 학교 역시 엔트로피의 증가 때문에 사멸할 수밖에 없다. 학교라는 제도자체가 이미 엔트로피의 최대치에 도달했기 때문이다. 이제 새로운 형태의 교육시스템이 요청되는 이유이기도 하다.

3. 일반시스템 이론: 학교해법을 위한 이론적 접근

1) 일반시스템 이론과 학교문제

일반시스템이론(general system theory)은 1940년 오스트리아 출신 미국의 생물학자였던 폰 버틀란피(Ludwig von Bertalanffy, 1901-1972)의 고안이다. 그는 살아 있는 세계가 끊임없이 복잡성을 증대시키는 방향으로 전개된다는 다윈의 진화론적 견해와 엔진이 점차 느려져서 점차 지구는 무질서한 방향으로 전개된다는 카르노와 볼츠만의 견해는 실제와 상반된다는 점에 착안한다. 즉 우주와 지구는 계속해서 진화한다. 버틀란피는 이러한 실제와의 상반적 딜레마를 해결하기 위해 자신의 일반시스템이론을 시작한다. 특히 볼츠만에 의해 주창된 열역학 제2법칙 즉 소위 엔트로피(entropy) 이론에 의하면, 역학적 에너지의 일부는 항상 흩어져서 열로 바뀌고 이 에너지는 완전히 역학적 에너지로 환원될 수 없기 때문에 지구라는 기계는 점차 느려지다가 결국 정지할 수밖에 없다. 이러한 볼츠만의 법칙에 의구심을 풀지 못하던 버틀란피는 볼츠만의 법칙은 '닫힌 시스템'(closed system)에서만 가능한 이야기라고 일축한다. 실제로 열역학 제2법칙은 닫힌 시스템 속에서 엔트로피는 항상 증가하여 그의 최대치에 도달한다는 사실을 말해 주고 있다(Mainzer, 1997: 65). 결국 많은 과학자들에게 열역학 제1, 제2법칙은 모든 자연에 중요한 조건이지만 자연에 일반적으로 적용될 수 있는 조건은 아니며 특히 닫히고 고립된 시스템 속에서 발생하는 에너지 교환일 뿐이라고 인식되었다(Mainzer, 1997: 90). 이렇게 본다면 열역학 법칙은 틀린 법칙이라고 볼 수 없지만, 마치 뉴턴 역학체계의 한계에서 나타난 것처럼 법칙의 적용범위는 고립된 하위 시스템, 우주 시스템 또는 실험실의 준비된 조건에만 만족하고 다양한 변수를 가진 우리의 실생활에 적용되기에는 경험적 한계를 가지고 있는 것이다(Mainzer, 1997: 91).

이러한 맥락에서 버틀란피는 생물의 경우 "열린 시스템"(open system)에 살고 있기 때문에 카르노와 볼츠만의 법칙이 적용되지 않는다고 주장한다. 다시 말해서, 지구상의 생물은 모두 열린 시스템으로 생존하고 있다. 왜냐하면 모든 시스템은 그들 둘러싼 '환경'(環境)을 가지고 있기 때문이다(Prigogine, 1961: 15). 열린 시스템은 환경으로 또는 환경으로부터 에너지 또는 물질의 이동과 연계되어 있는 엔트로피 생산을 위한 내부적 원천뿐 아니라 외부적 원천을 가지고 있다(Mainzer, 1997: 91). 따라서 생물체에게서 물질은 끊임없이 외부환경으로 흘러나오기도 하고 반대로 외부환경으로부터 에너지를 유입시키기도 한다. 결국 지구 생물계는 카르노와 볼츠만의 주장처럼 열역학적 평형상태로 귀착하는 닫힌 시스템과는 달리, 열린 시스템은 지속적인 흐름과 변화로 특징지어지는 정상상태 속에서 평형과는 거리가 먼 방식으로 스스로를 유지하게 된다(프리쵸프 카프라, 1996/ 김용정·김동광, 1999: 74). 이런 의미에서 슈뢰딩어(Erwin Schrödinger, 1887-1961)는 에너지의 흐름은 열역학 평형으로부터의 강한 이탈을 허락하는 조건을 창출한다고 정리한다(Mainzer, 1997: 97).

1940년대에 이곳 저곳에서 산만하게 발표된 버틀란피의 일반시스템이론은 열역학의 확장에 필요한 수학적 방법을 찾아내지 못해 별 주목을 받지 못하였다. 그러나 1970년대에 프리고진(Ilya Prigogine, 1917-2003)이 이를 수학적으로 입증해 냄으로써 일반시스템이론은 새로운 과학이론으로 다듬어졌다. 이로써 버틀란피의 일반시스템이론은 "열린 시스템이론"(open system theory)으로 완전히 해석되었으며, 시스템사고를 중요한 과학적 운동으로 수립할 수 있게 되었다(프리쵸프 카프라, 1996/ 김용정·

김동광, 1999: 71-72).

이렇게 본다면, 일반시스템 이론은 학교문제의 해법에 일말의 시사점을 주고 있다. 왜냐하면 닫힌 시스템에서는 계속 증가할 수밖에 없는 엔트로피가 열린 시스템 속에서는 전혀 다른 양상으로 전개될 수 있기 때문이다. 따라서 만약 지금의 학교가 엔트로피를 통한 소멸대신 생명보존 심지어는 생명확장을 원한다면, 열린 시스템의 원리를 적극 수용할 필요가 있다. 우선 열린 시스템 이론에서는 모든 생명체가 '(주변)환경'을 가지고 있다는 사실인식이 요청된다. 즉 모든 생명은 자신의 환경과 물질을 교환하고 정보 및 에너지를 교환하면서 생명을 유지한다. 즉 일반시스템 이론에 따르면 모든 생명은 원칙적으로 스스로 살나가 죽는 것이 아니라 반드시 주변환경과의 상호작용을 통하여 죽음과 사멸을 억제시키면서 자신의 생명을 연장하고 확대한다는 사실이다. 아마 환경이 없다면 모든 생명체는 살려고 노력하면 할수록 점점 죽어갈 수밖에 없을 것이다. 그러나 환경으로부터 새로운 무엇인가가 계속 공급될 수 있다면, 사멸을 억제시킬 수 있다. 따라서 결과적으로는 우리는 생명을 연장할 수 있는 것이다. 일반시스템 이론에서는 '투입-전환-산출'의 과정을 피드백 루프(feedback loop)로 풀어내고 있다. 즉 환경으로부터의 투입은 엔트로피의 증가로 사멸의 과정을 겪는 내부를 변화시킴으로써 산출을 하게 되는데 이때 환경으로 나온 산출은 다시 피드백(還流) 되어 새로운 투입(input)이 이루어지면서 시스템은 열린 시스템의 모습을 하면서 자동순환고리의 시스템을 만들게 된다.

결국 사회적 엔트로피로서 등장하는 학교는 '열린시스템'(open system)의 피드백 루프를 통하여 지속적으로 증가할 수밖에 없는 엔트로피를 최소화시키거나 억제할 필요가 있다. 일반시스템이론은 엔트로피가 닫힌 시스템에서는 증가하지만 열린시스템에서는 반드시 그렇지도 않다는 사실을 알려주고 있다. 지구는 그 자체로는 닫힌 시스템이지만 우주의 차원에서 본다면 열린시스템이라고 할 수 있다. 지구라는 시스템의 가장 중요하고 일차적인 '환경'(surroundings)은 바로 태양이다. 이를 우리는 '태양계'로 설명하고 있다. 즉 지구는 태양이라는 환경으로부터 에너지를 유입하고 있다. 그러나 지구가 환경으로서의 태양계와 어떠한 물질과 정보 그리고 에너지를 교환하고 있는지에 대해서는 아직 어떠한 과학도 구체적으로 설명하지는 못하고 있다. 분명한 것은 열린시스템으로서의 지구는 태양을 비롯한 환경과의 부단한 상호작용을 통하여 '닫힌시스템'(closed system)의 속성을 벗어날 수 있다는 사실이다. 이렇게 본다면 우리 인간은 동시에 닫힌 시스템과 열린 시스템에 살고 있는 특수한 생명체가 된다. 학교 사회 역시 마찬가지이다. 따라서 사회적 엔트로피로서 등장한 학교문제는 오늘날 또 다른 과학사고로 작용하고 있는 열린시스템 이론으로부터 해법을 찾아 볼 수 있을 것이다.

2) 열린시스템의 구조와 학교문제

1943년 버틀란피는 생물의 구조가 에너지와 자원의 지속적인 흐름에 의존한다는 사실을 강조하기 위해서 이러한 생물구조를 '열린시스템'이라고 불렀다(프리쵸프 카프라, 1996/ 김용정·김동광역, 1999: 234). 전체로서의 열린시스템은 부분들 그리고 환경과 지속적인 관계를 맺음으로써 비교적 안정된 상호작용의 형태를 띤다. 그러나 만약 에너지와 물질의 유입이 중단될 때 물리적-화학적 시스템들은 그들의 구조를 잃게 된다(Mainzer, 1997: 103). 예를 들어, 열린 시스템인 사회는 조직화된 행동능력을 가진 구성원들과 상호작용하고 상호 의존하는 구조로 형성된다. 이러한 과정에서 사회는 유지 발전하는데. 여기서는 각 성원들에게 분화된 역할이 중요하며 이로써 시스템은 자신만의 독특한 특성을 지니게 된다.

일반시스템이론에서 다루는 시스템은 다양한 수준으로 발생한다. 즉 인간의 정신기능을 만들어 내는 뇌 세포 조직의 신경시스템으로부터 시작해서 사회 구성원들 간의 상호작용의 유형으로 가능한 모든 시스템에 이르기까지 그 수준이 다양하다. 이와 같이 하나의 총체로서 기능하는 시스템은 다른 시스템의 하위시스템인 동시에 또 다른 시스템의 상위시스템이 될 수 있다. 예를 들어, 생물의 장기(臟器)는 신체의 하위시스템이며, 동시에 조직의 상위시스템이 된다. 시스템은 부분들 간의 지속적인 상호교환 활동에 의해 조직화되는데, 부분들 간의 반복적인 상호교환 과정에서 시스템 내의 구성요소들 간에 역할이 분화되고 하위시스템 및 상위시스템과 위계질서가 형성된다. 유지와 존속 그리고 발전을 위해 시스템은 상위시스템에 의존할 수밖에 없으며 자신의 하위시스템에게는 방향을 제시하게 된다.

이렇게 상위시스템과 하위시스템이 시스템 내에서 공존하면서도 특정 시스템만의 고유성을 유지할 수 있는 것은 시스템이 바로 "경계"(境界, border)를 가지고 있기 때문이다. 시스템이 가지고 있는 경계선은 주변환경과 구별짓는 시스템 주변의 상상적 테두리 또는 점선(반투막)이라고 할 수 있다(김동배·권중돈, 1999: 423). 즉 경계란 시스템을 외부환경으로부터 구분하는 일종의 테두리를 의미한다(Chetkow-Yanoov, 1992: 19). 이를테면 인간의 피부와 나무의 껍질 그리고 모든 세포막은 경계에 해당한다. 그러나 사회시스템의 경계는 눈으로 보거나 만질 수 없다. 단지 경계는 그 시스템을 구성하는 사람들이 서로 서로에 대해 그리고 외부사람에 대해 행동할 때 나타난다. 경계는 적어도 일부로만 침투할 수 있다. 또한 경계를 통해 조직은 에너지와 정보 전달을 할 수 있다. 물론 사회시스템의 경우 경계선의 속성은 개념적이고 임의적일 수 있다. 그러나 경계는 분명히 시스템 내적 구성 성분과 외적 구성성분을 구분하고 있으며 주변 환경과도 금을 긋고 있다. 세포에서 세포막이 대표적이다. 물론 중요한 것은 경계선으로의 침투 가능성이나 정도차일 것이다. 우리 사회의 경계선 역시 점선(반투막)과 어망(漁網)에 비유될 수 있다. 하여간 세포부터 인간의 삶까지 정도 차는 있어도 시스템이 열려 있다는 사실이다. 물론 이는 상대적 개념일 수도 있다. 그러나 체계와 환경 사이의 경계가 정확한 윤곽을 가질 수 있는 근거는 체계의 원소들 간의 관계 강도가 원소가 아닌 대상이나 변수들 사이의 상호관계 강도보다 강하기 때문이다(피오트르 츠톰까, 1979/ 조재순·김선미 옮김, 1995: 83).

열린시스템은 시스템 내에서의 자유로운 정보교환과 자원교환을 허용한다. 이는 환경으로부터 또는 환경으로 자유로운 "에너지가 흐른다"는 사실을 인정하는 것이다. 생물의 세포막 사이에서는 항상 에너지의 흐름이 존재한다. 이런 의미에서 우리는 시스템의 "기본 재료"를 에너지로 간주할 수 있다(Anderson/ Carter, 1984: 29).

반대로 닫힌시스템은 환경과 고립되어 있다. 즉 경계선이 폐쇄적일수록 시스템은 경계선 내부에서만 작동한다. 이는 컴퓨터 상에서 온라인(on-line)과 오프라인(off-line)의 차이와 같으며, 인터넷(internet)과 인트라넷(intranet)간의 차이와 같다. 닫힌시스템은 융통성이 없으며 분화가 이루어지지 않으며 열린 시스템에 비해 전파속도와 범위가 제한된다.

우리가 열린시스템(open system)과 닫힌시스템(closed system)의 개념을 설명하려면 특히 "경계의 개념"에 대한 정확한 이해를 필요로 한다. 일반적으로 시스템은 경계를 넘는 에너지나 정보의 교환을 용납할 수도 있고 용납하지 않을 수도 있다. 열린시스템은 '반투과성'(半透膜)의 경계를 가지므로 경계가 상대적으로 느슨해지면서 에너지, 정보, 자원을 다른 시스템들과 교환한다. 반면 닫힌시스템은 다른 시스템들과 상호작용하지 않으므로 다른 시스템으로부터 투입도 없고 산출도 없다. 시스템이 폐쇄적이면 시간이 지나면서 모든 요소들이 비슷해지기 시작하여 결과적으로 조직과 효과적인 기능의 상실이 초래되는 무질서 즉 엔트로피의 속성이 나타나게 된다(Compton & Calaway, 1984: 125). 사회가 성장하고 발달하려면 상호 작용하는 다른 시스템으로부터의 유입에 열려 있어야 한다. 건전한 시스템은 반투과성의 경계를 가지며 이 경계를 잘 유지하는 나름의 방식을 갖고 있다. 간단히 말하면, 생명체에서 물질대사라는 근본적 생명현상을 가진 열린 시스템은 외부로부터 부적(不的) 엔트로피(negative entropy) 즉 네겐트로피(negentropy)를 도입함으로써 정상적인 생명현상을 유지하면서 엔트로피의 증가를 피할 수 있다(Bertalanffy, 1968: 73). 이미 슐뢰딩어(Ervin Schrödinger)는 자신의 저서 『What is Life』에서 "생명은 네가티브 엔트로피로 지탱된다"고 선언한 바 있다(Schrödinger, 1944). 닫힌시스템에서는 엔트로피의 증가로 인하여 질서가 계속 파괴될 뿐이다.

결국 생명체는 에너지의 이전현상으로 생명을 유지하게 된다. 열린시스템은 에너지가 부족할 때마다 필요한 에너지를 환경으로부터 얻기 위하여 주변시스템과 접촉한다. 반대로 에너지가 남아돌면 환경으로 방출한다. 주변 세계에 접근함으로써 시스템은 자신의 생존과 성장 그리고 안정화에 필요한 에너지를 획득할 수 있다. 한마디로 열린시스템은 물질과 에너지의 유입과 산출을 지속시킴으로써 계속 열린 시스템으로 존속하게 된다. 다시 말하면, 모든 열린 시스템은 성장과 변화 그리고 동시에 스스로를 유지할 수 있는 능력을 가지고 있는 셈이다. 열린 시스템은 융통성 있는 경계선을 가지고 있으며, 외부환경과 활발한 에너지의 교환 덕분에 안정된 상태를 유지한다. 이렇게 본다면 '개방'(open)은 시스템의 생존에서 필수적 요소가 된다. 이런 근거에서 버클리는 개방의 정도차가 있을 뿐이지 살아 있는 모든 생명체는 열린 시스템이라고 주장했다(Buckley, 1967: 46). 그는 적응 시스템일수록 시스템간의 상호교환을 유지하기 위하여 유연성과 환경에 대한 반응 정도가 높은 복잡한 시스템이라고 한다. 상대적으로 개방의 정도가 높은 시스템은 변화하는 환경에 대처할 수 있는 다양한 반응 양식을 갖출 수밖에 없다. 또한 열린시스템은 주변 환경을 성공적으로 지각하고 이를 유지할 수 있는 선별 능력을 가지고 있다. 구체적으로 열린시스템으로서의 생명시스템은 변화하는 환경에 대해서 자기규제와 동시에 자기 적응할 수 있는 가능성을 가지고 있는 복합시스템이다(Mainzer, 1997: 77). 이러한 맥락에서 마르틴과 오코너는 시스템의 기본구조를 항상성, 조직, 공간, 경계, 상호 작용이라는 특성으로 설명한다(Martin & O'Corner, 1989: 37-38).

일반적으로 우리 인간들은 모두 살아있는 한 그리고 살아가고자 하는 한 반드시 어떤 시스템에 속하여 살게 된다. 아니면 어떤 시스템을 구성하면서 또한 그 구성원으로서 존재한다. 사회적 존재로서 태어나는 우리 인간들은 사회시스템 속에서 일정기간 동안 존속하며, 그 안에서 서로 관계를 맺으면서 조직화한다. 또한 우리는 삶의 행동반경으로서 특정한 공간과 장소를 점유하게 된다. 즉 우리는 사회시스템 속에서 자기 구성원과 다른 구성원을 경계로 구분하면서 정보와 자료를 여과시키거나 차단시키는 역할을 하며 상호의존적으로 상호 작용하면서 상호영향권 속에서 삶을 영위하게 된다.

이렇게 본다면, 오늘날 우리의 학교는 닫힌시스템 속에서 살아남을 자구책만을 강구하고 있다고 할 수 있다. 에너지와 물질 그리고 정보의 교환이 단절되어 있거나 자유로운 상호작용에 장애가 생긴다면, 학교는 사회적으로 문제가 될 수밖에 없다. 반대로 물질과 정보 그리고 에너지의 교환이 무리없이 이루어지고 있거나 심지어 활발한 상태라면 학교는 문제가 될 이유가 없다. 즉 이는 학교가 주변 환경 즉 사회의 변화추세에 열린시스템으로 존재해야만 하는 근거가 된다.

3) 시스템의 생명과정과 학교문제

일반적으로 시스템 속에서는 '역동성'(逆動性) 때문에 생명력이 생기고 생명현상의 유지 발전이 가능하다. 즉 시스템의 본질적 속성인 역동성 때문에 구조 형성이 가능하다. 또한 이러한 구조 형성으로 인하여 시스템의 역동성이 보장된다. 결국 시스템의 순환성 때문에 생존이 보장되는 셈이다. 물론 여기서 생존이라는 단어는 변화와 발전을 포괄한다.

버틀란피에 의하면, 시스템이란 독특한 방식으로 상호작용하고 상호 의존하는 부분들로 구성된 전체 즉 부분들 간의 관계를 맺고 있는 일련의 총체를 말한다(Bertalanffy, 1968). 또한 시스템은 완전히 변화만 한다고 해도 존재할 수 없고 완전히 현상유지만 한다고 해도 존재할 수 없다. 시스템은 한편으로는 균형 상태를 유지하면서 다른 한편으로는 지속적으로 변화를 추구한다. 이러한 시스템의 이중적 성격은 시스템의 '역동적 특성'에서 유래한다. 시스템 내에는 성장, 개혁 그리고 변화를 창출해 내려는 '자기 지시(규율)의 과정'이 있을 뿐만 아니라, 시스템 내부의 규칙과 가치를 보존하고 안정성을 유지하려는 '자기 수정의 과정'도 존재한다(김동배·권중돈: 1999: 424). 우리는 전자를 시스템의 '구조변화속성'이라고 하고, 후자를 시스템의 '구조유지속성'이라고 한다. 따라서 시스템은 변화와 유지라는 상반된 두 가지 특성을 모두 한 몸에 지니고 있다. 이로부터 시스템의 역동성이 생겨난다.

시스템의 역동성은 '항상성'(homeostasis, 恒常性)이라는 개념으로도 설명된다. 항상성의 개념을 처음 사용한 사람은 프랑스의 생리학자인 베르나(Cluad Bernard, 1813-1878)였다. 그는 자신의 저서 『내적 환경(Milieu intèrieur)』에서 항상성을 '내적인 환경의 안정성'이라고 정의하고, '이것이 자유롭고 독립적인 생명의 제1조건'이라고 했다. 이러한 항상성의 개념은 훗날 미국의 생리학자 케논(Walter Bradford Cannon, 1871-1945)에 의해서 1926년부터 계속 인용되면서 세상에 알려지기 시작했다. 그러나 그에게서 생물시스템의 항상성은 단순한 균형을 의미하지 않는다(Cannon, 1939: 32). 시스템은 지속적 변화의 상태에 놓여 있지만 동시에 '역동적 균형'을 유지하려는 특성을 가지고 있다. 한마디로 항상성이란 시스템이 균형 상태를 위협받았을 때 이를 회복하려는 '역동적 경향'

을 말한다. 원래 모든 생명시스템은 균형을 되찾기 위한 본능을 가지고 있다. 물론 살아 있고 파괴되지 않은 정상적 시스템은 외부 시스템으로부터 어떤 에너지의 투입 없이도 자체적으로 균형 상태를 유지할 수 있다. 예를 들어, 우리가 옆으로 쓰러지지 않는 것은 달팽이관 속의 전정기관이 스스로 균형을 회복해주려는 성질을 가지고 있기 때문이다.

물론 시스템은 균형을 잃고 일시적으로 불안정한 상태에 빠질 수도 있다. 특히 시스템이 성장하고 발전하는 가운데에서 이러한 불안정 상태는 종종 발생한다. 그러나 시스템은 곧 안정 상태를 향해 자연스럽게 움직인다. 여기서 시스템의 균형인 안정 상태는 전체 시스템이 평형을 이루고 있고 부분들 간의 관계를 유지시키고 쇠퇴하여 붕괴하지 않게 하기 위해 환경과의 융통성 있는 에너지 교환관계에서 이루어진다. 예를 들어, 동물의 조직들은 몸의 색깔을 변화시킨다거나 가시를 세우거나 독을 뿜거나 하면서 주변 환경이 급격하고 예상치 못하게 변화할 때 융통성 있는 방법으로 대처할 수 있다(Mainzer, 1997: 106).

그러나 균형은 안정 상태를 포함하지만 그 자체는 아니다. 균형이란 다소 특별한 적응력이 요구되는 정적인 평형을 나타내는 말로 시스템의 구조 변화를 야기하지는 않는다. 그러나 안정 상태는 종전의 구조와 근본적으로 다른 새로운 구조에서도 찾을 수 있다(Anderson and Carter, 1984: 45). 노벨 화학상 수상자인 벨기에의 물리학자 프리고진(Ilya Prigogine)은 에너지의 흐름으로부터 야기되는 열평형으로부터의 이탈은 카오스(chaos)가 되는 것이 아니고 '흩어지는 자기조직화의 모형'을 만들고 심지어 '패턴'(pattern)을 형성한다고 설명한다(Mainzer, 1997; 97).

모든 시스템은 카오스로 나타나는 동시에 바로 균형으로 돌아간다. 물론 시스템의 속성인 균형, 항상성, 안정 상태는 경계의 개방 정도에 따라 조금씩 뜻을 달리한다. 간단히 말하면, 닫힌시스템이라도 내부적으로 균형을 가질 수 있다. 예를 들어, 폐쇄적으로 닫힌 관료조직은 현상 유지를 가장 바람직한 상태로 여긴 채 다른 조직체나 집단과 교류가 거의 없지만 그 시스템 내에서는 균형을 유지할 수는 있다. 폐쇄적 조직에 속한다고 판단되는 학교 조직의 경우나 공무원 조직도 양상은 비슷하다. 그러나 고정된 구조를 가지고 주변 환경과 상호작용을 하지 않는 닫힌시스템은 '제한된' 상호작용만 하게 됨으로써 언젠가는 소멸한다. 만약 소멸하지 않는다면 그 조직은 부패(腐敗, corruption)할 수밖에 없다. 즉 닫힌시스템에서 강제적이고 인위적인 소멸의 방지는 부패로 이어진다. 부패는 표면적으로는 살아 있는 것처럼 보이지만 내용적으로는 이미 죽은 것이다.

원칙적으로 항상성은 열린시스템을 전제한다. 즉 항상성은 환경과 지속적인 상호교환을 하는 시스템에 존재한다. 물론 그 결과는 안정적이지만 정적인 균형은 아니다. 오히려 '역동적 균형'이라고 할 수 있다. 예를 들어, 우리 몸은 외부환경에 급격한 변화가 일어나도 체내의 자동조절 장치가 작동하므로 안정된 상태가 유지된다. 다시 말해서 외부 기온이 변해도 인체의 조절 메커니즘인 발한, 수분함유, 소름 등이 정상체온을 유지하기 위해 작용하기 때문에 체온은 크게 변하지 않는다. 즉 정상상태의 생명체들은 항상성 조절장치(homeostatic regulatory device)를 통해 내외의 많은 변화들에 따라 야기되는 결과에 대해 완충작용을 한다(리처드 르원틴, 1998/ 김병수 옮김, 2001: 132). 이와 같은 균형을 유지하려는 자동적 경향이 항상성이다. 그러나 항상성의 상태에서도 시스템의 구조는 크게 달라지지 않는다. 왜냐하면, 시스템 속에서는 각 성원들이 분화된 역할을 담당함으로도 시스템을 유지할 수 있기 때문이다. 이러한 현상은 특별히 역할시스템의 출현으로 이해될 수 있다. 그러나 이러한 역할시스템에서는 항상 긴장관계가 유발된다. 이른바 '역할 갈등'이 그것이다. 따라서 시스템 내부에는 항상 구조적 긴장상태가 존재하는 것이다. 그러나 생명에게 긴장은 자연스러운 속성이다.

한편, 모든 시스템은 시간의 흐름에 따라 "복잡한 적응시스템"(CAS:

Complex Adaptive System)으로 발전한다. 따라서 주변 환경 또는 주변 시스템과 상호 작용하는 과정에서 시스템 속에서는 항상 긴장이 발생하게 마련이다. 즉 적응시스템으로 이루어지는 적응의 과정에서 긴장은 불가피하다. 또한 시스템이 환경과 상호 작용하면서 시스템이 진화할 때에도 긴장은 필연적이다. 열린시스템일수록 긴장관계는 보다 심하다. 그러나 이러한 긴장의 결과로 시스템은 보다 활동적으로 변한다. 여기서 중요한 사실은 긴장이 '역동성'(dynamics)을 만들며, 이러한 역동성이 '변화'(change)를 일으키는 원천이 된다는 사실이다. 그러나 변화를 통하여 시스템은 마침내 긴장을 다시 완화시킨다. 이는 비가 오고 천둥이 친 다음에 날씨가 개이고, 도가 넘쳐 흥분하다가 흥분이 가라앉으면 진정상태가 오는 것과 마찬가지이다. 즉 태풍이 몰아치고 나면 고요함이 뒤따르는 것이 자연의 이치이다. 따라서 긴장과 해소의 과정이 거듭되면서 삶은 변화, 성장, 발전이 이루어지는 셈이다.

물론 긴장은 파괴적으로 나타나기도 한다. 따라서 시스템이론에서는 긴장 그 자체에 대하여는 긍정적이거나 부정적 가치를 부여할 수 없다. 그러나 중요한 것은 긴장이 시스템의 변화, 성장 그리고 발전에 관계한다는 사실이다. 한마디로 시스템 내의 긴장은 역동적 속성의 원천일 수 있다. 긴장은 주변 환경과의 개방적 상호관계에서 자극된다. 특히 역할시스템의 상태에서 긴장이 가장 활성화된다. 그렇다면 이러한 긴장관계를 보다 구체적으로 해석할 수 있는 경로는 무엇일까? 바로 "긴장관계란 개방적 에너지의 흐름"이라고 답할 수 있을 것이다.

한마디로 시스템 자체의 생존을 보장하고 성장 변화해 가기 위해서는 시스템 내부 및 외부와의 지속적인 정보교환과 에너지 교환이 자유롭게 이루어져야 한다. 이러한 시스템 내·외부와의 정보 및 에너지의 교환을 가장 적절히 설명해 주는 개념이 바로 의사소통과 "투입-전환-산출-... 피드백"이라는 생명과정이다. 이러한 생명과정은 시스템이 외부로부터 정보나 에너지를 받아들여 필요로 하는 자원을 만들어 내는 생명력 창출의 과정을 말한다. 구체적으로 '투입'(input)이란 시스템이 환경으로부터 에너지, 사물, 정보 등을 받아들이는 과정이다. 일반적으로 시스템은 생물적, 심리적, 사회적 생존과 성장을 위해 주변 환경으로부터 적절한 투입을 허용한다. 일단 주변 환경으로부터의 투입이 이루어지면 시스템은 에너지를 자신의 과업과 유지의 목적을 위해 형태를 변경시키게 된다. 우리는 이러한 형태변경의 과정을 '전환'(through-put, transform)이라고 부를 수 있다. 시스템이 에너지를 재조직하는 전환과정을 시작하게 되면 외부의 주변 환경과의 반응은 보다 가속화된다. 전환은 과업과 관련되고 아울러 유지와 관련되어 발생하며 재구조화 과정에서 외부환경과 부단히 상호 작용한다(Chess & Norlin, 1988: 99). 이러한 재구조화 과정은 시스템에서 투입이 산출로 이어지는 과정에서 나타나는 일련의 순서가 된다. 예를 들어, 사회시스템은 역할, 준비, 가치화 작업, 시간 계획, 예산 편성, 계획안 작성, 공간 배치 및 주변 다른 시스템들과의 협조 관계 등 진행 순서와 과정을 내재하고 있다. 물론 이러한 과정에서는 상호작용(interaction)이 본질적이다.

마지막으로 시스템은 전환과정을 통해 '산출'(output)을 하게 된다. 산출은 과업목표가 달성되어 산출되는 경우, 오로지 시스템의 유지라는 목표를 달성한 경우 그리고 아무 결과도 없이 그냥 소모로 끝나버리는 경우로 나뉠 수 있다(Chess & Norlin, 1988: 83). 우선 과업목표를 달성한 산출은 업무 종결을 의미한다. 또한 유지목표를 달성한 산출은 일단 시스템간의 관계성을 확보한 상황을 의미한다. 예를 들면, 구성원들의 접촉으로 이루어지는 대인관계와 이에 대한 지식과 기술은 유지 목표의 산출이라고 할 수 있다. 그러나 과업목표 산출과 유지목표 산출을 추구하지만 어떠한 결과도 내지 못하고 오로지 자원의 비효과적, 비효율적, 혹은 부적절한 사용으로 끝나는 경우가 있다. 이를 우리는 '소모'(消耗, consumption)라고 한다. 이 상황에서는 더 이상 무엇인가를 할 수 없게 된다. 이른바 시스템이 소모적 탈진(burnout) 상태에 빠져드는 셈이다. 그러나 소모도 산출이다. 중요한 것은 이러한 산출이 다시 시스템의 투입으로 환류(feedback)된다는 사실이다(Meyer, 1983: 43-44). 왜냐하면 열린 시스템에서 산출은 그것으로 완전히 종결되는 것이 아니기 때문이다. 즉 산출(産出)이란 시스템 내에서 변형된 에너지를 환경으로 방출하는 것을 의미한다. 그러나 이는 단순한 방출로 끝나는 것이 아니고 환류를 통하여 다시 시스템 내부로 투입된다(Meyer, 1983: 45). 그런데 이러한 환류로 인하여 시스템은 평형으로 유지되기도 하지만 일대 혼란에 빠지기도 한다. 특히 혼란의 경우 시스템 내에 긴장이 발생하고 이러한 긴장은 에너지의 흐름을 활성화시킨다. 평형의 상태에서도 곧 시스템은 상호 요인 간의 역할 갈등으로 인하여 긴장이 발생한다.

피드백은 부적 환류와 정적 환류로 나뉜다. 시스템의 항상성을 유지시키고 변화를 극소화하면서 시스템 자체를 유지시키는 것을 '부적 환류'(negative feedback)라고 한다. 부적 환류는 시스템 내에서 극소 필요량만을 변화시키기 때문에 시스템은 유지만 된다. 부적 환류 즉 부적 피드백은 시스템이 목표에 도달하기 어려운 상황에서 행동 수정을 위해 기다리도록 하는 조종의 역할을 한다. 이에 반하여 정적 환류는 시스템이 목표와 관련하여 적절하게 행동하고 있다는 사실을 주지시킴으로써 계속 촉진하는 역할을 한다. 한마디로 부적 환류는 '자기 규제적'이고 정적 환류는 '자기 지시적'이다(Janchill, 1969: 78). 이렇게 시스템은 피드백을 통해서 때로는 자기 규제적으로 때로는 자기 지시적으로 "투입-전환-산출... 피드백의 과정"을 주도하게 되는 것이다.

이러한 일반시스템의 과정 도식을 학교문제에 대입시킨다면, 학교시스템 역시 "투입-전환-산출"의 과정은 항상 환류됨으로써 유지 발전된다. 지금까지 학교는 투입에너지로서 신입생을 새롭게 투입하고 이들을 교육시키는 전환의 과정을 통하여 졸업생을 배출하는 방식으로 산출을 완성해 내면서 - 그것이 정적이든 부적이든, 물론 정적일 경우 최적화될 수 있겠지만 하여간 - 피드백 루프(feedback loop)를 가동시키는 사회시스템으로 작용해 왔다. 그러나 이러한 학교의 전통적인 피드백 루프가 오늘날 급변하는 우리 사회에서 가속화되는 엔트로피의 최대치를 억제시키기에는 역부족이라는 사실이다. 왜냐하면 오늘날 우리 사회는 인터넷으로 사방팔방이 연결되고 모든 것이 동시적으로 발생하는 열린시스템으로 달아나고 있기 때문이다. 날로 급격하게 확장되는 열린시스템 속에서 상대적으로 폐쇄적인 닫힌피드백 루프를 통하여 살아남고자 하는 학교시스템은 열린사회와 경계를 허물고 - 엔트로피 이론의 관점에서 말하면, 경계를 잘 활용하면서 끊임없이 상호작용하면서 물질(콘텐츠)과 정보를 자유롭게 상호 교환할 수 있어야 한다. 바로 이러한 맥락에서 우리는 사방팔방으로 열린교육의 시스템 즉 평생교육의 평생학습사회를 요청하게 되는 것이다. 왜냐하면 평생교육은 '언제, 어디서나, 누구에게나' 한없이 열려 있는 교육의 새로운 차원이기 때문이다.

4) 학교의 네겐트로피: 사회적 요청으로서의 평생교육

문명비평가 리프킨(Jeremy Rifkin)은 자신의 저서 『엔트로피-알게니 시대, (1984)』에서 열 에너지를 사용하면서 인류의 멸망은 예고되고 있다고 주장한다. 이보다 훨씬 전인 1886년에 볼츠만(Ludwig Bolzmann, 1844-1906)은 생명의 일반적 투쟁은 근본 물질을 취득하기 위한 것도 아니고 그렇다고 에너지를 취득하겠다는 것도 아니며, 뜨거운 태양으로부터 차가운 지구로의 이동에 의해 손에 넣어 이용할 수 있는 엔트로피를 위한 투쟁이라고 주장한 바 있다(Bolzmann, 1886: 27). 나무를 태우면 재가 되지만 재는 다시 나무로 재생될 수 없다. 즉 열역학 제2법칙은 최대 엔트로피 또는 무질서의 상태로 닫힌 시스템이 움직이는 것은 비가역적이라는 사실을 알려준다(Mainzer, 1997: 5). 따라서 열에너지의 지속적인 사용은 지구생태계의 소멸을 의미한다. 즉 지구 온난화의 주범인 열에너지의 방출은 지구생태계의 소멸을 촉진한다. 우리가 엔트로피의 법칙과 생태계의 법칙을 무시한다면, 반드시 파멸적인 결과가 찾아올 것이다(제레미 리프킨, 1984: 29).

자연 현상의 이치와 원리를 전 생물에게 적용하여 연구하기 시작한 프리고진은 생물계 전체에 걸쳐 카오스(혼돈, 무질서)가 분명히 형성되지만 그 카오스는 '새로운 질서'로 변환된다는 결론을 얻었다(프리쵸프 카프라, 1996/ 김용정·김동광역, 1999: 251). 역학적 소립자 시스템 속에서도 질서와 무질서는 번갈아 나타나는 도식이다(Volkamer/ Streicher/ Walton, 1996: 111). 즉 혼돈(카오스)처럼 보이지만 비선형 방정식으로 기술될 수 있는 복잡한 시스템(複雜界, complexity system)이 바로 카오스이다. 그런데 새로운 생명은 카오스로부터 탄생한다. 고전물리학에서는 엔트로피의 증가로 생명에의 진화는 언젠가 멈추고 말 것이라는 결론을 내린 적이 있다. 그러나 진화론은 생물이 항상 질서와 복잡성을 증가시키는 방향으로 진화한다는 관점을 유지하고 있다. 이렇게 본다면 두 가지 관점은 해결하기 힘든 과학적 모순을 낳는 셈이다.

그러나 프리고진은 '자기창조의 능력'을 가진 생명현상을 밝혀 줌으로써 고전 과학의 모순을 극복하고자 했다. 이러한 노력은 오스트리아의 물리학자 얀치(Erich Jantsch, 1929-1980)에 계승된다. 그는 자신의 저서 『자기조직하는 우주(Self-Organizing Universe, 1980』에서 프리고진의 '흩어지는 구조'에 대하여 자세히 소개하면서 이 우주의 생명 시스템 속에는 비평형 상태에서 가능하며 비선형적으로 이해 가능한 자기조직화의 패러다임이 공통으로 수용되어 있다고 주장한다. 즉 '비평형시스템'은 그들 환경과 에너지 및 물질을 교환하고 열평형과 거리가 먼 상태에서 그리고 지엽적으로 최소화된 엔트로피 상태에서 일정한 기간을 스스로 유지하도록 한다(Mainzer, 1997: 91). 따라서 생물은 생명을 유지하기 위해서 평형이 아닌 '비평형'으로 유지되어야 한다.

생물학자 마투라나(Humberto Maturana)와 바렐라(Francisco Varela)는 '아우토포이에시스'(autopoiesis)의 개념을 대안으로 제시하고 있다. 이들에 의하면, 인간을 비롯한 모든 생명체는 '자기제작'(self-making), 자기창조(self-creation), 자기갱신(self-renewal)의 능력을 천부적으로 가지고 태어난다. 이것은 '아우토포이에시스'의 능력으로 명명된다. 즉 인간은 스스로 자신을 창조하면서 스스로를 살아남게 하는 능력을 가지고 태어난다. 또한 우주의 모든 생명체들도 아우토포이에시스의 능력 덕분으로 스스로를 새롭게 창조하고 갱신하면서 살아남는다. 엔트로피의 증가로 인한 에너지총량의 소실을 최대한 보전하는 것이다.

가이아이론을 대표하는 생태학자 러브록(James Lovelock)에 의하면, '지구는 살아 있으며 우주 역시 자기 자신을 스스로 조직하고 창조하면서' 확장된다. 자기생산, 자기창조, 자기갱신의 선천적 능력 때문이다. 사람은 살아남기 위해서 무엇인가를 반드시 먹어야 한다. 그렇지 않으면 죽는다. 물론 식사가 수명을 연장할 뿐이지만, 그러나 이것이 바로 우리가 할 수 있는 최선이다. 병이 나면 약물을 투입하고 수술도 하고 때로는 장기(臟器)를 바꾸어 끼우기도 한다. 인간이 만들어 낸 기계들도 언젠가는 망가진다. 기계가 잘 가다가 멈추면 윤활유를 친다. 고장이 나면 수리를 하고 부품들을 갈아 끼운다. 그래도 언젠가는 기능이 멈추면서 기계는 선다. 영원한 기계는 없다. 인간이 만들어 내는 사회시스템도 마찬가지이다. 사회조직, 법, 제도 역시 수명이 다하면 폐지되고 그 자리에 새로운 것들로 대체된다. 모두가 엔트로피의 증가를 가능한 억제하기 위해서 아우토포이에시스의 능력을 새롭게 투입하는 것이다. 좀 더 살아남기 위한 해법이다. 여기서 아우토포이에시스는 부적 엔트로피(negative entropy) 즉 네겐트로피(negentropy)의 일환이다. 이는 사회적 생명력을 최대한 연장시키고 엔트로피의 발생을 최대한 억제하기 위함이다.

이제 우리는 전통적인 학교가 '소멸하려는 경향' 즉 엔트로피를 억제시키고 극소화하기 위한 부적 엔트로피 즉 네겐트로피를 투입함으로써 아우토포이에시스가 가능하게 하기 위해서 우리가 과연 무엇을 해야 하는지에 대해서 고민해야 한다. 과연 사회적 엔트로피의 최대치로 치닫고 있는 학교문제에 대처하기 위해서 우리에게 시급하게 요청되는 네겐트로피(내용, 방법 등)는 무엇이어야 하는가? 그것도 이왕이면 아우토포이에시스를 가능하게 하는 네겐트로피는 구체적으로 무엇일 것인가?에 대해서 우리가 심각하게 고민해야 할 시점이다. 왜냐하면 우리는 소멸의 운명 앞에서 무기력할 수밖에 없기 때문이다. 우리의 문화유산인 학교가 이제 부정적인 이미지로 각인된다는 사실은, 우리의 전통적 학교가 이제는 더 이상 생명력을 지속할 수 없는 엔트로피의 최대치에 도달했다는 증거이다.

결국 네겐트로피로서의 역할과 기능을 함으로써 전통적인 학교가 상실한 교육의 전당에 새로운 네겐트로피로서 대책이 모색되어야 한다. 이제 남은 해법은 두 가지이다. 학교가 스스로 개혁하고 혁신하든지 아니면 다양한 '대안적 교육운동'에 교육의 전당이라는 위상을 전적으로 양도하는 것이다. 왜냐하면 우리의 학교제도는 이미 네겐트로피를 자기제작(autopoiesis)할 수 있는 생명현상으로서의 교육본질로부터 너무 많이 벗어나 있기 때문이다.

● 참고문헌

김동배·권중돈 (1999). 인간행동이해와 사회복지실천. 서울: 학지사.

김영식·임경순 (2002). 과학사 신론. 서울: 다산출판사.

리처드 르원틴 (1998). 3중 나선, 유전자, 생명체 그리고 환경(원제: Gene, organizmo e ambiente/ 김병수 옮김, 2001). 서울: 잉걸.

제레미 리프킨 (1984). 엔트로피 II. 알게니시대(원제: Algeny/ 김용정 역, 1984). 도서출판 원음사.

프리쵸프 카프라 (1996). 생명의 그물 (원제: The Web of Life/ 김용정·김동광 옮김, 1999). 서울: ㈜범양사출판부.

프리초프 카프라 (1975). 현대물리학과 동양사상(원제: The Tao of Physics/ 이성범·김용정 옮김, 1989). 서울: ㈜범양사출판부.

피오트르 츠톰까. 체계와 기능(System and Function, 1979/ 조재순·김선미 옮김, 1995). 한울아카데미.

Anderson, R. E. and Carter, I. (1984). Human Behavior in the Social Environment. NY: Dldine.

Bertalanffy, Ludwig von (1968). General System Theory, New York: Braziller.

Bolzmann, L. (1886). Der zweite Hauptsatz der mechanischen Wärmetheorie. In: Bolzmann, L.(ed.): Populäre Schriften(1905). 24-46.

Buckley, W. (1967). Systems and entities. in: W. Buckley(ed). Sociology and Modern Systems Theory, NJ: Prentice-Hall, 42-46.

Cannon, Walter B. (1939). The Wisdom of the Body, New York: WWW. Norton.

Chess, W. A, and Norlin, J. M. (1988). Human Behavior and The Social Environment, Boston: Allyn and Bacon.

Chetkow-Yanoov, B. (1992). Social Work Practice: A Systems Approach, Binghamton,NY: The Haworth Press, Inc.,

Compton, B. & Calaway, B. (1984). Social Work Process. Chicago, IL : The Dorsey Press.

Janchill, M. P. (1969). Systems concepts in case work theory and practice. Social Casework, 15(2), 74-82.

Mainzer, Klaus (1997). Thinking in Complexity. The Complex Dynamics of Matter, Mind and Mankind, Third Revised and Enlarged Edition. Berlin, Heidelberg, New York, etc.: Springer;

Martin, P. Y & O'Connor, G. G.(1989). The Social Environment: Open System Applications. White Plans, NY: Longman Inc.

Meyer, C. H.(ed)(1983). Clinical Social Work in the Ecosystems Perspective. NY: Columbia Universe Press.

Schroedinger, E. (1944). What is life? : the physical aspect of the living cell. Cambridge : Cambridge University Press ; New York : Macmillan Co.

Volkamer, Klaus/ Streicher, Christoph/ Walton, Ken G.(1996). Intuition, Kreativität und ganzheitliches Denken. Heidelberg: Shurkamp.

Weyl, Hermann(2000). Philosophie der Mathematik und Naturwissenschaft. Oldenburg: Scientia Nova. Hrsg. von Reiner Henselmann, Gebhard Kirchgässner, Hans Lenk, Siegwart Lindenberg, Julian Noda-Rümelin, Werber Raub, Thomas Boss.

제3장

탈(脫)산업 사회의 포스트모던: 대안교육의 등장

1. 포스트모던 시대의 지식 개념

1) 지식의 상대성

포스트모던에서 지식은 원칙적으로 상대적이다. 지식의 상대성에 대한 주장이 인구에 회자하게 된 동기는 만하임(Kahl Mannheim, 1893-1947)의 지식사회학입문 즉 『이데올로기와 유토피아』(1936)라는 책이 나오면서부터였다. 그는 지금 우리에게 알려지는 모든 지식들은 당시의 지배적인 특정 이데올로기를 내포하고 있기 때문에 객관적 지식이나 또는 진리로 볼 수 없다고 주장한다. 이를테면, 자본주의 사회에서의 지식은 자본주의 이데올로기를 내포하는 상대적 지식일 뿐이다.

반대로 마르크스주의에 입각한 지식 역시 마르크스의 이데올로기를 내포하고 있다. 이는 궁극적으로 완전히 소거되어야 하는 것이 마땅하지만, 원칙적으로 지식의 이데올로기성을 부정하기 어렵기 때문에 지식은 항상 '상대적'로 간주되어야 한다. 또한 이러한 지식은 - 만하임에 의하면 - 항상 냉철한 비판 및 성찰을 통해서 제3의 객관적 세계관(유토피아지식의 세계)을 건설해야 한다. 이렇게 본다면, 만하임이 주장하는 지식의 상대성은 특정한 조건 즉 사회이데올로기적인 측면에서 볼 때 항상 지식에 대한 상대적 이해가 존재할 수 있다는 주장으로서, 이는 위에서 제시한 관점적 지식 관에 대한 실제적 사례라고 할 수 있다.

한편, 지식의 상대성은 이미 그 훨씬 이전인 소크라테스에게서도 나타난다. 즉 그의 무지론(無知論)은 지식의 상대성을 주장한 대목이다. "나는 모른다는 사실만을 알고 있다. 너 자신을 알라"는 구호는 유한자(有限者)로서의 인간의 지식은 절대 진리에 비한다면 무(無)라고 할 수 있을 정도로 상대적이다. 그러나 문헌상으로 지식의 상대성의 시조는 고대의 현자라고 자칭했던 소피스트들이다. 인류 역사에서 최초의 소피스트로 등재되어 있는 프로타고라스에 의하면 "인간은 만물의 척도이다." 당시 소피스트들의 상대성 지식론은 세상을 뒤흔들어 놓았다. 이러한 상대적 지식관은 자연과학에서 영향을 미치게 되어 궁극적으로는 아인슈타인의 상대성이론이 탄생하는 데에서도 결정적인 기여를 했다.

결국 이들의 논리로 본다면, "지식은 보편적 진리가 아니라 사회적으로 인정된 상대적인 것에 불과하다."(고형일 외, 1996: 97) 그럼에도 불구하고 우리는 교과서에 쓰여 있는 지식을 마치 절대 진리로 간주하고, 이를 그대로 전달하는 교육방식에 전적으로 의존해 있다. 교과(教科)란 "선택된 문화"이다. 선조들의 문화를 모두 전달, 계승, 발전시키기에는 한계가 있기 때문에 우리는 문화를 엄선하여 교과로 선정하고 이를 교과서에 담아서 후대에게 교육한다. 그런데 누가, 왜, 무엇 때문에 하필이면 그것을 전달되어야 하는 문화로 선정하는가 하는 것이 문제가 되는 것이다. 즉 다른 사람, 다른 정부가 교과서를 쓴다면, 내용도 완전히 달라질 수 있다는 것이다.

정리하자면 선정하는 사람들의 관점과 입장에 의해 선택되는 문화는 달라질 수밖에 없다. 그러나 학교는 현재 교과서에 담긴 것만을 절대 진리(또는 객관지식)로 간주하여 이를 아무 여과도 없이 그대로 전수한다. 여기에 문제가 있을 수밖에 없다. 상대적 지식관은 비록 이데올로기의 차원에서 심도있게 거론되는 지식형성의 과정을 밝혀 놓고 있지만, 결국 지식의 상대성이라는 차원에서 본다면 포스트모던의 지식관이 형성되는 과정에서 현실적인 논리적 근거로 작용하였다고 할 수 있다.

2) 탈환원주의 과학지식

일반적으로 지식은 과학(학문)의 결과로 간주된다. 특히 자연과학이 폭발적으로 번성하기 시작한 계몽주의 시대 이후 과학은 지식의 전당이다. 즉 객관적 지식은 과학적 지식과 동일시되며, 지식의 객관성이란 과학성과도 통한다. 한마디로, (최소한 계몽주의 이후) 과학이 곧 지식이며 과학적이 아니면 어떠한 지식도 무용지물이 된다.

전통적인 데카르트와 뉴턴의 기계주의 과학관을 거부하면서 20세기 전반기를 통해서 급속히 성장했던 원자 물리학과 소립자 물리학은 현대이론과학의 패러다임을 전환시켜주는 결정적 계기였다. 이로부터 우리는 지식의 다양성과 유전성에 대해서 언급하기 시작했다. 그러나 이러한 과학관 역시 환원주의(還元主義)의 틀을 근본적으로 벗어날 수는 없었다. 즉 물질세계와 자연현상을 쪼개고 쪼개다 보면 물질의 근본으로 환원될 수 있는 근본을 발견할 수 있다. 아울러 모든 현상을 수학적으로 계산하는 것이 가능하다는 환원의 원리도 마찬가지였다. 물론 원자세계에 대한 이해와 내용면에는 고전 물리학과 현대이론물리학은 크게 달랐으며, 이로써 가능했던 시대정신의 전환에서도 과학패러다임의 전환은 효과가 컸다. 즉 데모크리토스 이후 뉴턴까지 전개된 원자론에서 원자는 쪼갤 수 있는 최후의 입자였지만, 현대이론물리학에서 밝혀 놓은 원자는 오로지 '발생하려는 경향'일 뿐이다. 그럼에도 불구하고 두 영역의 과학에서 환원주의적 과학관에는 큰 변함이 없었다.

환원주의적 과학관은 20세기 초반 한동안 시대정신으로 군림해 왔다.

특히 빈(Wien) 학단의 논리실증주의 철학자였던 카르납(Rudolf Carnap, 1891-1970)은 1920년대에 의미 있는 경험적 모든 진술들과 과학 활동을 환원적으로 재구성한다면 "과학의 통일성"을 이룰 수 있을 것으로 장담하면서 『세계의 논리적 구축(Der Logische Aufbau der Welt)』이라는 저서를 집필했다. 그를 계승하는 노이라트(Otto Neurath, 1873-1956) 역시 일상언어와 물리언어를 구분하여 보편적인 물리학자의 프로토콜 언어를 일반화한다면, '통일과학'이 가능하다는 논리를 세웠다. 이로써 국제공용어로서 에스페란토어의 창조에 대한 이상이 보다 구체화된다. 역시 빈 학단의 철학적 모더니즘의 대표자였던 그로피우스(Walter Adolph Grophius, 1883-1969)는 바우하우스(Bauhaus) 운동을 통하여 불필요한 장식을 없애고 기본적인 기하학적 형태로 환원하였다. 그는 건축을 종합예술로 간주하고 모든 예술은 건축을 통하여 공간의 통일을 가능하게 할 수 있다는 환원주의 과학관을 가지고 있었다.

당시 논리실증주의와 바우하우스 운동은 시대정신으로 충분했다. 논리와 기초적 지각요소로부터 보편언어 및 보편지식을 얻어내려는 논리실증주의 철학자들과, 기술과 예술을 건축에서 통합하고 기본적인 기하학적 형태와 색채로부터 이미지를 표현하려는 바우하우스 예술가들의 작업은 환원적 통합과학의 이상을 가지고 있었다. 두 운동은 유럽을 벗어나 미국으로까지 큰 영향력을 발휘하고 있었던 과학주의적이고 기계 중심적 이미지를 공유하고 있었으며, 자신들의 영역을 모더니즘적이고 포드주의적인 생산방식과 일치시키려고 했다(김영식·임경순, 2002: 396).

환원주의적 과학관에 대한 대표적인 비판은 수학자 괴델(Kurt Gödel, 1906-1978)로부터 시작되었다. 그는 1902년 비(非)유클리드기하학에 대한 공리적 기초를 확립하면서, 수학과 물리학을 비롯한 과학의 전 분야에서 확고한 공리적 기초를 마련하는 것이 가능하다고 본 힐베르트(David Hilbert, 1862-1943)를 계승하다가 오히려 그의 이론에 반기를 들었다

(Weyl, 2000: 279). 1930년부터 괴델은 아무리 정교한 수학시스템이라도 그 자체로서 무모순적일 수 없다고 생각했다. 그는 소위 "괴델의 정리" 즉 "불완전성의 정리"를 주창함으로써, 확고한 공리시스템을 바탕으로 수학의 전체 영역을 엄밀하고 통일적으로 설명하려는 힐베르트 이후의 작업에 근본적인 차원의 제동을 걸었다(김영식·임경순, 2002: 394). 한마디로, 비록 수학적 공리일지라도 그것은 완벽하지 않으며 완전성의 조건을 충족할 수 없기 때문에 어떤 물리 현상도 공리시스템으로 환원될 수 없다.

> "수학적 논리는 단지 특정한 사람 또는 특정한 시대가 선택한 특유의 표현법에 지나지 않는다. 이 논리는 사회적인 문제들을 분석하는 데에는 자의적인 동시에 너무 닳고 닳은 방식이 되어 버렸다. 수학은 보편적인 것이 아니다."(이언 엥겔, 2001: 317-318)

이미 아인슈타인도 유클리드 기하학을 포기한 바 있다. 왜냐하면 유클리드 기하학은 2차원 평면에서만 가능한 것이지, 입체를 비롯한 3차원 이상에서는 적용될 수 없기 때문이다. 예를 들어, 길이 1m짜리 막대기 4개로 평면 위에서는 정사각형을 제도할 수 있지만, 축구공 위에서는 불가능하다. 지구는 커다란 축구공이다. 따라서 둥근 지구상에 사는 우리는 $1m^2$의 정사각형을 제도할 수 없다. 또한 우리는 중력의 영향 때문에 엄밀한 의미에서 직선도 긋지 못한다.

한편, 객관적 지식을 과학성으로 이해하는 문제에 대한 반론 역시 과학적 방법론의 차원에서도 접근된다. 특히 계몽주의 이후 우리 사회에 만연된 과학만능주의 사고에 대하여 [과학=객관]이라는 개념부터 재고해야 한다는 주장을 하고 나선 사람이 포퍼(Karl Raimund Popper, 1902-1994)이다. 즉 그는 합리성의 개념을 정초할 수 있는 과학방법론으로 "반증주의"(反證主義)를 제시한다(윤평중, 1997: 15). 아울러 그는 과학과 지식이 아무리 정교하고 정확한 관찰과 실험을 통해 이루어진다고 해도 이러한 '제한된' 경험 영역을 토대로 과학성을 언급한다는 점에는 어폐가 있다고 주장한다. 한마디로, 제한된 관찰에서 아무리 지속적인 관찰을 반복한다고 해도 이는 보편적 관찰이라고 할 수 없다. 또한 우리가 엄격한 실험을 통해 제 아무리 많은 입증자료를 제시한다고 해도 여전히 확인되지 않는 또 다른 영역이 남아 있다. 이런 점에 착안하여 그는 과학에서 "입증 개념"을 사용하지 말고 반증(反證)의 개념(concept of falsification)을 사용할 것을 권한다. 지식이 과학적 지식인지 아니면 비과학적 지식인지 하는 것은 반증 가능성이 있느냐 없느냐에 따라 구분될 수 있다는 것이다(김영식·임경순, 2002: 397) 즉 입증이 되었다고 과학이라고 속단할 수 없으며, 입증이 되지 않았다고 비과학이라고 말할 수 없다. 심지어 지식의 (일시적) 객관성은 또 다른 객관성의 발견으로 인하여 과학성을 잃게 된다. 그만큼 과학적으로 밝혀내는 객관성도 항상 불안하고 불완전하기는 마찬가지이다. 물론 정도 차는 있을 수 있다.

그러나 상황변화를 촉발하는 다양한 매개변수의 개입으로 자연과학적 객관성도 여전히 보장되지 않는다. 이를테면, 예전 같으면 5월 달이나 되어야 피어나는 목련꽃이 날로 달라지는 온실효과, 오존층파괴 등 수많은 매개변수의 개입으로 인하여 오늘날은 4월 달에 피어난다. 5월에 피는 목련꽃이 모든 실험에서 항상 반복적으로 입증되는 것이 아니다. 만약 목련이 4월에 피어나지 않는다는 반증이 없으면 목련은 4월에 피는 것이 맞다. 결국 포퍼의 반증논리에 의하면 (과학적) 지식은 무수한 매개변수의 작용과 시행착오를 통해서 새롭게 얻어질 수 있다는 것이다.

> "포퍼는 반증가능성을 오히려 과학의 실패가 아닌 '가능성'으로 보았다. 과학은 언제나 반증 가능하기에 항상 진보될 수 있는 것이다. 포퍼는 과학이 진리를 확언할 수는 없지만 항상 진리에 수렴해 가고 있다고 보았다. 따라서

포퍼에게 있어 과학은 가능한 것이어야만 하고, 그렇지 못한 이론들은 과학이 아니다. 포퍼는 반증에 의해 발전하는 과학을 '추측'(conjecture)과 '논박'(refutation)의 과정으로 요약했다. 과학은 인간이 경험하는 현상계의 경향들을 설명해 내기 위해 원리와 법칙을 추측한다. 하지만 그렇게 추측된 가설들은 귀납적으로 증명될 수 없기에 항상 잠정적으로만 진실이다. 왜냐하면 경험세계는 언제든지 그 추측을 반증할 가능성을 갖고 있기 때문이다. 따라서 추측은 경험의 '논박'을 통해 폐기되거나 수정된다. 그리고 수정된 가설은 이전의 가설이 설명하지 못했던 현상들을 설명해 냄으로써 더욱 완벽하고 진실에 조금 더 가까운 가설이 된다. 과학은 '추측'과 '논박'의 반복이며, '논박' 가능함은 과학의 새로운 기준이다."(임정택, 2011: 45)

따라서 이제 과학적 객관성이란 항상 잠정적-일시적 (또는 잠재적) 객관으로만 존재할 뿐이다. 언제 새로운 객관적 지식이 발견되면, 지금까지의 지식은 객관성을 잃게 되어 과학지식이라는 반열에서 제외된다. 새로운 객관성은 잠재적 객관을 극복한다. 반대로 그것이 비과학적인 사실이고 잠재적 객관 지식일지라도 아직 반증이 나오지 않으면 과학성은 그대로 유지될 수 있는 것이다. 이를 달리 말하면, 모든 지식은 "조건의 지식"이 된다. 왜냐하면 조건이 달라지면 지식(결과)도 달라지기 때문이다.

결국 1950년대까지 환원주의를 고수하던 카르납과 그의 추종세력들도 이러한 반증의 논리를 수용하면서 자신들의 입장을 바꾸기 시작했다. 물론 이들은 입증주의와 반증주의의 절충안을 내 놓았다. 즉 이들은 엄격한 입증주의의 대신 "확률적 입증주의"의 입장을 취하게 된 것이다. 또한 이들은 오로지 관찰에 집착하는 논리실증주의의 경향에서 "논리경험주의"의 입장으로 선회한다. 이로써 지금까지 자신들이 믿고 있었던 "객관적 입증"이라는 과학성에 대한 타당성과 신뢰성은 금이 가게 되었다. 과학의 세계에서 종전의 불문율이었던 과학만능주의에 대한 믿음이 조금씩 와해되고 있었던 셈이다. 그럼에도 불구하고 카르납과 논리실증주의를 고집하는 그의 후계자들은 "특수성에서 일반성으로의 논리 전개"를 기초 토대로 하는 통일과학에 대한 미련을 버리지 않았다. 모든 것은 (과학) 지식의 중요한 속성으로 간주되는 일반성과 객관성에 대한 미련 때문이었다.

논리실증주의자들의 환원주의에 대한 거부는 콰인(Willard van Orman Quine, 1908-2000)에게서 가장 강하게 나타났다. 그는 논리실증주의자들이 주장하는 경험론은 일종의 도그마에 불과하다고 평가 절하했다. 그는 관찰과 이론 간의 엄격한 구별이 불가능하다는 전제 하에서, 과학의 개념들은 그것이 경험적 사실을 나타내는 관찰용어와 연결됨으로써 의미를 가지는 것이 아니라고 주장했다. 이로써 콰인은 과학의 전체적인 이론적 틀 안에서 그 의미가 밝혀진다는 뒤엠(Pierre Duhem)의 '홀리즘(Holism)의 입장'을 부활시켰다(김영식·임경순, 2002: 398). 즉 관찰과 이론은 전체(Holism) 속에서 구분되기 어렵다.

구체적으로 핸슨(Norwood Russell Hanson)은 관찰에 우위를 두는 환원주의적 입장에 대해서 관찰 그 자체도 이론 의존적이라는 비판을 가했다(김영식·임경순, 2002: 398). 즉 어떠한 관찰도 관찰자가 이미 가지고 있는 이론적 틀 속에서 서술된다. 따라서 관찰을 객관적으로 서술할 수 있는 소위 관찰 문장은 존재하지 않는다. 반드시 관찰자가 가지고 있는 이론 내에서 관찰은 이루어지고 기술될 수 있을 뿐이다. 이러한 관점은 비트켄슈타인(Ludwig Wittenstein, 1889-1951)의 후기 언어철학과도 맥을 같이 한다. 비트켄슈타인은 우리 인간들이 "언어의 유희"(language game) 속에 살고 있으며, 그들이 사용하는 언어는 모두 자기들의 경험적 한계에서 이루어진 이론적 틀 속에 갇혀 있다고 보았다. 이 때문에 인간은 자기의 이론적 관점을 벗어날 수 없다는 것이다.

이러한 반환원주의 관점들은 쿤(Thomas S Kuhn)의 패러다임 전환(paradigm shift) 이론에 결정적인 단서를 제공했다. 쿤은 자신의 저서

『과학혁명의 구조(The Structure of Scientific Revolution』(1962)에서 "번역불가능성"(incommensurability)의 개념으로 과학패러다임의 전환이 어떻게 이루어졌는가에 대한 의문을 풀어 준다. 즉 과학자가 사용하는 언어(지식)는 그의 "이론적 틀" 즉 "관점"에 맞추어 서술된 관찰 경험적 사실이기 때문에 과학자마다 의미하는 것이 똑같을 수 없다는 것이다. 이를테면, 과학자의 개인적 가치관 이외에도 당시의 사회제도, 종교관, 시대사조 등과 같은 과학 외적인 것이 그의 과학이론 형성에 영향을 미칠 수 있다는 것이다. 또한 과학자들이 사용하는 개념이 언어적으로는 형식과 모양이 같더라도 그것이 같은 개념일 수 없는 것이다. 즉 언어는 상징성을 가지고 있기 때문에 항상 다의미적(多意味的)이다. 따라서 서로 다른 과학자가 사용하는 같은 용어라고 할지라도 이를 똑같은 개념으로 번역한다는 것은 불가능한 일이 된다.

쿤은 처음에 아리스토텔레스의 과학이론(자연학)을 매우 유치한 이론으로 여겼다. 그럼에도 불구하고 근 2천년 이상 과학사에서 아리스토텔레스가 매우 중요한 위치를 차지할 수 있었던 이유가 궁금했다. 바로 "번역불가능성" 때문이었다. 아리스토텔레스의 "자연학"은 그만의 개념이었으며, 그러한 개념이 당시 많은 사람들과 많은 시간을 통해 오랜 시간동안 공감대를 형성해 왔던 것이다.

마찬가지로 근대 과학과 현대과학 사이에는 '번역불가능성'의 문제가 숨어있다. 따라서 우리는 이제 하나의 사실에 대하여 무엇이 옳고 그르냐를 입·검증하려고 하기 이전에, 과연 우리는 무엇을 어떠한 언어로 번역할 수 있을까 하는 데에 초점을 맞출 수밖에 없게 된다. 한마디로 과학자들에게는 "연구자의 이론적 관점" 또는 "연구의 관점"이 중요한 문제가 된다. 우리는 연구의 관점이 없는 연구에다 결과를 기대할 수 없다. 또한 과학성의 접근이라는 차원에서 연구의 관점은 궁극적으로 일반성을 획득하기 위한 전제조건이기도 하다. 물론 연구의 관점에는 연구의 제한점이 내포된다. 연구의 제한으로 우리는 모든 것을 동시적으로 다룰 수는 없다. 즉 이제 질문은 인간의 전체적 삶을 "일반성" 또는 "보편타당성"으로 이해하기 위한 "전제 조건"이 과연 무엇이어야 하는가에 쏠리게 되는 것이다.

결국 '조건'이 달라진다면 교과서의 지식도 달라질 수 있다. 왜냐하면 교과서의 지식은 과학적 지식을 전제하고 있으며 과학적 지식은 조건의 지식이기 때문이다. 그러나 모든 과학적 지식 역시 객관성의 차원에서 볼 때에는 여전히 불안하고 가변적이다. 달리 말하면, 교과서의 지식도 영원한 정답으로 간주될 수는 없다. 그럼에도 불구하고 우리의 현행 교육은 교과서의 지식만을 정답으로 외우도록 강요하고 있는 셈이다.

3) 탈경험주의 과학지식

쿤의 '번역불가능성' 개념에서는 서로 다른 두 개의 이론 시스템이 서로 완전하게 번역은 안 되지만, 그래도 부분적인 번역의 가능성 즉 해석의 가능성은 허용되고 있다(김영식·임경순, 2002: 399). 그러나 파이어아벤트(Paul K. Feyerabend, 1924-1994)에게서는 부분적인 번역조차도 불가능하다. 그는 "과학적 무정부주의"라는 표현을 쓰면서 과학세계에는 어떤 법이나 제도도 없는 무정부국가와 같다고 하였다. 과학에서의 "탈(脫)경험주의(post-empiricism)"를 선언한 것이다(Feyerabend, 1975: 40). 그는 지금까지 우리 인간사에서 과학적 맥락을 주도했던 경험주의와 결별하면서 종전의 과학개념에 대해서도 완전히 돌아선다. 그는 법과 제도 그리고 규범에 순응하고 적응하는 과학적 기계주의보다 이론적 무정부주의를 대표하는 번역불가능한 과학의 세계가 훨씬 인간주의적이고 진보적이라고 한다. 그는 과학이 이제 보다 '인간적으로' 될 필요가 있으며, 삶에 보다 충실해질 필요가 있다고 하였다. 또한 이는 '반성적 사고'에 의해 가능하다는 주장도 빼 놓지 않고 있다.

그에 의하면, 그동안 인간-기계시스템 주의의 발달에 한 몫 해 온 과학지상주의는 이제 반성해야 할 것이다(Feyerabend, 1975: 52). 즉 지금까지 과학지상주의를 창출해온 과학은 실제로 우리가 믿고 있는 것처럼 이상이나 진리를 향한 이론도 아니었으며, 그렇다고 절대적 진리(객관적 지식)를 내포하고 있는 것도 아니었다. 그것은 수많은 상호 양립이 불가능한 단일한 이론들, 서로 다른 동화 같은 이야기들, 개개의 신화들로 이루어져 있을 뿐이다(김영식·임경순, 2002: 400). 파이어아벤트는 바로 이점을 비판한다. 우리의 감각과 경험은 믿을 수 없을 정도로 주관적이며 자의적으로 해석되며, 이를 일반화하고 객관화할 수 있는 어떤 능력도 가지고 있지 않으며 아울러 이에 대한 어떤 정당한 근거도 확보할 수 없다.

결국 우리는 그동안 과학만능주의 하에서 영원한 진리도 아니고 그렇다고 진정한 객관지식이 아닌 오로지 단편적 차원의 주관적 지식을 가지고 이를 숭상하면서 살아왔던 셈이다. 또한 파이어아벤트와 쿤은 현재의 이론이 과거의 이론보다 더 과학적이라는 과학적 합리주의 보편성을 부정한다(Glock, 2000: 274). 즉 과학은 결코 현실 세계의 유일한 진리가 아니며, 동일한 현실이라도 상이한 패러다임으로 설명될 수 있다(張波, 1994/유중하 외 옮김, 2000: 24). 특히 상이한 문화 속에서는 상이한 분류 방식과 상이한 시각에 의해 규정되기 때문에 그 개념을 그대로 옮겨다 사용할 수 없다(윗글). 따라서 탈경험주의로써 진정 우리에게 "해방적이고 개방적인 지식"을 얻을 수 있게 될 것이다. 그의 탈경험주의 과학에서는 다원주의와 무정부주의적 상대주의만이 가능하다. 물론 그는 탈경험주의의 토대 위에서 행해지는 해석 이론만을 가장 합리적인 과학 이론으로 간주한다. 쿤과 파이어아벤트의 이러한 탈경험주의적 과학관은 후에 리오타르(Jean Francois Lyotard, 1924-1998)를 비롯한 포스트모더니즘의 이론가들에게 영향을 미치게 된다.

그러나 갤리슨(Peter Galison)은 콰인, 헨슨, 쿤, 파이어아벤트의 탈경험주의를 포스트모던과 구별하며 탈경험주의 뿌리 역시 모더니즘의 과학관에 머물러 있다고 주장한다. 실제로 콰인은 관찰 자체는 경험의 내용, 방법, 범위, 방법 등에 따라 달라질 수 있지만 보다 높은 이론시스템은 수리물리학과 논리학에서 가능하다고 한 바 있다. 그는 수학과 논리를 통하여 과학적 통합 가능성을 시사했던 셈이다. 갤리슨은 콰인의 이러한 태도를 논리실증주의로의 회귀로 보고 포스트모던의 과학관과는 거리가 있다고 반박한다. 또한 갤리슨은 쿤의 과학이론 발전과정에도 의문을 갖는다. 즉 쿤의 과학론은 "정상과학"(正常科學)에서 "위기의 과학"으로 그리고 "혁명적 과학"에서 다시 "정상과학"으로의 복귀라는 보편적인 구조를 포함하고 있다. 바로 이러한 점에서 쿤은 카르납 이후 논리실증주의자들이 추구해 왔던 과학의 통일성을 지향하는 입장을 취하고 있다.

물리학의 세계에서도 아인슈타인 이후 통일과학의 꿈을 이루고자 하는 일련의 움직임은 계속되고 있다. 실제로 쿤의 『과학혁명의 구조』는 『통일과학 국제대백과사전』의 한 시리즈물로 출판되었다. 또한 쿤 자신도 자신은 결코 상대주의자가 아니며 과학의 보편성에 대한 확실한 믿음을 가지고 있다고 역설한 바 있다. 한마디로 갤리슨은 쿤의 반(反)실증주의와 카르납의 논리실증주의를 같은 맥락에서 보았던 것이다. 즉 그는 과학에서 보편적인 구조 즉 보편적 지식을 탐구한다는 원칙 하에서 양자가 객관성을 담보하고는 있지만, 비유클리드 기하학과 괴델의 불완전한 수학의 개념이 일반화되는 상황에서 객관성이 의심되고 있는 언어와 수학의 한계를 극복하지 못한 것으로 파악했다. 즉 카르납에게서는 관찰적 측면이 강조되었고, 쿤에게서는 이론적 측면이 강조되었을 뿐 이들은 모두 기본적으로는 빈 학단의 모더니즘 맥락을 벗어난 것이 아니었다는 주장이다.

그럼에도 불구하고 탈경험주의 과학은 특히 경험을 통한 실증적 사실주의(실증주의)로부터 보다 자유로워짐으로써 포스트모던의 과학으로 넘어가는 핵심적 가교 역할을 하는 것으로 이해될 수 있다. 왜냐하면 포스트모던의 과학은 놀라운 변환과 새로운 실험, 과거 경험과의 급격한 단절로 특징지어지며, 끊임없이 스스로의 기반을 파괴함으로써 어떠한 기존 지식 체계와의 동일화도 거부함으로써 실증주의 근대 과학과는 반대의 입장에 서 있기 때문이다(윤평중, 1997: 244 참고). 이러한 의미에서 이들은 극단적으로 텍스트(Texy)의 해체 즉 탈정전(脫正典)을 주장하고 있다. 결국 무엇인가에 제한될 수밖에 없는 - 또는 주관적일 수밖에 없는 - 감각과 경험에 의존하고 있는 지식은 결코 온전한 - 또는 객관적 - 지식일 수 없다는 논리이다.

그러나 세상은 자신들에게 유리한 지식을 모두 객관적 지식으로 착각하고 있다. 따라서 우리가 온전한 세상을 얻기 위해서는 이렇게 통용되는 지식의 세계를 해체시킬 수밖에 없는 것이다. 한마디로 마치 객관적으로 믿을 수 있을 것 같은 착각으로 시작되는 경험주의적 사고에 기반을 둔 자연과학적 사유로는 어떤 사실과 지식도 객관적으로 간주되지 않는다. 즉 우리의 - 주관적이며 자의적인 - 감각과 경험에서 비롯되는 객관적 자연과학이라는 말도 어불성설이며, 과학적 사실과 과학적 지식이라는 말도 성립되지 않는다. 이러한 지식들이 바로 - 포스트모던의 지식관에 의하면 - 우리의 교과서에 객관적 사실과 지식으로 둔갑하여 실려 있다. 그럼에도 불구하고 오늘날 우리의 교육현장에서는 교과서의 지식을 해체시키기는커녕 이를 그대로 전수시키는 것만을 유일한 교육적 사명으로 간주하고 있는 셈이다.

4) 비선형적 복합지식

20세기 중후반부터 시작된 "복잡성과학"(complexity science)의 탄생은 우리의 과학관과 시대정신을 새로운 국면으로 몰아넣고 있다. 간단히 말해서 이 세상의 물질 구성과 자연현상은 어느 것 한 가지도 원인과 결과가 분명하지 않으며 모두가 복잡하게 얽히고설킨 순환 구조로 되어 있다는 말이다. 한 가지 단순한 사건이라도 그 배후에는 수많은 원인들이 서로 얽혀 있을 수 있다. 이것이 비선형-순환적 복잡시스템이론의 토대이다. 모든 사건과 사행 그리고 물체가 어디가 시작이고 어디가 끝인지도 모르는 소위 "뫼비우스의 띠"(Möbius) 속에 들어 있는 것이다.

복잡성 이론은 "카오스 이론"에서 유래된다. 카오스(Chaos)가 "무질서의 질서"인 것처럼 복잡성도 겉으로는 복잡해 보이지만 내적으로는 분명한 질서를 가지고 있다. 예를 들어, 복잡성의 틀 속에서 생명의 출현은 우발적인 것이 아니고 '흩어지는 자기 조직'의 의미에서 필연적이고 합법적이다(Mainzer, 1997: 5: 79). 따라서 우리는 복잡성을 일차적으로 '비선형성'(non-lineality)으로 정의할 수 있다. 물론 이는 카오스와 자기조직화를 위한 필요조건이지만 충분조건은 아니다(Mainzer, 1997: 282)

볼츠만(Bolzmann)과 모노드(Jacques Monod)의 주장처럼 생명출현의 조건은 우발적일 수 있다. 이미 현대이론물리학에서는 소립자 역학체계 속에서도 질서와 무질서를 번갈아 나타나는 도식을 수용하고 있다(Volkamer/ Streicher/ Walton, 1996: 111). 그런데 대부분의 현대과학자들은 무질서 속에서의 질서는 일반적으로 "패턴"(프랙털 기하학/ Benoit Mandelbrot)의 형태로 나타난다는 데에 공감하고 있다. 카오스나 복잡성 속에 분명한 패턴이 질서 정연히 존재하고 있다는 것이다. 한편 복잡시스템에서는 어떠한 결과도 하나의 원인으로 환원될 수 없다. 우리는 왜 몸 컨디션이 나쁘고 아랫배가 살살 아픈지를 하나의 원인으로 규명할 수 없으며, 주가가 왜 폭락하고 급등하는지에 대하여는 귀신도 모른다고 한다. 이렇게 복잡시스템이론은 환원주의 근대 과학과는 완전히 다른 구조에 서 있는 것이다. 따라서 복잡시스템이론은 서구 사고의 중심을 이루는 단순계 선형 사고의 유물인 존재론·본체론의 한계를 극복하는 새로운 지식체계가 된다.

한마디로 복잡한 원인을 가진 하나의 사건은 한 가지 원인규명으로 환원될 수 없다. 우리가 이러한 사건의 전말을 알아내기 위해서는 우선 "복잡계" 즉 복잡시스템(complex system)에 대하여 이해해야 한다. 물론 복잡시스템을 이해하는 이유는 복잡하게 얽히고설켜 있는 원인의 실타래를 풀어 보기 위함이다. 즉 복잡시스템을 이해하지 못하면서 원인을 규명하기란 쉽지 않다. 이러한 복합성이론에 기반을 놓아준 학문은 시스템생태학으로 대표되는 시스템과학이었다.

과거 19/20세기가 선형적 사고로 이루어지는 단일한 지식의 세기였다고 한다면, 오늘날 우리는 비선형적 사고로 가능한 "복합지식의 패러다임"(paradigma von kollektivem Wissen) 속에 살고 있다고 할 수 있다(Volkamer/ Streicher/ Walton, 1996: 193). 따라서 객관 지식을 추구하는 과학도 이러한 복합지식의 차원에서 가능해진다(Volkamer/ Streicher/ Walton, 1996: 194). 원칙적으로 복합지식에 대한 객관성은 불가능하다. 왜냐하면 복잡성 속에서는 지식도 비선형적(non-linear)으로 주관과 객관이 복잡하게 혼합되어 있기 때문이다. 즉 A라는 지식이 생성된 이면을 선형적(linear)으로 추적할 수 있는 것이 아니다. 하나의 결과는 하나의 원인에 의해 결정되지 않는다. 수많은 원인들이 얽히고 수많은 다양성이 만들어 내는 결과로서의 지식의 뿌리는 쉽게 추적되지 않는다. 또한 정확한 시작과 끝 그리고 원인과 결과를 알아 낼 수 없는 뫼비우스의 띠 안에 들어 있는 지식의 변전성(變轉性)을 우리는 객관적으로 찾아낼 수 없다. 원인은 결과가 될 수 있으며, 결과가 또 다른 원인이 될 수 있다. 심지어 원인과 결과는 동시에 발생한다. 여기서는 관찰로부터 시작되는 전통적인 자연과학적 방법의 논리도 깨진다. 즉 객관적 지식을 창출해 내가 위해서는 반드시 관찰이 시작이 아니다.

또한 관찰이 반드시 객관적이라고 할 수 있는 근거도 없다. 관찰은 얼마든지 주관적일 수 있으며, 자연과학적 결과의 영향권 안에 들어 있을 수 있다. 모든 지식은 객관성과 주관성을 분간해 낼 수 없을 뒤엉켜 있다. 우리는 이미 아인슈타인, 하이젠베르크, 파인만 이후 시간과 공간이 주관 속에서 결정되는 시대를 맞으면서 이미 지식세계에서도 객관과 주관을 구분하는 일을 포기해 왔다. 대신 일반성(das Allgemeine) 또는 보편타당성(Allgemeingültigkeit)에 대한 염원과 전체성(Holon) 또는 "전체-부분 간의 관계"에 대한 이해를 추구하고자 하는 욕망은 여전하다. 어쩌면 이는 "새로운 차원에서의" 객관성이라고 할 수 있다. 왜냐하면 인간은 객관적 즉 일반적으로 보편타당한 지식을 습득함으로써 보다 안전하고 확실한 삶을 영위하고 싶은 욕망을 가지고 있기 때문이다. 과학은 항상 이러한 지식탐구라는 인간적 욕망에 보답하고자 한다.

결국 오늘날과 같은 포스트모던의 세상에서는 어떤 지식이라도 과거의 개념으로서의 – 즉 전통적 의미의 과학세계에서의 – '보편성'과 '객관성'은 보장되지 않는다. 객관성이 보장되지 않는 지식을 우리는 어느 누구에게도 강요할 수 없다. 따라서 우리의 교과서에 '선택된 문화' 즉 교과(敎科)로서의 객관성 또는 사실로서 기록된 지식들은 어느 누구에게도 일반성으로 강요될 수 없는 잠정적 지식으로서, 항구적으로 검토되고 성찰됨으로써 (진정한 의미의) 객관성 – 즉 새로운 복잡과학의 의미에서의 – 일반성 내지 보편타당성을 추구해야 하는 (임시적) 기준으로만 작용할 수밖에 없다.

5) 지식의 구성주의

구성주의(constructivism)에서 지식은 구성의 실행을 통하여 계속 생성된다. 반대로 객관주의(objectivism)에서 지식은 '객관적으로 평가된 진리'로 간주된다. 객관주의는 지식의 대상(object)에 직접 관여하는 반면, 구성주의는 '지식의 생성 방식'에 주목한다. 즉 객관주의에서의 지식은 항구 불변하지만, 구성주의에서의 지식은 상황(situation)과 맥락(context)

속에서 생성된다. 즉 구성주의에서는 상황과 맥락을 무시하고는 지식을 언급할 수 없다. 따라서 구성주의에서 지식의 조건은 '상황과 맥락'이다. 또한 관계(relation)와 상호작용(interaction) 역시 구성주의에서는 중요한 지식생성의 조건이다. 마지막으로 객관주의는 진리와 전통적 지식의 객관성에 크게 의존하고 있으며, 구성주의는 지식의 상호주관성(inter-subjectivity)과 생존가능성(viability)에 의존하고 있다. 이렇게 본다면, 구성주의는 지식과 진리 추구에서 새로운 패러다임을 목표한다. 왜냐하면 우리의 지식관에는 이미 오래 전부터 객관주의가 지배하여 왔기 때문이다.

구성주의는 크게 '개인적 구성주의'와 '사회적 구성주의'로 구분된다. '개인적 구성주의'를 대표하는 사람은 피아제(Jean Piaget, 1896-1980)다. 피아제의 개인적 구성주의를 옹호하는 '피아제 학파'는 '지식의 객관성'을 언급하지는 않지만 그렇다고 부정하는 것도 아니다. 즉 개인적 구성주의에서는 지식의 구성은 인식주체인 개인이 주도하기에 주관적이고 상대적인 성향을 배제할 수 없지만, 환경과의 상호작용을 통하여 지식의 객관성은 얼마든지 정당화될 수 있다는 입장이다. 그러나 비고츠키(Lev Vygotsky, 1896-1934)를 중심으로 하는 사회적 구성주의자들에게 지식은 상호교섭 즉 인터랙션(interaction)을 통해서 늘 새롭게 구성되는 속성을 가진다. 지식은 이미 고정적으로 존재하는 것이 아니라 늘 새롭게 변화되는 것이다. 이런 면에서 본다면, 개인적 구성주의보다 사회적 구성주의는 보다 더 지식의 상대주의 내지 주관적 지식관을 주장하는 것처럼 보인다.

그러나 양자 모두 지식의 절대주의나 지식의 상대주의 (또는 주관적 지식관)를 긍정하는 것도 아니며 그렇다고 이를 부정하는 것도 아니다. 즉 양자는 모두 지식의 절대성과 상대성을 이분법적 도식으로 설명하지 않는다. 다시 말하면 지식의 생성과 (재)구성은 변화를 근거로 하는 '변증법적 과정'을 통하여 마침내 지식이 '객관화'되는 과정을 밝혀낼 수 있을 뿐이다. 특히 사회적 구성주의에서는 설령 그것이 '절대지식'을 향해 움직인다고 해도 별

상관은 없지만, 중요한 것은 지식의 발생과정은 다분히 (재)구성적인데, 이는 변증법적 과정에서 이루어지는 지식의 탄생과 결코 다르지 않다.

한편, 구성주의의 관점들은 다분히 '실용적'이다. 이러한 차원에서는 경험주의와 유사하다. 이미 오래 전에 비코(Giambatista Vico, 1668-1744)는 "진리의 규범은 우리가 그렇게 만들어 왔을 뿐"이라고 주장한다. 이러한 지식관은 처음 '사회학'에서 '사회적 구조주의'(social constructionism)의 범주로 사용되다가, '철학적 인식론'으로 도입되면서 구성주의(constructivism)라는 명칭을 얻게 되었다. 이때부터 학문적으로 '구조주의'와 '구성주의'는 종종 같은 개념으로 혼동되기도 한다. 왜냐하면 '구조'(structure)는 그것이 사전형성적 즉 선천적이든 아니면 상황적응적이든 그것은 '변증법적 과정'을 통하여 새롭게 '구성'(construction)되기 때문이다. 이러한 의미에서 푸코(Michel Foucault)는 '구조없는 구조주의'를 주장한다(장 피아제 외, 1979/ 김태수 엮음, 1990: 130). 결국 양자는 '지식은 계속 만들어지고 (새롭게) 구성되는 것'이라는 사실에 공감대를 형성한다.

> "인간은 세계를 변형시킴으로써 자신을 변화시킬 수 있고 구조를 구성함으로써 스스스로를 구조화시킬 수 있으며, 이러한 구조는 그 자신의 구조인데, 이는 그 구조가 내부로부터나 외부로부터 영구적으로 예정되어 있지 않다."(장 피아제 외, 1979/ 김태수 엮음, 1990: 116)

한편, 전통적 인식론에서 지식은 객관주의의 입장을 취하는 반면, 탈인식론에서 지식은 구성주의의 입장을 취한다. 철학자 나딩스(Nel Noddings)는 자신의 저서 『Constructivist Views on the Teaching and Learning of Mathematics(1990)』에서 인식을 통해 획득되는 지식은 결국 지식이 구성되는 것이라고 주장하면서 지식의 구성주의를 '후(後)

인식론' 또는 '탈(脫)인식론'(postepistmology)으로 명명했다. 즉 객관주의 지식관을 야기한 전통적인 인식론에 대한 의심과 반발은 신(新)인식론으로서의 후인식론 내지 탈인식론을 등장하게 했다.

인식론은 지식이론이다. 따라서 신(新)인식론 역시 지식이론이다. 다만 전통적 인식론은 지식이란 객관적으로 정립될 때 지식으로서 가능하기 때문에 객관주의의 관점에 따라 지식이 탄생하고 획득된다고 본다.

> "(전통적인) 인식론자들이 오랫동안 해명할 수 없었던 문제는 어떻게 외부세계가 인간의 내부세계에 반영되는가 혹은 어떻게 주관성이 소위 객관적 세계의 본질을 기록할 수 있는가 하는 점이었다. 예를 들면, 주관성을 인정하고 들어간다고 할 때, 우리가 주관성과는 별개의 외부세계를 결코 직면할 수 없다면, 어떻게 주관성이 객관세계와 연결되는지를 확인할 수 있을까? 우리가 사적 경험의 세계에 살고 있다면 어떤 근거에서 이것과는 다른 외부세계가 있다고 가정할 수 있을까?"(Steffe & Gale 편저, 1995/ 이명근 옮김, 2005: 41)

그러나 신인식론 즉 탈인식론에서 지식은 시간의 흐름 속에서 부단없이 새롭게 형성되고 구성된다는 관점이다. 따라서 탈인식론(post-epistemology)은 구성주의 지식관을 가능하게 한다.

> "구성주의는 전통적 서양철학의 지식이론에 대한 강한 불만으로 말미암아 Piaget(물론 18세기 초반 구성주의의 개척자라고 할 수 있는 Giambattisa Vico)에서 비롯되었다. 기본적으로 전통 철학의 인식론적 개념은 지난 2,500년간 변하지 않았으며, 이러한 개념이 주도해 온 역설은 결코 해결된 적이 없다. 이러한 전통에서 지식은 현존하는 개별 인식주체와는 독립적인 실제 세계를 나타내며, 이 지식이 독립적인 실제 세계를 정확히 반영할 때에

만 참으로 간주된다."(Steffe & Gale 편저, 1995/ 이명근 옮김, 2005: 23)

구성주의(constructivism)는 그라저스펠드(von Graserfeld) - 또는 피아제 - 로 대표되는 급진적 구성주의(radical constructivism)와 비고츠키(Lev Vygotsky, 1896-1934)로 대표되는 사회적 구성주의(social constructivism)로 구분된다. 전자는 개인이 환경과의 반응 그리고 조절을 통하여 지식을 구성하는 과정을 설명하고 있으며, 후자는 인간과 인간 간의 상호작용 속에서 지식이 구성되는 과정을 설명하고 있다.

"지식의 성질에 대한 구성주의 논의는 18세기 Berkely와 Vico에 의해 시작되었으며, 이들은 일상생활에서 수용되는 상식에 대항하는 그리고 당시의 지적 풍토를 지배했던 물리학자들의 연구에 의해 대표되는 지식이론에 반대하는 입장을 취한다. 즉 전통적인 인식론의 전제에 대한 '알고 행하는 것'의 구성적 활동에 관심을 모은 것이다. 그들의 주요 관심은 사람, 인식자, 그리고 '아는 것'과 '행하는 것'의 관계에 있으며 이들은 서로 동떨어진 것이 아니라는 것이다. Glasersfeld는 이러한 사고의 학파를 '급진적 구성주의'라고 불렀다... '급진적'이라는 것은 지식이 객관적으로 존재하는 실체를 반영하지 않는다는 입장에서 비인습적이지 않은 방식으로 지식을 규정하기 때문이다. 진리나 실체는 인식자와 동떨어진 것이 아니라 바로 인식자에 의해 구성되며, 인식 주체가 지식 구성의 과정에서 능동적인 입장을 취한다(Piaget). 다시 말해서 지식은 실체의 직접적 반영(reflection)이 아니며 순수한 관찰에 의해 형성되는 것도 아니다... Glasersfeld의 급진적 구성주의에 반해서 사회적 구성주의는 더욱 구미에 맞는 철학의 형태로 부각되었다. 사회적 구성주의는 개인과 사회 사이의 상호작용적 관계의 맥락에서 강조점을 개인에서부터 사회로 옮긴다. 사회적 구성주의는 지식은 각 인식자의 사회, 문화, 언어, 집단에 따라 상대적인 것으로 인식한다. 따라서 이들의 주장에 따르면 주관성(subjectivity)은 바로 간

인간적인 특성을 지니게 된다."(이명숙, 1999: 39-40)

특히 '구성주의 인식론'의 선구자라고 할 수 있는 비코(Giambatista Vico, 1668-1744)는 자신의 저서 『새로운 과학(Scienza Nuova)』에서 인간은 불확실한 상태를 접하면 인간 스스로 만물의 척도로 삼아 알지 못하는 일체를 판단한다고 주장하면서 인간의 개별적 경험세계를 인정하고 있다(이종원, 1999: 71; 78). 이는 당시 사회를 지배하던 '데카르트적 객관주의 지식관'을 정면에서 거부하는 것이었다.

그러나 엄밀히 말하면, 급진적 구성주의 역시 개인과 환경이 서로 대화하고 상호작용하는 가운데에서 지식이 구성된다고 볼 수 있다.

> "구성주의 심리학의 역사적 발단은 피아제(Jean Piaget, 1896-1980)와 비고츠키(Lev Vygtsky, 1896-1934)의 이론에서 찾을 수 있다. Piaget는 아동 발달에 대한 행동주의적, 정신분석적 해석에 대응하는 매력적인 대안을 제안하였다. 그는 행동주의와 발달적 견해를 구축하려는 의식 심리학 사이의 양분성을 극복하려 했다. 그는 분절된 기술과 각각의 정보로 차 있는 백지(tabula rasa)로서의 정신의 견해를 반대하고, 아동 사고의 구조적 특성을 강조하였으며, 아동 사고의 기능과 발달은 구조적 형태로 일어나며 발달한다는 입장을 취한다. 또한 그는 발생학적 혹은 구성주의 인식론은 '어떻게 지식이 발달하는가'에 대한 체계적인 연구를 위한 합리적 준거를 제공하는 것으로 보았다. 반면 Vygotsky는 마음의 사회적 발달 혹은 '고등정신의 기능'에 관심을 가졌으며, 고등정신 기능은 사회적 활동에 참여함으로써 발달된다고 주장하였다.... 결론적으로 Piaget와 Vygotsky는 마음의 발달적 개념의 구성이라는 것에 공통적으로 관심을 가졌다. 이들은 마음을 능동적으로 보았으며, 환경과의 상호작용에 의한 사고의 변화를 강조하였다.... 또한 이들 둘 다 발달의 변증법적 개념을 채택하였으며, 구조와 기능의 상호 의존성을 주장하

였다.... 마지막으로 이들은 근본적으로 지식의 상호-구성을 포함하는 간주관적인 임상적 연구 방법을 채택하였다."(이명숙, 1999: 37-38)

이렇게 본다면 구성주의 지식관의 핵심은 '타(Others)와의 상호작용을 통한 지식의 구성 및 재구성'이다. 왜냐하면 구성주의란 지식에 관한 새로운 관점 즉 지식은 개인과 독립적으로 존재하는 것이 아니고 환경과의 상호작용을 통해 개인에 의해 구성된다는 점을 강조하는 이론이기 때문이다(이명숙, 1999: 39).

"금세기의 가장 중요한 구성주의자라고 할 수 있는 Piaget의 인지발달이론은 사회적 상호작용을 고려하지 않았다는 점에서 주로 북미대륙에서 비판을 받아 왔다.... (그러나) 그의 모든 저서 도처에서 조절(accommodation)은 대부분 사회적 상호작용으로 일어난다는 것을 거듭 주장하고 있음을 발견할 수 있다.... Piaget에 있어서 사회적 상호작용이 일어나는 데 관여하는 '타인'(Others)은 아동이 그의 생생한 경험 속에서 구성하는 비교적 '영속적인' 대상물 그 이상도 그 이하도 아닌 환경의 일부다. 즉 유용하고 영속적인 대상물이라고 할 수 있는 것은 스스로 구성한 것과의 상호작용이다."(Steffe & Gale 편저, 1995/ 이명근 옮김, 2005: 30-31)

본질적으로 지식은 '내인적(endogenic, 정신중심적) 지식'과 '외인적(exogenic, 세계중심적) 지식'으로 구분된다(Steffe & Gale 편저, 1995/ 이명근 옮김, 2005: 38). 전자는 자신과 또 다른 자신과의 내적 대화 내지 상호작용을 통하여 창출되는 지식이고, 후자는 주변 환경이나 타인과의 대화나 상호작용을 통하여 창출되는 지식이다. 그러나 내인적 지식과 외인적 지식의 경계를 명확하게 규정하기 어렵다. 왜냐하면 개인의 정신이란 내적으로만 형성되는 것이 아니고 항상 외부 세계 내지 주변 환경과 연결되어 있기 때문이다. 결국 '나와 또 다른 나' 사이의 내적 대화이든, 아니면 '나와 타인'과의 외적 대화든, 대화나 상호작용이 지식의 발생에 결정적으로 기여하는 것이다. 물론 두 지식관 사이에 서로 관점의 차이나 강조점의 차이는 명백하다.

> "그러나 외인적 입장에서 보면, 우선적으로 세계가 주어지고 정신은 세계를 정확하게 반영할 때 가장 잘 작동된다... (반면) 내인적 입장은 정신세계를 자명한 것으로 보며 마음이 자연 속에서 어떻게 적절하게 작용하는지에 대한 문제를 제기한다. 따라서 외인적 입장은 내적 표상을 형성하기 위해 필요한 환경의 투입에 초점을 둔다. 이러한 환경적 강조에 비해 내인적 입장은 인간 고유의 이성, 논리 또는 개념화 고정에 우선적 강조를 둔다. 사실 상 내인적 입장은 개인에 귀인하는 선천론자(nativist)라고 할 수 있다."(Steffe & Gale 편저, 1995/ 이명근 옮김, 2005: 38-39)

그러나 피아제의 모형은 그 안에 '변이와 도태'의 구성주의 같은 것을 어느 정도 포함하지만 - 예컨대 동화와 조절이라는 개념에서 알 수 있듯이 - 논리적으로 부적절한 형태의 구성이다(Bickhart, 1988; Steffe & Gale 편저, 1995/ 이명근 옮김, 2005: 316에서 재인용). 결과적으로 Piaget의 시도는 심도 있는 진보와 통찰에도 불구하고 구성주의를 완전히 성취하는 해결책이 되지는 못한다(Bickhard, 1988; Steffe & Gale 편저, 1995/ 이명근 옮김, 2005: 316에서 재인용)

> "비록 피아제는 지식의 기원의 관점에서 경험론-합리론 딜레마를 돌파하였지만, 본질적으로 지식의 본질에 대한 Aristoteles 모형으로 끝난다. 물론 Aristoteles의 형상(eidos, form)을 행위의 가능성이라는 영역으로 격상시키는데, 표상되는 것은 세계 속에서의 행위 가능성의 형상이며, 표상하는 것

은 그 세계 안에서의 가능한 행위들에 대한 동일한 형상이다. 그러나 Piaget의 경우에 있어서 형상은 세계 속에서 그리고 정신 속에서 가능한 변형, 조작, 협응에 대한 대수적 형상이다. 비록 Piaget에게는 세계 속에서의 생성과 그것과 일치하는 정신 안에서의 생성 모두 내재적이고 그 어느 곳으로부터도 오지 않는다 하더라도 표상은 여전히 형상과 일치한다. 이러한 모형은 여전히 불일치 주장을 야기하게 된다."(Steffe & Gale 편저, 1995/ 이명근 옮김, 2005: 316)

결국 진정한 지식의 구성주의가 완성되기 위해서는 급진적 구성주의는 비고츠키의 사회적 구성주의의 관점을 필요로 하게 된다. 왜냐하면 지식의 구성은 자신의 관념 속에서 자연스럽게 발생하는 지식에 만족하지 못하며 사회적-역사적 맥락 또는 사회문화적 맥락에서 구성되고 재구성되기 때문이다.

"사회적 구성주의란 급진적 구성주의의 구성의 측면과 더불어 사회문화주의의 사회적 맥락을 동시에 강조한 이론이라고 볼 수 있다. 다시 말해 급진적 구성주의가 주장하는 '맥락적 구성'의 '맥락'이 '사회적'이라는 점을 부각시킨 이론이라고 할 수 있다... 그런데 여기서 맥락이란 삶을 가리킨다"(조용기, 1999: 5)

결국 구성주의적 지식은 '맥락적 지식'이다. 따라서 맥락적으로 구성되는 지식은 그 맥락이 다양한 만큼 구성되는 지식도 다양할 수밖에 없다(조용기, 1999: 8).

"구성주의에 있어서 지식이 구성적이라면 그 지식을 구성하는 나의 주관인 능동적인 태도가 우선된다고 할 수 있다. 우리의 주관이 중요하다는 것은 구성주의가 주관이 처해 있는 구체적인 사회적, 문화적 그리고 역사적 맥락성을 강조하고 있다는 것이다. 이러한 주관의 맥락성 혹은 감상자의 맥락성을 강조하고 있다. 예술 작품의 경험에서와 같이, 텍스트를 이해하는 데 있어서 객관적인 진리를 '있는 그대로' 모사하는 것이 아니라 해석자의 역동적인 상호작용을 통해 텍스트를 이해하고 해석한다."(최신일, 1999: 31)

그런데 여기서 주목할 것은 지식이란 반드시 '유용성'(utility, 有用性)에 근거하여 구성되고 재구성될 수 있다는 사실이다. 왜냐하면 유용성이 바로 '사회적 맥락'을 의미하기 때문이다. 이런 연유로 Glasersfeld의 급진적 구성주의는 '앎의 과정'(knowing)을 '실생활에의 적응활동'으로 이해한다. 즉 우리가 실생활에 적응하기 위해서는 지식을 구성하고 재구성해야 하는데, 이는 삶의 유용성을 위해서 지식을 터득하고자 하는 욕망 때문이다. 앎은 곧 삶이다. 따라서 삶의 유용성을 위해서 우리가 지식을 터득하는 것은 당연하다. 즉 우리의 지식은 삶의 유용성을 찾아서 구성되고 재구성되는 것이다.

결국 진리의 문제도 구성주의에서는 – 마치 실용주의에서처럼 – 유용성의 문제로 대치된다(Steffe & Gale 편저, 1995/ 이명근 옮김, 2005: 317). 즉 지식이라는 것은 참여자에 의해 개인적 및 사회적으로 유용하게 인정될 때 지식이 되는 것이다(Steffe & Gale 편저, 1995/ 이명근 옮김, 2005: 291).

"Vygotsky는 모든 지식은 문화와 시간 속에 상황지워지며, 개인적으로 의미 있게 되는 것은 다른 사람들과의 상호작용에 의해 형성된다는 것을 상기시킨다. 그에게 있어서 지식은 여러 문화적으로 규정된 활동에 참여함으로써 진화한다."(Steffe & Gale 편저, 1995/ 이명근 옮김, 2005: 290)

그러나 피아제의 이론에서 발견되는 '발생학적 인식론'은 구성주의 지식관의 완성에 있어서 중요하다. 왜냐하면 지식은 진화이전에 모든 개인에게 있어서 전 생애를 걸쳐 늘 발생되기 때문이다. 그것이 다른 사람 또는 주변 환경과의 상호작용이나 의사소통에 의해서이든지 아니면 선불교나 요가에서 독립적인 반성과 성찰을 통하여 직관적으로 터득하거나 득도(得道)하든지, 하여간 인간에게 지식은 끊임없이 - 때로는 능동적으로 - 발생하고 소멸한다. 특히 '반성과 성찰'은 구성주의 지식관의 기본 토대이다.

> "신체적 행위를 정신적 조작으로 변화하는 방법으로서 성찰의 중요성을 인식할 필요가 있다. 우리가 자기조절하는 개인으로 발달하는 것은 성찰을 통해서다."(Steffe & Gale 편저, 1995/ 이명근 옮김, 2005: 292)

이렇게 본다면, 급진적 구성주의와 사회적 구성주의가 서로 배척하지 않고 만날 수 있을 때 구성주의 지식관도 가능하다.

> "비고츠키 및 피아제의 대안이론(또는 통합이론)을 탐색하는 데 있어서 우리는 사회적 발달이 서로를 형성한다는 것을 인식할 필요가 있으며, 양자 간의 적절한 균형을 추구해야 한다. 우리의 상호작용의 형태 및 도구는 이러한 공동형성과정의 핵심요소이다. 의식, 기억, 지각 및 기타 인지행위는 우리가 구성한 것에 대한 경험과 우리가 처한 맥락과의 관계에서 인식된다. 즉 경험과 맥락이 혼재하고 있다."(Steffe & Gale 편저, 1995/ 이명근 옮김, 2005: 293)

중요한 것은 이렇게 맥락이나 상황에서 탄생하는 지식은 '다양성'을 본질로 하고 있다는 사실이다. 즉 구성주의에서는 지식의 다양성이 중요하다.

> "구성주의에서의 주관이 처해 있는 상황성과 역사성 역시 고정되어 있는

것이 아니라, 항상 변할 수밖에 없다면 진리를 이해하는 데 있어 무엇을 준거로 할 수 있는가 하는 즉 주관에 따라 마음대로 해석할 수 있다는 상대주의의 경향에서 벗어날 수 없지 않은가라는 문제에 대해, 구성주의는 아무런 준거의 틀을 허용하지 않는 상대주의에만 머물지 않는다. 왜냐하면 구성주의는 진리 혹은 지식보다는 '맥락'에 초점을 맞추고 있기 때문이다."(최신일, 1999: 31)

그런데 이러한 지식의 다양성은 대화를 통하여 획득될 수 있다. 즉 구성주의 지식은 마침내 '대화'를 통해서 발생하는 셈이다.

"구성주의에서 상황 혹은 맥락 간의 다양성을 인정한다는 것, 서로의 차이를 인정한다는 것은 대화의 전제가 된다. 대화는 서로의 차이를 인정하는 것이지 차이를 없애는 것이 아니다. 한쪽이 다른 한 쪽을 맞추어서 통합해 가는 과정이 아니다. 어느 쪽도 대화의 맥락성을 벗어날 수 없다. 특히 사회적 구성주의자들의 주장처럼, 언어의 의미는 둘 이상의 사람들 간의 조율활동에 의해 성취되는 것이다. 해석학에서의 대화를 통한 이해의 과정에서는 나는 너를 하나의 대상으로만, 즉 나를 위한 도구로만 보지 않는다. 그리고 너는 나에 의해서 반성적으로 투영된 존재 역시 아니다. 다시 말하면, 너는 너의 독자적인 존재가치를 가지고 있는 존재이다. 너는 나에게 말을 건네 오는 대화의 상대자로 파악하게 된다."(최신일, 1999: 32)

결국 구성주의에서 지식은 대화와 소통을 통하여 탄생한다. 또한 구성주의 지식 역시 지식의 구조를 구성하는 지식의 변증법적 차원, 해석학적 차원, 현상학적 차원, 실용학적 차원과 마찬가지로 반성적 사고를 통해 발생한다. 이렇게 본다면 구성주의에서 지식은 대화와 소통의 과정에서 발생하는 부단한 반성적 과정에서 구성되고 재구성되는 '과정의 지식'인 셈이다.

오늘날 지식은 반성적 사고의 과정을 삭제하고 발생하고 있다. 특히 실증주의적이고 자연과학적인 인식론적 차원에서 발생하는 지식이 세상을 지배하고 있다. 이러한 지식들은 '반성적 사고'의 과정과는 무관하다. 기껏 피드백(feedback)이라는 개념으로 이를 임시방편으로 대치시키고 있기는 하다. 특히 이는 실증주의에 근거한 행동주의의 협소한 발상이다. 그러나 '반성적 사고'와 단순한 피드백의 개념은 전혀 다른 차원이다. 전자가 비선형적인 '지속인 순환'이나 '영원회귀'(Wiederkehr, Nietzsche)의 개념이라고 한다면, 후자는 선형적이며 정형적이고 환원적인 개념이다. 또한 전자가 자연발생적이라고 한다면, 후자는 다분히 인위적이고 조작적이다.

이렇게 본다면, 구성주의에서 지식은 자연발생적으로 탄생하고 있다고 할 수 있다. 다만 변증법, 현상학, 해석학, 실용학적 지식의 경우에서와 비슷하게, 과연 지식은 언제까지 구성되고 재구성되는 것일까? 혹시 이는 상대적 지식관의 복권이 아닐까? 물론 이는 소피스트들의 상대적 지식관과는 차원을 달리한다. 그럼에도 불구하고 해석학적 지식이 상대적 지식으로 비판받는 것처럼 구성주의 지식 역시 오해될 소지가 있다. 그러나 '상대적'이라는 개념과 '상대성'(相對性)의 개념이 반드시 일치되는 것은 아니다. 따라서 구성주의 지식은 오히려 '상대성 지식'이라고 하는 것이 타당하다. 아인슈타인이 자신의 '상대성이론'에서 '상대성'(relativity)의 개념은 세상에 존재하는 모든 장(field)의 보편적인 통일을 위한 이론 즉 '통일장 이론'의 초석으로 작용한다. 이렇게 본다면, 상대성 지식으로서의 구성주의 지식 역시 언젠가는 세상의 모든 지식을 보편적으로 통합할 수 있을지도 모른다는 전망을 하게 한다. 그러나 여전히 풀리지 않는 의문은, 도대체 언제 우리는 객관적이고 보편타당하게 통합된 '상대성 지식'으로서의 구성주의 지식을 획득할 수 있을까? 하는 것이다.

2. 대안교육의 대두

대안교육(alternative education)은 크게 두 가지로 구분된다. 하나는 기존의 전통적인 정규학교 교육시스템에 반기를 든 사람들에 의해 시작된 '대안학교 운동'(alternative school movement)이고, 다른 하나는 '평생교육 운동'(lifelong education movement)이다. 이는 모두 지금까지 우리 문화 속에 들어 있던 주류 교육과는 전혀 다른 수많은 다양한 교육학적 접근을 포괄하는 총체적 개념이다. 말 그대로 대안교육은 '대안(代案)의 교육' 내지 '교육적 대안'이다. 구체적으로 대안교육은 전통적 교육에 대한 비판과 반성을 근거한 저항 교육으로서 전통적이고 인습적이고 표준적인 전통학교 중심의 교육시스템을 거부한다. 따라서 대안교육은 본질 회복의 총체적 교육개념이 된다(Martin, 2000).

대안교육은 표준화된 의무교육제도의 도입에 대한 반대급부로 지난 2~3세기에 걸쳐서 성장하기 시작했다. 역사적으로 대안교육 운동의 뿌리는 프랑스의 자연주의자 루소, 스위스의 인본주의자 페스탈로치, 미국의 선험주의자들인 알코트 에머슨, 서로우, 진보주의 교육의 창시자 듀이와 파커, 그리고 프뢰벨, 몬테소리, 슈타이너 같은 교육적 개혁자들까지 거슬러 올라갈 수 있다. 이들은 교육이 매우 다양한 수준 즉 지적 영역뿐만 아니라 도덕적, 영적, 감성적 심리학적 그리고 신체적으로 발달하는 아이들을 양육해야 한다고 믿었다. 2차 대전 후에는 이태리에서 레지오 에밀리아(Reggio Emilia)가 유아교육 분야에서 제창한 대안교육이 펴져나갔다.

홀트, 굿맨, 매이어, 데니슨 같은 문화비평가는 개인주의적, 무정부주의적, 자유주의적 관점에서 교육을 실험했다. 프레이리부터 콜과 코졸 같은 미국의 교육자들은 자유주의적이고 급진적인 정치적 관점에서 서구 교육의 주류를 비판했다. 교육은 개인의 흥미와 학습 스타일에 부응하여야 한다는 이들의 주장은 '학습자 책임모델'이 '교수자 책임모델'보다 효과적이라는 연구결과에 의해 지지되었다(Armstrong, 2012). 밀러는 대안교육에 공통적인 5개의 요소로서는 개인에 대한 존경, 조화와 균형, 권위의 분산, 사회의 정치적 경제적 문화적 영역들 사이의 불개입 그리고 총체적 세계관을 꼽았다(Miller, 2008). 시간의 흐름 속에서 이러한 대안교육 운동은 취학아동을 위한 의무교육을 제공하는 것과 함께 사회적으로 수용되기 시작했다.

한편, 1965년 유네스코(UNESCO)의 교육국장이었던 랑그랑(Paul Lengrand)에 의해 주창된 평생교육(lifelong education)은 학교중심의 교육시스템의 전반적인 한계를 지적하면서 나왔다. 즉 오래 전부터 학교가 교육 전체를 위임하여 실행해 왔지만, 시대적으로 이제는 학교교육만으로 모든 것을 충족시킬 수 없다는 주장이었다. 구체적으로 랑그랑은 이제 평생교육이 요청되는 이유를 9가지로 제시했다.

첫째, 인간의 비전과 관습이 급속하게 변화하고 있다.

둘째, 인구증가와 평균수명의 연장이 교육의 양적 확대뿐만 아니라 질적 변화를 초래하고 있다.

셋째, 과학기술 즉 테크놀로지의 진보와 이에 따른 산업 및 직업 구조가 급격하게 변화하고 있다.

넷째, 정치적 변동이 가속화되고 있다.

다섯째, 매스미디어의 발달과 정보처리능력의 필요성이 증대되고 있다.

여섯째, 여가시간이 증대하고 이의 활용도가 높아지고 있다.

일곱째, 생활양식과 인간관계의 위기가 심각해지고 있다.

여덟째, 현대인의 정신과 육체가 부조화를 이루고 있다.

아홉째, 이데올로기의 충돌과 위기로 인한 삶의 정체감(identity)이 혼란스러워지고 있다.

그러나 사실 평생교육이 주창되기 이전에 유럽과 미국 등 선진국에서는 수많은 교육개혁에의 요청이 있어 왔다. 즉 유럽에서는 20세기 초부터 그리고 미국에서는 1970년대부터 불기 시작한 교육전반의 혁신 및 "개혁교육학"(Reformpaedagogik), "반교육"(Anti-pädagogik), "탈학교"(deschooling) 등 급진적 사회개혁운동으로 승화한 것이 바로 평생교육운동의 실제적 단초가 된다. 특히 19세기 초부터 시작된 '성인교육'(adult education, Erwachsenenbildung)에서의 새로운 교육운동은 평생교육의 개념이 출현하는데 결정적인 역할을 했다. 왜냐하면 성인교육의 분야는 정형화된 학교교육이 아니다 보니까 교육본질로의 회귀나 교육혁신의 개념이 훨씬 더 수월하게 이식될 수 있었기 때문이다. 또한 성인교육은 특성상 성인(成人)이라는 인격체와 인격체의 만남으로 이루어지는 교육적 관계로서 학교에서는 엄두조차 낼 수 없는 교육적 자유로움을 보다 많이 허용할 수 있다. 따라서 평생교육의 개념은 학교교육에 대한 무조건적인 저항이나 반대 또는 극단적 대안이라기보다는, 오히려 '성인교육의 요소들'(andragogy)이 학교교육에도 반영이 된다면 인간의 교육이 전반적으로 개선될 소지가 있다는 사실에 방점을 두고 있다고 할 수 있다. 이러한 의미에서 독일의 교육학자인 샤이베(Wolfgang Scheibe)는 "학교교육의 현장에 성인교육의 요소가 도입되는 것이 바로 교육개혁"이라고 주장하였다.

하여간 1960년대 중반부터 시작된 UNESCO(유엔교육문화기구)의 평생교육은 비록 '선언'(宣言)으로서 시작되었지만, 1970년대 들면서 OECD(세계경제개발기구)가 이에 동감을 가지고 (직업)계속교육운동을 선포함으로써 평생교육운동은 실천적 차원에 도달하게 되었다. 결국 이러한 평생교육운동은 지금까지 학교에만 위탁되었던 전통적인 교육의 개념을 비판, 반성, 수정, 보완 그리고 확장하는 의미를 가진다는 차원에서 21세기 미래사회가 요구하는 대안교육이라고 할 수 있다.

1) 대안학교 운동

대안학교(代案學校)란 말 그대로 정규학교의 대안(alternative)으로서 비전통적인 교과과정과 교육방법을 수용하는 교육기관이다. 대안학교는 전통적인 정규학교와 구별되는 교육철학 및 교육방법을 허용한다. 일부 대안학교는 특별한 정치적 색채, 종교적 성향 내지 철학적 지향성을 가지고 있다. 또한 일부는 주류교육 내지 전통교육시스템에서 이탈된 '부적응 학생'을 수용하며, 특수 장애 학생들이나 다문화국가 출신의 이민가족 아동들의 학습지진을 보완해 주기 위해 설립 운영되기도 한다. 반대로 일부는 특별한 재능을 가진 영재나 특수한 욕구(needs)를 가진 학생들에게 수준별 개별교육과정을 운영하기도 한다. 또한 일부는 현실의 학교교육이나 교육시스템에 만족하지 못하거나 불만을 가진 교사, 학생 그리고 학부모들의 조합으로 이루어지기도 한다. 마지막으로 일부 학교들은 현실 문화에 편승하고 있는 주류 교육학과는 다른 교육학적 접근에 근거하고 있다.

대안학교의 일반적인 특징은 다음과 같다(Aron, 2009: Vittachi & Raghavan, 2007).

(1) 교수-학습방법이 개별화되어 있다.

(2) 다양한 사회경제적 지위를 가진 아동들의 재능들이 혼합되어 있다.

(3) 학교 밖의 삶에 적용되는 실험적인 학습을 허용한다.

(4) 다양한 원칙과 전통의 통합적 접근을 추구한다.

(5) 수업을 준비하는 스텝(step)들은 그들의 전공영역에서 전문가로 인정받고 창의적이다.

(6) 학생-교사의 비율이 정규학교에 비해 낮은 편이다.

(7) 교사, 학생, 수업준비 스텝, 행정가, 학부모 모두가 학교에 대한 집단적 소유의식을 가지고 있으며 모든 의사결정에 개입하는 것을 원칙으로 하고 있다.

(8) 비전통적인 평가방법을 개발 운영하고 있다.

영국의 교육사전에 의하면, 대안학교란 전통적인 영국교육에 대안으로서 학습자 중심의 비공식적 교육과정을 제공하는 학교를 칭한다("alternative schooling". A Dictionary of Education, 2009).

이렇게 대안학교는 기존의 정규학교에 대한 반감으로 시작하지만 궁극적으로는 교육혁신 내지 교육개혁을 목표한다는 점에서 의미를 갖는다. 이런 점에서 많은 선진국의 정부에서는 대안학교를 정규학교와의 대립으로 간주하기 보다는 다양성의 차원에서 허용하고 때로는 보호하고 지원하여 왔다.

20세기 들어 만들어진 최초의 대안학교는 독일의 발도르프 자유학교(Waldorf freie Schule)이다. 1919년 루돌프 슈타이너에 의해 설립한 발도르프 학교는 인지학(人知學, Anthroposophie)이라는 독특한 철학이자 신앙심을 바탕으로 하고 있다. 이런 면에서 한때는 이단종교논쟁에 휩싸이기도 했지만, 지금도 유럽 전역에 약 1000개의 학교가 운영될 정도로 독특한 대안학교로서의 입지를 가지고 있다. 현재 독일에는 200개 이상의 발도르프 학교가 존재한다. 이 밖에도 독일에는 몬테쏘리 교육철학의 영향권 하에서 운영되는 대안학교들도 번성하고 있다. 대안학교는 주로 캐톨릭 교회, 루터 교회 등 종교단체나 개인독지가들에 의해 운영되는 사립학교들인데, 이들에 대한 지원은 연방정부에 따라 천차만별이다.

원래 대안학교의 명칭은 자유학교(free school)이다. 즉 자유학교의 개념은 정규학교에서 학생들이 자유를 억압받아 인권을 침해받는다고 하는 이유에서 비롯되었는데, 이를테면 자유학교에서는 학생들에게 한도 내에서 '자유'를 일정량 허용해 보자는 취지로 시작되었다. 따라서 이러한 자유학교는 실험학교(laboratory school, experimental school)의 의미를 가지고 있다. 즉 학생들에게 일정량의 자유를 허용해 보면, 과연 어떤 결과가 나오는가에 대한 실험을 하는 곳이다. 독일의 대표적인 실험학교는 빌

레펠트 실험학교(Die Laborschule Bielefeld)이다. 이 학교는 오늘날 독일에서 대표적인 민주학교의 이미지로 각인되어 있으며, 연방정부의 공적 기금으로 운영되고 있다.

영국에서도 대안학교는 오랜 전통을 가지고 있다. 서머힐 학교(Summerhill School)가 그것이다. 1921년 닐(A. S. Neil)에 의해 설립된 섬머힐 학교는 최초의 민주학교(democratic school)였다. 섬머힐 학교는 나중에 민주적 유형의 학교로 알려진 달팅톤 홀 학교(Dartington Hall School)와 킬퀴한니티 학교(Kilquhanity School)에 지대한 영향을 미쳤다. 그러나 섬머힐학교 중 모래학교(Sands School), 공원학교(Park School) 그리고 작은마당학교(Small Acre School)를 제외하고는 대부분 문을 닫았다. 이들 대안학교들은 최근까지 등록금이 있었지만, 2011년 국가지원의 자유학교가 도입된 이후 교육학적 풍경이 바뀌었다. 정부에서 인정된 두 개의 자유학교는 대안교육을 합법적으로 제공하고 있다. 영국의 남부지역 좀머셋(Sommerset)에 있는 스타이너 아카데미 프로메(Frome)와 슈타이너 아카데미 헤레포드(Hereford)가 그곳이다. 현재 남아 있는 영국의 대안학교는 두 개의 민주적 초등학교인 파크 학교(Park School)와 스몰 에이커 학교(Small Acres), 그리고 두 개의 민주적 중등학교인 서머힐 학교(Summerhill)와 센즈 학교(Sands School)가 남아있다. 현재 영국에서는 정규학교와는 교육철학이 다른 70여개의 대안학교가 운영되고 있는데, 이중 반 이상이 슈타이너-발도르프 학교이다. 이밖에 몬테소리 유치원학교가 대안교육기관으로 운영되고 있다.

미국에서는 1970년대 이래로 대안학교의 비약적인 성장이 있었다. 일부 대안학교들은 다양한 학업능력의 학생들과 비전통적 프로그램에 의해서 더 잘 지원받을 수 있는 능력개발을 목표한다. 일부는 특수교육을 받을 필요가 있는 학생들을 위해 의도되었으며, 일부는 십대 가장이나 가정이 없는 아이들 같은 학생들에 영향을 미치는 사회문제를 대변하거나 아니면 학문적으로 낙제의 위험에서 고민하는 학생들에게 편의를 제공하기 위한 목적으로 운영되고 있다. 최근 전 세계 대안교육의 발달은 미국에서 시작된 챠터스쿨운동(Charter School Movement)을 추종하는 듯하다. 미국의 몇몇 주들은 챠터스쿨을 위한 법안을 제정하여 통과시킴으로써 각 학교들이 자유롭게 운영될 수 있는 기반을 마련하였는데, 엘버타가 이를 최초로 실천한 대표적인 주이다.

오늘날의 대안학교 운동은 캐나다에서 가장 활발하다. 캐나다의 교육은 지방 정부의 재판권 관할이다. 대안교육은 마운틴뷰 몬테소리 스쿨, 토론토 몬테소리 스쿨, 벤쿠버 발도르프 스쿨 등 몇몇 공립학교에서 제공된다(Encyclopedia Britannica. Encyclopedia Britannica Online. 2015) 캐나다의 대안교육은 두 개의 철학적 관점 즉 진보주의와 자유주의로부터 나왔다.

레빈에 의하면, '대안'이라는 개념은 2006년 이들보다 먼저 존재해 오던 학부모-학생-교사가 독립적으로 운영하며 공립학교 시스템 안에서 위원회가 선택하는 '자유학교'(free school)의 개념과 부분적으로 구분하기 위해 도입되었다. 진보주의 교육의 전통은 아동발달단계에 맞도록 커리큘럼을 구체화하여 가르칠 것과 계획된 경험학습을 통하여 아동들을 서서히 성인사회로 연착륙시키는 것을 강조한다. 현대 대안교육 운동의 자극은 미국의 실용주의 교육철학자 듀이로부터 시작되었다. 1차 대전 이후에는 영국의 '새로운 학교'와 유럽의 슈타이너/발도르프 학교가 대표적이다. 자유주의적 전통은 학부모와 아동에게 그들만의 교육과 삶을 만들 수 있도록 하는 권리에 초점을 둔다. 레빈에 의하면, 이는 제도적이고 사회적 복종과 현대사회의 부패한 영향에 대해서 아동 개인의 자유와 천부적 선함을 유지하는 것이 바람직하다는 신념에서 비롯된다.

1980년대는 특출난 학생들, 제능있는 학생들을 위한 특별학교나 프로그램들 아니면 협력벤처의 형태로 '학교에서 일터로' 직접 연결되는 프로그램 등이 봇물을 이루는 시대였다. 이는 학교가 필수보다는 선택의 기회를 대폭 제공하는 교육의 자연적 진화로 간주되었다. 유럽과 미국, 캐나다 등지에서는 공립 재판권 관할 하(공립 교육구)에 있는 대부분의 대안고등학교들이 독립적 학업 프로그램과 기초기술 프로그램을 제공하기 시작하였다. 또한, 인습적이고 비인습적인 코스를 섞어서 운영하는 작은 규모의 고등학교들이 생겨남으로써 학교는 학생들이 코스 선택과 시간스케줄을 정하는데 융통성을 확보할 수 있도록 했다. 아울러 이들은 작은 클래스를 통하여 교사와 학생간의 비공식적인 친밀감 역시 제고할 수 있었다.

특히 오늘날 캐나다에서는 지역학교위원회가 대안학교 진학을 원하는 학생들을 직접 선발하고 학교가 어떻게 운영되어야 하는지를 결정한다. 캐나다에서는 정규학교과정에 적응하지 못하는 중학생들을 대상으로 처음으로 대안학교 프로그램들이 생겨나기 시작했다. 대부분의 캐나다의 대안학교에서는 학년(grades)보다는 다양한 나이의 그룹이 함께 통합적으로 수업할 수 있도록 홀리스틱 교육과정(holistic curriculum)으로 운영된다. 홀리스틱 교육과정은 정규학교에서도 일부 수용하는 곳도 생겨나고 있다. 또한 대안학교는 지역학교위원회의 투명한 개입을 원칙으로 하고 있으며, 이들은 모든 회의록이나 참여관찰일지 등을 기록이나 문서로 남겨야 한다. 일부 대안학교는 일련의 '실험학교'(labo school)로 운영되는데, 자유를 조금씩 허용하면서 학생들이 어떻게 변화해 가는지를 관찰하고 실험하는 곳이다. 따라서 실험의 결과가 공립학교로도 이식되면서 궁극적으로는 교육개혁에 기여하고자 하는 의도를 가지고 있다.

한편, 일본의 교육제도는 교육부에 의해 주도되는 범국가적이고 표준화된 시스템을 가지고 있다. 유일한 대안적 선택은 국가에서 인정한 사립학교에 국한되었는데 커리큘럼 면에서 일반학교에 비해 자유롭다. 이를테면 학교와 학생이 교과서를 선택할 수 있으며, 가르치는 방법의 자유 그리고 가이드라인을 자유롭게 정할 수 있다는 점이다. 반면 국립학교는 정부에서 정해준 교과서를 사용해야 한다. 거의 모든 사립학교는 경쟁적 입학시험을 치루며 수업료를 지불하는데 장학금은 제한되어 있다. 일본에서 대안학교에 대한 관심은 사회혼란을 촉발시킨 친구따돌림(이지매), 학교폭력, 학교거부, 학교공포, 학생자살 등이 난무하던 1980년대에 부각되기 시작했다.

자유학교(free school)는 비영리 그룹 내지 독지가에 의해 운영되는 독립학교를 지칭하는 용어이다. 도쿄 슈레가 대표적이다. 이는 일반학교에 등교하기를 거부하는 아이들을 돌봐주고 교육시키는 곳이다. 1985년 세워진 민주학교(democratic school)는 등교를 거부하고 학교환경을 피하는 아이들의 쉼터로 설립되었다. 이어서 1987년에는 일본 전역에 7개의 발도르프학교가 설립되었는데, 대학학교는 홈스쿨링운동과 함께 전국으로 번져 나갔다. 일본정부는 2003년 중국의 특별경제구역정책을 모방한 '구조개혁특별구역'을 도입하였는데, 나중에 정부 인가의 대안학교를 가능하게 했다. 2년 후 일본에서는 최초의 정부인가 대안학교가 등장했다. 반면, 높은 학비에도 불구하고 일부 학부모들은 당시 외국어학습에 전념할 수 있도록 자녀들을 국제학교에 입학시켰다. 국제학교는 일본 정부로부터 인가를 받지는 못했지만, 오히려 미국, 캐나다, 중국, 독일, 프랑스, 한국 등에서는 국제 바칼로레아 프로그램을 통하여 이들의 학력을 인정해주는 추세가 되기도 했다.

필리핀에서는 기존의 공식적인 교육시스템에 반하여 학습자가 선택할 수 있는 대안학습시스템(ALS: alternative learning system)을 운영하고 있다. 이런 저런 이유로 공식학교에 접근할 수 없는 학생들은 ALS를 선택하여 대안교육을 받을 수 있다. 이는 대안교육 내지 보조교육이라고 할 수 있는데 비형식교육과 무형식교육을 모두 포괄한다. 프로그램은 두 개의 다른 체제로 운영되는데, 하나는 학교기반(school-based)이고 다른 하나는 지역기반(community-based)이다. 전자는 학교에서 운영되며 후자는 공회당이나 사설기관 같은 데서 운영된다. ALS는 과학, 수학, 영어 등 정규교과목 이외에도 필리핀 학, 사회연구, 시사문제 등도 다룬다. 강의료는 국가에 의해 지원되는 방식과 지역사회에서 민간단체에 의해 지원되는 방식으로 나뉜다. 또한 이는 초등과정과 중등과정으로 나뉜다. 초등과정을 이수하면 중등과정으로 진급한다.

한국의 대안학교들은 세 개의 커다란 청소년 그룹을 위해 봉사한다. 첫 번째 그룹은 한국의 정규교육 내지 공식교육으로는 성공할 수 없는 학생들이다. 이러한 학교의 대부분은 학교부적응으로 인해 떨어져 나간 학생들에게 봉사한다. 두 번째 그룹은 젊은 이민자들이다. 한국은 지금 동남아나 북한으로부터 온 이민자들이 급증하고 있다. 일부 교육자들은 한국생활 적응교육의 필요성을 인식하기 시작했으며, 특히 이러한 젊은 이민자들을 위해서 학교를 기획하였다. 왜냐하면 한국은 역사적으로 단일민족사회였기 때문이다. 따라서 한국은 전통적으로 외부에서 유입된 학생들이 겪는 따돌림 내지 사회적 고립 감 그리고 학업능력의 결손 등을 이해하려는 시스템을 충분히 가지고 있지 않다. 예를 들어, 탈북 학생들의 낙제비율은 일반 학생들에 비해 10배 이상이다. 왜냐하면 이들에게 닥친 급박한 도전은 학교에서 높은 점수를 얻는 것보다는 한국사회에 우선 정착하는 것이기 때문이다.

마지막 그룹은 자신들이 가진 교육철학 때문에 대안교육을 선택하는 학생들이다. 왜냐하면 한국의 교육은 많은 아시아 국가들과 마찬가지로 대부분 기억력과 테스트에 의존하고 있기 때문이다. 일부 학생들과 학부모들은 이런 종류의 교육으로 학생들을 온전히 교육할 수 없다고 믿는다. 이들은 다양한 학습방법을 제공하는 대안학교로 진학하려고 한다. 대안학교에서는 다른 사람들 사이에서의 상호작용(인터랙션)이 교육에서도 매우 중요하다는 점을 강조하고 있으며, 커리큘럼 역시 인터랙션 중심으로 편성 운영되고 있다.

현재 한국의 대안학교가 처한 가장 중요한 문제는 사회적 인정의 부재, 재정적 지원의 결핍, 그리고 대안학교 간의 질적 차이이다. 대안학교에 대한 한국 정부의 공식적인 인정이 신중하게 변했다고 해도, 이를 주도하는 진보교육에 대해서는 여전히 널리 인정되지 않고 있다. 즉 대학에 진학하기 위해서 그리고 테스트 결과와 성적에 대한 국가의 엄격한 교육테스트 때문에 정규 교육이 더 선호된다. 같은 이유로 한국정부는 대안학교를 재정적으로 적극적으로 지원하지 않는다. 따라서 한국의 많은 대안학교들은 파산의 위기 앞에 서 있다. 특히 학생들로부터 수업료를 받지 못하거나 받지 않는 학교들이 그렇다. 대부분의 동아시아나 북한 이주자 가족들은 재정적으로 곤궁하다. 왜냐하면 이들은 일상생활을 위해 정부의 복지시스템에 의한 보조를 필요로 한다. 따라서 이들은 대안학교를 필요로 하지만 별도로 지불할 수 있는 능력이 없는 관계로 학교에 가지 못하는 실정이기 때문이다. 이로써 교육 불평등의 악순환 고리가 형성된다. 또한 이들에게 사교육을 받는 다는 것은 환상이다. 이는 대안학교 간의 차이가 발생하는 근거이기도 하다. 상류층의 부모들에 의해서 지원받는 극히 일부의 대안학교에서는 다양한 학교 커리큘럼 그리고 방과 후 프로그램을 제공하기도 한다. 그러나 재정적으로 취약한 대안학교들에서는 특별과정프로그램 같은 것을 만드는 교육이 이루어질 수 없다.

2) 평생교육 운동

(1) 지구촌시대와 평생교육

오늘날 우리는 지구촌 시대(Globalization)를 살고 있다. 지구촌이 하나가 된 것이다. 특히 사이버 모바일 시대가 열리면서 이제 국경도 의미가 없고 민족도 의미가 없다. 반면, 국가는 자국의 이득과 생존권을 사수하기 위해서 극단적인 경쟁체제에 돌입하고 있다. 특히 국가의 보호막이 사라진 무한경쟁의 시대를 맞아 세계 각국은 모든 개인들도 망망대해에 던져진 어부처럼 살아남기 위한 몸부림을 치고 있다.

지금 모든 국가는 국가구성원 즉 국민 개개인의 대외경쟁력을 높이기 위한 교육 즉 국민의 인력자원개발(Human Resource Development)를 국가동력으로 간주하고 있다. 이는 단순히 국가 사회적 수요에 부응하기 위한 기술 인력의 개발이라는 차원을 넘어서 국민개개인의 능력을 다원적으로 개발해 주고 그들의 잠재력을 최대한 개발해 냄으로써 인적자본(Human Capital)을 최대화시키려는 교육전략이기도 하다.

이를 위해 학교는 물론 가정과 사회의 모든 교육기관이 교육력을 총 결집하는 총체적 교육의 시대가 요청된다. 신자유주의 시장경제의 원리에 따라 움직이는 신자본주의 사회에서 기업의 교육적 역할도 크게 부각되고 있다. 이미 다수의 기업들이 이와 같은 본격적인 국제화 시대에 생존하기 위하여 필승의 전략으로 세계적인 경제 전쟁을 선포하고 이를 위한 전략의 모색에 총력을 기울이고 있다. 살아남느냐 도태되느냐의 기로점에서 그들은 '세계적인 초일류기업으로 가는 길'이라는 캐치플레이즈를 내걸고 벤치마킹(Bench Making)이나 리엔지니어링(Re-engineering) 전략 등과 같은 첨단의 기업경영 혁신을 위한 신기법을 도입하여 세계적인 초일류 기업으로 성장하기 위한 차별화 전략과 새로운 노하우의 축적에 전력을 기울이고 있다.

따라서 교육에 대한 새로운 사회적 수요와 요구에 적절히 부응하지 못한 채 전근대적 부문으로 비판받고 있는 학교교육, 심지어 '21세기의 아이들에게 20세기의 교사가 19세기적인 교실 속에서 19세기적인 교육내용으로 교육을 시키고 있다'라는 풍자적인 교육비판론이 제기되고 있는 교육부문에서도 총체적인 위기 타개를 위한 발상의 전환과 새로운 패러다임의 변혁이 요청되고 있다. 이러한 변화의 흐름과 함께 기존의 학교본위, 학교만능의 교육을 넘어 모든 교육의 부문이 총체적으로 연계되고 교육력이 극대화되는 새로운 교육체제로서 평생교육이 요청되고 있는 것이다.

(2) 하이테크 시대와 평생교육

오늘날 사회는 첨단의 하이테크(high-technology)가 부상되고 기술변동이 가속화되는 시대를 맞고 있다. 디지털정보통신의 혁명과 인공지능의 시대는 우리의 삶의 모습을 급격하게 변화시키고 있다. 이를테면, 하이테크 소사이어티, 컴퓨터와 인터넷을 통한 유토피아 사회라 불리는 컴퓨터피아 시대가 도래하고 있다. 인류가 지금까지 체험해왔던 육체노동력 및 기계노동력의 에너지원을 넘어 인간의 두뇌에 의한 창의적 지력과 인공지능에 의한 에너지원이 주도하는 사회로 이행되고 있다.

1982년 타임지(Times)가 올해의 인물로 사람이 아니라 컴퓨터를 선정한 이래로 컴퓨터는 이미 우리의 일상이 되었으며, 더 이상 육체와 정신을 분리될 수 없는 상황이 되고 말았다. 1946년 펜실베니아 대학의 머큘리(Maculy)와 에커트(Eckert)에 의해 단순히 계산을 신속하게 할 목적으로 만들어진 에니악(ENIAC: Electronic Numerical Integrator And Calculator)이라는 세계 최초의 컴퓨터는 18,000여개의 진공관을 사용한, 무게 30톤으로 교실만한 크기의 거대 컴퓨터였던 반면, 1980년대에 이르러서는 손톱만한 크기의 칩(chip)에 수십 만 개의 트랜지스터 사회를 연결시킨 초고밀도 집적회로(ULSI)가 발견되면서 급속한 속도와 대용량의 기억 능력을 가진 컴퓨터가 등장하게 되었다. 이후 컴퓨터 테크놀로지는 극소화, 초정밀화, 최대용량화되면서 인간의 삶을 송두리째 바꾸어 놓았다. 특히 아이폰(iphone)의 탄생은 우리 현대인의 삶에 일대 혁명을 가져다 주었다.

이제 컴퓨터피아의 세계가 도래하면서 지식의 세계는 급격하게 요동치고 있다. 모든 정보와 지식은 이미 컴퓨터 속에 저장되어 있다. 이러한 상황에서 교육은 더 이상 지식전달의 방식으로 생명력을 유지할 수 없다. 교육도 한번 받으면 종료되는 개념이 아니다. 결국 급변하는 지식세계를 살기 위해서는 계속적으로 교육을 받아야 하며, 학교를 떠나 일터에서 재교육(再教育, re-education)을 받아야 한다. 또한 일터에서 다시 학교를 찾는 순환교육(循環教育, recurrent education) 역시 낯선 개념이 아니다. 이제 계속교육, 재교육, 순환교육 등은 선택이 아니고 필수가 되었다. 왜냐하면 급속한 기술변동에 의해서 지식의 세계가 급변하기 때문이다. 결국 이러한 계속교육, 재교육, 순환교육은 평생교육의 개념으로 발전하게 된다. 이렇게 본다면, 21세기 디지털정보통신혁명으로 가속화되는 지식사회는 평생교육과 맥을 같이 한다고 할 수 있다. 또한 인터넷 혁명을 통하여 학교의 개념도 사이버 스쿨, 사이버 대학, 무크(MOOCs: massive open online courses) 등의 개념으로 전이되고 있다.

3) 지식정보화와 평생교육

현대 사회는 고도의 지식정보화를 특징을 하고 있다. 지식정보화 사회는 지식 정보의 폭증과 지식 노후화를 통한 지식정보의 수명단축 현상을 특징으로 하고 있다. 미래학자들에 의하면, 연간 15만종 이상의 새로운 지식정보가 폭증하며 그 중 절반에 가까운 지식정보는 1년 이내에 못쓰게 되어버린다. 지식정보의 조기노후화와 수명 단축현상이 일어나고 있는 것이다. 심지어 첨단과학기술분야와 공학분야의 경우 지식정보의 수명이 3개월 미만인 것으로 추정되기도 한다.

과거의 전통적인 사회에서는 한번 배운 지식이나 한번 습득한 정보의 수명이 수백에서 수 십년 이상 지속될 수 있었다. 따라서 20세에 학교를 졸업할 때의 지식정보는 70세에 수명이 다할 때까지 큰 불편없이 유용하게 활용할 수 있었다. 그러나 미래사회에서는 최소 1년 단위로 지식 정보가 변화되어 버린다. 따라서 부단히 지식정보를 습득하고 갱신하는 노력이 '학습'(learning)을 통해 이루어져야 한다. 과거에는 한번 학교에서 배운 지식이나 정보를 평생토록 유용하게 쓸 수 있었으나, 21세기 신문명사회에서는 학교 이후의 학습 즉 계속학습, 재학습, 향상학습, 순환학습 즉 평생동안 학습을 하지 않으면 '새로운 의미의 문맹자'가 된다.

> "고대 로마시대에 있어서 인간의 수명은 짧았다. 평균 25-30세 정도에 머물러 있었다. 이 당시 사회, 문화적 변화는 50여년의 주기를 갖고 있었다. 르네상스 시대에 있어서 인간의 평균 수명은 40-50세 정도였으며, 문화적 사회변동 역시 50-60년 정도였다. 19-20세기 이후 인간의 평균수명은 70세를 넘게 되었고, 반면 사회, 문화적 변동의 평균수명은 20년 정도를 넘어서지 못했다. 그로 인해 한 개인은 그의 삶을 자연적으로 마칠 때까지 최소한 3-4번의 사회, 문화적 변동을 경험하지 않을 수 없게 되었다(Knowles, 1980: 5)

이처럼 '알아야 할 것, 들어야 할 것, 배워야 할 것'이 폭증되는 사회에서 현대인은 자신의 분야에 대한 최신의 지식 정보를 얻고 이를 부단히 갱신하지 않고는 더 이상 일을 계속하거나 그 분야에서 생존하기 어려운 시대를 맞고 있다. 지식과 정보의 지속적인 습득이 직업과 일 그리고 직장을 존속시키는 최고의 무기가 되고 있는 지식정보화 시대에 평생교육과 평생학습의 개념은 삶의 필수기제가 되고 있다.

4) 실력·능력주의 시대와 평생교육

21세기 미래 사회는 연고주의, 지연주의와 학벌주의에 의해 움직이던 전통사회와 달리 실력과 능력 그리고 경력에 의해 좌우되는 메리토크라시(Meritocracy Society)의 사회이다. 어느 학교 출신이냐를 따지는 일류지향적 학벌위주의 학력주의(學歷主義)보다는 그 개인이 어떤 일을 얼마나 잘할 수 있는가 하는 '능력 변수' 와 어떠한 경험과 이력을 가지고 있는가 하는 '경력변수'가 훨씬 더 중요한 자질평가의 준거가 된다. 이때 능력변수를 측정하는 기준의 하나는 '자격증'이다. '제3의 인격'이라고까지 불리는 자격증은 사람의 능력과 전문성을 측정하는 바로미터의 역할을 하게 될 것이다. 특히 전문직의 경우 당해 분야의 유관 자격증을 어느 정도 보유하고 있는가가 사람을 평가하는 준거로 작용하고 있다. 이러한 사회에서 실력을 쌓고 자격을 획득하기 위한 개인의 부단한 자기개발 필요는 새로운 교육이념으로서의 평생교육으로 연결된다.

5) 급변하는 직업세계와 평생교육

오늘날 직업세계는 빠른 속도로 변화하고 있다. 산업혁명 당시 불과 400여종에 불과하던 직종이 오늘날에는 수십 만 종으로 증가되었다. 새로운 직종의 빠른 속도로 분화·확산되고 있으며 직업 세계의 세분화와 전문화가 일고 있다.

미래 학자 드럭커(Peter Drucker, 1909-2005)에 의하면, 과거 농경사회에서는 인간의 육체노동력이 삶을 주도하였지만, 18세기말 유럽의 산업혁명 이후 기계노동력이 대치했다. 그러나 불과 100여년 만에 인류는 이제 다시 인간의 지력이 이 모든 에너지원을 대치하는 제 2의 산업혁명을 체험하고 있다. 이로 인해 점차 노동시장 내에서 지식산업이 되고 있으며 '지식 노동자'(Knowledge worker)가 GNP 또는 전체 노동시장의 2분의 1 이상을 차지하고 있다. 급격하게 산업구조와 직업구조의 변화가 초래되고 있는 것이다. 이러한 시대에 급변하는 직업세계에 대처하고 이들 직업세계에서 생존전략으로 전문성을 기르기 위해서는 필연적으로 직업적 성취를 위한 계속교육, 재교육, 향상교육, 순환교육 등을 필요로 하게 된다. 왜냐하면 모든 직업인들에게 해당되는 직종의 세분화와 다양화와 전문화의 요구는 자신의 직종에 있어서의 생존을 위해 필연적으로 부단한 자기학습과 정보 습득을 하도록 요청하고 있기 때문이다. 따라서 미래 사회는 필연적으로 자신의 직업세계에서의 생존과 성취를 위한 전문성 함양을 위한 평생에 걸친 부단한 학습을 요청하게 된다. 이러한 평생교육은 일부 전문직의 문제만이 아니라 직업의 세계에 임하는 모든 직업인들의 필생의 과제로 요청됨으로써, '모든 이를 위한 평생교육'(lifelong education for all)의 필요성을 절감하게 한다.

6) 인공지능의 시대와 평생교육

21세기는 테크놀로지의 시대이다. 하이테크놀로지의 결정판인 인공지능(AI: artificial intelligent)은 인간의 창조물이다. 만약 기계가 인간의 지능을 가지고 일을 한다면 어떤 일이 발생할까? 그러나 이러한 상상력으로 개발된 인공지능은 실제로 인간의 지능과는 전혀 다르게 만들어진다. 즉 우리 인간의 지능은 자신만의 것이지만, 인공지능은 '나의 지능'이 아니라 '우리 모두의 지능'이 조합되어 인공적으로 만들어진 작품이다. 다시 말하면 개인의 지능은 태어나면서 자연스럽게 주어진 것이지만, 인공지능은 말 그대로 인공적으로 이 사람의 지능과 저 사람의 지능을 조합하여 만들어낸 인공(人工)의 지능이다.

인공지능은 이세돌과 인공지능 알파고(alpha Go play) 간에 벌어진 세기의 대결을 통하여 세간에 알려졌다. 물론 퍼지컴퓨터(pussy computer)로부터 시작된 인공지능개발의 역사는 이보다 훨씬 이전이다. 하여간 이 대결은 이세돌이라는 개인과 알파고라는 '집단지성'(collective intelligence)의 대결이었다. 결국 승부에 관계없이 이세돌이라는 개인의 지능과 알파고라는 집단지능은 차원이 다른 것이다.

이제 세상은 인공지능이 지배하는 시대가 될 것이다. 왜냐하면 이미 세상은 테크놀로지가 지배하는 세상이 된지 오래이기 때문이다. 모든 것이 테크놀로지의 발전에 따라 재편된다. 정치도, 경제도, 사회, 문화 그리고 교육훈련도 모두 테크놀로지의 지배권에 들어 있다. 테크놀로지의 발전에 따라서 모든 삶의 양식도 변화한다. 삶의 내용, 방식, 신념, 생각, 철학 등이 모두 테크놀로지의 변화 방식에 따라 재편된다. 이렇게 본다면, 하이테크놀로지의 정상이라고 할 수 있는 인공지능이 세상을 지배할 수밖에 없다.

그러나 인공지능이 세상을 지배한다는 말은 디스토피아(Distopia) 즉 테크놀로지의 지배권에서 인간이 신음한다는 의미가 아니다. 반대로 테크노피아(Technopia) 즉 테크놀로지의 쾌거로 세상은 보다 유토피아 세상이 된다고 속단할 수도 없다. 왜냐하면 인공지능은 이미 우리 인간의 세상에 테크놀로지의 발전(개발) 방향을 틀어 놓았기 때문이다. 이제 인간이 기계를 만들어 놓고 기계의 노예가 될 것인가 아니면 여전히 기계의 주인이 될 것인가 하는 이분법적 논쟁은 의미를 잃는다. 왜냐하면 인공지능은 딥러닝(Deep Learning)의 방식을 통해서 만들어지고 작동하기 때문이다. 따라서 미래 사회가 테크노피아냐 아니면 디스토피아냐 하는 이분법적 논쟁 대신 인공지능의 시대에 우리에게 요청되는 것은 인공지능이 어떻게 딥러닝을 통해서 이세돌을 이길 수 있었는가에 주목해야 한다.

인공지능은 수많은 경우의 수를 논리회로 즉 알고리즘으로 정리하여 그때 그때 발생하는 '상황'에 대처할 수 있도록 만들어진 프로그램으로 만들어진 기계이다. 따라서 이때 인공지능을 가진 기계가 다양한 상황에 대처할 수 있는 능력이 있다는 것을 딥러닝한다고 하는 것이다. 이는 마치 인간이 다양한 방식으로 다양한 상황에 대처하기 위해서 '깊게 학습한다'는 의미로 수용된다. 물론 인간의 딥러닝과 인공지능의 딥러닝은 같은 말이 아니다. 그럼에도 불구하고 동일한 의미로 수용된다. 왜냐하면 결과가 거의 구분이 되지 않을 정도로 나타나기 때문이다. 한마디로 '상황판단이 동일'한 것이다. 즉 이세돌도 상황판단을 하면서 바둑을 두는 것이고 알파고 역시 상황판단의 알고리즘을 작동하여 상황에 대처하는 것이다. 그러나 이세돌의 상황판단 방식과 알파고의 상황판단은 전혀 다른 차원이다. 인간은 지식, 정보, 분석력, 이해력, 논리, 판단력, 직관 등을 활용하여 상황판단을 하지만, 인공지능은 수많은 경우의 수를 모아서 A의 경우에는 A'로 대응한다는 식의 알고리즘에 의해 상화을 판단하는 것이다. 이렇게 본다면, 인간의 상황판단과 기계의 상황판단은 결과는 같아 보이지만 내용과 절차면서는 전혀 다르다.

그럼에도 불구하고 인공지능은 인간을 이겼다. 물론 대결을 계속한다면 인간과 기계의 승률은 거의 무승부에 가까워질 것이다. 왜냐하면 알파고 인공지능은 게임이론(game theory)에 근거하여 만들어졌기 때문이다. 1995년 노벨 경제학상을 받은 독일의 리하르트 젤텐(Richard Gelten)의 게임이론은 제로-섬(zero sum) 이론을 윈-윈 (win-win) 이론으로 바꾸어 놓았다. 즉 우리의 삶은 제로섬 게임이 되었을 때보다 윈윈 게임이 되었을 때 가장 유익하다. 따라서 알파고라는 인공지능 게임에 적용된 이론적 근거는 윈-윈 게임이론이다. 따라서 인간과 기계의 대결은 서로 한번씩 이기는 결과가 나오기 때문에 마침내는 무승부가 되도록 기획되었다.

하여간 중요한 것은 인공지능은 '집단지성'의 산물이다. 21세기는 테크놀로지의 시대라고 했다. 그렇다면 인공지능이 탄생한 21세기는 집단지성의 시대라고 할 수 있다. 만약 미래사회가 태크놀로지가 지배하는 세상이라면 집단지성이 지배하는 시대가 된다. 따라서 인공지능의 시대에는 어떻게 우리가 집단지성을 획득할 수 있는가에 주목해야 한다. 그럼에도 불구하고 우리의 학교에서는 여전히 교사중심, 교수자 중심의 '나홀로 지성'에 의해서 교육이 이루어지고 있다. 집단지성은 교수자와 학습자, 학습자와 학습자 간의 상호작용(interaction)을 통해서 획득된다. 이렇게 본다면, 인공지능의 시대에는 교수-학습방법에서도 변화가 불가피하다.

평생교육과 평생학습은 '학습자(교육수요자) 중심'(learner-centered)

으로 이루어진다. 이에 반해 전통적인 학교교육은 '교수자 중심'(teacher-centered)으로 이루어져 왔다. 또한 인공지능을 가능하게 한 '집단지성은 딥 러딩'을 통해서 활성화된다. 결국 집단지성과 딥러닝은 전통적인 학교교육에서는 불가능하다. 교육을 통한 집단지성과 딥러닝의 목표는 교육의 새로운 패러다임 하에서만 가능하다. 평생교육과 평생학습의 개념은 이러한 교육패러다임과 함께 할 것이다.

● 참고문헌

고형일 외 (1996). 신교육사회학. 서울: 학지사.

김영식·임경순 (2002). 과학사 신론. 서울: 다산출판사.

윤평중 (1997). 푸코와 하버마스를 넘어서 - 합리성과 사회비판. 서울: 교보문고.

이명숙 (1999). 구성주의 심리학적 근거. 김종문 외(1999). 구성주의 교육학. 35-61. 서울: 교육과학사.

이종원 (1999). 급진적 구성주의. 김종문 외(1999). 구성주의 교육학. 65-75. 서울: 교육과학사.

임정택 (2011). 상상. 한계를 거부하는 발칙한 도전. 서울: 21세기북스.

조용기 (1999). 구성주의 교육을 위한 입문: 구성주의 교육의 조절. 김종문 외 (1999). 구성주의 교육학. 1-10. 서울: 교육과학사.

최신일(1999). 해석학과 구성주의. 김종문 외(1999). 구성주의 교육학. 13-34. 서울: 교육과학사.

張波(1994). 東洋과 西洋, 그리고 美學. 아름다움을 비추는 두 거울을 찾아서 (원제: 中西美學與文化情神, 1994/ 유중하, 백승도, 이보경, 양태은, 이용재 옮김, 2000). 서울: 푸른숲.

이언 엥겔 (2001). 지식노동자선언. 서울: 롱셀러.

장 삐아제 외(1979). 구조주의의 이론(김태수 엮음, 1990). 서울: 인간사랑.

Armstrong, J. Scott. (2012). Natural Learning in Higher Education. *Encyclopedia of the Sciences of Learning*.

Aron, L. (2009). Making Schools Different: Alternative Schooling in the USA. New Delhi: SAGE Publications India Pvt. Ltd

Feyerabend, P. (1975). Against Method. London.

Glock, Hans-Johann (2000). Imposters, Bunglers and Relativists. In: Susanne Peters/ Michael Biddiss/ Ian F. Roe(eds.). The Humanities in the New Millennium, 267-287, A Francke Verlag Tübingen und Basel.

Knowles, M. S. (1980). The modern practice of adult education. New York: Cambridge, the Adult Education Co.

Mainzer, Klaus (1997). Thinking in Complexity. The Complex

Dynamics of Matter, Mind and Mankind, Third Revised and Enlarged Edition. Berlin, Heidelberg, New York, etc.: Springer;

Martin, Robin Ann (2000). An Introduction to Educational *Alternatives. Alternative Education Resource Organization*. Paths of Learning. Retrieved 16 October 2014.

Miller, Ron 2008). *Self-Organizing Revolution*, Holistic Education Press.

Steffe, L. P. & Gale, J. 편저(1995). 교육과 구성주의(이명근 옮김, 2005). 서울: 학지사.

Vittachi, Sarojini., &Raghavan, Neeraja. (2007). *Alternative Schooling in India*. New Delhi: SAGE Publications.

Volkamer, Klaus/ Streicher, Christoph/ Walton, Ken G. (1996). Intuition, Kreativität und ganzheitliches Denken. Heidelberg: Shurkamp.

Weyl, Hermann (2000). Philosophie der Mathematik und Naturwissenschaft. Oldenburg: Scientia Nova. Hrsg. von Reiner Henselmann, Gebhard Kirchgässner, Hans Lenk, Siegwart Lindenberg, Julian Noda-Rümelin, Werber Raub, Thomas Boss.

제4장

평생교육의 개념과 본질

1. 사회요구로서의 평생교육

1) 21세기 지식사회: 평생교육의 시대

평생교육의 이상은 교육의 원(原)현상으로의 회귀이다. 넓은 의미로 본다면, 원래 "평생교육"과 "교육"은 삶의 원현상이라는 차원에서 동의어이다. 즉 교육이라는 말이 있기 이전에 우리 인간들에게는 이미 교육은 있었다. 아버지가 아들에게 화살 쏘는 것을 가르치고, 어머니가 딸에게 물동이 이는 것을 가르치면서 이게 바로 "교육"이라고 정의하지는 않았지만, 우리의 삶의 과정에서 교육과 학습은 알게 모르게 이미 이루어지고 있었던 것이다. 다시 말하면 교육을 삶과 늘 동반되고 있었다. 삶에 교육은 그림자처럼 함께 있었으며, 삶과 교육은 동전의 앞뒷면이었다. 다만 교육은 항상 시대적, 사회적, 문화적 제약성을 가지고 있기 때문에, 삶의 원현상으로서의 교육이 오늘날의 평생교육과 내용상으로도 같다고 단정할 수는 없다. 그럼에도 불구하고 교육은 동서고금을 막론하고 평생 동안 이루어지는 부단한 삶의 행위였으며 지속적인 삶의 현상이었다. 이러한 의미에서 현대평생교육의 주창자격인 데이브(R. H. Dave, 1976)는 평생교육을 "오래된 생각의 새로운 의미 발견(A new significance of an old idea)"이라고 정의했다.

오늘날 평생교육의 고유성은 평생교육이 지향하는 교육의 수직적·수평적 통합 개념을 통해서 확인된다. 평생교육은 더 이상 학교교육이나 사회교육(社會教育)과 동의어가 아니다. 오히려 평생교육은 학교교육과 사회교육 그리고 심지어는 가정교육을 통합한다. 이를 우리는 교육의 "수평적 통합"(lateral integration)이라고 한다. 또한 평생교육은 말 그대로 한 개인이 요람에서 무덤까지 가는 생애 전주기를 통해서 현상한다. 이렇게 보면 평생교육은 교육의 "수직적 통합"(vertical integration)이 된다. 예를 들어, 평생교육에서는 소위 학령기(學齡期)가 존재하지 않는다. 즉 평생교육에서는 아직 교육과 학습이 불가능할 것 같은 영아부터 - 심지어는 태아부터 - 성인, 노인들에게까지 "누구에게나" 교육이 가능한 것이다. 따라서 평생교육의 이상은 학교교육의 관념으로 보면 교육일 수 없다. 왜냐하면 학교교육에서 교육은 종국적 개념(terminal education concept)이기 때문이다.

그러나 [삶=교육]이라는 평생교육의 이상으로 보면 오히려 [학교=교육]이라는 등식이 부자연스럽다. 또한 규정된 "학교울타리" 속에서 획일적이고 대량으로 이루어지는 학교교육의 관점에서 본다면 "언제 어디서나" 가능한 평생교육의 이상은 교육이 아닐 수 있다. 그러나 이미 2천수백년 전 공자의 말씀처럼 "사람은 평생 배워야 한다"는 지침을 따르거나 아니면 오늘날처럼 지식과 기술이 급변하는 첨단과학기술의 시대에서 살아남기 위해서는 항상 배워야 한다는 현실인식에 공감한다면, 특정한 학령기로 제한된 '한시적(限時的)' 학교교육이 교육의 대명사로 사용되는 사실이 오히려 이상한 일이다. 결국, 평생교육에서는 교육의 장소, 기간, 대상의 차원에서 자유롭다. 이는 학교울타리, 학령기 그리고 학생에 완전히 구속되어 있는 학교교육의 개념에서 크게 벗어난다. 이렇게 하여, 평생교육은 소위 학교, 학원 등 기관 및 제도권에서 이루어지고 있는 형식교육(formal education)을 위시하여 기관 및 제도권 밖에서 이루어지는 비(非)제도권의 비형식교육(nonformal education) 그리고 의도하지 않은 상황에서도 교육과 학습이 이루어지는 무형식교육(informal education)을 모두 교육으로 인정함으로써 교육역량의 극대화까지 전망할 수 있도록 한다.

이상의 이해를 토대로 평생교육의 필요성은 다음과 같이 정리된다.

첫째, 현대사회의 급격한 변동에 따른 산업구조의 변화와 인간의 가치갈등, 인간소외, 기술의 변화와 혁신, 청소년 문제 등은 학교교육만으로 대처하기 어렵다. 따라서 평생교육의 필요성이 제기된다. 교육은 근본적으로 전통적 문화유산을 계승, 발전시키는 기능과 사회발전에 적응하는 기능, 사회변동과 발전을 주도하는 사회재건의 기능을 수행한다. 그러나 경직되고 획일적인 폐쇄체제로서의 학교교육은 가속적인 현대 사회 변동에의 적응력에 있어 한계가 있다. 변화하는 사회에 신속히 대처하고 적응하기 위해서는 탄력적이고 개방적인 현실적 교육이 요청된다. 이러한 점에서 대안적 교육체제로서의 평생교육의 필요성이 제기된다.

둘째, 산업 구조가 1차에서 2차, 3차, 4차 산업으로 이동해 가면서 '지식산업' 이라 불리는 4차 산업의 비중이 증대되고 있다. 지식산업이란 새로운 지식을 생산하며 그런 지식을 생산할 줄 아는 사람을 기르며 그런 지식의 소유자를 많이 길러낸다는 것을 전제로 한다. 이러한 지식산업의 시대 사회는 필연적으로 학습사회가 될 수밖에 없다. 학습사회란 학습자가 스스로 능동적, 주체적 삶을 살아가며 사회변화에 능동적으로 대처해 가는 사회를 의미한다. 이는 전 사회의 교육장화와 거리의 교실화, 사회환경 그 자체가 교육의 장이며 동시에 교육을 위한 동기유발 요소가 되는 평생학습화를 의미한다.

셋째, 인간이 주체적 존재로서 살아가기 위해서는 끊임없는 자기성장과 자아실현이 필요하다. 이러한 자아실현의 과정은 필연적으로 계속적인 자기개발과 성취를 위한 평생학습을 필요로 한다. 복잡다단한 사회 속에서 자율적 인격체로서 인간이 주체적으로 사고하고 행동하기 위해서는 계속적인 학습을 필요로 하게 되며, 이는 일정기간의 일회적인 학교교육만으로는 충족될 수 없기 때문이다.

넷째, 과학기술의 가속적인 발전과 그로 인한 직업세계의 변화는 필연적으로 평생에 걸친 전문직업인으로서의 계속교육과 평생학습을 요청하고 있다. 오늘날 모든 직업인은 전문직, 기술직, 사무직 등 모든 직종에서 일정 기간에 학교교육을 통해 쌓은 지식과 기술만으로는 자기 직업에 관한 역할과 기능을 올바로 수행할 수 없게 되었다. 계속해서 새로운 지식을 습득하지 않으면 일의 세계에 머물러 생존하기 어렵게 되었다. 이러한 점에서 재교육, 계속교육, 향상교육, 기업내교육, 연수 등을 통한 평생교육이 필수적으로 요청되고 있다.

다섯째, 도시화와 핵가족화, 빈번한 거주지 이동, 지리적 이동의 확대로 인한 새로운 평생교육이 요구되고 있다. 우선 거주지의 이동은 새로운 환경에의 적응, 문화와 생활방식의 습득을 위한 새로운 교육적 욕구를 유발시키고 있다. 또한 가족구조의 변화와 핵가족화, 여성의 사회 진출 확대로 가정의 교육기능이 약화되어 평생교육을 통한 가정교육의 강화가 요구되고 있다.

여섯째, 사회구성원의 삶의 기본권으로서의 교육권(敎育權)과 학습권(學習權)을 보장하고, 교육기회 불균등 현상을 해소하기 위해서는 '대안적 교육체제'로서의 새로운 평생체제가 필요하다. 오늘날 세계 모든 나라들이 법률과 제도적인 면에서 교육의 기회균등을 보장하고 현실화시키기 위하여 상당한 노력을 경주하고 있지만, 그럼에도 불구하고 실제적인 면에서의 교육기회 불평등 등 교육복지차원의 문제해결은 여전히 요원하다. 이러한 점에서도 이를 해결하기 위한 대안으로서의 평생교육이 절실히 요청된다. 제반 경제적 여건 및 제도적, 사회구조적 요인들로 인해 1차 교육기회로서의 학교교육 기회를 받지 못했거나 중도탈락한 사람들에게 그들이 원한다면 언제든지 교육의 장에 들아 갈 수 있도록 2차 교육의 기회를 제고해 줄 수 있는 평생교육이 필요하다. 즉 원하는 교육의 시기와 장소, 교육내용을 통해 타고난 잠재능력을 개발하고 자아실현을 할 수 있도록 사회는 평생교육 기회를 제공해 주어야 한다. 이러한 점에서 2차 교육기회를 제공해 줄 수 있는 탄력적인 열린 교육체제로서의 평생교육이 요청된다.

일곱째, 학교교육의 한계성과 문제를 극복하기 위한 평생교육의 필요성이 대두된다. 지금까지 교육은 거의 전부가 학교에 의해 독점되어 왔다. 그러나 현대 사회에 있어 학교는 평생에 걸친 교육의 보장과 지원에 한계가 있다. 현대인의 교육 욕구는 교육기관, 교육장소, 교육대상, 교육방법, 교육내용 등에 있어서 크게 이질화되고 다양화되고 있다. 그러나 지나치게 관료화되고 획일화된, 경직적이고 폐쇄적인 학교는 이러한 교육요구를 수용함에 있어 한계가 있는 것으로 비판받고 있다. 그로 인해 이러한 새로운 교육요구의 충족은 결국 평생교육체제 하에서의 변화된 새로운 학교교육과 계속교육체제로서의 학교 외 교육을 통해서만 가능한 숙제로 남게 된다. 평생교육의 필요성은 이러한 점에서도 심각하게 제기된다.

여덟째, 생애주기의 변화와 여가시간의 증대에 따른 평생교육의 필요성이 증대되고 있다. 과거 사회에서는 생애주기가 일과 학습, 여가라는 세 영역으로 단절되어 수직적으로 이어졌다. 그러나 현대 산업사회에서는 이들 생애주기가 단절적으로 이루어지는 것이 아니라 순환적으로 이루어지고 있다. 즉, 일의 주기와 학습의 주기와 여가의 주기가 동시다발적으로 순환되며 평생에 걸쳐 혼재되는 새로운 양상을 보이고 있다. 이러한 새로운 양상의 생애주기로 인해 이제 학습의 시기는 더 이상 일생의 한 시기에 이루어지는 것이 아닌 평생학습으로 변화되고 있다. 학습의 시기가 평생동안 재분배되고 있는 것이다. 이러한 변화는 곧 필연적으로 평생교육을 요청하게 된다. 이와 함께 계속되는 산업화 과정에서 생산 수단의 자동화와 사회복지정책의 강화, 물질적 생활수준 향상, 근무시간의 단축 등에 힘입어 증대된 여가시간을 선용하려는 새로운 교육요구가 증대되면서 이 또한 평생교육의 필요를 촉발시키는 요인으로 작용하고 있다.

아홉째, 평균수명 연장에 따른 노인인구 증가와 노령화 사회로의 진입, 정년제도의 변화, 가족구조의 변화, 노인 여가시간의 증대 등의 새로운 사회현상이 대두되면서 이에 따른 실버교육으로서의 평생교육의 필요성이 부각되고 있다. 노인들이 노후생활을 행복하게 보낼 수 있도록 하기 위한 사회 재적응교육과 노후인력 활용이라는 직업적 재사회화교육의 측면에서 노령화 사회 대비를 위해 평생교육의 필요성이 대두되고 있다.

열번째, 사회계층구조의 변화에 따른 교육체제 변화 요구로서 평생교육의 필요성을 들 수 있다. 전통사회에서는 지배계급과 피지배계급의 구분이 분명하였기 때문에 모든 권한이 지배계급에 주어져 그들에 의해 사회가 지배되었다. 그러나 근대사회로 접어들면서 시민계급이 출현하고 중산층이 형성되었고, 공업화 과정 등에서 양대 계층은 와해되고 다변화되면서 갈등 상태에 놓이게 되었다. 민주화의 물결에 따라 균등한 소득분배가 강조되었으며, 종래의 억압적 사회구조에 대한 비판도 강하게 대두되기 시작하였다.

열한번째, 청소년들의 올바른 이해와 육성을 위하여 평생교육이 필요하다. 어느 나라에서든지 평생교육의 육성은 학교 외 평생교육 활동을 통하여 이루어지고 있다. 21세기를 대비하는 사회구성원으로써 독립된 인격체 형성을 위하여, 청소년들의 권리 보장과 자율적 참여 확대, 청소년이 주체가 되는 문화·생활 중심의 수련 활동 체계 구축, 국제화·정보화 시대의 주도 능력 배양, 청소년의 복지 증진 및 자립 지원, 그리고 가정과 지역사회의 역할 강화와 참여 확산이라는 측면에서 청소년을 위한 평생교육의 필요성이 강조된다.

열두번째, 남북 간의 긴장을 청산하고 화해와 협력을 향한 통일의 새 역사의 문을 열기 위하여 평생교육이 필요하다. 남북관계에서 가장 먼저 활발하게 전개되어야 할 영역은 평생교육 프로그램을 통한 남북 양국 국민들의 교류가 선행되어야 한다. 동족끼리의 만남이라는 비정치적 순수성에 입각하여 남북 간 교류의 문을 여는 것이 가장 적절하다. 지난 70여년 간 첨예한 갈등과 대치(이질성, 불신감, 적대감)관계에서 살아온 양국 국민들은 이데올로기나 정치 이전의 순수한 상호이해와 동질성 회복을 구축해야 한다. 왜냐하면 남북 간의 이질화와 적대적 감정의 형성은 민족의 재통합에 결정적인 장애 요소가 되기 때문이다. 이러한 이해의 폭을 좁히는 데는 평생교육의 중요성과 필요성이 대두되고 있다.

열세번째, 인류의 생존을 위하여 평생교육을 통한 지속가능한 생태환경 교육이 절실히 필요하다. 인간이 자연을 지배하고 이용한 결과, 자연의 저항을 불러일으켜서 환경 문제가 점점 심각해져 가고 있다. 이대로 나아가면 이 지구상에서 언젠가는 인간의 생존이 불가능하게 될지도 모른다. 그러므로 평생교육과 생태환경교육의 문제는 앞으로 이 인류의 생존을 위해 절실한 과제가 되었다. 사람이 지구상에 산다는 것은, 곧 평생동안 교육을 받는다는 것을 뜻한다. 왜냐하면 지구를 살리는 생태환경교육은 학교에서 '한시교육'(限時教育)으로 종결될 수 없기 때문이다. 또한 평생교육으로서의 생태환경 교육은 교육의 내용 면에서 다른 교과 내용도 중요하지만 우리가 안심하고 숨쉴 수 있는 생태환경을 만드는 평생동안의 실천적 교육이 되지 않으면 안 된다. 한마디로 평생교육으로서의 생태환경교육은 '언제 어디서나 누구에게나' 교육을 통하여 지구촌 생태환경문제에 대한 국민들의 의식변화를 위해 요청된다. 그렇지 않으면 우리 인간은 생태환경의 소멸과 함께 공멸할 수밖에 없다. 평생교육으로서의 생태환경교육은 파괴된 지구촌 생태계를 살리는 중요한 길이다.

결국 '대안적인 새로운 교육체제에 대한 요청'은 평생교육의 방향으로 수렴되어 가고 있다. 궁극적인 목표는 평생학습도시(마을)이다. 즉 도시(cities)나 마을(towns, villages) 아니면 지역(regions) 자체가 학습의 장소(또는 새로운 개념의 학교)가 되는 것이다. 이제 한계로 드러난 경직되고 폐쇄적인, 획일화된 교육모형으로서의 전통적인 학교교육은 그 의미를 찾기 어렵게 되었다. 따라서 오늘날은 전통적인 학교교육에 대한 대안으로 평생교육의 이념이 선택되고 있다. 따라서 지금 날로 확산되고 있는 학습마을 운동은 학교교육의 축소와 함께 평생교육의 확대로 이어지고 있다는 사실을 알려준다.

2) 전문용어(terminology)로서의 '평생교육'

오늘날 평생교육은 새로운 사회의 교육 이상향 또는 학교교육 중심의 제도권교육체제에 대한 대안적 교육이념으로 제시되고 있다. 평생교육이란 흔히 '요람에서 무덤까지' 평생에 걸친 배움을 강조하는 이념으로, 또는 '가정교육과 학교교육과 사회교육'의 삼위일체적 교육 통합론으로 이해된다(황종건, 1994). 그러나 21세기 미래사회의 교육이념 및 모델로서 절대적인 중요성과 효용성, 필연성을 지니게 될 평생교육은 교육의 어떤 한 특정 영역이나 특정 부문을 지칭하는 실체적 개념은 아니다. 평생교육은 '교육' 그 자체와 동의어적인 성격을 지니는 개념으로, 교육의 모든 것을 총칭하는 본질론적 이념이기 때문이다. 평생교육은 이러한 점에서 사회교육이나 학교교육과 같이 특정의 실체적 영역을 지니는 명확한 개념이라기보다는 이들 모두를 하나로 묶는 이상향적인 통합이념의 성격을 지니고 있다(김종서, 1987).

지금까지 평생교육은 사회교육(社會敎育, social education or 사카이 교유꾸)과 동의어로 혼용되고 있다. 물론 평생교육의 이념이 강조하는 핵심영역이 사회교육 영역임에는 분명하다. 따라서 두 개념은 동의어인 것처럼 인식되며 한 단어처럼 쓰이는 경우도 많다. 그러나 이제 두 개념은 구별될 필요가 있다. 즉 평생교육은 사회교육과 학교교육을 포괄하는 상위의 총체적 교육이념으로, 그리고 사회교육은 그 한 영역으로서 학교교육 이외의 비정형적인 교육 부문을 의미하는 하위 부분 개념으로서 이해되어야 한다(최운실, 1997).

평생교육(Life-long Education)의 주창자인 랑그랑은 평생교육의 개념을 "개인의 출생에서부터 죽을 때까지의 전 생애에 걸친 교육의 통합"으로 정의하였다. 랑그랑의 후임으로 유네스코의 사무총장을 지낸 데이브는 평생교육을 "개인적 및 사회적 삶의 질을 계속적으로 향상시키기 위하여 평생 동안에 걸쳐 연장 실시되는 모든 형태의 형식적, 비형식적 학습활동"으로 규정하면서, 다음과 같이 20가지로 평생교육의 범주, 원리, 내용 그리고 방법의 영역 등을 세분화하여 개념정의를 보완했다(Dave, 1976).

① 평생교육의 개념은 세 가지 기본 용어 즉 삶(life)과 평생(life-long)과 교육(education)으로 구성된다. 따라서 평생교육의 의미와 그 범위는 이 세 가지 단어에 부착된 뜻과 해석에 근거하여 규정된다.

② 교육은 학교교육으로 종료되는 것이 아니라 평생을 통한 과정이다. 평생교육은 한 개인의 삶 전체와 전생애주기를 통하여 이루어진다.

③ 평생교육은 반드시 성인교육(成人敎育, adult education, Erwachsenenbildung)이나 노인교육(aging education, gerontology)에 국한되는 것이 아니라, 학령전교육, 초등교육, 중등교육, 고등교육 및 그 밖의 모든 단체의 교육을 포괄하는 교육의 통합개념이다. 즉 평생교육은 교육을 하나의 전체로서 포괄한다.

④ 평생교육은 학교교육과 학교 외(外) 교육을 포함하는 동시에 조직적인 학습과 비조직적 학습을 포함한다.

⑤ 평생교육에 있어서는 가정이 제1차적이고, 가장 민감하고 결정적인 역할을 담당한다. 이 과정은 한 개인의 전생애를 통하여 가정학습에 있어서 계속된다.

⑥ 평생교육 체제에 있어서는 지역사회 역시 아동이 처음으로 지역사회와 접촉할 때부터 중요한 역할을 담당한다.

⑦ 학교나 대학이나 또는 훈련기관도 중요하지만 그들은 각각 전체 평생교육기관의 일부일 뿐이다. 이들 기관들은 일정한 사람들의 교육을 독점하는 특혜를 누려서는 안 되고, 다른 교육기관들로부터 고립하여 존재할 수 없다.

⑧ 평생교육은 계속성과 아울러 수직적, 종적 측면에서의 인간 발달과 교육의 통합을 추구한다.

⑨ 평생교육은 모든 발달단계에 있어서 수평적, 심층적 측면의 교육통합을 추구한다.

⑩ 평생교육은 선택된 자들을 위한 교육형태와는 달리 그 성격이 보편적이고 민주적이다. 평생교육은 이러한 점에서 교육의 민주화를 추구한다.

⑪ 평생교육은 학습시간, 학습내용, 학습방법 및 자료 등에 있어서 융합성과 다양성을 특징으로 한다.

⑫ 평생교육은 새로운 학습 자료나 학습매체의 개발과 이들을 활용할 수 있도록 하는 역동적 교육의 방법을 추구한다.

⑬ 평생교육은 교육을 받는 데 있어서 매우 다양한 형태와 방법을 추구한다.

⑭ 평생교육은 교양교육과 중간 직업교육이라는 두 개의 광역적 구성요소를 가지고 있다. 이 두 개의 구성요소는 그 성격상 서로 완전히 다른 것이 아니라 서로 연관성이 있거나 상호작용한다.

⑮ 개인이나 사회의 적응기능이나 혁신기능은 평생교육을 통하여 충족될 수 있다.

⑯ 평생교육은 기존 교육제도의 결함을 보완하는 교정적-개혁적 기능을 지니고 있다.

⑰ 평생교육의 궁극적인 목표는 인간의 삶의 질을 향상시킴으로써 궁극적으로 모든 이가 행복하게 살 수 있도록 하는데 있다.

⑱ 평생교육에는 세 가지 중요한 전제조건이 있는데 그것은 기회와 동기와 교육가능성이다.

⑲ 평생교육은 모든 교육기관의 조직원리이다.

⑳ 실천적 단계에 있어서 평생교육은 모든 교육의 전체적 틀을 마련해 주는 역할을 한다.

이렇게 데이브에 의해 정의된 평생교육의 개념은 교육 부분 및 영역간의 통합성과 계속성, 전체성의 차원에서 이해되고 있다. 따라서 1960년대 중반 랑그랑과 데이브에 의해 주도된 유네스코의 평생교육에 대한 정의는 다음과 같이 간단히 정리될 수 있다: "평생교육이란 문자 그대로 평생을 통한 계속적인 교육을 의미하며 급변하는 현대사회에 있어서 한편으로는 일정 연령층을 대상으로 하는 한정된 기간의 교육으로서의 학교교육과, 다른 한편으로는 조직화되지 못한 채 비효율적 상태로 방치되어 있는 제반 교육자원을 효율화함으로써 교육역량의 극대화를 지향하려는 총체적 노력이다." 이러한 평생교육개념 규정에는 평생교육 이념의 교육부문간 균형발전과 등가치성, 효율지향성, 교육산출력 제고 등과 같은 속성이 강조되고 있다. 특히 평생교육 이념 창출배경으로 사회교육부문이나, 학교 외 교육부문, 비형식 교육부문 등의 학교교육부문에 대한 상대적인 낙후성과 비효율적인 방치가 강조되고 있으며 그에 따른 중요성 제고의 의미가 동시에 부각되고 있다.

한편, 최운실(1990)은 평생교육을 총체적인 '유(類)개념(generic concept)'으로 보고, 가정교육, 사회교육, 학교교육이라는 하위의 '종(種)개념(specific concept)'을 포괄하는 상위개념으로 규정함으로써 관련개념간의 위계화를 통해 평생교육의 개념을 명료화하고 있다. 즉 평생교육은 교육개념의 광역성과 통합성, 교육시기의 계속성과 향상성, 교육대상의 평등성과 전체성, 교육접근 방식의 다양성과 상대성 그리고 교육체제의 개방성과 탈정형성을 개념적 특성으로 하는 교육이념으로서 이는 기존의 교육이념과 체제에 대한 새로운 교육의 패러다임(paradigm)이다. 따라서 평생교육은 교육양태상으로는 형식, 비형식, 무형식교육 그리고 교육영역 상으로는 가정교육, 사회교육, 학교교육을 포괄하는 총체적 이념이며, 궁극적으로는 학습자의 자율적 학습수행과 교육적 선택의 자유를 통한 학습권이 보장되는 학습사회를 지향하는 교육이념이다.

결국 평생교육의 개념은 크게 두개의 축 즉 교육의 수직적 통합과 수평적 통합성으로 요약된다. 여기서 교육의 수직적 통합이란 "요람에서 무덤까지"전 생애에 걸친 항구적이고도 계속적인 학습을 의미하며, 교육의 수평적 통합이란 가정교육과 학교교육 그리고 사회교육의 연계를 의미한다.

2. 평생교육의 고유성

1) 평생교육의 의미

인터넷으로 열리는 21세기는 지식정보사회, 국제개방사회, 자율적 민주사회, 다원의 개성사회로 급격하게 전이하고 있다. 과거 50년 이상을 변동의 축으로 삼았던 지식정보 및 기술의 수명과 변화의 주기가 이제 3년-5년 또는 첨단테크놀로지 계통에서는 1-2년을 넘기지 못하고 있다. 특히 IT(Infomation Technology), BT(Bio-Technology), NT(Nano-Technology) 등 최첨단과학기술의 영역에서 주도되는 산업 환경의 변화는 급격하게 지구촌사회를 메가트랜드(mega trend)의 시대로 몰고 가고 있다. 한마디로 우리가 살고 있는 현대는 지식과 정보가 폭증하는 시대이며, 지식과 정보 그리고 기술의 수명이 급격하게 단축되는 사회이다. 이러한 사회에서 평생교육은 이제 개인이나 사회 모두에게 살아남기 위한 생존 전략이자 살아가는 새로운 지혜가 되고 말았다. 항상 지속적으로 배우는 수밖에 없다. 다시 말하면, 학교에서 한번 배운 지식을 영원히 써 먹을 수 없는 시대가 되었으며, 한번 따 놓은 졸업장과 자격증에만 의지하고 사는 것이 위험하며 도박이다. 계속 살아남기 위해서 우리는 계속 "평생 동안" 무엇인가를 스스로 배우고 터득해야 한다. 이렇게 본다면, 평생교육의 시대와 평생학습사회의 이념은 비현실적 이상(理想)이 아니라 오히려 현실적 요청이라고 할 수 있다.

결국 21세기 지식기반사회에서 평생교육의 이상은 "누구든지 언제 어디서라도" 교육과 학습이 가능한 사회가 마련되는 것이다. 이를 위해서 국가와 사회는 이러한 학습자들의 학습행위가 가능하도록 평생학습의 환경과 조건을 창출하는 것이다. 즉 평생학습체제를 구축하는 것은 국가와 사회의 몫이다. 이는 국가와 사회가 추구해야 할 평생교육의 정책이기도 하다. 이러한 정책을 통하여 구축되는 평생학습체제 속에서 학습자들은 자발적이고 능동적으로 평생 동안 학습활동에 참여하게 된다. 이러한 의미에서 평생교육은 학습자(學習者) 중심의 교육체제를 지향한다. 그러나 만약 국가가 평생학습체제를 구축할 때 학교체제의 관점에서 답습되어 온 교육공급자(학교, 교사, 교장, 교육인적자원부, 정부) 중심의 교육 및 학습체제를 구축한다면, 아무리 훌륭한 평생학습체제의 인프라 구조가 마련된다고 할지라도 학습자들의 자발적이고 능동적인 참여는 보장되지 않을 수 있다. 학습자들의 학습참여가 없는 평생교육은 허상이다.

그러나 21세기가 평생교육의 시대이며 평생교육이 국가생존의 관건이라고 외치면서, 국가와 사회가 평생교육의 국가정책화를 외면하고 평생학습체제구축을 주도하지 못한다면 평생교육 및 평생학습의 조건과 환경은 구축되지 못한다. 이러한 경우 평생교육은 단순 구호성 또는 선언성 아니면 이데올로기의 성격을 크게 벗어나지 못하게 된다. 물론 학습자들의 평생학습에의 요구와 열망도 평생교육 및 평생학습사회의 구현에 가장 중요한 변수가 된다. 따라서 평생교육의 전략은 교육수요자인 학습자들의 취향, 요구, 능력 등 학습자개인의 고유한 학습가능성과 학습영역 같은 개인차를 기초로 하는 교육수요자 즉 학습자 중심의 교육체제를 구축하는 것으로 귀결된다. 다시 말해서, 평생교육의 전략으로 마련되는 평생교육체제는 학습자의 고유한 학습요구에 기초한 학습원리에 따라 구축된다. 아울러 이는 현실적인 평생교육 및 평생학습사회의 구현을 위한 조건이며 환경이기도 하다.

2) 평생교육의 성격

평생교육의 성격은, 첫째, 교육개념의 광역성과 통합성, 둘째, 교육시기의 계속성과 항상성, 셋째, 교육대상의 평등성과 전체성, 넷째, 교육접근 방식의 다양성과 상대성, 다섯째, 교육체제의 개방성과 탈정형성으로 요약될 수 있다.

첫째, 교육개념의 광역성과 통합성이란 전통적 교육개념 즉 학교만능주의교육관 즉 교육은 곧 학교교육이라는 학교본위개념에서 탈피하는 것이다. 따라서 교육의 모든 영역과 양태가 등가치적으로 인식되고 교육개념의 인식이 학교교육 이외의 여타 교육범주 및 교육현상으로까지 확대 해삭되어야 함을 의미한다.

둘째, 교육시기의 계속성과 항상성이란 태어나서 죽을 때까지 전생애주기에 걸쳐서 균등하게 재분배되고 지속적으로 중시되어야 한다는 것을 말한다. 따라서 지금까지 학교교육의 주요한 대상 집단이던 아동 및 청소년기의 교육뿐 아니라 성인기나 노년기도 교육의 대상영역에 포함되어야 한다.

셋째, 교육대상의 평등성과 전체성이란 지금까지의 학교교육이 주로 혜택받은 소수 특권집단의 이익을 반영하여 그들에 의해 제한적으로 독점되어 왔음에 대한 비판에서 비롯된다. 평생교육은 오히려 교육적 불수혜 계층이나 교육문화적 결손집단들에게 교육의 기회와 혜택을 부여함을 원칙으로 한다. 물론 이는 학교가 이들에게 보다 많은 관심을 갖기를 기대하고 교육기회의 균등을 염원한다. 심지어 평생교육은 단순한 교육의 기회 제공이나 허용의 측면에서가 아니라 기회 제공의 보장적 평등과 기회, 과정, 결과산출의 제 측면에 있어서의 평등관으로 연결된 것을 주장한다. 따라서 평생교육은 오히려 사회적 소수(minorities) 즉 교육결손집단의 교육적 수혜에 보다 더 관심을 갖게 된다. 구체적으로 도시인보다는 상대적으로 교육의 기회와 환경이 박탈된 농어촌민이나 도시벽지주민, 고학력층보다는 비문해자나 저학력층, 남성보다는 여성, 청년층보다는 성인 및 노년층, 고소득층보다는 저소득층 주민들에게 교육 프로그램의 내용, 방법, 과정, 결과에 대하여 보다 큰 교육적 관심을 갖는다. 결국 평생교육에서는 더 이상 사회적 특권층만을 위한 학교교육이 아닌 사회 전체구성원을 위한 평등한 교육, 즉 교육의 대중화, 보편화 체제를 통해 누구에게나 그들이 원하는 교육이 다양한 통로를 통해 다양한 양태로 제공되는 교육 이념을 지향한다.

넷째, 교육접근 방식에 있어서의 다양성이란 평생교육이 지금까지의 교사중심, 강의중심, 출석식 정규 전일제 중심의 고정적 틀에 박힌 전통적 학교교육 특성에서 탈피함을 의미한다. 여기서는 학습자가 교육주체가 되며 교육자와 학습자간의 상호학습(synergogy)이나 동시적 배움의 교류가 가능하며, 강의보다는 여타의 다양한 교수-학습방식과 학습형태, 학습매체 등을 활용하고, 전일제(全日制)와 정시제(定時制)가 편의에 따라 다양하게 연계하는 특성을 지녀야 함을 시사한다.

교육체제에 있어서의 개방성과 탈정형성은 기존의 학교교육제도가 안고 있는 폐쇄성과 경직성을 극복하고 각 교육체제간의 상호 유기적 연계성과 개방성을 확대시켜야 함을 의미한다. 이는 정형적이고 폐쇄적인 체제로부터 탈정형적 요소가 가미되어 보다 융통성 있고 다양한 체제로 변화해 나가는 교육체제이기도 하다. 결국 평생교육은 지금까지 지나치게 정형화된 기존의 학교교육체제를 유연하고 융통성 있게 만들고 비정형화하고 비고착화하며 교육제도와 운영의 제 측면들을 개방적이고 다양하게 그리고 역동적으로 만들고자 한다. 동시에 이러한 이념은 기존 학교 교육체제와 학교외 교육체제간의 연계와 함께 전통적인 학교교육체제와 대안적 형태의 개방형 학교체제, 준학교체제들 간의 탄력적 연계의 당위성을 강조하는 것이기도 하다.

한편, 평생교육의 이념적 속성은 교육의 전체성(totality), 통합성(integration), 융통성(flexibility), 민주성(democratization), 기회와 동기부여(opportunity and motiva-tion), 교육력(educability), 교정력(correctablilty)이라는 속성으로 표현되기도 한다. 이들 표현 또한 결국 상기와 같은 평생교육의 포괄적인 이념적 속성을 함축하고 있는 것으로 이해될 수 있다(권이종, 1995).

이와 같은 이념을 지향하는 평생교육은 궁극적으로는 '학습사회'(learning society)를 지향한다. 학습사회란 교육수요자인 학습자가 주체가 되며, 학습자와 교수자 간에 수평적인 상호학습(lateral synergogy)이 이루어지고, 학습자의 적극적 참여를 전제로 교육의 과정이 이루어지는 그러한 사회로서 "언제, 어디서나, 누구나, 누구에게서나, 무엇이든, 어떠한 방식으로든" 자유롭게 가르침과 배움이 교환되는 이상적 교육사회(Edutopia)를 의미한다.

〈표 2-1〉 학교교육과 평생교육의 특성비교

구분	학교교육	평생교육
학습동기	타율적(의무적)	자율적
교육대상	획일적, 동질적, 특정인	다원적, 이질적, 보편적
입학전형	철저한 전형제, 정원제한	가능한 무제한
평가	입시/시험평가	자체/자율 평가 중심
교육과정	미리 짜여진 교육과정	학습자가 결정한 교육과정
교사방법	이론·입시·교원 중심	세미나·토론 증심,현장 견학
교사역할	지식전달자	안내자, 조력자
지식	미래의 효용도 증시	현재 효용도 증시
목표	자격증 획득	자격증 및 교양
학습형태	출석	자율학습

3) 평생교육의 원리

(1) 탈정형성

평생교육은 학교교육과 달리 본질적으로 탈정형성과 탈획일성을 그 특징으로 한다. 평생교육은 교육의 시기에서부터 교육의 장소, 교육대상, 교육담당자, 교육체제, 교육프로그램 및 교육과정, 교육방법, 교수학습자료 및 교재, 교육평가방식 등에 걸쳐 획일적이며 경직된, 그리고 폐쇄적이며 정형적인 교육적 요소가 학교교육에 비해 극소화된다. 반면 개방적이고 다원적이며 자율적인 탈정형적이고 탈획일적인 교육의 요소가 강한 특징이다. 이미 우리는 학교교육의 경직성을 "붕어빵 교육"으로 비판한지 오래이다. 평생교육은 우선 붕어빵교육이 될 수 없다. 왜냐하면 학습자의 특징이 다양한 계층, 다양한 연령, 다양한 성별 등으로 구성되며 이들의 관심과 목표도 다양하기 때문이다.

(2) 자기주도성(자발성)

평생교육은 타인의 강요나 외부의 기대에 의해 학습하는 것이 아니라 성인학습자들이 자신의 필요와 교육적 욕구에 따라 자율적으로 교육을 선택하며 자율적 의지로 교육에의 참여(participation)를 결정하게 된다. 미리 정해진 교육과정에 의해 교육받는 것이 아니라 교육의 전 과정 즉 계획, 실행, 평가의 계획-실행-평가의 전 과정에 학습자가 함께 참여하여 "자발적"이고 "자기주도학습"(self-directed learning)을 행하는 특성을 지닌다.

(3) 상호학습

평생교육은 상호학습(Co-Learning, synergogy), 즉 서로 주고받는 학습의 특성을 지닌다. 학습자 상호간, 교사와 학습자간의 상호 교류와 피드백을 통한 학습이 중요시되는 특성을 띤다. 여기서 상호학습은 수평적(lateral)으로 이루어질 때 효과를 낼 수 있다. 예를 들어, 오늘날 학습조직은 상호학습의 효과를 목표하는 대표적 학습형태이다. 그러나 학습조직이 실패하는 이유는 바로 수평조직에서 이루어져야 하는데도 불구하고 기업의 수직조직인 하이어라키의 구조 속에서 이루어지기 때문이다.

(4) 현실성

학교교육이 준비교육적이고 미래지향적인 속성을 지니다. 그러나 평생교육은 현실 지향적이고 실용적이며 즉시적인 적용 가치를 지니는 교육이다. 이러한 교육형태는 문제해결을 목표할 수 있다. 즉 현실적인 "문제해결"(problem-solving)의 교육은 현실성과 실제지향성을 동시에 만족하는 교육이 된다. 특히 오늘날 학교교육에서도 원칙적으로 평생교육이 지향하는 현실성과 실제 지향성을 우선적으로 도입해야 한다. 왜냐하면, 오늘날은 첨단과학기술의 발달로 현재와 미래의 간격이 급격하게 좁혀지고 있기 때문이다. 즉 지금이 곧 미래이다. 오늘의 지식이 이미 내일의 지식이 아닌 상황이 반복되는 우리 시대에 학교는 미래를 준비한다는 핑계로 현실적인 문제를 도외시할 수 없다. 미래가 곧 현재이기 때문이다. 또한 현실적으로 당면한 문제를 해결하는 것이 학생에게 미래의 문제를 해결하고 미래를 정복하도록 하는 것이다. 따라서 학교가 미래를 준비하기 위한 지식만을 강조한다면, 이미 미래는 다른 방향으로 나가기 때문에 학교지식은 사회적 욕구를 반영할 수 없다. 따라서 현실적으로 유용한 지식에 대한 요청 때문에 학교지식은 죽은 지식으로 비판받게 된다. 따라서 평생교육은 예측이 불가능한 미래문제 대신 현실의 문제해결을 추구한다.

(5) 다양성

평생교육은 학교에서의 학생대상 교육과는 달리 교육대상, 담당자, 목표, 내용, 방법, 교육시기, 교육시간, 교육장소 등이 매우 다양하고 비획일적이며 유동적이라는 특징을 지닌다. 평생학습에 참여하는 사람들도 극히 다양하고 차별화되어 있다. 이를테면 프로그램에 참가하는 학습자들은 성별, 연령별로 차별화되고, 목표와 취향, 기호, 재능, 능력이 천차만별이다. 심지어 같은 프로그램에 참가하는 학습자들 간에서 미세한 목표차이라든지 학습능력이 다르다. 따라서 평생교육의 프로그램들은 매우 다양하고 이질적으로 구성된다. 따라서 우리는 이를 부페식 교육과정(buffet curriculum) 또는 카페테리아식 교육과정(caferia style curriculum)이라고 부른다. 학습자 개개인의 선택에 따라서 교육 프로그램이 선택되고 실시되는 평생교육은 학습자 중심의 교육과정을 운영할 수밖에 없다.

(6) 과정중심

평생교육은 학교교육에서의 성적 중심 또는 결과중심 교육과는 달리 교육이 이루어지는 과정이 중시된다. 따라서 성과와 결과에 있어서도 외재적 성과보다는 내재적 성과가 중요하다. 또한 학습결과의 외적인 객관적 평가보다는 학습자 자신의 만족감과 성취감이 훨씬 더 중시되는 특징을 지닌다. 평가 역시 결과평가보다는 과정평가(형성평가)가 중요하며, 자기기술식 평가를 통하여 자신의 학습과정과 결과를 스스로 평가하는 방식도 상용된다. 오늘날 학교에서도 과정중심의 교육과 과정중심의 평가방식을 대폭 도입하고 있다. 예를 들면, 수행평가(performance)가 그것이다. 그러나 오늘날 학교에서 수행평가가 실패하고 있다. 그 이유는 수행평가는 과정평가로 이루어져야 하는데, 여느 평가와 마찬가지로 결과평가(총괄평가)로 이루어지기 때문이다.

(7) 민주성(참여와 공존)

평생교육에서는 계획-실행-평가의 전 과정에서 모든 학습구성원이 함께 참여하는 것이 중요하다. 평생교육에서 참여와 공존의 특성을 살리기 위해서는 학습자가 무엇을 배우고자 원하는지에 관한 교육적 요구 분석이 중요하다. 평생교육에서의 학습자는 마치 빈 컵이나 백지와 같은 객체적인 존재가 아니라 스스로 필요에 따라 앎을 추구해 나가는 주체로서의 학습자이다. 따라서 평생교육에 있어 교수자와 학습자는 수직적이고 위계적이며 권위에 기초한 주종관계가 아니라 수평적이고 대등한 관계 하에 함께 참여하고 상호공존하는 특성을 지닌다. 따라서 이러한 차원에서 평생교육은 "민주주의교육"으로 간주된다.

(8) 경험중심

평생교육에서는 삶의 과정에서 축적되어 온 삶의 경험이 최대의 학습자원으로 중시되고 그 활용이 강조된다. 평생교육 프로그램은 각 개인 학습자의 경험자원을 최대한 활용하는 경험 중심적 교육내용과 방법으로 구성되는 특성을 지닌다. 특히 성인들은 오랜 시간동안 삶의 차별화된 영역에서 자기들만의 고유한 삶의 경험을 해 왔다. 학교에서는 아직 삶의 경험이 많지 않은 학생들에게 교과서나 선조들의 문화 또는 교사의 지도 등을 통하여 간접경험을 중심으로 가르치지만, 성인들에게는 직접경험을 가르치고 직접경험이 영역을 확장시킬 수 있어야 한다. 한마디로 지금까지 살아온 경험을 확대 재생산하고 수정보완하면서 자신의 경험세계를 보다 강화하거나 아니면 이를 기반으로 새로운 경험세계로 들어갈 수 있도록 도와주어야 한다. 왜냐하면 이미 이들에게는 자신들이 해 온 삶의 경험이 교과서로 존재하고 있기 때문이다. 성인을 대상으로 하는 평생교육은 바로 이들이 소유하고 있는 산 교과서를 보다 바람직하게 수정, 보완하고 때로는 비판하고 반성할 수 있도록 하여 보다 나은 경험을 통하여 새롭고 한층 업그레이드된 삶을 살아갈 수 있도록 도와야 한다. 이러한 학습자의 고유성을 최대한 고려하여 이루어질 때 평생교육은 그 가능성과 효과성을 확인할 수 있다.

(9) 유희·오락성

평생교육은 자발적이고 비의무적인 참여에 의한 자율적 학습이므로 무엇보다도 학습자체가 즐거운 학습이 되어야 한다. 이미 나이를 먹는 성인들과 노인들에게 학교는 딱딱하고 흥미로운 곳이 아니다. 심지어 어렸을 때에 학교에 대해서 좋지 못한 추억들 즉 학교실패, 학교부적응, 성적스트레스 등 부정적 학교경험을 가지고 있는 성인들에게 학교는 더욱 더 즐거운 곳이 아니다. 따라서 성인들을 위한 평생교육의 현장은 항상 즐거워야 한다. 왜냐하면 아이들이나 어른들이나 즐거운 것은 좋은 것이기 때문이다. 물론 교육이라는 명목으로 이루어지는 평생교육은 학습자에게 학습을 통한 내적 만족과 즐거움을 줄 수 있어야 한다. 이러한 이유에서 평생교육 프로그램에는 적정의 레크리에이션 또는 엔터테인먼트의 요소가 가미되어야 한다. 이러한 의미에서 우리는 평생교육을 교육(education)과 흥겨움(entertainment)의 합성인 "에듀테인먼트(edutainment)"로 이루어지는 교육이라고 정의한다.

3. 평생교육의 토대

다음의 교육활동들은 평생교육이 활성화되는데 중요한 역할을 했으며, 평생교육과 함께 보다 활성화되고 있다.

1) 기초교육

기초교육(fundamental education)이란 기초문해교육(literacy education)으로 주로 비문해자가 많은 개발도상국가들에서 주로 쓰이는 개념으로, 유네스코를 중심으로 보급된 개념이다. 기초교육은 이런 저런 이유로 학교교육의 기회를 받지 못했거나 제도화된 교육기관에 취학하지 못한 교육대상들에게 문해교육(Literacy)과 생활기능교육을 통해 개인으로서의 권리와 의무, 자신들의 생활조건을 보다 진취적으로 개선하는 데 필요한 기본적인 지식과 기술을 습득하게 하여 국가 사회의 발전에 보다 더 효과적으로 참여할 수 있도록 하는 삶의 기본 교육을 의미한다.

우리의 평생교육법에서도 문해교육에 대해서 상세한 규정을 마련하고 있다. 우선 법 제39조에서는 문해교육의 실시에 대해서 규정하고 있다. 즉 국가 및 지방자치단체는 성인의 사회생활에 필요한 문자해득능력 등 기초능력을 높이기 위하여 노력하여야 한다. 교육감은 대통령령으로 정하는 바에 따라 관할 구역 안에 있는 초·중학교에 성인을 위한 문해교육 프로그램을 설치·운영하거나 지방자치단체·법인 등이 운영하는 문해교육 프로그램을 지정할 수 있다. [개정 2014.1.28.] 국가 및 지방자치단체는 문해교육 프로그램을 위하여 대통령령으로 정하는 바에 따라 우선하여 재정적 지원을 할 수 있다. [개정 2014.1.28.][본조제목개정 2014.1.28.] 제39조의 2에서는 문해교육센터의 설치 등에 관하여 규정하고 있다. 국가는 문해교육의 활성화를 위하여 진흥원에 국가문해교육센터를 둔다. 시·도교육감 및 시·도지사는 시·도문해교육센터를 설치하거나 지정·운영할 수 있다. 국가문해교육센터 및 시·도문해교육센터의 구성, 기능 및 운영, 그 밖에 필요한 사항은 대통령령으로 정한다. [본조신설 2016.2.3] [[시행일 2016.8.4.]] 제40조에서는 문해교육 프로그램의 교육과정 등에 대해 규정하고 있다. 즉 제39조에 따라 설치 또는 지정된 문해교육 프로그램을 이수한 자에 대하여는 그에 상응하는 학력을 인정하되, 교육과정 편성 및 학력인정 절차 등에 필요한 사항은 대통령령으로 정한다. [개정 2014.1.28.] [본조제목개정 2014.1.28.] 이밖에도 교육부장관은 문해교육의 효율적 지원을 위하여 문해교육종합정보시스템을 구축·운영할 수 있으며, 교문해교육종합정보시스템 운영업무를 국가문해교육센터에 위탁할 수 있다고 규정하고 있다. 또한 위의 조항에 따른 문해교육정보시스템의 구축·운영과 문해교육정보시스템 운영업무의 위탁 등에 필요한 사항은 대통령령으로 정하고 있다. [본조신설 2016.2.3] [[시행일 2016.8.4]]

2) 비형식교육

비형식교육(informal education)은 교육의 양태 또는 교육의 방식에 따른 구분으로서, 교육의 대상에 대한 규정은 내포되어 있지 않다. 비형식교육은 전일제 정규 학교교육으로 구분되는 형식교육과 우연적 학습 또는 부수적·부차적 학습으로 규정되는 무형식교육을 제외한 여타의 교육 양태를 의미하며, 이는 사회교육과 가장 유사한 개념이다.

3) 사회교육

우리나라에서 사회교육의 개념 정의는 연구자에 따라서 다르게 주장하고 있으나, 대체로 의무교육을 마친 후의 학교 외 청소년 및 성인들을 위하여 조직된 교육활동으로 정의하고 있다. 또한 연구자들은 개념 정의에 있어서 광의와 협의로 구분하여 규정하기도 한다.

• 광의의 사회교육: 사회교육이라 함은 다른 법률에 의한 학교교육을 제외하고 국민의 평생교육을 위한 모든 형태의 조직적인 교육활동을 말한다.

• 협의의 사회교육: 사회교육이라 함은 평생교육체제의 한 영역으로서 학교 외 청소년과 성인들을 위한 모든 형태의 조직적인 교육활동을 말한다.

결론적으로 사회교육이라 함은 평생교육체제 속의 통합적 부분으로서, 학교 외의 사회화 과정이며 주로 청소년 및 성인들을 대상으로 행하여지는 조직적인 교육활동이다.

4) 지역사회교육

지역사회교육은 처음 푸에르토리코(Puerto Rico)나 다른 저개발국가들에서 공식용어로 사용한 것으로, 지역사회의 종합적인 생활향상과 지역주민들을 위한 집단적인 사회교육활동을 말하는 것이다. 최근에 와서는 발전도상에 있는 동남아의 여러 국가들에서 이 용어를 주로 사용하고 있는데 특히 인도네시아에서는 사회교육행정기구에 지역사회교육국(Community Education Division: PENMAS)이 포함되어 있기까지 하다.

지역사회교육이란 본래 학교교육의 목적을 지역사회의 요구에 보다 더 접근시키려는 시도에서 출발한 넓은 의미에서의 지역사회 지향적 교육이라는 뜻을 가진 개념이다. 따라서 이는 지역사회와 학교와의 상호의존적인 관계를 형성하여 지역사회의 모든 인적, 물적 자원을 최대한으로 활용하고자 하는 것이다. 오늘날 부각되고 있는 지역사회중심교육(community-based-education)의 개념은 이에 기반을 둔 교육이라고 할 수 있다.

5) 성인교육

성인교육은 교육 대상을 분류 준거로 한 용어로서 '성인'을 대상으로 하는 모든 형태의 교육 활동을 총칭한다. 따라서 교육의 대상은 성인이며, 교육 방식은 형식·비형식 교육이 모두 포함될 수 있고, 성인을 위한 학교교육도 성인교육의 범주에 포함될 수 있다는 점에서 사회 교육과는 다르다. 평생교육의 개념 중 성인기 이후의 교육 활동만이 이에 해당된다.

성인교육의 개념은 미국을 위시한 구미 여러 나라에서 많이 사용되고 있다. 1967년 유네스코 총회에서는 성인교육을 ①성인들이 참여하는 모든 조직적 교육활동, ②성인들이 그들의 소질과 능력을 키워 지식을 획득하고 직업이나 직업적 자질 향상이나 직업전환을 위해 실시하는 교육활동, ③조화롭고 영속적인 사회, 경제, 문화발전에 기여할 수 있도록 태도와 행동을 변화시켜 주는 조직적인 교육활동, ④그가 속해있는 국가나 사회가 성인이라고 인정하는 사람들을 대상으로 실시하는 조직적인 교육활동으로 정의하고 있다.

6) 계속교육

계속교육이란 용어는 미국에서는 continuing education으로, 영국에서는 further education으로, 독일에서는 Weiterbildung으로 표현되고 있다. 계속교육이란 일정한 단계의 학교 교육을 마친 자가 직업이나 사회생활을 영위하다가 학업을 병행하기 위해 다시 교육의 장(場)으로 돌아오는 것을 의미하며, 주로 성인 학교를 통한 2차적 교육 기회를 의미한다. 따라서 교육의 대상이 주로 성인이며 교육의 방식은 학교교육이 주가 된다는 점에서 사회교육이나 성인교육 또는 비형식 교육과 차이가 있다.

7) 순환교육

순환교육(recurrent education)은 OECD에 의해 주창된 교육개념으로 기존의 일회성 학교교육 체제가 지니는 비효율성과 한계를 극복하고 교육의 시기를 평생에 걸쳐 순환적으로 재분배하여 계속될 수 있도록 해야 한다는 새로운 교육도식을 전제로 하는 교육개념이다. 이러한 순환교육은 학교교육과 직업생활을 주기적·순환적으로 반복하여 연계 짓는 교육체제를 전제로 하며 그 주 대상은 직업을 가진 성인이다. 교육의 주목적은 노동시장 변화에 따른 직업적 재적응과 생산성 제고이며 교육의 계속성과 통합성을 강조한다는 점에서 계속교육의 개념과 가장 유사하다. 또한 순환교육은 교육의 방식에 있어 학교교육이 주가 되고 학교교육과 직업이 순환적·주기적으로 반복되는 교육 형태를 취한다는 점, 직업 진로와 관련하여 교육주기를 설계한다는 점에 있어 다른 개념들과 차이를 보인다.

8) 생애교육

생애교육(career education)은 미국에서 시작하여 최근에 발달하기 시작한 교육의 한 개념으로 주로 직업교육의 영역에서 많이 사용된다. 생애교육이란 '개인이 생활의 일부로 혹은 생활수단으로서 일을 배우고 일에 종사하기 위하여 준비할 수 있는 경험의 총체' 또는 '개개인 모두가 일을 중심으로 한 사회의 가치관에 익숙해지고 이러한 가치관이 인격체제에 통합되어, 일이 개인에게 보람있고 만족될 수 있도록 생활화하는데 도움을 주는 학교와 지역사회 간의 노력의 총체'로 정의된다. 또한 이는 진로교육(進路敎育)을 의미하기도 한다. 물론 진로교육은 아동 청소년들에게 해당되지만, 성인에게도 적용될 필요가 있다.

● 참고문헌

권이종·남정걸 (1995). 사회교육 및 청소년 프로그램 편람. 서울: 교육과학사.

김종서 (1987). 평생교육 원론, 현로 김종서 교수 정년기념 논문집. 서울: 교육과학사.

최운실 (1997). 신사회교육론 탐구. 서울: 대교 부설대학원.

황종건 (1994). 사회교육의 이념과 실제. 서울: 정민사.

Dave, R. H. (ed.)(1976). Foundation of lifelong Education. UNESCO Institute for Education.

제5장

평생교육의 목표

1. 교육기회의 평등

1) "누구든지"의 교육론

언젠가부터 우리는 "누구든지"에게 교육의 기회를 보장하기 위해 의무교육 또는 의무학교제도를 도입 실시하고 있다. 정해진 연령이 되면 반드시 학교에 입학하여야 하며, 일정한 기초 교육기간 동안은 국가가 무상학교교육을 책임진다. 이로써 외관상 교육의 기회 균등은 이루어진 것처럼 보인다. 물론 이 제도는 지구상에 학교가 생기고 공교육이라는 말이 인구에 회자되면서 교육복지 차원에서 이룬 최초의 성과라고 할 수 있다.

그러나 질적인 차원에서의 교육의 기회 균등은 의무학교제도 그 이상에서 이루어질 수 있다. 우선 의무학교제도 하에서도 학교교육에서의 탈락자, 낙오자, 결손자, 소외자의 문제는 계속 남아 있다. 즉 입학 성적 이외에도 경제적 사정 때문에 진학하지 못하는 자들도 많으며, 질병 및 선천적-후천적 장애 등 건강상의 이유 때문에 학업을 중도에 포기하거나 계속할 수 없는 자들도 생겨난다. 또한 학교시설이 낙후된 도서 벽지 외딴 지역 즉 학교 교육 소외에 살고 있거나 아니면 부양가족 때문에 학업을 포기할 수밖에 없는 소년 소녀 가장 그리고 특별한 직업 활동 때문에 아니면 종교적 신념 또는 부모들의 편견 때문에 교육과 학습을 받을 수 없는 처지에 있는 교육결손자들도 많다. 따라서 학교 교육의 탈락자, 낙오자, 결손자, 소외자들을 대상으로 이들에게 제2, 제3의 교육 대안을 강구하는 특별 사업이 이루어져야 한다. 이는 질적인 차원에서 교육의 기회균등 즉 교육복지를 추구하는 길이다.

이미 오래 전부터 구미 선진국들을 중심으로 학교사회사업과 각종 학교복귀 프로그램들이 실시되고 있다. 전자는 주로 학교교육에서의 탈락, 낙오, 결손, 소외를 예방하고 방지하는 차원에서 이루어지고 있으며, 후자는 주로 이들에 대한 치료사업으로서 진행되고 있다. 또한 유럽 선진국들은 이러한 교육낙오자와 교육결손자들을 위해 이미 100여 년 전부터 "제2의 교육 노선"(Zeiter Bildungsweg)을 마련하여 운영하고 있으며, 제3의 교육 영역으로서 성인교육의 영역을 제도화하고 있다(Belser, 1960). 말하자면, 농구나 배구경기에서 패자들에게 다시 기회를 부여하는 '패자부활전'에서처럼, 교육의 탈락자, 낙오자, 결손자, 소외자들에게 제2, 제3의 기회를 주는 것이다. 이는 학교 이외의 사회교육, 계속교육, 재교육, 향상교육 등 평생교육의 개념이 구체화되는 현 시점에서 더욱 더 필요한 과제가 되고 있다.

오늘날 우리의 학교는 급변하는 사회환경의 요구와 개인적-인간적 교육/학습 욕구를 수용하지 못하는 한계 때문에 늘 비난받아 왔다. 이러한 비판은 주지하는 대로 크게 세 가지로 요약될 수 있다.

첫째, 학교는 더 이상 학습자에게 급격한 뉴 테크놀로지의 발전에 의한 새로운 지식과 정보를 줄 수 없는 한계 상황에서 죽은 지식의 창고일 뿐이며, 둘째, 학교는 성적 평가 및 주입식 교육의 일변도로 인성교육의 차원을 방기하고 포기함으로써 교육 본연의 임무를 상실하고 있으며, 셋째, 사회불평등의 문제를 가속화시키는 학교불평등의 문제를 해결하지 못하고 있다.

이러한 학교문제를 해결하기 위하여 그 동안 각국 정부에서는 많은 노력을 해 왔다. 바로 이것이 지구촌에서 늘 지속되어 왔던 교육개혁의 내용이었으며 목표였다.

그러나 오늘날 21세기의 교육개혁의 목표는 크게 달라졌다. 즉 사회변화와 전망은 교육개혁의 내용과 목표를 바꾸어 놓은 것이다. 탈장벽-탈국경화 무한자유시장경제, 디지털통신혁명으로 야기된 지식기반사회, 소비자 주권주의에 편승하여 가속화되는 포스트모던의 대중문화산업, 신지식인의 양성을 위한 교육의 세계화 등은 21세기 교육개혁의 내용과 목표를 과거의 그것과는 차원을 달리하게 만들고 있다. 즉 지속적인 사회변화에 따른 꾸준한 인적자원개발이 교육개혁의 핵심적인 내용과 목표가 된 것이다. 따라서 교육은 이제 학교교육으로만 제한되는 것이 아니고, '요람에서 무덤까지' 계속되는 평생교육으로 대체될 수밖에 없는 상황이 되었다. 명실공이 21세기는 평생교육의 시대가 된 것이다.

결국 오늘날 우리가 피할 수 없는 교육개혁의 목표는 평생교육체제를 구축하는 일이다. 개인적으로보다 국가경쟁력으로 보나 이 시대를 살아가는 우리는 죽으나 사나 빠른 시간 내에 평생교육체제를 구축하여 평생학습사회를 마련해야 하는 것이다. 그런데 우리가 언급하는 평생교육체제와 평생학습사회의 이론은 구호성의 성격이 여전하다. 평생교육에 대한 관점은 이론적 논리 능력에서보다는 실천 능력이 매우 빈약한 것으로 평가되고 있다. 따라서 평생교육의 실천력을 높이기 위해서는 중요한 문제가 지적되어야 한다. 즉 교육복지의 문제가 바로 그것이다.

21세기 평생학습사회는 "누구든지, 언제, 어디서라도" 학습하고 교육받을 수 있는 삶의 환경이자 동시에 교육환경을 의미한다. 이러한 사회를 구현하기 위해서는 우리는 교육탈락자, 낙오자, 결손자, 소외자들에게 학교교육에 버금가는 또는 그 이상의 평생교육의 혜택을 주어야 한다. 이는 전적으로 국가의 몫이다. 왜냐하면 교육 탈락, 낙오, 결손, 소외의 문제는 대부분 개인의 역량과 능력을 넘어서는 영역이기 때문이며, 아울러 이로써 문제가 파급되면 결국은 국가 사회의 문제가 되기 때문이다.

한마디로 이상적 자본주의 사회의 구현을 위하여 복지의 문제는 핵심적 국가사업의 영역이 된다. 마찬가지로 자본주의 교육체제에서 교육개혁을 위해서는 '교육의 사회복지' 즉 '교육복지'의 구현이 관건이 된다. 이렇게 본다면, 실천력 있는 평생교육체제를 수립하기 위해서는 우선 교육복지가 체계화되고 제도화되는 것이 관건이 된다. 이를 통하여 궁극적으로 이상적인 교육평등의 문제에도 접근할 수 있다. 거꾸로 "누구든지" 교육으로부터 소외되고 결손되지 않는 평생교육시대에는 자연스럽게 교육평등이 이루어질 수 있다. 즉 교육복지가 구현되는 셈이다. 따라서 교육복지는 교육평등의 필수 조건이 되며 평생교육체제에서 구체화된다. 왜냐하면 평생교육은 소위 '패자부활전'의 교육이기 때문이다. 역으로 평생교육체제는 교육평등을 구현하는 교육복지체제가 구축될 때 가능하다. 결국 평생교육체제의 구현과 교육복지체제의 구현은 동전의 앞·뒷면과 같아서 상호불가분성의 관계를 갖게 되는 셈이다.

정리하자면, 지금까지 우리는 21세기 평생학습사회를 지향하는 평생교육의 체제란 역사적 뿌리를 보나 아니면 시대 상황적 변화의 논리로 보나 교육복지와 늘 불가분의 관계를 가지고 있다는 사실을 인식해 왔다. 따라서 평생교육이 체계화되고 학습자들에게 평생학습을 할 수 있는 기반이 주어지기 위해서는 교육불평등의 문제가 선결되어야 한다. 즉 교육 기회의 균등은 교육불평등을 해소하는 그 첫 번째 방향이 된다. 물론 질적-양적 차원에서 이루어지는 교육복지가 중요하다.

특히 21세기 평생교육체제에서 교육받고 학습할 수 없는 사람들을 포함하는 모든 사람들에게 교육평등을 보장하지 못한다면 평생교육은 단순한 구호로 끝나고 말 것이다. 이는 국가 사회적으로 중대한 일이 아닐 수 없다. 즉 국가 경쟁력의 차원에서 '모든' 사람을 평생교육체제에 편입시켜 인적자원개발을 할 수 있는 환경을 꾸미지 못한다면 그 나라의 평생교육은 아무 의미가 없다. 결국 교육불평등을 해소하는 교육복지 차원의 정책이 평생교육의 실천성과 효율성을 보장할 것이다. 즉 평생교육의 성공적 실천과 이를 토대로 하는 평생학습사회를 구현하기 위하여 가장 중요한 것은 바로 교육복지인 것이다.

1960년대 중반부터 국가경제발전 전략으로 평생교육제도의 도입을 주장해 온 OECD는 1996년을 기점으로 평생교육의 전략으로 그 내용과 방향을 획기적으로 전환하였다(Broedel, 1998: 6). 즉 평생학습사회 구축을 위한 교육복지 전략이 그것이다(OECD, 1996: 39). 「모두를 위한 평생학습(Lifelong Learning for All)」이라는 1996년의 OECD 보고서는 21세기 평생학습사회 구축을 위하여 교육복지의 개념을 도입한 최초의 이론적 시도라고 할 수 있다.

1996년 1월 프랑스 파리에서 개최된 OECD 교육위원회는 「모두를 위한 평생 학습(Lifelong Learning for All)」이라는 테마를 가지고 교육 및 복지 관련 장관들의 커뮤니끄를 진행하였다. 이에 참석한 OECD 회원국의 장관들은 다음과 같은 세 가지 관심사에 합의했다(OECD, 1996: 13).

첫째, 국가는 '국민 모두의 평생 학습'을 위한 기초 교육(초·중·고등학교)을 개선하는 일이다. 이는 초기 아동 교육, 1차 중등교육(중학교 단계), 2차 중등교육(고등학교 단계)에 있어서 양적-질적 향상을 의미하는 것이다. 이로써 모든 학습자들은 기초 교육을 통하여 젊은 층에서 노년층까지 학교 후 고등교육, 직장 교육 및 성인 향상 교육 등 평생 계속 학습의 영역에서 요구하는 학문적 수준과 직업적 수준에서 자격 기준을 유지할 수 있다. 학령 전 교육과 기초교육단계 즉 초·중·고등학교 교육의 질은 모든 평생학습의 전략에 열쇠가 된다.

둘째, 평생 학습은 직장과 일터로의 통로와 진보를 용이하게 하는 것이다. 특히 「학교에서 일터로(school-to-work)의 전이」를 위한 계속 교육을 위해 성인들에게 부여되는 학습 기회는 중요한 과제이다.

셋째, 모든 사람들을 위한 평생 학습을 재정적으로 지원하고 보충하기 위하여 모든 공조 파트너의 역할과 책임을 명확히 하는 일이다. 이러한 공조 파트너에는 관련 정부 부서, 사회적 파트너들, 각종 교육 기관/단체, 일반 가정 그리고 학습자 자신이 해당된다. 즉 모두를 위한 평생학습의 전략은 다양한 범위의 행동가들과 주도권자 즉 다양한 형태의 학습자, 그들의 가족, 교사들, 사회적 파트너 그리고 정부 등의 새로운 역할과 책임을 내포한다.

그러나 장관들이 가장 심각하게 이슈화했던 문제는 바로 교육불평등의 문제였다. 즉 인생의 초기부터 우리는 알게 모르게 '교육적 불이익'(educational disadvantage)의 문제에 부딪히지만 이 문제에 대하여는 누구든지 그냥 지나친다. 따라서 이들은 토론을 통하여 초기 아동 교육의 질을 개선하는 목표를 가지고 소위 '내일의 학교'를 창조하는 데에 최우선의 목표를 세웠다. '내일의 학교'는 학습자의 능동적인 참여를 끌어내고 개발할 필요가 있을 것이다. 내일의 학교는 다양한 층의 학생들에게 다양한 프로그램들과 학습 방법을 제공하는 '지역사회 학습 센터'가 되어야 하며 일년 내내 몇 시간 동안을 통하여 열려진 채 남아 있어야 한다.

결국 이들이 추구하는 평생교육의 전략은 그 동안 일부 엘리트들에게 편중되었던 교육의 장벽을 허물면서 교육과 학습의 기회를 모든 사람들에게 개방하는 것인데, 이는 교육을 받지 못하여 닥치는 불이익과 주변화의 사이클을 붕괴시키는 데 중요한 역할을 할 수 있으며 아울러 사회결속에도 기여한다.

이미 우리는 1980년 5공화국 헌법을 통하여 '누구든지 언제 어디서라도' 학습자가 원하면 교육과 학습을 계속할 수 있도록 평생교육을 국민의 기본권으로 명문화한 바 있다. 그러나 평생교육에 대한 요청은 문민정부 시기인 1990년대 중반부터 「교육개혁위원회」를 중심으로 거론되기 시작하면서 연구도 활발해졌다. 특히 2000년 3월 1일 평생교육법의 제정 및 동년 3월 13일 동 시행령 그리고 3월 31일 그 시행규칙의 제정과 함께 「학점은행제」, 「교육계좌제」, 「학습휴가제」 등이 법·제도화됨으로써 평생교육체제의 구축은 사회적 평가와 인정을 받는 차원에서 토대가 수립되었다.

이로써 우리의 평생교육법은 장애, 질병 등 신체적 이유, 경제적 이유, 이념적 이유 등으로 학교교육에 참가할 수 없었던 교육낙오자들 또는 정학, 퇴학, 자퇴 등으로 학교교육에서 이탈되는 자들을 위해서도 학교 外 사회교육 및 재택 학습 등을 통한 제2, 제3의 교육 기회를 보다 다양하고 광범위하게 제공할 수 있는 가능성을 열어 놓고 있다. 물론 이는 계속교육, 재교육, 순환교육을 통하여 평생 동안 교육하고 학습하는 삶을 모두에게 개방시켜서 '한시교육'(限時敎育)으로서의 학교교육의 병폐를 극복하고자 하는 커다란 목적을 가지고 있다. 비록 이러한 시도들은 아직은 작고 미흡하다고 할 수 있지만 교육복지를 통한 평생학습사회 구현을 위한 초석으로서 해석될 수 있다.

2) "언제든지"의 교육론

학교를 의미하는 school의 어원은 그리스어 schole와 라틴어로 schola로, 이는 남는 시간(spare time) 또는 자유시간(free time)을 의미한다. 어원에서 나타나듯이 학교는 원래 시간적으로 자유로운 여가 시간과 남는 여유 시간이 있는 사람들이 다녔다. 물론 여기서 '여유와 여가'는 구속이나 의무로부터의 해방과 자유를 의미하기도 한다. 어쨌건 우리는 학교가 생긴 처음부터 시간적 여유가 없는 사람들은 아예 학교에 갈 수 없었다. 즉 학교는 시간적인 여유가 있는 왕이나 귀족들의 전유물로 시작했다. 밤낮 죽어라고 일을 해서 왕족과 귀족의 경제적 책임을 저야 했던 노예 층이나 서민층들은 시간적 여유가 없는 관계로 학교 언저리에는 얼씬거리지도 못했다.

오늘날 우리는 '언제든지' 가능한 평생교육을 주장하고 있다. 그러나 평생교육의 시대가 온다고 해도 우리는 원래 학교교육의 개념적 테두리를 쉽게 벗어날 수 없다. 왜냐하면 이미 교육은 학교의 전유물이며 학교에 가야만 교육을 받는 것으로 인식되고 있기 때문이다. 또한 아직은 학교교육이 학교 外 교육보다 사회적으로 훨씬 공인이 되고 그만큼 권위도 있다. 간단히 말해서, 아무리 평생교육의 시대를 주장해도 사회에서 인정하는 것은 학교교육이 먼저이다. 물론 과도기이기를 바란다.

또한 학교 다닐 나이에 학교에 다니지 못하면 교육은 끝장이고 미래의 삶은 불리한 것으로 되어 있다. 따라서 '학령기'라는 말이 생겨났으며, 이 시기는 교육에 있어서 매우 중요한 시기가 되었다. 심지어 교육과 학령기는 함수 관계를 가지게 되었다. 학령기를 지나면 학교도 다닐 수 없으며 교육도 더 이상 없는 것이다.

오늘날 평생학습의 개념은 전통적인 '시작-종결'이라는 교육 철학에 대한 비판과 대안으로서 발전되고 있다. 따라서 21세기 평생교육 및 평생학습의 시대에는 이러한 과거 학교교육의 시대보다는 '학령기'의 중요성은 약화될 것이라는 전망이다. 왜냐하면 '언제든지' 교육을 받고 학습할 수 있는 여지가 확보되기 때문이다. 우선 양적인 차원에서 평생교육 및 평생학습의 시대에는 폐쇄적인 학령기의 문제가 해소될 전망이다. 따라서 평생교육에서는 탈(脫)학령기가 강조된다. 물론 질적인 문제는 또 다른 차원이다. 즉 학령기 시절의 학교교육에 대한 경력자와 학교교육에서의 성취도 경험이 높은 자들이 평생교육에의 욕구가 강하다는 일부의 연구결과들(Cropley, 1997a: Dave, 1997)은 질적 차원의 문제 제기에 해당한다.

한편, 이러한 변화에도 불구하고 교육의 본래 속성이 평생교육의 시대도 그대로 적용되는 영역이 있다. 즉 학교는 시간적인 여유가 있는 사람들에게 접근이 가능하다는 사실은 교육에의 접근도 여가와 여유가 없으면 불가능하다는 말이 된다. 이러한 교육의 속성이 21세기 평생교육의 현장에서 그대로 재현되고 있다. 즉 시간적으로 여유가 없는 사람들에게 평생교육은 그림의 떡이다. 아무리 좋은 평생 교육의 프로그램들이 모두에게 개방되어 있다고 주장해도 우선 시간적으로 여유가 없는 자들에게는 무용지물이다. 아예 접근조차가 불가능하다. 결국 교육에의 참가 조건인 여가와 여유가 없이는 교육의 혜택이 불가능한데, 이러한 속성이 평생학습사회에서도 재현되는 것이다.

그러나 중요한 사실은 오늘날 이의 폐해와 파급 효과가 그 어느 때 보다 심각해진다는 점이다. 왜냐하면 21세기 평생교육의 현장에서는 과거 학교교육에서처럼 의무교육 소위 의무평생교육제도를 도입할 수도 없으며, 아울러 개방된 평생교육시장에서의 낙오는 사회적으로 학교교육에서의 낙오보다 심각한 사회적 부작용을 낳을 수 있기 때문이다. 특히 21세기 지식기반사회에서 지식과 정보가 재화로 변환되는 현실에서 지식과 정보를 취득할 수 있는 환경인 교육 기회로의 접근에 대한 제약은 커다란 불평등이다.

실제로 오늘날 우리 사회에서 가장 시간적으로 여유가 있는 층은 학령기 청소년들이다. 과거 신분계급사회에서 같으면 왕족이나 귀족 또는 그의 자제들에게나 교육을 받고 학습할 수 있는 여가와 여유가 부여된다. 이것이 바로 교육을 가능하게 하는 기본 조건들이다. 이러한 교육 조건들은 신분계급사회가 종식되면서 일반 청소년층에게 일률적으로 개방되기 시작했다. 1789년 프랑스 시민 대혁명과 19세기 중엽의 플로레타리아 혁명 덕분이다.

오늘날 학령기 청소년들은 신분의 귀천에 구애받지 않고 여가와 여유를 활용해서 모두들 학교에 간다. 아니면 학교가 활성화되면서 청소년들에게 학교에 갈 여가와 여유가 생겨난 것이다. 하여간 무엇이 먼저든 오늘날 학교는 여가와 여유가 있는 청소년층에게 점유되었다.

상대적으로 여가와 여유가 부족한 성인들 특히 '생계형 노동자'들에게는 교육과 학습에의 참여가 그만큼 어렵다. 아니면 학교 적령기인 청소년기를 지난 성인들에게는 더 이상 교육에 참여할 수 있는 여가와 여유가 없다. 일과 직업 아니면 가사생활 또는 사회활동 때문이다. 오히려 성인들은 자신의 자녀를 미래 일과 직업 세계를 준비시키기 위해 이들에게 여가와 여유를 허락하여 학교에 가도록 한다. 아니면 아이도 어른도 아닌 이들에게 사회는 학교라는 울타리를 제공하면서 억지로 교육받고 학습할 수 있는 여가와 여유를 제공한다. 즉 사회는 이들에게 교육 조건을 만들어 준 셈이다. 이것이 바로 의무교육제도의 발상이었다.

이렇게 여가와 여유가 있는 자들에게 교육의 혜택이 우선적으로 주어지는 것이 현실이라면, '언제든지' 가능한 평생교육의 이념은 단순한 구호로 끝날 확률이 높다. 왜냐하면 학령기를 지나면 '여유와 여가'라는 교육 및 학습 조건은 점점 사라지고 말기 때문이다. 특히 성인이 되면 교육과 학습을 위한 여가와 여유는 거의 없어진다. 일과 직업 활동 또는 가사활동 및 사회활동 때문이다. 물론 지적 능력의 문제도 없는 것은 아니다. 또한 실패한 학교 경험 때문에 성인 계속 교육을 기피하는 경우도 많다(Merriam/Caffarella, 1999: 74).

하여간 평생교육의 주장이 보다 실천성을 갖기 위해서는 학습자 특히 학령기를 떠난 성인들 또는 교육 낙오자들에게 '언제든지' 평생교육, 훈련, 학습의 프로그램에 참가할 수 있는 교육과 학습의 조건 즉 여유와 여가 시간을 부여해야 한다. 아니면 여가와 여유가 없는 사람들에게 직접 접근하여 이들에게 어떻게든 교육과 학습의 조건 즉 여가와 여유 시간을 만들어 주어야 한다.

이를 위해서, 첫째, 평생교육법에 규정되어 있는 「학습 휴가제」를 빠른 시간 내에 현실화하고, 아울러 이를 활용한 순환교육, 재교육, 향상교육 등 평생교육의 과정을 제도화하여야 한다. 학교 도중 탈락자들과 소위 학교 적령기를 지난 자들이 자신이 처한 입장과 여건에 따라 원하는 시간에 또는 수시로 학교에 또는 평생교육 시장에 들락날락 하면서 쉽게 교육을 접할 수 있어야 한다. 이를테면, 파트타임 수업의 활성화, 학습 휴가제의 지원 체제 구축 그리고 만학도 중심의 성인대학 설립 등이 제도화되어야 할 것이다. 즉 교육과 학습을 가능하게 하는 조건으로서 학습자들에게 여가와 여유 시간을 만들어 주어야 한다. 「학습 휴가제」는 바로 이러한 근거로 중요하다.

둘째, 여가와 여유가 없는 사람들을 직접 찾아다니면서 교육과 학습의 기회를 제공해야 한다. 이를테면, 교육과 학습을 위하여 가장 여가 시간이 부족한 계층으로 알려진 산업체 노동자들에게는 현장에서 실시하는 「OJT 교육 훈련」 및 「학습 조직(Learning Organisation)」 등을 보다 활성화시켜야 한다. 특히 오늘날 탈공업화 정보화시대의 산업체 근로자들은 종전보다 많은 OJT의 기회를 제공받아야 한다(OECD, 1996: 32). 왜냐하면 정보통신혁명으로 인한 뉴 테크놀로지의 발전은 학교 공간과 시간의 압력에서 해방시키는 것으로부터 교육과 학습에 접근하도록 하고 있기 때문이다. 조직에서 학습을 생활화하고 학습을 통하여 조직을 구축하는 학습조직의 활성화 역시 마찬가지 근거에서 중요하다. 즉 오늘날은 미래를 준비하는 학습보다는 현장에서의 "적시 학습"(just-in-time learning)(OECD, 1996: 35)에 보다 중요성이 부가되고 있다.

아울러 교육시설이 부재한 산간 도서 벽지 등 교육소외 지역의 주민들을 찾아다니는 '이동 마을 교실' 등을 운영하여야 한다. 이러한 사업들은 '언제든지' 교육을 모두에게 개방하면서 실질적인 교육의 기회 균등을 구체화하기 위한 중요한 조건이자 환경이 된다.

3) "어디서라도"의 교육론

역사적으로 18세기 유럽의 산업혁명은 학교제도의 부흥을 가져 왔다. 20세기 산업화·공업화 시대의 특징은 분업화, 전문화, 대량화이다. 산업현장의 요구와 전망에 따라 부응하게 학교는 종전의 인간교육이라는 교육이념을 뒤로하고 산업의 분업화, 전문화, 대량생산화 체계에 맞는 인력자원을 양성하고 배분하는 일을 맡게 되었다. 학교는 산업화의 요구에 따른 인간자본론(Theodore William Schultz, 1902-1998/ 1963)의 입장에 근거하여 교육 방향, 행정, 내용, 방법, 평가를 다루기 시작하면서 보다 활성화된다.

이미 언급한대로 학교는 급변하는 산업현장의 욕구와 전망에 따라 가정과 사회로부터 모든 교육을 위임받았다. 학교라는 교육전문기관을 통하여 교육분업이 이루어진 셈이며 이로써 학교는 교육을 독점하기 시작했다.

18-19세기 시민혁명과 플로레타리아 혁명 이후 혈통에 의한 세습적 신분사회가 마감되면서, 교육은 사회적 이동 및 신분상승 그리고 출세의 요람이 되었다. 산업혁명 이후 교육을 모두 위임받은 학교는 개인의 사회화-인간화라는 본래의 역할과 기능 이외에 사회적 출세와 부의 획득을 위한 전초기지로서의 전권을 사회로부터 위임받게 되었다. 결국 [교육=학교교육]이라는 등식을 만들었고, 학교는 사회적으로 권위를 인정받으면서 제도권 형식교육의 중심축을 갖추어 나갔다. 따라서 학교 이외의 장소에서 교육받는 것은 아무 의미가 없으며, 사회적으로도 인정될 수도 없었다. 교육은 오로지 학교에서 받아야 하며 학교 이외 장소에서 일어나는 교육은 교육이 아니다. 결국 가정과 학교 이외의 장소 즉 각종 사회교육/ 평생교육기관에서 이루어지는 교육 및 프로그램들은 사회적으로 전혀 무가치하고 인정도 되지 않는 그저 심심풀이 정도로 여겨졌다.

오늘날 우리는 정보/디지털통신혁명의 시대에 살고 있다. 이제 학교 교육으로 모든 교육을 대변하는 시대가 아니다. 즉 산업화시대가 지나고 정보/디지털시대가 도래했다. 산업혁명이 낳은 교육제도가 학교제도라면 정보/디지털통신혁명이 만들어 낸 교육제도는 대안적 교육제도 즉 평생교육제도다. 그 근거는 뉴 테크놀로지의 급격한 발전에 따라 학교의 교과서 지식과 기술 전수를 통해서 교육을 모두 성취할 수 없다. 지식, 정보, 기술의 발전 속도를 학교 교육은 쫓아 갈 수 없다. 즉 이미 지적한 대로 뉴 테크놀로지 시대에 학교는 '죽은 지식의 창고'로 전락했다. 급변하는 지식, 정보, 기술을 학교 교육으로는 감당하기 힘든 시대가 되었다. 이제 교육은 학교에서만 이루어지는 것이 아니고 학교 이외의 모든 장소에서 가능한 삶의 현상이 되었다. 심지어 삶의 현장이 곧 교육과 학습이 현장이 된 것이다. 왜냐하면 TV, 라디오 등 각종 매스컴을 비롯한 사이버 공간에서의 비형식, 무형식 교육들도 모두 교육의 범주에 들어가고 이들의 교육적 영향력이 위세를 펼치고 있기 때문이다.

21세기의 시대적 요청은 평생교육 및 평생학습이다. 이는 국가의 생존에 직결되는 국가적 사안이 되고 있다. 이미 선진국에서는 평생교육체제의 구축을 국가 전략으로 채택하고 있다. 그럼에도 불구하고 우리는 아직도 학교 교육에 껌처럼 딱 달라붙어 있다. 언제까지 의식의 전환이나 발상의 전환만을 외칠 것인가? 언제까지 평생교육의 현장을 '사교육시장'에 방치해놓을 것인가? 자유시장경제의 원리가 우리보다 훨씬 발전된 구미 선진국들의 경우에도 이미 평생교육학습의 시장에 국가가 깊숙이 관여하여 왔다. 독일의 시민대학(Volkshochschule), 일본과 대만의 공민관, 미국의 각종 평생교육센터들은 모두가 국가의 개입과 공적 지원으로 제도화된 평생교육을 위한 공교육의 형식교육 기관들이다(Knoll, 1996: 9).

평생교육의 시대는 탈학교 중심의 교육이 중요시되는 시대이다. 탈학교 중심의 교육이란 국가가 교육을 자유시장에 방치하라는 것이 아니다. 오늘날 우리의 평생교육정책은 자유시장경제 및 자율적 교육을 핑계로 평생교육의 교육권과 학습권을 그냥 방치하고 있는 꼴로 비쳐지고 있다. 국가는 평생학습자들이 안심하고 학교 이외의 장소에서도 교육받고 학습할 수 있는 평생교육의 제도와 체제를 구축하여 평생학습의 조건과 환경을 만들어 주어야 한다. 탈장벽화 시대에 학교가 개방되고 학교 이외의 장소 모두가 교육과 학습의 장소로 활용되어야 하는 것은 극히 당연하다. 더 중요한 것은 이것이 국가 경쟁력과 직결된다는 사실이다.

그러나 보다 중요한 국가의 과제는 형편상 도저히 학교에 갈 수 없는 사람들이 학교 이외의 장소 이를테면 평생교육기관에서 교육받고 학습했을 때 최소한의 불이익을 당하지 않도록 하는 것이다. 바로 이런 영역에 국가가 개입해야 한다. 따라서 국가는 평생교육의 시장에서 학점은행제, 교육계좌제, 민간연수, 민간자격증 제도 등을 통하여 학습자가 얻을 수 있는 메릿과 인센티브를 보다 격상시키는 노력을 한다. 왜냐하면 재교육, 재학습, 향상교육 등 평생교육에 대한 인센티브는 계속적으로 제한되며 불공평하기 분배되기 때문이다.

그 동안 평생교육시장이 비제도적 차원에서 이루어짐으로써 평생 학습을 위한 잠재력은 불충분하게 개발되어 왔다. 따라서 평생학습에 대한 제도화 등에 대한 국가적 인센티브가 강화되어야 한다. 왜냐하면 이러한 인센티브의 강화는 특히 제3교육 영역 즉 평생교육 및 평생학습의 영역에서 비용효과, 공평성 그리고 질적 수준을 향상시키기 때문이다(OECD, 1996: 24).

만약 우리 국민들의 평생교육에 대한 이해가 다른 나라에서 보다 우월하다면 국가는 별로 이에 대하여 할 일이 없을 것이다. 왜냐하면 그냥 평생 교육 및 평생 학습의 시대가 자연스럽게 성숙될 수 있기 때문이다. 그러나 현실은 위에서 언급한 그 반대이다. 따라서 국가가 평생교육체제를 만드는 일을 적절하게 주도할 필요가 있다. 당분간이라도 말이다. 즉 국가는 '어디서라도'의 교육에 적극적으로 개입해야 한다. 물론 질적인 차원에서의 개입은 보다 중요하다. 즉 정부는 평생교육에의 참여로 불이익을 받지 않도록 하는 제도적 장치를 구축하여야 한다. 국가가 평생교육의 시장의 활성화를 위하여 이를 자유시장경제 및 민간경제의 원리에 맡기는 일은 그 다음의 과제가 된다.

여기서 「학습 휴가제」를 운영하고 평생교육에의 참여자에게 부여하는 매리트나 인센티브는 모두 교육복지의 차원에 해당될 것이다. 따라서 '어디서라도' 가능한 21세기 평생학습사회에서의 교육복지의 조건은, 첫째, 「학습 휴가제」를 현실화시킬 수 있는 재정적 지원과 협조 체제가 중요하며, 둘째, 「학습 휴가제」의 활용으로 가능한 순환교육, 재교육(OJT 포함), 계속교육, 향상교육 등 평생교육의 장소를 교육소외 지역이 없도록 어디서든지 개방적으로 운영할 수 있도록 하는 행정적-제도적 장치와 지원이 요청된다.

이상과 같이 양적-질적인 차원 모두에서 "누구든지, 언제, 어디서라도" 교육받고 학습할 수 있는 조건과 기반이 마련된다면, 21세기 평생학습사회를 위한 일차적 교육복지의 조건으로서 교육의 기회 균등은 담보된다고 할 수 있다.

2. 교육과정의 평등

1) 복지차원의 교육평등

설령 교육의 기회가 허용된다고 해도 교육 과정에서 평등이 이루어지지 못하다면 교육의 불평등은 계속될 것이다. 즉 보장적 평등이 중요하다. 한마디로, 교육의 기회평등은 '허용적 평등'과 '보장적 평등'이 함께 이루어질 때 가능하다. 교육과정의 평등은 이를 구현한다. 학교교육 과정에서 낙오되는 자들에 대한 관심은 1차적으로 교육 과정의 평등 문제에 접근할 것이다. 왜냐하면 아직까지 우리 사회에서는 학교 교육이 교육을 대표하고 있기 때문이다. 구체적으로 학교중심 복지사업의 도입이 그것이다. 오늘날 선진국에서 학교중심 복지사업은 학교라는 교육현장에서 내용적으로 낙오되고 탈락하는 자들에게 베풀어주어야 하는 학교의 의무이자 과제가 되고 있다. 과열 성적 경쟁에서 낙오되어 고통받는 자, 교사 및 친구들과의 인간관계 결핍으로 고통받는 자, 학교의 제도와 규범에 쫓아가지 못하기에 학교에서 사회화가 되지 못하는 자들이 발생하는 것은 현재의 학교교육 과정에서 피치 못할 현상이다. 따라서 만약 학교에서 이들에게 관심을 갖지 못한다면 학교현장에서 인간교육은 더욱 불가능하다. 한 인간을 인간으로서 존중할 때 인간교육은 시작될 수 있다. 학교과정 및 학교생활에서 탈락하고 낙오되고 소외된 자들을 치료해야 하며 이러한 자들이 생겨나지 않도록 예방하는 일이 학교에 부과되어야 하는 중요한 과제이다.

특히 우리 사회에서 성적 경쟁이 존재하는 한 우리는 학교에서 또 교육현장에서 성적 경쟁에 뒤쳐지고 낙오되는 학생들을 보살펴 주어야 한다. 교육과정의 평등은 바로 여기서부터 출발한다. 물론 학교교육 범위에서의 평등이다. 아니면 학교에서의 경쟁 체제를 없애야 한다. 그러나 이는 불가능한 일이다. 특히 자본주의 경쟁체제 하에서는 어림도 없는 일이다.

그러나 학교 교육과정의 평등이 이루어지지 않을 경우 사회는 혼란에 빠진다. 즉 학교의 성적경쟁에서 낙오된 자가 학교 현장에서의 낙오로만 끝나지 않는다는 사실이다. 인생에서 사춘기는 심리적 동요가 가장 예민한 시기이다. 대부분 이 시기에 학교교육을 받게 되는 우리의 학교 청소년들은 학교성적의 경쟁에서 낙오되면서 심리적-정신적으로 상처를 입고 방황하게 된다. 경쟁사회는 이러한 갈등을 보다 부추기며, 거의 대부분 학부모들과 교사들이 이들의 갈등과 혼란을 부추기는 사회의 대리인이 된다. 정신적-심리적인 낙오와 소외로 인해 이들은 사회와 학교에서 그리고 심지어는 가정에서 소위 문제아로 낙인찍힌다. 이로 비롯하여 문제는 보다 심각해지기도 한다. 즉 일부 청소년들은 비행, 폭력, 마약, 알코올, 성범죄, 자살, 살인 등의 굴레로 빠져들어서 끝내 돌이킬 수 없는 범죄인으로 전락하기도 한다.

물론 성적경쟁의 낙오로부터 모든 청소년문제가 시작된다고 주장할 수는 없다. 그럼에도 불구하고 각종 조사연구를 보면 성적경쟁에서 낙오되어서 학교생활에 부적응하는 학생이 가장 많게 나타나고 있으며 이들의 비행율도 비례하고 있다(성민선 외, 1998; Moriarty/ McDonald, 1996: 294). 그러나 무엇보다도 우리에게 중요한 것은 단 한 사람이라도 학교생활에서 낙오되어 상처받고 고민하고 때로는 잘 못된 길로 들어서서는 안 된다는 점이다. 만약 이러한 징후가 단 한사람에게서도 발견된다면 우리 성인들은 가정에서, 학교에서, 사회에서 은 즉시 이들을 보호하고 치료해 주고 도와주어야 할 책임과 의무를 가지고 있다(청소년폭력예방재단, 1997).

오히려 학교제도가 없다면 이렇게 상처받는 학생이 없을는지 모른다. 즉 우리 사회가 이들을 의무적으로 심지어는 강제적으로 학교라는 제한된 울타리에 모아놓고 의무학교제도라는 사회제도에 얽어 놓는 바람에 엉뚱한 문제가 발생한다고 볼 수도 있다. 이들이 어처구니없게도 자신의 생활과는 이질적이고 상반적인 학교생활에 적응하기도 힘들고 또한 남들처럼 점수를 따기도 쉽지 않는 상황을 맞아 고민하고 방황한다. 바로 우리는 이러한 고민과 방황 끝에 어린 나이에 인생이 뒤틀리기 시작하게 되는 청소년들이 생겨날 수 있다는 사실은 간과해서는 안 된다.

물론 이러한 문제는 한 개인의 문제이며 또는 가정의 문제라고 탓할 수 있다. 심지어 누구의 탓이 크다고 공방은 할 수도 있다. 그러나 이러한 개인의 문제는 결국은 우리 사회 전체의 문제로 파급된다는 사실이 보다 심각한 문제이다. 국가적으로 보더라도 이에 대한 방치는 사회문제를 잉태하는 것이며 청소년이라는 건강한 인력 자원의 낭비가 된다. 한마디로 학교 탈락자 또는 학교 이탈자의 문제는 결코 한 개인의 문제가 아니고 국가 사회 전체의 문제라고 볼 수 있다.

따라서 국가와 사회는 학교 탈락의 문제에 대하여 시작과 결과에 대한 책임을 함께 짊어져야 한다. 물론 이 문제에서 학교와 가정은 보다 핵심이 된다. 그러나 문제의 핵심이 어디 있건 간에 이러한 문제가 사회문제로 비화될 경우 당사자인 학생 개개인에게만 또는 그 가정에게만 아니면 학교에게만 책임을 물을 수 있는 상황이 아니라는 사실이다 이미 이러한 학교 탈락자의 문제에 대하여 미국, 독일, 일본 등 선진국들은 각종 법적-제도적 장치를 도입하여 시행하고 있다.

오늘날 우리의 학교에서도 학교생활 및 학교교육과정에서 적응하지 못하고 탈락하거나 낙오되는 교육결손 및 교육소외의 학생들을 예방하고 치료하기 위한 청소년복지사업이 부각되고 있다. 이미 선진국에서는 전통적인 청소년복지사업 및 학교사회사업이라는 영역으로 제도화되어 발전되었다. 이러한 학교복지사업은 오늘날 교육개혁에서 중요한 개념으로 자리를 잡아가고 있다.

독일, 프랑스, 스위스, 스웨덴 등 유럽 대륙에서는 수 백년의 역사와 전통을 가진 사회사업(Sozialarbeit)과 약 150여 년부터 태동하기 시작한 사회교육(Sozialpädagogik)의 영역을 중심으로 청소년복지 즉 청소년 사회복지사업을 대폭 강화하여 1960년 후반기/ 1970년대 초부터는 학교복지사업을 활성화하기 시작했다. 아일랜드, 영국 등 북유럽 지역에서는 아동복지(child welfare), 학생복지(pupil welfare), 학교 복지(school welfare)라는 개념을 사용하면서 교육복지사업(education welfare work)을 하고 있으며, 미국에서도 약 100여 년 전부터 "학교사회사업(school social work)"을 토대로 1970년대부터는 학생복지(student welfare) 사업을 펼치고 있다.

특히 학교사회사업의 제도화는 학생들이 학교생활을 통해 얻은 경제적-물리적-심리적-정신적 상처를 치유해 주는 것으로부터 시작하여 이들이 제도 상 체험할 수 있는 부적응의 세계에 맞설 수 있는 예방의 차원까지 인간중심 교육의 차원에서 교육복지를 체계적으로 실현하려는 데에 목적을 두고 있다(Schefold, 1987: 629).

자본주의 사회에서는 경쟁체제에서 낙오된 자들에게 '분배의 정의'를 구현하기 위해 사회복지사업이 필수적인 동반자이다. 특히 오늘날 빈부격차에 의한 사회양극화의 현상은 날고 심화되어 간다. 미래학자들은 이구동성으로 이러한 추세는 지속적으로 늘어갈 것이라고 전망한다. 따라서 자본주의체제 지향의 학교교육 및 교육현장에서 낙오되는 교육수혜자들을 위하여 학교에서도 역시 사회복지사업을 펼치는 것은 정당하다. 사회복지사업이 인간존중과 인간중심의 삶을 지향하는 차원에서 실시되기 시작하였다면, 학교복지사업 역시 교육수혜자들을 인간으로서 존중하고 인간 중심의 교육현장을 만드는 데에 기여하게 된다. 결국 인간이 소외되지 않고 삶을 영위할 수 있는 준비를 하고 계속 자신을 교육하고 도야하면서 삶의 주체로서 그리고 사회의 주체로서 살아갈 수 있도록 교육목표를 세우고 더 나아가서는 인간교육 및 인성교육을 구현하는 목표를 가지고 있는 학교복지사업은 오늘날 우리가 추구하는 교육과정의 평등 및 교육복지의 개념 이해에 중요한 단서를 제공하고 있다.

2) 학습장애에 대한 관심

학교의 기능과 역할은 뭐니뭐니해도 학생들의 학습역량의 제고를 통한 학습 결과의 향상이다. 이를 위해 모든 교육자들은 학습심리를 연구하고 학습방법을 고안하고 커리큘럼을 디자인한다. 광의의 교육 역시 학습을 통하여 완성된다. 따라서 학습은 모든 교육 현장에서 핵심이라고 할 수 있다. 우리는 지식, 정보, 기술도 학습으로 인식하며 학습능력을 통하여 이를 취득하고 활용한다. 이런 의미에서 교육은 학습자의 학습 능력에 의해 좌우된다.

그런데 학습 능력에 이상이 생긴다면 교육은 성과를 얻지 못할 것이며 목표 달성도 할 수 없을 것이다. 이른 바 학습 장애는 교육 과정의 평등을 가로막는 중요한 장애 요인이다. 따라서 교육 과정의 평등을 이루기 위해서는 학생들의 학습 장애를 해결하여 학습 능력을 제고시키는 일에 관심을 갖지 않을 수 없다. 왜냐하면 학습 장애는 바로 학교 부적응으로 이어지고 이는 학교 탈락 또는 교육 낙오에도 중요한 원인이 될 수 있기 때문이다(Shelton, Jeppson, and Johnson, 1987: 40).

미국에서 교육과정의 평등에 관한 사고의 전환이 시작된 계기는 1975년 『장애인 교육법(IDEA: the Individuals with Disabilities Education Act)』이 제정되면서 비롯되었다. 아마 이러한 현상은 복지 선진국의 어느 나라에서도 비슷하다고 할 수 있다. 미국의 『장애인 교육법』은 지역의 학교들에게 모든 어린이에게 동등한 교육을 보장하는 미국 연방 헌법 제 14조 즉 "법 앞에서 동등한 보호" 조항에 따르고 있다(Shelton, Jeppson, and Johnson, 1987: 6). 이 법은 학생 교육을 위하여 국가가 부담하는 평균 비용의 40%에 해당하는 교부금을 장애인의 교육을 위해 제공하도록 규정하고 있다(Committee on Education and the Workforce, 1997). 즉 교육부 예산의 40%에 해당하는 액수가 『장애인 교육법』을 위해 별도로 연방 정부에서 책임을 지고 수행해야 한다는 말이다.

처음에 이러한 『장애인 교육법』의 제정은 특수학교 및 특수학교에 제한되어 적용되었다(McLaughlin and Protinsky, 1996: 96). 그러나 이는 점차 일반 학교 내에서 학습장애를 겪고 있는 학생들에 대한 지원으로 확대되었다(Bishop, 1996: 124). 왜냐하면 사회에서 장애 학생들은 계속 늘어가는 추세이고, 이들에게 혜택을 주려는 차원에서 마련되고 적용 운영되는 장애인 법과 각종 장애인 지원 시스템은 장애 학생의 문제를 넘어서 학교 장애 특히 그 중에서도 학습 장애를 경험하는 일반 학생들과 각종 이유로 인한 학교 부적응 및 학교 소외를 경험하는 학교생활의 낙오 학생들에게 적용되기 시작했던 것이다.

즉 미국 정부는 교육 평등이 교육기회의 균등만으로 이루어질 수 없으며, 학교 생활에서 문제와 학습장애를 가진 학생들을 위한 학교서비스를 통하여 이루어질 수 있다는 결론에 따라 학생복지서비스 정책을 수행하고 있다(Morrison, Tiefentha, and Moorman, 1996: 114). 이는 교육과정의 평등을 위한 시도이다.

우리의 경우도 이미 많이 뒤졌지만 이제라도 학교에서 학습장애자들에 대한 학교복지사업이 현실화되어 학교교육과정의 평등이 이루어져야 한다. 이는 오늘날 학생복지 서비스에의 요구가 극대화되고 있는 현실적 상황에 대한 반응이기도 하다.

그러나 21세기 평생학습사회에서 학습장애자에 대한 관심은 보다 포괄적이며 다차원적이다. 즉 학습장애자들을 위한 방과 후 프로그램, 체험학습 프로그램 등 학교보충교육이나 학교에서의 튜터링, 멘토링 서비스를 평생교육시장에서 그대로 적용할 수는 없다. 왜냐하면 학교교육의 현장과 달리 평생교육의 시장은 보다 자율적이며 개방적이기 때문이다. 즉 학교보충교육의 차원에서 이루어지는 학습 장애자 대상의 교육과정의 평등 사업은 강제적인 측면이 강하지만, 평생교육의 시장은 자유와 자율적 참여가 원칙이다(Skager/ Dave, 1997). 아무리 국가가 평생교육체제를 구축하고 제도화하여 평생학습을 강제한다고 해도 한계가 있다. 왜냐하면 평생학습의 주 대상인 성인들에게는 미래를 대비한 교육과 학습보다는 현실적인 직업 활동과 일이 먼저이고 시간적-경제적 여유와 여가가 생기면 교육과 학습에 참여하는 속성이 있기 때문이다.

3) 평생학습으로의 확장

21세기는 학교사회사업을 중심으로 하는 청소년 학교복지사업만으로는 부족하다. 즉 21세기 평생교육 및 지식기반 사회에서 탈학교의 열린 평생교육 체제가 발전될 것이라고 한다면, 학교 외 평생교육과정에서의 교육

탈락, 낙오, 결손, 소외 역시 중요한 문제로 부각될 것이다. 따라서 학교 안팎의 교육과정에서 평등이 이루기 위해서는, 첫째, 학교복지사업이 학교 외 평생 교육의 영역에서 복지사업으로 확장되어야 할 것이며, 둘째, 학교-지역사회 연계 또는 열린 지역사회 중심의 복지사업이 평생교육 및 평생학습의 현장에서 이루어질 수 있어야 한다.

한마디로 평생교육과정에서의 평등을 위한 교육복지는 학교교육과정의 평등을 위한 것과는 많은 측면에서 다른 차원이다. 즉 학교교육과정은 학교 울타리에서의 탈락자와 낙오자들에게 학교 복귀 프로그램 등을 통하여 이들을 다시 학교교육과정에 편입시키는 강제성이 어느 정도 가능하지만, 열린 평생학습사회에서는 평생교육과정에서 낙오되고 탈락하는 자들을 강제로 복귀시킬 수 없다. 따라서 국가는 학교 교육에 버금가는 또는 그 이상의 메리트와 인센티브를 제공하는 제도를 마련하여 이들의 자율적이고 자발적인 참여 동기를 부추길 수 있는 국가 전략을 구축해야 하는 것이 중요하다.

이를 위해서, 첫째, 정부, 지방자치단체, 기업체, 지역사회가 행·재정적으로 지원하는 무료 평생교육의 프로그램들이 대폭 늘어나야 하며, 둘째, 평생교육의 과정에서 탈락, 낙오, 소외, 결손되는 자들에게 항상 제3, 제4의 기회를 열어 주어 평생교육에 참여할 수 있는 제반 조건을 만들어 주며, 셋째, 원한다면 이들이 "언제든지, 어디서라도" 교육받고 학습할 수 있는 법·행·재정적 지원을 제도화해야 하며, 넷째, 평생교육과정에 참여할 때의 학교교육에 버금가는 또는 그 이상의 메리트와 인센티브를 제도화해야 한다. 이러한 전략들은 모두 현행 평생교육법으로 규정되어 있는 「학습 휴가제」와 「교육계좌제」를 현실화하고, 「학점은행제」의 폭을 보다 개방할 때 가능하다.

우리는 평생교육법을 제정함으로써 법적-제도적 기반을 갖추었다. 그러나 예산상의 재정적 지원에 대하여는 여전히 심각한 현실이다. 지금까지 교육 예산 중 평생교육에 관한 예산은 평균 1%를 넘지 못하고 있는 실정이다.

정리하자면, 기존의 학교 교육 및 학교 외(外) 평생 교육에서의 교육 탈락자, 낙오자, 결손자, 소외자에 대한 관심과 지원은 앞으로 평생교육과정에서의 평등에 기여할 것이다. 그러나 21세기 평생학습사회의 교육복지의 조건은 보다 포괄적이며 강력한 현실적 제도화의 관점에서 조성되어야 가능하다.

3. 교육결과의 평등

자본주의 자유경쟁 사회에서 교육결과의 평등이란 원칙적으로 불가능하다. 일 예로, 갑돌이와 차돌이가 똑같은 시기에 똑같은 교육을 받고 똑 같이 졸업했을 때, 이들이 사회에서 똑같은 대우를 받을 것으로 기대하는 것은 어불성설이다. 설령 교육결과의 평등법이 제정된다고 해도 사회에서 평등한 대우는 불가능하다. 특히 자본주의체제에서는 모두가 자유 경쟁이며 경쟁에서 승리하는 자들만이 살아남는다. 살아남는다는 의미는 경쟁에서의 우열에 따라 사회적 대우가 달라지는 것을 뜻한다.

학교에서 성적 경쟁이 제도화되어 있는 우리 사회에서 학교 성적은 인생을 좌우한다고 해도 과언이 아니다. 왜냐하면 우리 사회의 구조가 학교에서 높은 점수를 받은 자들이 졸업도 사회 진출도 유리하게 되어 있기 때문이다. 지금은 많이 달라졌지만 여전히 우리 사회에서는 교육결과의 평등은 이루어질 수 없다는 판단이다.

혹자는 교육경쟁체제에서 결과의 평등은 결과에 따른 배치의 평등이기 때문에 자신이 취득한 결과에 따라 대우받는 것 자체가 평등이라고 주장하기도 한다. 따라서 교육결과에 따라 사회에서도 배치되는 것은 당연하다.

이렇게 본다면 교육결과의 평등에 대한 논의는 무의미하다. 왜냐하면 이러한 논리는 '심은대로 거두리라'는 것으로 자기 능력껏 결과에 복종하라는 논리와도 통할 수 있기 때문이다. 그러나 우리가 이로써 진정한 의미의 교육결과를 대변하기는 부족하다. 물론 이는 자본주의 사회에서 교육결과의 평등에 대한 논의는 의미가 없다고 주장과도 통한다. 즉 우리가 살고 있는 자본주의 경쟁사회에서 교육결과의 평등은 교육결과에 따른 배치의 평등일 수밖에 없다. 따라서 우리 사회에서는 오래 전부터 교육 결과 즉 '성적순'으로 사회적 배치가 이루어져 왔다. 한마디로 우리에게 교육결과의 평등은 굳이 따진다면 학교 성적에 따른 사회적 배치의 합리화였으며 이에 대한 복종요구였다.

그런데 문제는 바로 이러한 [교육결과의 평등=성적에 따른 배치의 합리화] 논리에서 야기된다. 왜 교육결과 즉 '학교성적'만이 사회적 배치 심지어는 사회적 이동과 상승의 기준이 되어야 하는가? 즉 교육의 결과가 사회적 배치를 결정하는 것은 이해될 수 있지만, 오로지 '학교성적'만이 사회적 배치를 "제한"하거나 "방해한다면" 이는 심각한 문제가 된다. 그 학생의 능력이 오로지 학교성적만으로 결정된다면, 학교는 학생의 모든 삶의 기준이 되는 것인데 우리의 학교성적은 정말 그럴 자격과 권한이 있는 것인가? 사실 학교성적이 꼴찌인 학생에게도 학교는 응분의 책임을 져야 한다. 왜냐하면 꼴찌도 원하든 원치않든 온 청춘을 다 바쳐서 학교를 다녔기 때문이다. 즉 학교 성적에 따라 사회적 배치가 결정되는 것이라면, 우리 사회는 '일등만 기억하는 더러운 세상'이 되고 말 것이다.

우리는 자본주의 경쟁 체제에서 어쩔 수 없이 일자리가 제한되어 있는 관계로 학교 성적이 우수한 사람부터 일자리를 배정할 수밖에 없다는 논리를 세운다. 물론 취직하려는 사람 수보다 일자리가 더 많으면 문제는 달라진다. 그러나 일자리가 풍족해진다고 해도 소위 좋은 일자리는 성적순으로 배정될 가능성이 높다. 결국 성적이 우수한 극소수의 성적엘리트들은 사회적 배치에서 우세한 입장에 있지만, 다수의 비(非)엘리트들은 교육결과 즉 성적이 좋지 않다는 이유 때문에 사회적 배치와 이동에서 실패하게 된다. 바로 이 문제가 자본주의 사회에서 교육결과에 의한 불평등으로 고발되어야 하는 것이다. 물론 지금 언급하고 있는 교육결과의 불평등은 학교교육 결과의 불평등을 의미한다.

그러나 이렇게 학교교육 결과의 불평등이 고발되는 이면에는 보다 심오한 원인들이 숨어 있다. 즉 학교제도 자체에 대한 사회적 불신감의 팽배가 그것이다. 더 파고들면 학교 성적 평가의 공정성에 대한 불신까지 숨어 있을 수 있다. 이른바 학교에서의 교육결과를 평가하는 메커니즘에 대한 불신이 그것이다. 이를테면, 성적조작, 성적부풀리기, 시험문제유출, 주관적 평가매수사건 등이 그것이다. 이는 학교 권위의 몰락에 가장 커다란 원인이 있다. 이미 우리 사회에서는 여러 다양한 이유로 인하여 학교교육의 권위가 바닥까지 추락했다. 이런 마당에서 학교에서의 교육 결과로 인하여 사회진출 즉 사회적 배치가 결정되는 것에 대하여 의문을 갖는 것은 어쩌면 당연한 지도 모른다. 이는 학교교육결과가 사회적 배치로 이어지는 제도의 합리성과 합법성이 의문시되는 중요한 이유이다.

따라서 교육결과의 평등을 이루기 위해서는 우선 두 가지 경우가 생각될 수 있다. 즉 학교 성적 때문에 사회적 배치가 제한되어 불이익을 받는 사람들을 극소화할 수 있는 사회제도적 장치를 마련하거나, 아니면 학교 성적과 무관한 사회적 배치를 제도화하여 이른바 '학력사회'(學歷社會)가 아닌 '능력사회(能力社會)'를 구현하여야 한다. 그러나 이러한 두 가지의 경우는 이상적인 대안이지 현실적으로는 거의 실현 불가능하다. 즉 자본주의 경쟁사회에서 '경쟁'이 본질적인 요소이기 때문에 학교성적 경쟁에서의 낙오로 사회적 배치에서 불이익을 받는 것은 불가피하다. 또한 사회적 배치가 학교 성적에 따라 이루어지는 것이 아니라 그 외의 다른 차원의 특성에 따라 이루어지는 소위 능력중심사회는 그야말로 극히 이상적이다.

그럼에도 불구하고 뾰족한 현실적 대안은 어렵지만 학교교육 결과의 불평등은 계속 비판되고 비난될 여지가 충분하다. 특히 21세기가 이상적인 능력사회를 추구한다면, 현재 노출된 교육결과의 불평등 문제는 계속 고발될 것이다. 따라서 우리는 차원을 좀 달리하면서 이러한 문제에 대한 해법을 찾을 필요가 있다.

지금까지 우리 사회는 학교성적의 엘리트 우선적으로 사회적 배치를 이루어 왔다. 그런데 이러한 혜택을 받는 자들은 위에서 언급한대로 극소수의 '성적엘리트층'이다. 우리는 지금까지 이러한 소수의 학교성적 엘리트를 위한 사회적 배치를 교육 결과 즉 성적에 따른 배치의 평등으로 언급해 왔다. 그러나 문제는 성적엘리트가 아닌 다수에게는 배치의 평등은커녕 교육결과 즉 성적으로 인하여 오히려 사회적 배치에서 제한되고 제외되어 이들은 불이익을 당하여 왔다. 이제 우리는 이렇게 교육결과에 따른 사회적 배치에서 제외되고 불이익을 당하는 다수 층에 눈을 돌려야 한다. 오늘날 학교성적 경쟁과 무관한 층이 있다. 바로 신(新)지식인들이 그들이다. 이들은 분명 구(舊)지식인 즉 성적엘리트가 아니다. 따라서 우리는 구지식인 층이 아닌 즉 성적 엘리트가 아닌 이들 신지식인과 신지식인 사회의 출현에 대하여 주목할 필요가 있다.

21세기는 신지식인의 사회라고 한다. 신지식인의 사회란 구지식인 즉 과거의 학교제도에서 양산된 성적엘리트의 시대가 마감되는 사회를 말한다. 그럼 신지식인은 누구인가? 신지식인은 구지식인과 달리 자신이 추구하는 영역에서 비록 보잘것없고 작은 지식과 기술일지라도 이를 자신의 삶과 직업에 최대한 적용하여 삶의 새로운 조건 창출을 극대화하는 사람을 말한다. 즉 신지식인은 과거처럼 학교 성적의 총점 엘리트는 아니다.

그럼 이러한 신지식인은 어떻게 배출되는가? 첫째, 신지식인은 원칙적으로 학력과 무관하다. 물론 양자가 관련이 있다면, 그것은 우연일 가능성이 높다. 둘째, 신지식인에 대한 평가는 학교성적과 무관하다. 학교성적으로 평가되지 않는다면 이에 대한 평가 기준은 그 밖의 능력일 것이다. 이른바 소질이 나타나는 재능의 영역이며 바로 이 영역이 바로 신지식인을 평가하는 기준이다.

결국 신지식인이 많이 배출되어 신지식인의 사회가 가속화되면 학력파괴는 자연적으로 이루어질 것이다. 그렇다면 바로 신지식인에 대한 평가가 문제의 핵심이 된다. 즉 신지식인에 대한 평가는 바로 재능(才能)의 영역으로 귀결된다. 구지식인이 종합 성적의 엘리트였다면 신지식인은 '재능엘리트'가 된다. 이러한 현상은 과거의 산업화 사회가 피라미드 구조의 종적-수직적 사회였다면, 21세기 정보화 사회는 "횡적-수평적 사회"(De Bono/the lateral society)로 변하기 때문에 가능하다. 산업현장은 대기업의 재벌 그룹 중심에서 벤처 중소기업 중심으로 변하고 있으며, 조직은 관료주의체제에서 소그룹 팀조직으로 변하고 있다. 이러한 시대적 상황 변화의 축이 사회 모든 영역에 서로 엇물려 작용하면서 모든 것이 바뀌고 있는 것이다. 신지식인의 사회형성도 이러한 변화의 테두리에서 가속화되고 있다.

특히 21세기 평생교육의 시대에 신지식인 즉 재능엘리트의 배출이 가능하다. 왜냐하면 구시대가 학교교육의 시대라면 새 시대는 평생교육의 시대가 되기 때문이다. 따라서 평생교육의 시대에는 학교교육으로 좌우되는 학력과 졸업장에 대한 파괴 현상도 점차 증가할 것이고, 아울러 학교 교육만이 유일한 교육의 현장이 아니기 때문에 학교 성적만이 유일한 교육 평가의 기준이라고 되지 않는다. 따라서 21세기 평생교육의 시대에는 성적엘리트보다는 재능엘리트의 배출이 보다 자연스럽다.

즉 평생교육의 시대는 높은 한 봉우리를 향하여 점수별, 성적별로 한 줄을 세우는 소위 '점수엘리트'의 학교 제도가 아니고, 비록 봉우리는 낮지만 다양하고 이질적인 전문영역에서 요구되는 '재능엘리트'의 사회제도를 가능하게 할 것이다. 이제 학교에서 얻은 총점의 결과로 이루어지는 수직적 사회 구조 보다는 다양한 재능의 결과들이 현실에서 바로 활용되는 수평적 조직 사회 구조가 성립된다. 이러한 상황 변화에 대한 인식은 자본주의 경쟁체제 하에서 교육결과의 평등을 이룰 수 있는 형성 조건으로 활용될 수 있을 것이다.

결국 우리가 바라는 교육결과의 평등은 교육평가의 다양성과 다차원성에서 해결의 실마리를 찾을 수 있다. 오늘날 우리는 학교에서도 성적 평가를 종합성적제로 하지 않고 학과별 적성과 특기 영역에서의 독립 과목 평가로 바꾸고 있다. 대학 입학도 영역별 재능을 인정하는 특별 전형의 비율이 확대되고 있다. 입학사정관제의 도입도 이러한 추세에 일조할 전망이다. 또한 정규학교가 아닌 '탈학교의 대안교육'(free school)들도 국가에 의해서 공인되고 지원되고 있다. 이러한 상황 변화는 바로 교육결과의 평등을 구현하는 좋은 사례가 될 것이다. 평생교육의 시대에 이러한 인식의 전환은 보다 확대되어야 한다.

특히 21세기 평생교육의 시대를 맞아서 교육결과의 평등을 통한 교육복지를 이루기 위해서는 이는 무엇보다도 중요하다. 즉 학점은행제 및 교육계좌제 그리고 자격증 모듈 평가제(영국, 일본) 등 다양하고 개방된 평가기준으로 운영하여야 할 것이다. 즉 우리가 평생교육체제 속에서 누구든지 성적이 아닌 적성, 재능, 소질 등에 따라 다양하고 다차원적으로 평가되고 그 평가에 따라 사회적 배치 등 대우를 받을 수 있다면, 교육결과의 평등은 보다 접근될 것이다. 즉 평생교육 및 평생 학습에 대한 다양하고 다차원적인 평가는 획일적인 종합성적 평가가 아닌, 한 인간의 재능, 소질, 능력, 개성에 대한 평가가 된다. 이렇게 다양하고 다차원적인 재능, 소질, 능력, 개성의 평가는 궁극적으로 우리 사회를 창의적 영재가 주도하는 실질적인 능력사회로 만드는 데에도 크게 기여할 것이다.

이렇게 본다면, 21세기가 평생교육 및 평생학습의 시대에는 다양한 평가의 결과로 인하여 무수히 많은 영역에서 무수히 많은 영역에서 신지식인들이 배출될 수 있을 것이다. 21세기의 교육 평등은 바로 이러한 요구를 하고 있다. 만약 평생교육의 시대에도 교육결과가 구시대적 소산인 성적이나 점수로 결정되고 이로써 성적 엘리트가 또 다시 군림하게 된다면 평생교육의 앞날은 그다지 밝지 않다. 단 재능, 소질, 적성을 점수화시킬 수 있다면 이는 또 다른 이야기이다.

물론 이러한 재능과 소질 평가로서만 이상적인 교육결과의 평등이 완전히 이루어지는 것은 아니라고 할 수 있다. 그러나 자본주의 경쟁체제라는 한계와 성적중심의 일방적이고 폐쇄적인 평가체제의 존속이라는 극히 제한적인 환경 조건을 고려한다면, 재능과 소질에 대한 다면적이고 개방적인 평가의 다양성과 다차원성은 교육 결과의 평등의 문제에 보다 현실적으로 접근할 수 있는 기반을 제공할 것이다.

한편, 교육 결과의 평등에 대한 조건을 보다 합리적-제도적으로 만들어 주는 것도 국가의 몫이다. 이를테면 재능에 대한 평가 기준의 법제화라든지 기존의 「한국교육과정평가원」을 확대 개편하여 「(가칭)한국재능평가원」같은 기관을 설립하여 소질과 재능에 대한 평가 기준을 연구하도록 하는 과제가 바로 여기에 해당한다. 이는 평생교육의 시대에 평생학습사회에서 보다 긴급하게 요청되는 교육복지의 차원이라고 할 수 있다. 왜냐하면 다양한 재능과 소질의 영역에서 많은 신지식인들이 수평적 사회 구조에서 활동할 수 있다면, 그 동안 교육결과의 평등 문제에서 제외되고 소외되어 온 다수가 사회적 배치, 이동, 상승을 할 수 있는 기회를 보다 많이 취득할 수 있기 때문이다.

이상과 같이 교육복지의 형성 조건은 교육불평등 해소의 세 조건 즉 "교육기회의 균등", "교육과정의 평등" 그리고 "교육결과의 평등"이라는 세 차원의 선결과제가 교육현장에서 이루어질 때 비로소 가능하다고 할 수 있다.

● 참고문헌

성민선·이상오·정무성·정은 (1998), "학교부적응 청소년들을 위한 학교사회사업 실천모델 연구," 학교사회사업 제1호, 학교사회사업학회.

청소년폭력예방재단 편 (1997), 학교폭력 막을 수 있다. 도서출판: 청소년폭력예방재단.

Belser, H. (1960). Zweiter Bildungsweg. Das Problem eines berufsbezogenen Bildungsgangs zur Hochschulreife. Pädagogische Studien, Bd.4, Weinheim Bergstrasse.

Broedel, R.(Hrsg.) (1998). Lebenslanges Lernen - Lebensbegleitende Bildung. Neuwied: Luchterhand.

Cropley, A. J. (1997). Lifelong Education: A Psychological Analysis. Unesco Institute for Education Hamburg, FRG and Pergamon Press. Oxford, New York, Beijing, Frankfurt, Sao Paulo, Sydney, Tokyo, Toronto.

Dave, R.H. (1997). Foundations of Lifelong Education. Unesco Institute for Education Hamburg, FRG and Pergamon Press. Oxford, New York, Beijing, Frankfurt, Sao Paulo, Sydney, Tokyo, Toronto.

McLaughlin, J.A. and Protinsky R.A. (1996). Foundation for Values in Special Education. School Social Work. Practice and Research Perspectives. Third Editon. Edited by Robert Constable, John P. Flynn, and Shirley McDonald. Chicago: Lyceum Books, Inc. pp.95-102.

Merriam, sh. B./ Caffarella, R.S. (1999). Learning in Adulthood. A Comprehensive Guide. Secound Edition. San Francisco: Jossey-Bass Publishers.

Morrison, V.W., Tiefentha, M., and Moorman, D. (1996). Educational Mandates for Children with Disabilities: Educational Program Development. School Social Work. Practice and Research Perspectives. Third Editon. Edited by Robert Constable, John P.

Flynn, and Shirley McDonald. Chicago: Lyceum Books, Inc. 103-115.

Knoll, J. (1996). Internationalle Weiterbildung und Erwachsenenbildung. Konzepte, Institutionen, Methoden. Darmstadt: Wissenschaftliche Buchgesellschaft.

OECD (1996). Lifelong learning for all. Meeting of the Education Committee at Ministerial Level, 16-17 January 1996. Paris: Organisation for Economic Co-operation and Development Publishing.

Schefold, W. (1987). Orienterete Sozialization und individualisierte Hilfe, Sozialpädagogische Probleme am Beispiel von Schülerhilfen, Zeitschrift für Pädaagogik, P7484F, Jahrgang 33, Vol. 5, Oktorber m 1987.

Shelton, T.L., Jeppson, E.S., and Johnson, B.H. (1987). Family-centered care for children with special health care needs. Association for the Care of Children's Health, 2nd ed.

Skager, R. & Dave, R.H. (1997). Curriculum Evaluation for Lifelong Education. Unesco Institute for Education Hamburg, FRG and Pergamon Press. Oxford, New York, Beijing, Frankfurt, Sao Paulo, Sydney, Tokyo, Toronto.

제 II 부

평생교육의 학문적 기초

평생교육학 입문 – 학제간·융합학문적 접근 –

제6장

철학적-인간학적 차원

1. 결핍존재론

평생교육 또는 교육의 본질을 알기 위해서 우리는 우선 "인간의 본질"을 탐구할 필요가 있다. 왜냐하면 교육은 인간을 대상으로 하고 인간됨(Menschenwerden)을 목표로 하고 있기 때문이다. 교육이 대상의 속성이 무엇인지도 모르고 시작된다면 문제다. 또한 인간을 어떤 방향으로 교육해야 한다는 목표 설정도 없이 교육이 이루어지는 것도 문제다. 따라서 교육의 대상이자 목표인 인간의 본질에 대한 파악이나 규명이 이루어지기 전에 우리는 교육 또는 평생교육의 본질도 모를 수밖에 없는 것이다. 독일의 교육인간학자 프리트너(Wilhelm Flitner)는, "인간은 무엇인가"에 대한 담론은 교육의 모든 다른 담론들보다 선행하여야 한다고 주장한다(Flitner, 1963: 11). 인간학적인 문제는 그것을 거치지 않고는 결코 교육이라는 집안으로 들어갈 수 없는 문지방으로 비교될 수 있다. 더 나아가 독일의 교육심리학자인 로호(Werner Loch)는, "인간을 교육으로부터, 교육을 인간으로부터 이해한다"고 주장하는 근거를 다음과 같이 제시하고 있다(Loch, 1963: 10).

첫째, 인간의 본질은 어떤 다른 인간 밖으로부터 제시되는 소여성(Gegebenheit)으로부터가 아니라, 오직 인간의 삶 자체의 현상(Erscheinung)과 작용(Wirken)으로부터 이해되어질 수 있다.

둘째, 인간의 본질은 결코 궁극적으로 확정될 수 없고 끝없이 규정되어 갈 수 있다.

셋째, 어떤 개개인의 현상형식(Erscheinungsform)이나 본질 특징(Wesenszug)도 지배적이거나 배타적인 본질 규정의 징표로서 절대화될 수 없고, 이러한 상이한 현상 형식들과 본질 특징들이 상호 보완되고 상대화되어서 인간 전체의 본질 규정이 계속적으로 보완되고 상대화되어가야 한다.

한마디로 로호(Werner Loch)는 인간을 인간 자체로부터 이해하도록 교육의 연구방법론에 대한 규제를 하고 있다. 이로써 인간학적 접근은 실증주의적 구조 모형을 거부하고 있다. 즉 인간과 교육의 관계에 대한 포이어바하(Feuerbach)의 "인간학적 환원"의 논리와 프레스너(Plessner)의 "동가치성 이론"이 구체적인 사례가 된다.

실제로 우리 인간은 태고 때부터 "인간은 무엇인가?"라는 질문을 하면서 살아 왔다. 심지어 많은 선각자, 철학자, 사상가 그리고 과학자들이 이러한 인간의 본질 규명 문제에 매달려 왔다. 이러한 노력의 대가는 인간에 대한 정의로 발전되었다. "인간은 이성적 동물이다(homo sapiens, 소크라테스)", "인간은 종교적 동물이다(homo religius, 소크라테스)", "인간은 생각하는 갈대이다(파스칼)", "인간은 사회적 동물이다(homo soziologikus, 아리스토텔레스)", "인간은 감성의 동물이다(슐라이에르마허)", "인간은 이기적 동물이다(아담 스미스)", "인간은 도구를 사용하는 동물이다(homo faber, 베르그송)", "유희하는 인간(homo ludens, 호이징가)", "인간은 교육적 동물이다(homo educandus/ 칸트, 발라우프)" 등 인간에 대한 수많은 정의는 인간의 본질을 어느 정도 설명하고 있다.

그러나 정의하는 사람에 따라서 인간의 모습은 각양각색으로 변한다. 다 맞을 수도 있지만 다 틀릴 수도 있다. 한마디로 인간에 대한 정의는 보는 관점에 따라 달라질 수 있다는 사실이다. 물론 각각의 정의는 나름대로의 의미를 던져주고 있다. 그러나 각각의 정의는 장님 코끼리 만지는 격이다. 어쩌면 인간에 대한 모든 정의를 다 모아 놓아도 그것이 인간의 본질이 아닐 수 있다. 하여간 인간의 본질에 대한 정의는 그리 단순한 문제가 아니다. 이는 인간의 본질에 대한 지속적인 규명가능성(Bestimmbarkeit)의 근거가 된다.

오래 전부터 생물학, 동물학, 의학, 생리학 등 자연과학과 철학, 신학, 사회학, 심리학, 교육학 등 인문사회과학의 많은 주변 학문의 도움으로 인간의 본질을 보다 과학적으로 규명하고자 학자들은 인간학(Anthroplogie)에 대한 연구를 시작했다. 이들은 "인간이 무엇인가"라는 테마에 다학문적-학제적으로 접근하면서 과거 단편적인 인간의 본질 규명의 테두리를 넘어서고 있다.

인간의 본질을 규명하기 위해, 인간학자들은 우선 "인간과 다른 동물의 차이점"을 찾아내는 일부터 시작한다. 일반적으로 우리는 인간을 고등동물이라고 한다. 그만큼 인간은 지능이 높다는 것 이외에는 일반 동물과 같다는 뜻이다. 그러나 따지고 보면 인간은 다른 동물에 비해 엄청난 차이점을 가지고 있다. 인간학자들은 바로 이러한 차이점에 주목하면서 인간의 본질에 과학적 접근을 하고 있는 것이다. 과학적 인간학을 시작한 생물학에서도 벌써 인간을 인과발생학적으로만 관찰하면서 다른 동물들과의 공통점에만 관심을 가지던 연구방법에서 인간임을 현상학적으로 관찰하면서 그 구조적인 특이성에 관심을 가지는 연구방법으로 전환하고 있다(이규호, 1969: 188). 따라서 인간학자들은 인간의 본질을 규명하기 위해서 인간과 동물의 같은 점보다는 인간과 동물의 차이점에 주목한다.

인간학자들의 결론에 의하면, 인간과 동물의 같은 점은 생명현상 즉 "살아남겠다는 의지"이며, 차이점은 "살아가는 방법 또는 살아남는 방법"이라고 규정한다. 한마디로 인간은 다른 동물처럼 살아남겠다는 생명에의 의지는 똑 같지만, 살아남는 방법에서는 매우 다르고 특이한 종(種)인 것이다.

대표적인 인간학자 그룹에 속하며 현대 인간학 연구를 주도한 생물학자 아놀드 겔렌(Arnold Gehlen)은 자신의 대작인 『인간(Der Mensch, 1930)』에서 "인간은 결핍존재"(Maengelwesen)라는 가설을 세우고 이를 과학적으로 검증하고 있다. 그에 의하면 인간은 선천적으로 생존 능력이 결여되고 미완성된 존재로 이 세상에 나온다(Gehlen, 1967: 83). 즉 인간은 다른 동물에 비하여 중요한 생존 능력이 결핍된 상태로 이 세상에 나온다. 이러한 가설과 이에 대한 입증은 당시로서는 엄청난 사회적 파장까지 몰고 왔다. 왜냐하면 그 동안 인간은 다른 동물에 비하여 모든 면에서 우수한 종이라는 확신이 지배적이었기 때문이다.

구체적으로 인간을 제외한 모든 다른 동물들은 태어날 때부터 공격무기, 방어무기, 생활무기 중 적어도 하나는 완벽하게 가지고 태어난다. 그러나 인간은 어느 하나도 제대로 완벽하게 가지고 태어나지 못한다. 즉 인간은 호랑이, 사자, 독수리처럼 온 몸이 무기로 태어나는 맹수류와 비교할 수 없도록 보잘 것이 없으며, 몸집이 인간과 비슷한 침팬지, 오랑우탄, 늑대, 여우 등에 비해서도 생존 경쟁에서 우위를 차지할 수 있는 이렇다 할 만한 무기를 가지고 태어나지 못한다. 하물며 인간 보다 약한 것으로 알려진 몸집이 작은 동물들과 비교해도 나을 것이 없다. 이를테면 스컹크는 천적을 만나면 독가스를 품고 도망갈 수 있으며, 고슴도치는 바늘로 무장하여 아무도 접근하지 못하게 할 수 있다. 또한 도롱뇽, 이구아나 심지어 개구리 같은 양서류들도 천적 앞에서 몸을 위장하는 보호색으로의 변신 능력을 가지고 태어나며, 멕시코 만에 살고 있는 아홉 마디 아로마딜라 같은 초식동물, 호주에 살고 있는 캥거루는 천적을 피해 종족을 번식시키기 위해 임신기간을 3개월에서 2년까지 늘릴 수 있는 특별한 능력을 가지고 태어난다.

그러나 인간은 이러한 동물들의 생존 본능에 비하여 모든 것이 가장 열악한 조건에서 태어난다. 즉 인간은 어느 동물과 비교해도 생존 능력이 가장 뒤떨어진 상태로 태어나는 것이다. 호랑이나 사자처럼 날카로운 이빨과 발톱이 없으며, 독수리처럼 밝은 눈을 가지고 있지 않으며, 침팬지의 찰고무 같은 발바닥을 가지고 있지 않으며, 꽃사슴이나 말처럼 태어나자마자 바로 도망갈 능력도 없으며, 호랑이나 사자 앞에서 보호색으로 무장할 수 있는 능력도 없다. 아무리 살펴보아도 인간의 몸에서 어떤 구석도 공격무기, 방어무기, 생활무기로서 활용할 수 있는 가능성이 없다.

겔렌(Arnold Gehlen)에 의하면, 이것이 바로 인간이 다른 동물과 다른 점이다. 한마디로 다른 동물들은 모두 완벽한 존재로 태어나지만, 인간의 경우는 이와는 달리 매우 불완전한 존재로 태어나 죽을 때까지 완전을 향해서 성숙될 수밖에 없는 운명을 가지고 있다. 즉 인간은 결핍존재로 태어난다. 이런 의미에서 생물학자이며 인간학자인 포르트만(Portman)은 "조산설"(早産說, Fruegeburt)을 주장하고 있다. 그는 "인간의 자궁밖의 초년(Das extrauterine Fruejahr)에 대한 연구"에서 인간은 모두 "생리학적 조산"이며, 일종의 네스트호커(Nesthocker)라고 주장하였다. 즉 인간은 네스트호커라는 새처럼 부화하고도 오랫동안 둥지를 지키며 어미에 의존하며 살아야 하는 운명을 가진 미완의 존재로 태어난다. 자궁 밖의 초년은 모든 다른 동물들이 아직 자궁 안에서 성장해야 할 상태에 있을 때에 인간은 그런 상태로 출생한다는 발생학적인 조산사실의 생물학적인 확신이다.

하여간 이렇게 결핍존재로 태어나는 인간 그리고 조산으로 태어나는 인간은 실제로 이미 종족 자체가 멸종하는 것이 당연하다고 할 수 있다. 그러나 현실은 정반대이다. 인간은 수만 년 전부터 지금까지 결핍존재로 그리고 조산으로 태어났지만 지금까지 살아남았으며 종족보존에도 성공했다. 그것도 만물의 영장으로 말이다.

그렇다면 과연 인간에게는 어떤 일이 벌어진 것인가? 그렇다. 바로 인간은 이러한 생물학적 결핍을 다른 차원 즉 정신적-물리적으로 극복했던 것이다. 인간은 생각하면서(homo sapiens), 그리고 도구를 만들고 사용하면서(homo faber) 살아 남은 것이다. 분명히 인간은 다른 동물에게서나 볼 수 있는 공격무기, 방어무기, 생활무기는 없지만, 인간은 다른 동물에게서는 찾아 볼 수 없는 사고 능력과 도구창작 및 사용능력을 타고 난 것이다.

창조론자들의 주장에 의하면, 바로 이러한 사고 능력과 손의 사용을 통한 도구사용의 능력이 바로 선천적인 능력 또는 창조주의 하사물에 속한다. 그러나 반대로 진화론자들은 이러한 능력도 인간이 직립보행을 하면서부터 생긴 후천적 능력이라고 주장한다. 즉 인간의 직립보행은 양손의 자유로움을 안겨 주었으며 자유로운 양손의 움직임으로 인하여 인간의 지능은 급속도로 좋아졌다고 한다. 미국의 간질병 전문의사인 스페리와 그의 동료들의 실험 이후 오늘날 많은 뇌학자들도 인간에게 손의 움직임과 뇌의 발달은 상관관계가 있음을 주장하고 있다. 결국 인간은 양손을 자유롭게 사용하면서 급격하게 지능이 높아졌으며 높은 지능과 자유로운 손의 사용능력은 도구를 만들 수 있는 능력을 인간에게 마련해 주었다는 것이다.

하여간 이러한 사고와 도구제작 및 사용이라는 인간의 능력은 다른 동물들에게는 없는 인간만의 능력이며, 아울러 이는 모든 동물들의 선천적 능력을 능가했던 것이다. 더욱 중요한 사실은 이러한 능력들이 세대 간 전수된 DNA이다. 이 과정에서 바로 교육과 학습이 개입하게 된다. 이렇게 본다면 교육과 학습은 결국 인간이 열악한 생존 능력 결핍의 상황에서 생존경쟁과 종종 보존에서 우위를 점할 수 있도록 한 장본인이 된다. 결국 인간의 삶은 자연스럽게 교육과 학습과 병행되었으며, 교육과 학습이 병행되는 인간의 삶은 세대를 이어 종족 보존과 인류 생존에 기여하게 된 셈이다. 즉 인간에게 삶은 교육이며 학습인 것이다. 여기서 중요한 것은 바로 교육과 학습이 인간 개개인을 그리고 인류를 대대로 살아남게 했다는 사실이다. 그것도 모든 주변을 제압하면서 말이다.

애초부터 인간은 모든 주변과 처절하게 싸우면서 살아남았다. 우선 선천적 결핍을 메우기 위해 인간은 무엇인가를 만들어내야 했다. 선천적 결핍을 보상하기 위해 인간은 생각하면서(homo sapiens) 도구를 만들어 사용하면서(homo faber) 삶에 필요한 공격도구, 방어도구, 생활도구를 만들어 낸 것이다. 인간은 호랑이, 사자 등 맹수의 공격을 피하기 위하여 처음에는 돌멩이를 던졌을 것이다. 그러나 많은 시행착오로 잡혀 먹히기도 하면서 결국 인간은 보다 뾰족한 칼을 만들어 맹수에 대적할 수 있었을 것이다. 돌칼, 돌도끼, 돌창이 만들어졌을 것이고 이것이 공격무기로 사용되었을 것이다. 시간이 흐르면서 청동기, 철기 시대를 맞으면서 모든 무기들은 청동칼, 청동도끼, 청동창, 무쇠칼, 무쇠창 등으로 발전하면서 점차 맹수들을 제압하는 보다 유리한 조건을 만들기 시작했다.

인간은 사고 능력의 덕분으로 덫을 만들어 이들을 포획하기도 했을 것이며, 움막을 짓고 주변의 풀과 나무를 잘라 벌판을 만들어 놓고 맹수의 접근을 막으면서 무시무시한 동굴생활을 벗어날 수 있었을 것이다. 그 전에는 어두운 동굴 속에서 사자와 호랑이와 함께 밤을 지새우면서 많은 생명을 잃기도 했을 것이지만, 광야를 개간하여 맹수를 피하여 혼자 주변을 개척하면서 보다 확실히 살아남을 수 있었을 것이다. 먹을 것을 구하러 산으로 올라가면 또 맹수에게 잡혀 먹히곤 하면서 삶과 죽음의 과정을 반복하는 시행착오를 했을 것이며, 결국은 이러한 시행착오의 과정을 통하여 나무에서 종자를 받아서 자기 움막 주변에 뿌려 경작을 하는 방법을 터득했을 것이다. 즉 "울창한 숲을 없애고 초지를 만들고 움막을 중심으로 씨를 뿌려 주변의 초지를 개간하면서"(culture) 드디어 인간은 다른 동물의 추적과 생존 경쟁에서 비교적 안정된 삶을 시작할 수 있었다.

바로 이러한 과정에서 창조된 유물들이 '문화'(culture)이다. 물론 이들은 우리가 문화를 창조한다고 외치면서 그들의 문화를 창조한 것은 아닐 것이다. 살아남으려고 발버둥치다 보니까 그것이 '문화'가 된 것이며, 아울러 후손들이 이를 “찬란히 빛나는 우리 조상의 문화유산”으로 불러서 그것이 문화가 된 것이다. 실제로 문화는 빛나는 문화유산 이전에 단지 처절한 삶의 흔적일 뿐이다. 어쨌건 이러한 문화 창조의 과정과 결과는 바로 인간이 살아남는 과정과 인간을 살아남게 한 결과였다. 결국 인간은 문화를 창조했으며 인간은 문화 덕택에 대대로 살아남을 수 있었던 것이다. 그것도 만물의 영장으로 말이다. 즉 ‘문화는 인간을 인간으로 살아남을 수 있게 한 정신의 객관물’이다(Spranger, 1950: 381).

2. 문화동물론

1) 문화의 본질

인간학자 겔렌(Gehlen)에 의하면, “문화란 인간이 살아남기 위해 자연을 바꾸어 놓은 제2의 자연”(Gehlen, 1967: 34)이다. 인간의 제1의 자연은 다만 개발을 위한 가능성으로 주어져 있고, 이것이 문화를 통하여 개발되면 제2의 천성이 된다(이규호, 1969: 194). 겔렌에 의하면, 인간의 생물학적 불완전성과 높은 문화적 기능은 엄밀히 동본원적으로 상호 제약하고 있다. 인간은 그의 생물학적인 불완전성으로 인해서 문화를 창조하며, 그의 생물학적인 불완전성 때문에 늘 문화에 의해 재창조된다(이규호, 1969: 191-192). 따라서 인간은 다른 동물들과 비교가 되지 않을 정도로 외부의 영향에 의하여 자극될 수 있다. 결국 인간의 생물학적 특징들은 유전적 과정과 목적론적이고 문화 과정들의 상호 영향으로부터 발생한다(Portman, 1962: 13). 즉 생물학적 유전인자만이 인간의 특성을 결정하는 것은 아니다. 인간의 특성은 문화적 자극에 의해서도 결정된다. 다만 인간의 유전인자는 자연적-사회적 환경에 대한 반응을 지배한다(오인탁, 1969: 24). 한마디로 인간은 생물학적 단일성과 문화경험의 다양성이 상호 보충적으로 얽혀져 있는 존재이다(오인탁, 1969: 23). 왜냐하면 인간은 우리가 경험에 의해 알고 있는 유일한 문화 생활의 지참자(Träger)이며 일원(Glied)이기 때문이다. 심지어 문화인간학의 규정에 의하면, 문화적으로 형성되어지지 않은 인간은 없다고 할 정도까지로 문화의 영향력은 무시할 수 없다(Rothacker, 1948: 1).

이렇게 본다면, '문화적 존재로서의 인간'은 단순히 생물학의 대상이 될 수 없으며 그 이상이라는 사실이다. 그러나 인간의 사회 문화적인 힘은 인간의 생물적 본능으로부터 나온다(William & Ewald, 1967: 17). 즉 인간은 생물적으로 전혀 불가능한 차원의 언어, 기술, 종교, 과학을 창조할 수는 없다(Schwidetsky, 1959: 10). 이렇게 본다면 인간은 생물적 본능으로 문화를 창조하고 창조된 문화에 지배되는 생물적 본능만을 가지고 있는 셈이다.

보다 포괄적으로 보면 인간은 문화의 창조주이며 피조물이다(이규호, 1964: 208). 즉 인간은 문화의 창조자이며, 문화를 사람됨의 조건으로 필요로 하는 '문화적 존재'(Kulturwesen)이다. 그러나 문화와 인간은 동본원적이고 윤회적인 관계로 주어져 있다. 즉 문화 없는 인간됨도 없으며 인간 없는 문화도 불가능하다(오인탁, 1969: 94). 이러한 순환 과정에서 결국 인간은 문화를 창조하고 소유하는 것이다. 이 과정에서 교육과 학습이 개입된다.

이미 언급한 대로 교육과 학습은 인간으로 하여금 이 자연에서 살아남게 하고 계속 살아가도록 하는 유일한 수단이며 방법이었으며 지금도 변함이 없다. 여기서 중요한 것은 인간의 삶에 수반되는 교육과 학습은 인간에게 생존 본능과 생존 전략의 연장선일 뿐이라는 사실이다. 이렇게 본다면, 인간은 교육받지 않으면 안 되는 동물이며, 교육을 목적하고 교육에 의존하는 '교육동물'(homo educandus)이 된다(Langeveld, 1951). 왜냐하면 교육과 학습은 “살아남기 위해서” 그리고 “살아가기 위해서” 본능적이며 자발적으로 수행되는 본능행위가 되기 때문이다.

결국 인간의 생존 본능은 문화 과정을 주도하는 힘이며 원천이다. 그러나 창조된 문화는 역으로 우리 인간의 생존 양식과 생활 양태를 결정한다. 여기서 생존 양식과 생활 양태는 모두 문화 과정에서 이루어진다. 따라서 교육과 학습은 문화를 창조하고 재창조하는 생물적 본능에도 개입하며, 문화를 전달 계승 발전시키는 지속적인 문화과정에도 개입할 수밖에 없다.

2) 문화의 속성

오그번(Ogburn)에 의하면, 인간이 창조하고 전달, 계승, 발전시키고 또 재창조하는 문화는 “물질적 문화”와 “비물질적 문화”로 대별된다. 구체적으로 물질적 문화는 “문화재”와 “과학기술문명”으로 구분할 수 있으며, 비물질적 문화는 “법, 제도, 사상, 철학, 의식, 신념, 습관, 관습, 습속, 전통, 도덕, 윤리, 종교, 예술, 언어...” 등으로 구성된다. 이러한 문화 덕분에 우리 인간은 여지껏 살아 남았다. 즉 우리가 문화를 창조, 계승, 발전, 재창조...하는 일련의 문화과정을 할 수 없었다면 지금 이렇게 살아남을 수 없었을 것이다. 결국 우리 인류를 살아남게 하고 살게 했던 문화의 과정은 외계의 위협과 도전에 대한 즉각적인 응전으로 이루어진 결과이며, 거의 자연발생적이며 생물적-본능적이었다고 할 수 있다.

그렇다면 과연 문화는 어떠한 속성을 가지고 있기에 이렇게 생물 본원적이며 자연발생적으로 시작되어 결국은 인간을 제약하고 살아남게 하는 원동력으로 작용하는가? 독일계 미국의 문화인류학자인 크뢰버(Alfred L. Kroeber, 1876-1960)에 의하면, 문화는 역사적으로 자유롭게 누적되며, 질서를 가지고 있으며, 가치의 현실화가 이루어질 때 가능하다. 그는 이를 문화의 3대 기본 속성으로 설명하고 있다. 물론 이러한 속성은 서로 엇물려 있지만 “가치의 현실화”의 차원에서 문화는 결정된다.

아무리 우수한 우리 인류의 문화가 역사적이며 질서가 있더라도 가치의 현실화가 안 된다면 문화는 더 이상 문화가 아니고 세대를 넘어 계승 전달되지도 않는다. 당대에는 가치의 현실화가 이루어졌지만 오늘날은 가치가 없어진 것들은 문화재로 남아 박물관에 전시되고 있다. 돌칼, 돌도끼, 돌창, 청동검, 청동마구, 청동갑옷, 철창, 거북선, 우마차, 집신, 나막신 등 박물관에 전시되고 있는 우리 선조의 유물들은 당시에는 가치의 현실화가 이루어졌지만 오늘날은 가치가 소멸되었다. 그래서 이것들은 말없이 박물관에서 조용히 우리들 방문객을 맞고 있는 것이다. 그러나 이러한 문화유산은 우리 선조가 어떻게 창의적으로 또 어떤 지혜를 가지고 살아남았는가에 대한 역사적 의미와 창조적 지혜를 알려 준다. 따라서 문화재의 가치는 그 나라 그 민족의 문화를 이해하는 첩경이 되며 문화재를 교과서로 하는 박물관 교육은 이러한 의미에서 중요하다.

한편, 비물질적 차원의 문화인 법, 제도, 사상, 철학, 도덕, 윤리, 예술, 언어 등도 마찬가지이다. 예를 들어, 로마법 원전은 당시로서는 가치가 있었지만 지금같이 복잡한 사회에서는 가치를 거의 잃었다. 지금 당시의 원전을 가지고는 이 복잡하고 다원화된 국가 사회를 통치할 수 없다. 결국 계속적으로 법(法)의 개정이 이루어지고 그럴 수밖에 없는 이치는 바로 가치의 현실화 때문이다. 다른 문화영역도 마찬가지이다.

이미 언급한대로 인간은 단순히 생물학적이거나 생리학적인 조건들에 의하여만 결정되어질 수는 없다. 인간은 그가 창조하고 내면화하는 문화적 가치들에 의하여 형성되어 간다(오인탁, 1969: 51-52). 웩스퀠(Uexkuell)의 “환경설”과 포르트만(Portman)의 “조산설”은 모두 인간이란 자신에게 알맞는 제2의 환경을 창조하고 또한 이 제2의 환경에 따라서 제2의 천성을 형성한다고 주장한다. 문화란 결국 인간이 원래의 자연을 자신들의 편의와 유리한 생존환경을 위해 바꾸어 놓은 인위적인 자연이 된다. 문화는 속성상 인간됨의 자유로운 과정이다. 물론 인간은 문화의 피조물이다. 그러나 역사와 더불어 변하는 문화에 따라 인간임도 부단히 변한다(Bollow/ 이규호 역, 1967: 12).

3) 교육으로서의 문화과정

오늘날 문화과정으로서의 교육론은 주로 영미계통에서 크게 부흥한 문화인류학적 관점을 벗어나지 못하고 있다. 특히 문화인류학의 중심과제는 생물학적 연구방법과 사회학적 관찰방법으로 사람이 거주하거나 거주했던 모든 지평에서 사람의 독특성을 탐구하는 것이다(Beals & Hoijer, 1967: 4). 문화인류학은 사람을 본질적으로 시공을 초월하여 초문화적인 제약아래 있는 사람으로 파악한다(Bollnow, 1965: 28). 이러한 관점에 의하면, 교육은 사람의 삶을 시·공적으로 제약하고 있다는 논리가 가능하다(오인탁, 1969: 190). 심지어 마가렛 미드(Margaret Mead)는 사춘기가 인간의 본질적 성장과정이 아니라, 지역적인 관습의 결과임을 주장하고 있다(오인탁, 1969: 97). 즉 사춘기란 생물적 성장과 본능적 차원이라기보다는 그 지역의 문화적 영향에 지배적이라는 논리가 된다. 이렇게 본다면 인간의 삶에서 문화가 절대적이며 우수한 문화만이 전달 계승 발전되는 것만이 교육이라고 할 수 있다. 간단히 말하면 그 동안의 문화인류학적 연구가 교육 이론에 기여한 것은 우수한 문화를 전달 계승 발전시키는 것만이 교육의 과제이고 목표가 된다. 일 예로 우수한 문화를 가졌다고 평가되는 문화국수론자들의 문화가 문화후진국과 미개문화지역에 전파되어야 교육의 목표가 이루어지는 것이다.

이렇게 되면 문화에도 중심과 주변이 생겨나고 강대국 또는 소위 선진국의 문화가 중심이 되고 후진국 또는 소위 아프리카의 미개문화 지역은 주변문화가 된다. 그러나 서구 문화인류학이 중시하는 문화관과 교육관은 이미 만들어진 우수한 문화가 전달되고 계승 발전되는 데에만 관심이 있지, 문화를 창조하고 재창조하는 인간의 본성과 역사성에는 관심을 두고 있지 않다. 이런 관점에서는 아프리카 토인들이 어떤 문화를 무슨 이유로 창조하고 계승 발전시키고 무슨 이유로 문화를 재창조하는지는 중요치 않다. 결국 선진국의 문화는 전달 계승 발전되어야 할 문화가 되고 아프리카 토인 문화는 영원히 미개문화로 남는 것이다. 즉 그 동안 문화인류학은 문화적 창조과정에 대한 관심보다는 문화전개 및 결과에 대하여 보다 강조하여 왔다. 문화인류학의 영향을 받은 현대적 의미의 교육론, 특히 문화교육의 이론은 문화 창조의 과정에 대하여 극히 소홀히 하여 왔다.

인간은 원래가 자유롭고 자유로운 호기심 때문에 무엇인가를 창조한다. 창조의 본능을 자극하는 것은 외부의 문화적 자극이라기보다는 자유로운 호기심 즉 인간 본능이 주역이다. 오늘날 교육은 바로 이러한 문화 창조의 본능에 개입하여야 한다.

일반적으로 교육은 학습을 포함하는 포괄 개념으로 사용되어 왔다. 그러나 엄밀히 말하면 교육은 범위도 크지만 일단 정적인 개념에 속하며 학습은 동적인 개념에 속한다. 왜냐하면 교육은 환경과 문화를 매개로 전개되지만, 학습은 생존을 향하는 생물적 본능에 따라 자신의 주변 환경과 문화를 창조하는 역할을 직접적으로 수행하기 때문이다. 물론 학습은 교육적으로 중요한 것을 자유롭게 취사선택한다. 완전학습의 이론에 의하면 학습동기의 유발이 학습 본능을 자극한다.

가장 이상적인 삶의 교육은 학습본능을 자극하여 학습동기를 유발시키는 것과 교육의 목표가 일치하는 것이다. 그러나 이러한 두 영역이 이상적으로 일치된 예는 역사상 없다. 지금도 마찬가지이다. 따라서 우리 인간은 강제적인 동기부여를 위하여 동기부여 기재를 사용하여 왔다. 학교에서의 졸업장, 성적표, 상장, 보상, 장학금, 일류 대학 졸업, 엘리트 출신 같은 보상책이나 벌, 금지, 정학, 퇴학 등의 벌칙으로 학습 본능을 동기화하고자 했다. 그러나 이는 강제적이며 인위적일 뿐이다. 강제적이며 인위적인 방법으로 본질적으로 자유로운 학습의 본능을 자극하는 것은 잘못이다.

만약 그 동안 우리의 교육이 인간 개개인 모두에게 잠재하는 문화창조의 본능을 존중하고 창의성 개발을 보장하는 교육을 해 왔다면, 지금처럼 문제시되는 교육과 학습의 괴리 현상은 예방될 수 있었을 것이다. 그러나 우리의 교육은 전통적인 "학습심리학"의 연구를 부추겨서 그 실험결과로 교육의 상벌체제를 강화하는 방법만을 교육현장에 방법론으로 전범화시켜 왔다. 특히 행동주의 심리학에 기초한 학습심리학이나 발달심리학에서는 상벌체제를 통하여 학습자들에게 강제적 동기부여 체제를 수립하고 사용하여 왔지, 본질적인 문제 즉 교육의 목표와 학습의 본능을 자연스럽게 일치시키려는 노력에는 인색했다. 물론 이렇게 하지 못한 이면에는 산업혁명 당시 "인간자본론"(Theodor William Schultz/ 1971)의 구조기능주의 시녀로 전락한 교육의 기능 즉 인력 선발 및 배급이라는 사명을 가지고 활성화된 학교제도가 있다. 우리에게는 교육의 본질적 사명 대신 오로지 "평가중심"으로 치닫을 수밖에 없는 한계를 안고 갈 수밖에 없었던 숙명적 역사가 있는 것이다.

이제 학교교육의 한계가 고발되고 학교교육의 병폐가 사회문제가 되면서 새로운 교육의 대안으로서, 교육패러다임의 변화로서 그리고 새로운 교육철학으로서 개방적이며 수평사고적인 평생교육의 움직임이 가속화되고 있다. 교육결과의 평가가 다양화되고 교육의 기회균등과 교육을 통한 사회상승 및 능력개발이 보다 확장되고 개방되는 평생교육의 시대에는 자유로운 문화창조의 능력을 동기화할 수 있는 '학습 본능'에 대한 연구가 활성화될 전망이다.

오늘날 우리의 다양성 사회에서는 평생교육, 지식기반사회, 정보화사회, 포스트모던의 사회적 속성이 모두 엇물려 진행되고 있다. 이 모든 사회 속성의 공통점을 들라면 오늘날 우리사회는 어쨌건 "개방사회"로 치닫고 있다는 사실이다. 개방사회에서는 교육도 개방적일 수밖에 없다. 평생교육은 개방적 교육의 특성에 가장 부합된다. "누구든지, 언제, 어디서라도, 어떻게라도" 개방되지 않는 평생교육은 그 자체가 모순이기 때문이다.

우리는 학교에서 교과서를 통하여 교육을 받아 왔다. 교과서란 교과 과정을 글로 모아 책으로 펴낸 것이다. 결국 교과서는 우리의 교육을 매개하는 중요한 매개체가 된다. 일반적으로 우리는 "교과는 선택된 문화"로 이해한다. 교과서를 보면 선택된 문화 즉 가치 있다고 평가되는 문화가 글과 사진 등으로 수록되어 있다. 물론 커리큘럼에 따라 학습자의 나이 수준별로 선택된 문화는 다르다. 이러한 수준별 커리큘럼의 작성과 문화 선택을 통한 교과서의 제작 역시 발달심리학과 학습심리학의 연구 결과로 이루어진다. 결국 우리는 교과서를 잘 익히고 배우면 교육은 끝난다. 물론 평가를 잘 받아야 한다. 반대로 교과서를 잘 익히지 않고 수업 시간에 또는 교과서를 외워야 하는 시간에 다른 짓을 한 학생들은 성적이 나쁘게 나올 것이다. 그들은 학교를 졸업하지도 못하며 심지어 일류 대학에 진학도 할 수 없으며 더 나아가 사회에 나가서도 엘리트로 대우받지 못한다. 심지어 인간취급도 어렵다. 교과서를 못 외웠다는 이유 때문이다.

우리는 '교과(教科)'란 '선택된 문화'라고 했다. 우리가 학교에서 선택된 문화를 가르치고 배우는 것은 좋은 일이다. 왜냐하면 교과서를 배움으로써 우리는 어렵게 살지 않아도 되기 때문이다. 이미 언급한대로 문화는 "삶의 흔적"이면서 동시에 "삶의 기준"이다. 그렇다면 우리가 학교에서 교과서만 잘 익히면 삶의 흔적을 배우게 되어 옛 조상들의 슬기와 지혜를 알게 되어 살아가는데 타산지석이 될 수 있는 지식과 정보를 취득할 수 있다. 또한 우리가 열심히 교과서를 익히면 우리는 삶의 기준을 알게 되어 현실적인 "삶의 기준"에서 뒤떨어지는 소위 문제아나 일탈자가 되지 않는다. 결국 교과서는 우리를 살게 하고 유익하게 하며 또한 편리한 삶의 수단이 된다. 이렇게 본다면 교과서의 역할은 대단히 중요하다. 결국 우리는 교과서를 통하여 문화 즉 삶에 꼭 필요한 문화와 삶의 기준으로 작용하는 문화를 배우게 되니까 학교는 정말 고마운 곳이 된다.

그러나 현실이 그렇지 않다. 그렇다면 이유는 무엇인가? 교과서에 선택된 문화가 실리는 것에는 문제가 없다. 오히려 고무적인 일이 아닐 수 없다. 만약 교과서가 없다면 우리가 그 많은 문화를 어떻게 수용하고 어떻게 습득하고 어떻게 다음 세대에 전수할 수 있을 것인가? 그러나 문제는 "누가" 그 문화를 선택하여 교과로 채택하는가? 하는 질문이다. 과연 누가 무엇을 위해서 왜 하필이면 그 문화를 선택하여 교과서에 실었는가? 특히 국정교과서가 있었던 과거에는 국가 즉 검정교과서 편찬위원회에서 문화를 선택해서 이를 교과서에 실었다. 과연 이렇게 선택된 문화가 우리의 삶의 흔적을 대변할 수 있으며 삶의 기준이 될 수 있겠는가? 이를 배운 사람들이 과연 여기에 수긍이 가겠는가? 민주화 시대가 무르익으면서 이러한 논리는 납득이 안 되는 부분이 남아있다. 80년대 중반부터 전국교직원노조가 결성되면서 이들이 처음으로 한 것은 "참교육을 위한 교과서"를 자신들이 직접 펴내 가르친 사업이다. 당시 불법으로 모두 끌려 들어갔다. 전교조가 선택한 문화는 문화가 아니고 국가가 선택한 문화만 문화라는 논리이다. 즉 전교조가 선택한 문화가 기록된 교과서는 불온문서이고 국가가 선택한 문화만이 인류문화의 전범으로서 교육으로 전수될 가치가 있다는 것이었다. 물론 앞으로 역사가 심판할 일이겠지만, 논리대결은 끝나지 않는다. 누가 왜 하필이면 그것을 교과로 선정하여 교육하고 있는가? 그것이 문제인 것이다.

이러한 역사적 사회현상을 독일의 사회철학자 하버마스(Jürgen Habermas)는 "문화적 권력투쟁"(kulturelle Machtkampf)이라고 했다. 그는 인간의 역사를 문화권력투쟁의 역사로 보고 있다. 누가 언제 어떤 문화를 장악하고 사용하는가에 따라 사회는 변화되는데 이러한 과정에서 문화권력투쟁은 필연이다.

이미 니체는 인간의 삶에서 아폴론 문화와 디오니소스의 문화로 대별하여 문화권력투쟁을 언급했다. 이성과 합리적 제도화의 문화로 대변되는 아폴론 문화의 이면에는 항상 천대받는 감성의 신 디오니소스(酒神)의 문화가 잠재하고 있음을 미켈란젤로의 천지창조에 빗대어 설명하고 있다. 인류에게 역사적으로 권력투쟁의 빌미를 던진 이 두 개의 문화는 우리에게 문화를 선택하는 문제가 단순하게 결정될 문제가 아님을 시사하고 있다.

니체는 "창조하는 인간"(homo creatus)을 중시하고 있다(오인탁, 1969: 54). 즉 창조의 본능은 아폴론 문화에 있는 것이 아니고 바로 디오니소스 문화에 있다. 제도화, 순응화, 합리화, 이성화로 대표되는 아폴론 문화가 그 동안의 우리 문화를 지배했다면, 앞으로는 인간의 해방, 자유사상, 민주화가 보다 확대되고 개방되면 될수록 감성의 분출을 통한 창조의 저력을 품고 있는 디오니소스 문화로의 회귀가 예언된다. 간단히 말해서 귀족과 양반의 문화만이 문화가 아니다. 국가와 기득권층이 선택한 문화만이 우리 인류를 살아남고 살아가게 하는 문화가 아니다. 민중과 서민의 문화도 문화이며 민중과 서민을 살게 했고 살아가는 기준이 된다. 예를 들어 민중문화의 대표적인 양반춤의 경우를 보면 우리 민중들과 서민들은 양반춤을 통하여 탐관오리의 만행을 폭로하고 비판하면서 억눌린 삶을 호소하고 위안 삼으면서 선과 악을 구별하면서 살아갔다. 모든 이들의 문화가 이들을 살아남고 살아가고 심지어 삶의 질적인 차원을 추구하게 했다. 따라서 이 역시 동가치적 내지 가치중립적으로 인정될 수 있어야 한다.

더욱 중요한 사실은 심지어 민중과 서민의 문화는 귀족양반 문화에 비하여 보다 비형식적이며 비제도적으로 발전하여 보다 자유롭게 성숙되어 왔다. 니체에 의하면, 자유롭게 성숙된 본능의 펼침 속에 바로 창의적 잠재력이 숨어 있다. 창의적 본능은 기존의 문화를 습득, 전달, 계승, 발전시키는 것을 목적으로 하는 제도권 교육의 목표보다는 생존본능으로서 때로는 생존 전략으로서 인간에게 내재된 학습의 본능과 일치된다. 애초부터 우리 인간은 주변에서 닥치는 위기 극복과 문제 해결을 위해 잠재된 창의적 본능을 사용하여 왔다. 위기 앞에서 창의롭게 행동하지 못하면 죽는다. 물론 모방도 중요하다. 목표가 뚜렷하게 세워진 교육은 대부분 모방의 본능을 자극하지만, 현실적 문제해결과 위기 극복을 위하여 자극되는 학습은 모방과 창조 모두를 포함하는 전체적 삶의 본능을 자극한다.

오늘날 우리는 창의적 인재 양성을 해야 한다고 외친다. 창의적이지 못하면, 개인도, 가정도, 기업도, 사회도, 국가도 살아남지 못한다고 한다. 시대적 요청이다. 창의적 인재 양성을 위해서는 평생교육체제가 획일적 학교교육의 시대보다 유리하다. 왜냐하면 그 동안 우리의 학교교육은 창의력 교육을 위해 정위되지 않았기 때문이다. 창의력이 있는 학생들은 오히려 학교에서 이단자이고 문제아로 추방된다. 오늘날 획일화된 학교가 개혁되어야 하는 이유가 여기에도 있다.

결국 우리 인간의 문화과정 중 그 동안 학교교육은 인간 개개인의 문화창조 본능을 고려하기보다는 문화전달의 능력을 평가할 수밖에 없는 모순과 한계를 가지고 있었다. 이러한 결과는 그동안 학교 교육의 이해를 위한 인간학적 접근이 부실했었기 때문이다. 이제 평생교육은 개념적으로 또는 본질적 속성상으로는 인간학적 접근과 맥을 같이 하는 폭이 대폭 넓어졌다고 할 수 있다. 일예로 "평생교육"이라는 개념이 "평생학습"의 개념과 혼용되기도 하고, 평생교육을 위한 기초 학습 영역에 대한 연구(UNESCO, 1986) 그리고 "학습사회론"(Robert Hutchins)은 바로 창의성을 중심으로 하는 학습 본능과 평생교육 목표간의 일치점을 추구하는 노력의 일환이라고 할 수 있다.

이미 언급한대로 '교육은 원래 평생교육'이다. 교육은 인간이 창조한 문화를 매개로 하는 문화과정에 직간접으로 수반되고 있다. 교육이 문화과정을 통하여 삶을 위한 교육으로 자리매김하는 과정으로 본다면, 평생 동안 이루어지는 교육의 개방과정 및 순환과정은 창의성을 잠재능력으로 내재한 학습의 본능과 시대적 요청으로서의 교육의 목표를 자연스럽게 접목시킬 수 있는 기반을 놓을 것이다. 다만 중요한 것은 시대가 요구하는 교육의 목표가 인간의 잠재적 학습의 본능과 무엇이 얼마나 어떻게 어떤 근거로 부합될 수 있는지가 평생교육체제 및 학습사회의 관건이 된다고 할 수 있다.

4) 놀이: 평생교육의 교육인간학적 과제

네덜란드의 인간학자인 호이징가(Huizinga)는 문화의 원천을 "놀이" (Spiel)로 보고 있다(Huizinga, 1934). 그는 자신의 저서 『Homo Ludens, 1934』를 통하여 그동안 문학, 도야이론, 미적 교육론 그리고 다양한 놀이이론을 통해 발전되어 온 영역을 인간학적 시각에서 정리하고 있다. 그의 결론은 우리 인간이 창조해낸 문화의 뿌리는 바로 놀이라는 사실이다.

또한 그는 이 책의 서론에서 호모 루덴스(homo ludens)는 호모 사피엔스(homo sapiens)와 호모 파버(homo faber)를 부정하는 것이 아니고, 이러한 인간에 대한 종개념을 보충하는 개념이라고 부언 설명하고 있다. 즉 인간이 살아남기 위해 만들고 지속해 온 문화는 인간의 특성인 사고능력과 작업능력만으로 설명하기에는 부족하다는 의미이다.

그에 의하면, 인간이 문화를 창조하고 보존하고 계승·발전시키는데 인간에게 부여된 놀이의 본능이 작용했다. 그는 놀이의 특징을 다음과 같이 열거하고 있다. 특히 그가 말하는 놀이는 인생 전반에 걸친 놀이를 의미하지만, 어린이의 놀이에서 특성이 보다 잘 나타남을 지적한다.

첫째, 놀이는 즐겁다. 오래 전부터 놀이연구 학자였던 그루트(Karl Grooth, 1899)는 놀이터에서 놀고 있는 아이들에게 "너 왜 놀고 있니?"라고 물어보면 한결 같이 "재미있으니까"라고 대답한다고 하면서 인간의 놀이 본능설을 주장했다.

둘째, 놀이는 창조적이다. 어린 아이들이 놀 때 그 놀이를 잘 보면 매우 창조적으로 구성된다. 누가 가르쳐 준 것도 아닌데 기발한 아이디어로 놀고 있다.

셋째, 놀이는 자체적으로 질서적이다. 우리 인간은 놀이를 통하여 스스로 지킬 수 있는 약속과 질서 규범을 형성한다. 처음에는 티격태격 싸우던 아이들은 시간이 지나면서 놀이의 규칙을 스스로 정하고 이 규칙을 준수한다. 한마디로 놀이를 통하여 우리 인간은 자연법을 만들고 따른다. 이러한 의식은 성인이 되어서도 "페어플레이" 즉 공정한 게임을 할 수 있도록 한다. 공정한 자연법을 제정하고 따를 수 있는 것은 인간의 본성이고 이는 놀이를 통하여 형성된다. 자연법은 모든 인위적으로 제정된 사회의 실정법에 우선한다.

넷째, 놀이는 진지하다. 놀고 있는 아이들은 모두 진지하다. 아이들은 땀을 뻘뻘 흘리면서 목숨걸고 놀고 있다.

다섯째, 놀이는 학습의 장이다. 플리트너(A. Flitner)는 어린이는 놀이에서 배운다고 주장했다. 이는 인류 역사상 최초의 유치원(킨더가르텐)을 세운 프뢰벨(Froebel)의 경우에도 해당된다. 유치원을 의미하는 킨더가르텐(Kindergarten)은 놀이 동산이라는 뜻이다. 한마디로 유치원에서 어린이들은 놀이를 통하여 학습한다. 놀이는 자발적인 학습력을 가지고 있으며 또래와의 놀이를 통하여 얻어진 지식은 평생 동안 지속된다.

여섯째, 놀이는 공동체를 형성한다. 놀이의 세계에는 주객의 구별이 없다. 결국 놀이는 인간관계와 공동체를 유지시키는데 기여한다. 우리 인간은 놀이를 통하여 자연스럽게 공동체 의식을 형성한다.

결국 놀이는 인간의 본성이며 인간의 또 다른 능력 즉 사고하고 도구를 사용하는 능력 이상으로 우리를 살아남게 하고 살아갈 수 있게 한 원동력이 된다. 즉 인간을 인간으로 살아남게 하고 인간을 인간답게 하는 문화 과정을 놀이의 본능이 촉진한다. 사고하고 도구를 만들고 사용하고 그리고

"놀면서" 우리 인간은 인간만의 숭고한 문화를 창조, 계승, 발전, 재창조하면서 살아가는 것이다. 그러나 바로 이러한 놀이 영역이 우리의 학교교육에서는 오래 전부터 삭제 되어 왔다. 심지어 학교가 어린이의 세계(놀이세계)와 성인세계(일의 세계)의 다리를 놓아주는 역할을 하는 장소였음에도 불구하고 오히려 학교교육에서 놀이는 터부시된 영역이었다.

이제 평생교육은 이러한 인간의 본능으로서의 놀이력(Spielkraft)에 주목해야 한다. 실제 학교 외 평생교육의 프로그램들이 궁극적으로 에듀테인먼트(Edutainment)를 지향하고 있으며, 대부분 놀이 프로그램 중심으로 디자인되어 운영되는 것은 결코 우연이 아니다. 이제 인간학적인 차원에서 밝혀진 놀이의 영역이 보다 과학적으로 평생교육의 영역에서 활성화되어야 할 것이다. 왜냐하면 인간은 인간의 문화를 보다 인간적으로 보다 질적으로 그리고 보다 본질적으로 창조, 전달, 계승, 발전 그리고 재창조할 수 있는 능력을 교육받고 학습해야 할 과제를 안고 있기 때문이다.

3. 성인의 인간학

인간학적 결론에 의하면, 결국 '결핍존재'로서 태어나는 인간은 살아남기 위해 교육과 학습을 필요로 한다. 이것은 오늘날도 여전히 유효한 교육과 학습의 원(原) 현상으로 이해되고 있다. 성인교육도 이러한 교육적 원현상의 모습을 벗어날 수 없다. 특히 "성인교육"이라는 언어에서 오는 편협한 개념 이해가 불식되어야 한다. 성인교육은 결핍이 없고 완전히 이루어진 사람 즉 성인(成人, adult, Erwachsenen)을 대상으로 하는 교육이 아니다. 우리는 앞에서 이미 성인교육에서 이해하는 "성인"이라는 개념에 대하여 역사적이고 심리학적으로 검토해 보았다. 결론적으로 보면, 성인교육에서는 성인은 교육의 가능성을 가진 교육의 대상이다. 즉 성인 역시 교육과 학습이 요청되고 교육과 학습의 가능성을 가진 존재이다. 이러한 사실은 성인 역시 교육을 받을 수밖에 없으며 교육을 받을 수 있는 "결핍된 존재"(Arnold Gehlen)에서 예외일 수 없다는 것을 의미한다. 아이들은 아이들대로 청소년들은 청소년들대로 그리고 성인들은 성인들대로 무엇인가에 결핍되어 있으며 완전하지가 않다. 인생을 죽는 날까지 결핍존재이며 미완성의 존재이다. 물론 정도 차는 존재할 것이다. 왜냐하면 누구에게나 개인차가 존재하기 때문이다. 따라서 교육으로서의 성인교육 역시 결핍존재로서의 성인과 미완성 존재로서의 성인을 학습대상으로 하고 있는 것이다.

20세기 독일의 교육학자 슈프랑거(Eduard Spranger, 1882-1963)는, "성인도 정상적인 개체가 아니다"라고 선언하면서, 그의 "성인의 인간학(Anthropologie der Erwachenen)"을 시작하고 있다(Spranger, 1953: 346). 특히 그는 성인은 성인만의 고유한 위기의 영역을 겪고 있으며, 그러한 위기의 영역을 극복하기 위하여 특별한 교육이 요청된다고 하고 있다. 즉 그에 의하면, 성인이란 신체적-육체적으로는 신경세포 및 뇌세포의 감소와 소멸로 인한 각종 정신·신경적인 문제와 생리·물리적 장애 그리고 호르몬 및 성호르몬 분비 능력의 감소로 인해 발생하는 각종 성인병과 아기 산출능력의 상실 등은 성인기의 고유한 위기 영역으로 간주된다. 육체 내부적으로는 육체적-신체적 장애 그리고 육체 외부적으로는 각종 환경압박적인 정신적 고통으로 인해 성인기에는 특히 "심리적 위기" 상황에 처하게 된다. 이를 두고 슈프랑거는 청소년들과는 달리 성인기에는 이중의 복합적 정신위기를 맞게 된다고 주장한다. 즉 인간은 육체-심리-정신의 3중 복합구조로 이루어지는데, 나이를 먹으면서 발생하는 육체적 문제와 주변 환경에서 가해지는 정신적인 고통으로 인하여 성인들에게는 성인들만의 고유한 심리적 위기가 발발한다.

구체적으로 말하면, 성인의 세계는 일과 노동 그리고 직업의 세계인데

(Jeangros, 1951). 일과 노동 그리고 직업을 잘 수행하기 위해서 요청되는 각종 기술, 지식을 익히고 배우고 응용할 수 있는 경험 능력이 요청된다. 즉 기억력과 지능에 의한 학습능력과 각종 두뇌능력이 요청되는 직업세계에서 살아가고 살아남기 위해서는 일정한 지력과 활력이 요청된다. 따라서 이러한 직업능력을 발휘하기 위하여 성인기에는 어린이나 청소년기 보다 더 강인하고 민첩한 육체적-신체적 능력이 요청된다. 그러나 현실은 그와 정 반대이다. 즉 성인 나이보다는 청소년 나이가 학령기에 해당되며 이들이 교육의 주대상으로 존재한다.

물론 성인 자신들도 직업세계에서의 현실적인 외부환경으로부터 각종 도전을 접하면서 많은 지식과 기술 그리고 경험을 쌓으며 응전하려고 하지만, 연령에 따른 자연적인 퇴보 현상 때문에 발생하는 육체적-신체적 한계 상황 앞에서 주저하거나 좌절한다. 따라서 우리는 청소년기에 비해 열악한 성인들의 육체적-신체적 한계를 이해하면서 성인교육을 수행해야 한다. 구체적으로 보면, 속도 상 민첩성을 요하거나 시각적-청각적으로 장애가 있는 교육환경에서의 교육은 성인들에게 적합하지 않다. 따라서 성인교육자들은 청소년교육과는 달리 성인들에게만 고유하고 특수한 영역을 찾아내어 이를 교육의 고유영역으로 인식하여 교육을 해 나가야 한다. 이를테면, "경험"의 영역, "자기 주도적 학습"의 영역, "현실문제 해결"의 영역들은 성인교육의 가능성 영역들이 된다. 즉 성인교육은 성인들에게만 닥치는 고유영역으로부터 시작하여야 한다.

그러나 가장 문제는 다음과 같은 사실에 기인한다. 많은 성인들은 지적 능력과 기억력의 감소로 인한 정신력의 감퇴를 극복하기 위해서 모순적으로 행동한다. 삶의 원칙과 원리 그리고 공정한 경쟁을 알면서도 몸이 안 따르니 마음도 변한다. 즉 현재의 지위를 유지하거나 보다 높은 지위를 추구하려는 욕망은 강하지만, 지력의 감퇴가 심하고 남과의 경쟁에서 능력의 한계가 나타나 점점 상대적으로 위축될 경우 일반 성인들의 행동은 이율배

반을 벗어나지 못한다. 인간은 누구에게나 즉 청소년기처럼 성인기에도 개인차가 여전히 존재한다. 그러나 개인차는 청소년기와 성인기에서는 판이하다. 청소년들은 성장하는 속도와 정도에 따라 개인차가 존재하지만, 성인기에는 퇴보하는 속도와 정도에 따라 개인차가 발생한다. 이럴 경우 성인들은 공정치 못한 성인사회의 경쟁관계를 목격하게 된다.

이제 직업능력이 한계에 달하고 육체적으로도 쫓아가지 못하는 성인들이 욕심만 많을 경우 갖은 비행과 부정을 서슴지 않게 되는 것이다. 또한 지력과 기술 등 실력 있는 후배들이 치고 올라오는 경우에 나이를 먹으면서 성인들은 점점 더 불안해 한다. 그러나 지위를 지키고 명예를 지키고 더 상승하기 위해 이들은 실력(實力)보다는 정실(情實)을 택하게 된다. 이로써 공정해야 할 경쟁관계가 불공정하게 이루어지게 된다. 물론 모두 다 그런 것은 아니다. 그럼에도 불구하고 이러한 상황은 오늘날 우리에게 나타나는 성인사회의 대표적인 삶의 행태가 된다. 한마디로 남과의 공정경쟁에서 실력이 못 미치면 지위욕심이나 명예욕을 포기해야 함에도 불구하고, 현재의 지위를 지키거나 아니면 보다 높은 지위와 부를 획득하기 위해 "힘" 있는 곳으로 유착하고 결탁하게 되면서 각종 비리와 비행 그리고 혼탁이 이루어지는 것이다. 바로 이곳에서 진정한 성인교육이 요청된다.

결국 성인기에게 고유하게 인식되는 성인기의 "심리적 위기"(psychological crisis)는 성인들에게 삶의 태도와 방향 그리고 행동에 결정적인 역할을 하게 된다. 따라서 이러한 심리적 위기가 극복될 수 있는 성인교육이 요청된다. 일예로 성찰과 각성 그리고 자기 도야의 영역은 성인교육의 중요한 영역이 된다. 한마디로, 우리는 성인들만이 가질 수 있는 심리적 위기의 상황을 알게 해주고 성인들에게 이러한 심리적 위기를 극복시켜 줄 수 있는 교육을 부여하고자 하는 데에서 인간학적 기반을 발견하게 된다(Zdarzil, 1976).

그런데 이러한 성인의 심리적 위기에 대한 인간학이 성인교육의 인간학적 이해를 위해 기여하기 위해서는, "인간은 결핍존재"라는 개념과 같이 생각될 때 보다 구체적으로 나타난다. 즉 결핍이란 무엇인가 계속 보충되어야 함을 의미한다. 결핍된 존재가 보충되지 못할 때는 언젠가 결핍증 때문에 부적응하거나 죽고 만다. 여기에 삶을 위한 교육과 학습의 의미가 있는 것이다. 한마디로 말하면, 선천적인 결핍을 후천적으로 보충하고 보완하는 과정에 교육과 학습이 개입하는 것이다. 후천적 보충으로 결핍존재는 살아남을 수 있다. 그런데 형식교육(formal education)인 학교교육의 대상인 청소년들에게 있어서의 결핍과, 대부분 비형식·무형식 교육(informal·nonformal)에 의지하고 있는 성인들에게 언급되는 결핍은 다르다. 여기에 청소년 대상의 학교교육과 성인을 대상으로 하는 비형식·무형식교육의 목표와 목적이 다르다. 즉 학교교육에서의 결핍은 학교에서 목표하는 일정한 점수를 따기 위한 결핍으로서, 기억력과 지능 등의 개인차에 의하여 나타나는 결핍이지만, 성인교육에서의 결핍은 학과 점수에 중점을 두지 않는다.

물론 보충으로 결핍이 메꾸어진다는 사실에서는 동일하다. 그러나 성인교육에서는 학교청소년 교육을 위한 준비조건의 대명사인 기억력과 지능 대신 재능과 적성 그리고 흥미 등을 통해 이루어지는 다양한 "경험 및 체험의 영역"에 대한 결핍이 중요하며, 이에 대한 보충과 보완이 우선시된다. 따라서 성인교육에서는 성인학습자의 교육 및 학습에 대한 개인적 욕구가 중요하다. 특히 학교교육과는 달리 "참여가 자유롭고" 자율적인 선택에 의해 시작되는 관계로 교육현장의 출입과 퇴고에 특별한 제약이 없는 성인교육의 영역에서는 성인과 성인학습자의 요구가 교육의 성패에 결정적이다. 결국 성인교육의 참여자인 학습자의 교육/학습욕구에 따라 결핍을 보충해주고 보완해 주는 것이 바로 성인교육의 원리가 되며 성인교육의 방향이 된다. 이로써 우리는 성인교육의 인간학적 이해를 구체화하는 계기가 된다. 더 나아가 성인교육의 내용과 방법까지도 – 이를테면, 학습의 촉진자

(facilitator), 학습도우미(helper)로서의 성인교육자, 쌍방 대화의 방식을 통한 상호학습(synergogy=synergy+andragogy)의 교육 방법, 자율적이고 자발적인 자기주도의 학습방법 등 - 성인의 교육가능성과 성인교육의 원리에 대한 근거를 제시하는 성인의 인간학과 성인교육의 인간학적 이해로부터 정위된다는 사실이 간과될 수 없다.

이상과 같이 우리는 교육의 인간학적 차원에서 성인의 심리적 위기 상황과 성인교육에서 결핍존재로서의 성인에 대한 이해를 설명하여 왔다. 부언하자면, 이러한 두 가지 고유영역에 대한 이해는 성인교육의 가능성, 원리, 내용, 방법을 결정할 것이며 이는 성인교육의 목적에 부합될 것이다. 결국 성인의 인간학은 성인교육을 인간학적으로 이해하는 토대를 제공한다.

● 참고문헌

오인탁 (1969). "교육인간학의 형성조건 - Bollnow의 사상을 중심으로". 석사학위 논문, 연세대학교 대학원.

이규호 (1964). 현대철학의 이해. 서울: 숭의사.

이규호 (1969). 교육과 사상. 서울: 배영사.

Bollnow, O. F. (1967). 현대철학의 전망. (이규호 역, 1967). 서울: 법문사.

Bollnow, O. F. (1965). Das anthropolische Betrachtungsweise in der Pädagogik. Essen.

Flitner, A. (1963). Wege zur pädagogishen Anthropologie, Heidelberg: Quelle & Meyer.

Gehlen, A. (1967). Der Mensch. Seine Natur und seine Stellung in der Welt. Frankfurt/ a.M. Bonn.

Huizinga, J.(1934). Homo Ludens. Vom Ursprung der Kultur im Spiel. Hamburg.

Jaengros, E. (1951). Maximen zur Berufserziehung. Kantonales Amt für beruflche Ausbidung.

Langeveld, M. J. (1951). Einfühlung in die Pädagogik. Stuttgart.

Loch, W. (1963). Die anthropologische Dimension der Pädagogik. Essen: Neue Deustsche Schule.

Portman, A.(1962). Zoologie und das neue Bild vom Menschen. Reinbek.

Rothacker, (1948). *Probleme der Kulturanthropologie*. Tübingen.

Spranger, E. (1950). Lebensformen. Geisteswissenschaftliche Psychologie und Ethik der Persönlichkeit. 8. Aufl. Tübingen : Neomarius Verlag.

Spranger, E. (1953). Zur Psychologie der Bildsamkeit des Erwachsenen. In: Walter Eisermann (Hrsg.)(1974). Eduart Spranger. Psychologie und Menschenbildung. Gesammelte Schriften IV, Tübingen: Max Niemeyer Verlag. 346-365.

Schwidetsky, Ilse (1959). Das Menschenbild der Biologie. Stuttgart.

Zdarzil, H. (1976). Handbuch der Erwachsenbildung. Anthropologie und Psychologie des Erwachsenen. In: Franz Pöggeler (Hrsg.) (1976). Handbuch der Erwachsenenbildung. Band 3. Stuttgart Berlin Koln Mainz : Verlag W. Kohlhammer.

제7장

평생교육의 사회학적 차원

1. 탈(脫)학교론

탈학교론(Theory of De-schooling)은 갈등론(葛藤論, conflict theory)의 관점에서 전통적인 학교를 비판해온 사회학자들에 의해 제기되었다. 이들의 뿌리는 마르크시즘(Marxism)이다. 물론 마르크스(Karl Marx)는 교육의 문제에 대하여 언급하지 않았다. 다만 노동자들의 질문에 대답하는 과정에서 전인교육은 "다기술적 도야(polytechnisch bildung)"에서 가능하다는 언질만을 주었을 뿐이다.

그러나 우리 사회에서는 계급간의 갈등 문제가 심각하며, 교육은 이러한 갈등 문제를 해결하기는커녕 갈등 재생산의 온상이 되고 있다는 자기반성에서 갈등론적 교육학자들이 마르크시즘을 숭상하고 있다.

마르크스에 의하면, 사회는 순조롭게 기능하는 정적인 조직이 아니다. 사회를 구성하는 제 요소의 연속적 변화는 물론 사회구조 자체의 근본적 변화는 계급적 갈등에 의해 유발된다. 지금까지 우리사회의 역사는 계급투쟁의 역사이다. 갈등은 우연히 발생하는 것이 아니고 사회구조 자체의 조직적 산물이다. 그는 사회자체 내에서 인간의 발전을 저해하는 요인 즉 모순이 잠재한다고 생각한다. 이러한 모순은 계급간의 긴장과 갈등을 심화시켜 결국 무산 노동자계급이 주도하는 혁명을 통해 사회의 질적 변화가 촉진된다. 이러한 갈등론적 관점은 베버(Max Weber), 짐멜(Georg Simmel), 코저(Coser)로 계승된다.

마르크스에 의하면, 우리 인간생활 전반에 결정적인 영향을 미치는 것은 '공장'에서의 생산관계 또는 생산수단의 소유형태이다. 자본주의 사회는 생산수단을 소유하고 노동에 의해 생산된 잉여가치를 독점할 수 있는 자본가계급과 자신의 노동력을 상품으로 자본가에게 팔아 겨우 생존을 유지할 수 있는 무산 노동자계급으로 분극화되어 있다. 이와 같은 계급적 분극화는 두 계급간의 갈등을 증식시켜 마침내 적대적 감정은 극도에 달한다. 이렇게 되면 무산계급은 의식적으로 단합하여 생산수단을 공유하고 수탈과 압박이 없는 무계급사회를 열망하여 혁명을 통해 유산계급을 타도하지 않을 수 없다.

갈등론자들의 비판 대상은 기능주의이다. 기능주의에서 전통적인 학교는 정상이다. 기능주의 관점에서 보면, 학교는 선발과 배분이라는 제 기능만 하면 사회적으로 기여한다는 주장이다. 이를테면 사회통합과 사회질서 유지가 대표적이다. 그러나 갈등주의는 학교와 전체 사회의 요구보다는 학교와 지배집단과의 관계에 주목한다. 학교는 재능있는 자의 사회이동을 촉진시켜 주고 사회평등화에 기여하는 사회제도라기보다는 특정 지배집단의 권력을 영속화시켜 주고 기존 계층질서를 유지시켜 주는 도구이다. 학교는 학생들로 하여금 기존의 사회에 순응하는 태도와 자질을 갖도록 한다. 이를테면, 통계 조사된 중산층의 대중화 현상을 따라야 할 사회규범으로 호도하고, 맹목적 애국심이나 민족주의를 부추기고, 상술을 위한 기업예절을 보편적 직업윤리로 둔갑시키고 사회적 순종을 성공의 조건으로 인식시킨다. 학교는 학생들의 창의적이며 자율적 사고를 봉쇄하고 심지어 이를 일탈과 문제아의 기준으로 만들고 강요한다. 한마디로, 학교에서는 독립적 사고와 인간적 가치를 길러주기 보다는 기성사회에의 순종과 예속성만을 가르친다.

이들은 학교에서 배운 지식과 기술이 직업 신분이나 직무 수행의 능력과는 무관하다는 연구결과를 신봉한다. 학업성취에 있어서도 계급간, 인종간의 차이가 지속적으로 나타남으로써 교육확대를 통한 기회균등이 이루어지기보다는 특수계층의 권위를 유지하는데 학교가 이용되고 있다.

이들에게 학교는 자본주의 사회의 '공장'에 비유된다(Sarup, 1983). 공장에서 이루어지는 인간소외가 학교에서도 똑같이 일어난다는 것이 이들의 주중아다. 이를 정리하면 다음과 같다(권이종 외, 1998: 35):

첫째, 학교는 객관적이고 중립적인 기관이 아니며 지배집단과 관련을 맺고 있다.

둘째, 학교는 지배집단의 이데올로기를 전수하는 곳으로, 불평등한 사회구조를 심화시키는 역할을 한다.

셋째, 학교는 업적주의 이념으로 공정성을 위장하고 있으며, 실패의 원인을 사회구조적인 측면보다는 개인의 능력과 노력 부족으로 돌리고 있다.

넷째, 학교에서 가르치는 것은 인지적 능력보다는 지배집단이 선호하는 가치, 태도, 규범 등을 주입하고 있다.

다섯째, 학교는 기존의 불평등한 사회질서에 개인을 편입시키며, 지배집단의 이익에 기여하는 도구적 장치에 불과하다.

결국 갈등론적 시각은 과거 "학교=교육"의 시대에 학교 중심의 교육체제에서 나타나는 허구와 문제점 그리고 모순을 고발하면서 학교개혁 또는 대안교육의 패러다임을 추구하는 토대를 마련하는 계기를 주고 있다고 할 수 있다.

교육이 사회계급을 재생산한다는 결론을 주장하는 갈등론적 입장은 구체적으로 경제적 재생산론, 문화적 재생산론 그리고 저항이론으로 세분화되어 발전한다.

1) 경제적 재생산론

교육내용과 문제점을 자본주의 사회의 체제 속성상 불가피한 문제점과 연계하여 분석하기 시작한 보울즈(Samuel Bowles), 긴티스(Herbart Gintis)는 교육을 자본주의 사회의 불평등한 계급구조를 봉사하는 도구로 보았다(Bowles & Gintis, 1986). 이것이 경제적 재(再)생산론이다. 이 논리에 의하면 학교의 교육내용은 자본주의 경제체제를 지속시키는데 필요한 가치와 규범을 반영하고 있다. 교육의 본질적 가치와 규범은 창의성, 자율성, 지적 호기심 등이고 이러한 영역이 학습되고 교육되어야 함에도 불구하고 현재 우리의 자본주의 체제는 이러한 교육본질을 외면하고 있다. 즉 현재 학교에서 교육의 목적으로 다루고 있는 영역은 지배계급의 규범과 가치일 뿐이며 교육내용 역시 이들로 구성되기 때문에 지배계급은 교육을 통하여 자신들의 지위를 지키고 정당화시킬 수 있다.

이들은 자본주의 경제구조가 속성상 평등을 지향할 수 없는 불평등한 위계구조로 형성되어 있다고 본다. 따라서 계급간의 갈등이 발생함에도 불구하고 이를 해결하고자 하는 것보다는 이를 정당화하고 무마하는 방법만을 추구한다. 그러한 방법 중의 하나가 바로 교육이다. 결국 자본주의 지배계급은 그들 체제를 안전하게 유지하기 위한 제도적 장치의 필요성을 인식하고, 자본주의 경제의 모순을 은폐하고 불평등한 사회구조를 정당화하고 존속 유지시키기 위해 학교교육제도를 이용하고 있다. 한마디로 경제적 재생산론의 주장에 의하면, 학교교육의 사회적 기능을 자본주의 사회체제 즉 경제적 관계와 분리하여서는 이해할 수 가 없다. 즉 자본가 계급은 노동 생산력의 축적과 계급통제를 통해 그들의 경제적 이점을 취득하려고 한다.

보울스와 긴티스에 의하면, 자본주의 사회에서 학교는 낮은 그리고 중간 지위의 직업을 수행하는데 요구되는 자질과 이성적 특성, 즉 복종, 시간엄수, 상사에 대한 존경심, 일 중심의 사고 습관, 순종 능력 등을 가장 중요한 규범과 가치로 가르친다. 이는 상사에 순종하며 근면 성실하게 일하는 것만이 덕목이며, 창의성이나 자율적인 사고를 통한 개성적인 행동은 문제아의 일탈행위로 간주한다. 또한 학교의 교육내용은 자본주의 사회의 지배계급이 필요로 하는 바에 따라 결정되며 이것이 학교에서 교육내용으로 선택된다. 결국 보울즈와 긴티스는 현행 학교 중심의 교육제도는 불평등의 정도를 완화시키지 못할 뿐만 아니라 개인의 인성적 발달에도 기여하지 못한다고 단정한다. 즉 학교교육은 불평등한 사회구조만을 정당화하고 합법화하여 이를 재생산하는 기능만을 수행하게 된다.

이러한 관점은 알뛰세(Althusser, 1971)에 의해서도 제기된다. 그에 의하면, 자본주의는 사회의 구조적 안정을 위해 교육이 두 가지 기능을 수행한다. 첫째, 교육은 생산수단의 변형과 노동에 필요한 지식을 전달하고, 둘째, 교육은 기존의 생산관계를 유지하는 데에 필요한 내용만을 전달한다. 한마디로 이들의 주장에 의하면, 현행 학교 중심의 교육제도는 자본주의 체제의 모순과 문제점을 극복하는 수단이기는커녕, 체제적 모순이자 문제점으로 드러난 사회적 불평등의 문제를 합리화시키고 심지어 이를 재생산하는 시녀의 역할을 톡톡히 하고 있는 셈이다.

2) 문화적 재생산론

문화적 재생산론자들에 의하면, 현행 학교중심의 교육은 교육을 독점하고 있는 학교를 통하여 지배계층의 문화를 정당화하고 내면화시킴으로써 자본주의 사회의 체제적 모순과 불평등의 문화현상을 재생산하는데 기여한다. 물론 경제적 재생산론자들이 교육을 경제적 관계에 국한하고 있으며, 문화적 재생산론자들은 학교교육의 기능을 문화구조와의 관계에 제한하여 사회구조의 불평등 현상과 교육을 통한 이의 진화과정을 설명하고 있다는 한계를 가진다. 그러나 교육이 문화를 전달, 계승, 발전시키는 역할을 한다고 볼 때 문화구조와 교육과의 관계를 설명하는 문화적 재생산의 문제는 국지적인 영역이라고 볼 수 없다. 교육은 일반적인 문화구조를 한 세대에서 다음 세대로 전달하는 전통적 기능을 맡고 있기는 하지만 사실상 보다 심층적이며 보이지 않는 사회적 기능을 수행하고 있다. 즉 교육이 계층들 사이의 문화적 사회적 차이를 강화함으로써 사회계급구조를 재생산하는데 공헌한다.

또한 문화적 재생산론자들은 문화적 배경, 지식, 기호, 그리고 기술 등을 개인들과 집단들에 의해 생산되고 배분되며 소비되는 경제 재화와 흡사한 것으로 분석하고 있다(권이종 외, 1998: 40). 이러한 의미에서 자본주의 사회에서 문화는 경제와 똑같이 자본이 된다. 바로 이러한 문화자본이 권력에 따라 이동되며 아울러 이러한 문화자본은 교육을 통하여 재생산된다.

문화자본의 이동과 전달 추이에 대한 연구를 중심으로 문화적 재생산론을 주장하는 브르디외(Pierre Bourdieu)는 학교에서 학업성취와 문화소비 유형의 측면에서 볼 때 사회계층간에는 불평등한 문화자본의 배분이 존재한다는 사실을 지적하고 있다(한준상, 1989). 다른 말로 하면, 자본주의 사회가 경제적 모순에도 불구하고 유지되는 이유는 지배계급이 선호하는 문화 영역을 통해 계급적 불평등을 유지 심화시키는 재생산의 수단으로서 교육의 역할이 지대하기 때문이다. 일례로, 학교에서 교과과목으로 선택되어 교과서에 실리는 소위 "선택된 문화"로서의 "교과" 역시 지배층의 문화만을 대변한다. 지배계층에 의해 선택된 문화가 교과서로 둔갑하고 그것이 평가의 기준이 되어 엘리트가 선발되는 현행 학교교육체제에서 문화전달 기능으로서의 학교는 지배문화를 재생산하며 계층 간의 모순과 문제점을 합리화하는 수단이 된다. 또한 학교가 이러한 기능과 역할을 할 때 지배계급의 구조와 문화 독점현상은 개인의 노력에도 불구하고 전혀 변화하지 않는다. 예를 들어, 교육을 통해 사회구조 내에서 소수의 개인들이 높은 자리를 차지하게 된다고 해서 그것이 계급관계를 가진 구조 안에서의 기본적 변화나 이동의 가능성을 의미하지 않는다.

사회계급의 불평등과 문화자본의 불평등한 배분이라는 부르디외의 거시적 분석은 교육내용, 수업방법, 그리고 평가라는 미시적 분석과 연결되어 있다(권이종 외, 1998: 41). 예를 들어, 학교에서는 사회적으로 인정되는 문화자본 또는 지배문화가 교육과정 또는 교육내용으로 전수되고 있다. 가정에서도 사회에서도 마찬가지이다. 따라서 교육과정은 문화적 재생산의 도구이다.

3) 저항이론

저항이론자들은, “학교가 단지 사회계급의 반영물일 수밖에 없는가? 아니면 학교는 사회모순과 불평등에 도전하여 사회개혁을 할 수 있는 역량이 있는가?”라는 질문에서 시작하며, 근본적으로 교육이 사회개혁과 사회발전을 주도할 수 있을 것이라는 이상론을 목표한다.

이들은 인간을 수동적 존재가 아니라 능동적 존재로 규정한다. 따라서 인간은 사회에 순응적이기도 하지만, 사회모순에 투쟁, 비판, 저항할 수 있는 존재이기도 하다. 또한 인간은 불평등한 사회구조를 인식할 수 있으며, 이를 개혁할 수 있다.

이들은 이데올로기가 계급국가의 존재와 기능을 정당화시키고 있다고 주장한다. 즉 이데올로기는 생산적 사회관계에서 불평등한 사회관계를 은폐시키고, 국가가 지배계급의 도구로서 존재하며 현존하는 모순된 사회질서구조를 재생산하고 있다. 또한 이는 국가의 잠재적 기능을 국민들이 인식하지 못하게 하는 허위적 관념체계일 뿐이다.

이러한 이데올로기의 허위성을 고발하는 것을 넘어서 이를 극복할 수 있는 교육방법을 제시하는 학자군들이 있다. 이른바 의식교육의 가능성에 대한 주장으로서 대표적인 학자는 윌리스(Willis), 지루(Giroux), 애플

(Apple), 프레이리(Freire)를 들 수 있다.

지루에 의하면, 이데올로기는 우리의 삶을 지배하고 구속할 수 있다. 또한 이데올로기는 사회구조를 구성하고 사회변동을 이끌 수도 있다. 그렇다면 이데올로기의 모순이 발견된다면 언제든지 이에 대응하는 대항 이데올로기도 가능하다. 지루는 사회적 모순이 인식되는 순간 대항 이데올로기의 출현을 옹호한다. 또한 사회모순을 의식적으로 고발하고 대항 이데올로기의 가치를 내포하는 교육이 진정한 교육이며 이로써 우리는 사회의 모순과 갈등을 폭로할 수 있다. 그러나 지루는 교육자와 교육학자들이 무엇이 저항이며 무엇이 저항이 아닌지에 대한 과학적인 기준의 탐구에 신중해야 한다고 경고하고 있다.

그에 의하면, "저항"은, 첫째, 공동체 문화형성과는 무관해지려는 지배세력에 대한 철저한 의심과 비판, 둘째, 반성적 사고와 반성적 사고를 가능하게 만드는 이론적 준거의 탐색, 셋째, 자기 자신과 사회적 해방을 위한 도전과 항거의 요소가 내재되어 있을 때 저항은 비로소 교육의 발전을 위한 분석적 개념이 될 수 있다(Giroux, 1983).

프레이리(Paulo Freire)는 저항이론이라는 말 대신 "의식화 이론"이라는 용어로 그리고 진정한 교육을 "의식화 교육"으로 대치하고 있다. 그에 의하면 의식화 교육이란 민중들이 자기들에게 닥친 사회적, 정치적, 경제적 모순들을 인식하고 현실적인 압제 요인들에 대처하고 항거하기 위한 준비교육이며 이에 대한 학습이다. 또한 의식화 교육이론을 기초로 한 민중교육은 저항이론가들이 주장하는 교육문제를 해결해 줄 수 있는 교육통합의 원리가 된다.

저항론자들은 근본적으로 현재 우리 사회가 학교교육체제에 의해 변화되어질 수 없다고 판단하고 있다. 이들은 학교가 저항이론의 차원에서 개혁되기 위해서는, 첫째, 교육실패의 현상에 대하여 도덕적, 정치적 파렴치 행위를 정당화시키고 있는 기존의 교육 관점을 학교교육 현장에 적용시키는 일을 포기해야 하며, 둘째, 학교현장에는 진정한 공동체 문화형성을 위한 기존 사회정치 문화 형성을 위한 거부, 반박, 논쟁의 문화가 장려되어야 하며, 셋째, 인간 해방을 위한 교육의 원리가 정치적 권력발휘, 저항정신발휘, 인간의 능력발휘라는 세 가지 요소로 구성되도록 노력해야 한다고 주장한다.

결국 이들의 주장에 의하면 교육기회의 불평등으로 인하여 계층 간의 갈등과 계급구조의 모순 등 사회적 불평등을 재생산하는 도구로서 전락한 우리의 학교교육은 이제 "학교사망론"(School is dead)", "탈학교사회론"(Deschooling society)", "반학교론"(anti-school theory)을 주장한 일리치(Ivan Illich), 라이머(Evert Reimer), 보울스(Samuel Bowles), 긴티스(Herbert Gintis) 등 교육급진론자들의 주장처럼, 아니면 같은 테마로 60년대와 70년대 들어 영국과 미국 등 선진각국의 정부정책보고서로 채택된 콜멘보고서(Coleman Report), 클라우저 보고서(Crowther Report), 뉴섬보고서(The Newsom Report), 플라우든 보고서(The Plowden Report)의 결론처럼 학교는 아예 문을 닫던가 아니면 진정한 교육의 원리와 원칙에 따라 철저히 개혁되어야 하는 기로에 서 있다. 또 아니면 대안교육으로서 또 다른 차원의 교육 즉 교육패러다임의 변화를 요청하고 있다.

이러한 관점을 중시하는 평생교육은 사회내의 갈등과 변동을 통하여 인간을 그들이 사는 사회의 구조적 제약으로부터 벗어날 수 있도록 하는 교육의 집단적 측면을 강조하며, 그 결과 인간의 해방과 그 잠재적 역량을 신장하고자 하는데 그 중점을 둔다(권두승 편저, 1995: 284). 또한 갈등주의 패러다임의 주장들은 아래에 언급되는 해석학적 패러다임과의 연계 속에서 오늘날 평생교육론의 주춧돌 이론이 되고 있는 「학습사회론」의 성립과 발전에 기초 토대로 작용하고 있다.

2. 해석학적 패러다임

교육에 관한 구조기능주의와 마르크스의 시각에 입각한 갈등주의적 접근이 거시사회학적 패러다임이라고 한다면, 미시사회학적 패러다임은 해석학적 접근이라고 할 수 있다. 윌슨(Wilson, C.H. 1970)에 의하면, 전자는 규범적 패러다임이고 후자는 해석적 패러다임이다.

미시사회학적 패러다임은 거시적 접근에 대한 이론상의 문제점을 지적하면서 새로운 접근을 시작하고 있다. 첫째, 거시적 접근은 인간존재를 사회화의 산물로 파악하고 있다. 여기서는 자유와 호기심에 바탕을 둔 인간의 창의성이 거의 무시되고 있다. 물론 갈등이론이 인간의 창의성과 자율성을 들고 있지만 이 역시 사회화의 산물로서 제한된다. 즉 자율적이고 창의적으로 스스로 살아가는 삶의 연장으로서 사회를 거론하는 대신 사회변화와 개혁을 목표로 행동하는 주체 또는 때로는 새로운 권력과 힘에 의해 인위적으로 조작될 수도 있는 사회인을 말한다. 둘째, 거시적 접근은 인간생활의 미묘함과 복합성에 대하여는 관심을 두지 않고 있다. 한 예로, 거시적 접근은 학생들의 학교생활의 실체를 이해하지 못하며 교사와 학생간의 관계 요인을 파악하는데 실패하고 있다. 즉 거시적 접근은 교육에 대한 일반적 구조와 변화의 필요성은 제공하고 있으나, 매일 교실에서 교사와 학생간의 만남과 이를 통한 자연스러운 교육과 삶의 현장을 세세히 알려주지는 못하고 있다.

이러한 논리적 허점과 결함은 미시적·해석적 접근을 시작하게 한다. 윌슨은 규범적 패러다임 즉 구조기능주의와 갈등주의를 모두 의심한다. 인간의 사회적 행위는 일정하게 공유된 규칙에 따라서 일관되게 일어나는 것이 아니다. 행위자는 서로의 행동을 '의미'있는 것으로 받아들이고, 그것을 해석 또는 상황에 알맞게 정의하면서 상호작용으로 행위한다. 즉 인간의 사회적 행위는 규칙적 과정이라기보다는 본질적으로 '의미와 상징의 해석적 과정'이다.

사회과학에서 해석학은 인간의 상호작용 속에서 이루어지는 해석과 의미부여에 관심을 둔다. 또한 이는 상호작용을 하나의 해석 과정으로 파악하기 때문에, 연구의 방법 또한 연역적 설명에 의한 것이 아니라 상호작용이 실제로 일어나고 있는 일상생활을 구체적으로 이해할 수 있도록 해석적 기술을 강조한다.

기능이론이나 갈등이론처럼 해석학적 패러다임도 하나의 계보로 이루어진 것은 아니다. 학자들마다 분류하는 방식은 약간씩 다르긴 하지만, 현상학적 사회학(phenomenological sociology), 상징적 상호작용론(symbolical interaktionism), 민속방법론(ethnomethodology) 등의 사회학 계열은 해석학적 사회과학의 영역이자 동시에 사회과학의 방법론에 해당된다. 이들 세 가지 영역의 이론들은 내용적으로는 다소 차이를 가지고 있지만 몇 가지 면에서 공통점을 가지고 있다. 즉 모두 다 해석적 과정으로서 '상호작용'(interaction)을 중시한다는 점, 그 과정을 해석적으로 기술하는 방법을 채택한다는 점, 연구방법 면에서 질적 연구방법을 강조하고 있다는 점 그리고 분석수준에서는 미시적 분석을 강조한다는 점이 그것들이다.

1) 현상학적 사회학

현상학자 테브나즈(Thevenaz)는 현상학을 도무지 종잡을 수 없는 철학으로 규정했다. 그는 자신의 논문 〈현상학이란 무엇인가?〉의 서두에서 현상학은 후설에서부터 쉘러, 하이데거, 사르트르 그리고 메를로 퐁티에 이르는 50년 동안 결코 선명하게 정의되지도 못했다고 하면서 그것은 천의 얼굴을 가진 프로메테우스와 같다고 했다. 그러나 현상학이 이러한 애매함에도 불구하고 영향력이 큰 것은 아마 후설이 현상학을 "엄밀한 학문"

(Husserl, 1962)으로 규정한 근거가 숨어 있기 때문일 것이다.

현상학의 창시자인 후설(Edmund Husserl)에 의하면, "현상학이란 현상에 관한 학으로서 현상의 본질을 직관하는 학"이다. 왜냐하면 현상은 본질의 표현이며 이것은 본질이 자기를 표현한 특정 결과인 한에서만 참된 현실성을 얻게 되기 때문이다(우기동 편역, 1986: 123).

후설의 현상학은 '의식의 지향작용'을 통해 대상을 구성해 가는 대상성 형성과정을 되물으려는 작업이다. 따라서 교육에 대한 현상학적 연구 즉 교육현상학의 연구들은 교육의 제과정에 대해 생생하게 느끼는 참여자의 체험세계 또는 교육적 대상에게 의미를 부여하는 참여자의 의식세계를 기술함으로써 교육의 본질 세계를 들여다보자는 의도를 지니고 있다.

이러한 경향을 어떻게 전개시키고 있는지 그리고 어떤 방향으로 특징짓고 있는지에 관하여 몇 가지 접근 유형을 통해 살펴보면, 하나는 교육현상 자체를 가정이나 전제 없이 들여다보면서 교육체계를 보는 하나의 새로운 방법으로 접근하는 유형이다. 다른 하나는 순수현상보다는 실존적 현상학을 활용하면서 행동과학의 위기로부터 벗어나 특히 교육받는 자의 존재 의미를 부각시키려는 움직임이다.

첫 번째 유형은 현상학을 교육학의 연구방법론으로 채택하고 있는 챔벌린(Chamberlin)의 교육현상학을 들 수 있다. 그는 교육현상학이 교육의 사실과 현상을 직시하는 가장 적절한 접근이라고 주장한다. 두 번째 유형은 교육현상학처럼 교육행위자들의 의식에 의해 교육적 사건들에 의미가 부여되는 과정을 중시하고 있고 이로부터 교육을 이해해야 한다는 주장에 동의하고 있지만, 실존적 현상학과 연계되면서 학습자의 존재의의를 회복시키려는 데 우선적인 의도를 강조하고 있다. 여기서는 교육과정이, 학습이론에 대한 재구성, 교사와 학생간의 '실존적 관계'가 중요하다. 그러나 양자는 모두 교육의 국면을 이해하기 위해 교사와 학생들이 어떻게 그들의 의미구조 안에서 교육적 대상들을 받아들이고 경험하는지의 차원을 분석한다. 물론 이러한 논점은 인간을 둘러싸고 있는 사회와 문화가 함께 작용하여 그들로 하여금 교육세계를 독특하게 형성하고 있는 실체로까지만 접근할 수 있지만, 교육을 둘러싸고 있으며 전체적으로 교육현상을 구속하고 있는 사회, 정치, 문화, 경제적 힘의 구조에 대한 파악을 할 수 있는 범위를 가지지 못한다는 약점을 가지고 있다. 또한 교실에서 벌어지는 교육현상을 통해서는 사회구조적 요소가 재생산되는 측면을 찾을 수 없으며 교육현상을 통해 우리와 우리 사회가 유지되는 현상에 대한 직접적인 대면이 이루어지지 않는다. 아울러 현상학적 관점에서의 교육연구는 연구자의 관점으로부터 탐구하려는 대상을 이해하도록 요구함으로써 상대주의에 빠질 가능성이 높다.

그럼에도 불구하고 현상학적 시각은 '본질을 직관하는 것'으로 시작하기 때문에 인간과 인간간의 만남에서 전제될 수밖에 없으며 그 때문에 많은 후속문제가 파생되는 선입견, 편견 그리고 후광효과 등을 제거하려는 시도라고 볼 수 있다. 교육의 현상에서 자연스럽게 현상할 수 있는 인간적 오류 즉 '선입견'과 '편견'의 오류를 시정할 수 있는 연구의 시각은 교육현상을 본질적으로 과학적이고 합리적으로 규명하고 이해하는 데에 기여한다. 이는 현행 학교 중심의 교육체제에서 성적평가 중심의 교육체제에서 파생하는 낙인, 인과율 등 각종 비인간교육의 문제에 대해 일대 경종을 울릴 수 있는 교육대안적 실천이며 연구방법론이라고 할 수 있다.

오늘날 평생교육 및 학습의 연구를 위하여 현상학적 사회학은 교육자와 학습자간의 교육적 관계 및 학습 분위기 속에서 평생교육사는 선입견 없는 학습도우미(facilitator)로서의 역할을 다 할 수 있는 학문적 기반을 제공한다고 할 수 있다. 또한 이는 교육본질로서의 학습본능 이해와 학습받는 자의 존재에 대한 관심을 통하여 "학습권 사상"의 태동에도 학문적 기초를 제공하고 있다고 할 수 있다.

2) 상징적 상호작용론

이는 '상호작용이론'이라고도 하며 기능이론을 비판하면서 시작한다. 상호작용이론가들이 기능이론을 비판하는 근거는 기능이론, 특히 파슨즈(T. Parsons)의 후기기능이론이 개인의 사고와 행동, 개인 간의 상호작용에 미치는 문화규범과 사회제도의 영향력을 지나치게 강조함으로써 인간을 완벽하게 사회화되는 수동적 존재로 보았기 때문이다. 상호작용이론가들은 기능이론가들과는 대조적으로 사회가 상호작용을 결정하는 원인이라기보다는 오히려 사회는 개인 간의 상호작용의 산물이라고 본다.

상징작용론을 주장한 미드(G. H. Mead), 듀이(Dewey), 토마스(Thomas), 파크(Park), 제임스(James), 쿨리(Cooley), 쯔나니키(Znaniecki), 볼드윈(Baldwin), 레드필드(Redfield), 워드(Wirth), 블루머(Blumer)가 대표적인 학자들이다.

물론 이러한 사고에 발판을 마련한 학자는 짐멜(Georg Simmel, 1858-1918)과 쿨리(Charles Horton Cooley, 1864-1929)였으며, 오늘날 이론으로 정립한 공로자는 미드라고 할 수 있다. 짐멜은 사회학의 연구대상을 인간간의 상호작용이라고 하였고, 가족이나 종교 혹은 국가 같은 거시적 사회도 결국 구체적인 상호작용의 산물이라고 보았다.

쿨리는 자신의 "거울자아이론"(Looking Glass Self)을 통하여 이론을 구체화한다. 즉 우리는 거울에 비친 자신의 영상을 통해 스스로의 모습을 가다듬듯이, 우리의 자아개념도 다른 사람에게 비친 나의 모습을 스스로 상상해봄으로서 형성되어 간다. 거울자아는 타인에게 비친 나의 모습을 상상하는 단계, 그 모습에 대한 타인의 판단을 상상해 보는 단계, 그 결과에 대한 자부심이나 수치심을 느끼는 단계로 이루어지는데 이러한 개념이 상호작용이론에 계승된다.

미드는 우리의 자아형성, 사회구조의 구성을 모든 상호작용의 관점에서 설명한다. 결핍된 존재로 태어나는 우리 인간은 이 세상에게 가장 미완성이며 가장 약한 존재로 태어난다. 이러한 약하게 태어나는 인간이 어떻게 집단 생활 즉 사회를 구성할 수 있는가? 이러한 질문에 대하여 미드는 인간은 '상징적 수단으로서의 언어'를 통하여 의사소통을 할 수 있는 능력을 가지고 태어나기 때문이라는 결론을 낸다. 상호작용론(theory of interaction)이 그것이다.

언어를 배우기 전에 어린아이는 어머니로부터 호의적인 반응을 불러일으키는 몸짓으로 의사소통한다. 이는 어린이의 본능과 시행착오를 통하여 발전하기도 하고 부모들의 의도적인 교육에 의해 전개되기도 한다. 하여간 이러한 몸짓은 관례적이고 습관적인 의사소통의 방법이 되고, 이는 언어를 습득한 후에도 의사소통의 수단으로 일상화된다. 여기서 관례적 몸짓 역시 상징적 상호작용의 산물로 해석될 수 있다. 관례적 몸짓이나 언어를 인지하고 해석할 수 있다는 사실은 이를 표현하는 타인의 입장에서 생각할 수 있다는 것을 의미하며 이는 일종의 역할취득이라고 할 수 있다. 역할취득은 자아나 사회의 생성발전에 매우 중요한 단계이다.

미드는 자아형성이 역할취득의 수준에 따라 이루어진다고 하면서 세 단계를 들고 있다. 즉 첫째, 부모나 친구 같은 역할을 해 보면서 이들 즉 중요한 타자의 입장에서 삶을 생각할 수 있는 놀이의 단계, 둘째, 운동경기 등 단체 게임을 통하여 여러 사람의 역할취득을 하는 단계, 셋째, 일반화된 타자의 역할취득을 통하여 이들의 입장에서 삶을 생각하는 단계를 통하여 자아형성을 한다. 미드에 의하면, 일반화된 타자의 역할을 취득할 수 있는 것이 곧 사회화이며 일반화된 타자의 입장에서 자신을 평가할 수 있는 능력, 일반화된 타자의 역할을 취득할 수 있는 능력을 통하여 사회가 형성된다고 본다. 그가 제시하는 자아 형성의 세 단계는 쿨리의 거울자아의 세 단계를 개념적으로 확장하여 '상징적 상호작용의 과정에서 사회가 구성되는 원리'를 밝힌 것이다. 즉 사회라고 하는 것은 기능주의자들의 주장처럼 개인의 사고와 행동을 결정하는 것은 외재적이고 객관적인 실재가 아니라 개인들 간의 상징적 상호작용에 의하여 구성되는 현상이다.

미드가 사회를 이와 같이 상호작용으로 구성되는 현상으로 보는 것으로 볼 때 그의 사회개념은 항상 가변적이고 유동적이다. 상호작용을 통한 의미구성은 개인의 산술적인 합이 아니기 때문에, 그의 상호작용이론은 사회실재론이 아니다. 그렇다고 사회명목론도 아니다.

이제 미드는 인간의 자아와 사회구성의 가변성과 역동성을 설명하기 위하여 I와 Me라는 유명한 개념을 사용한다. 우리의 자아는 주격 자아(I)와 목적격 자아(Me)라는 두 차원간의 변증법적 과정으로 인식된다. 주격 자아(I)는 자유와 자율에 의해서 행동을 선택하고 자기를 형성하는 차원이고, 목적격 자아(Me)는 타자의 거울에 비친 자아 즉 사회에 의해 형성되는 차원이다. 따라서 I를 주체적 자아, Me를 사회적 자아라고 한다. 주체적 자아는 인간의 능동성과 지향성을 뜻하고, 사회적 자아는 인간의 피결정성과 사회구속성을 뜻한다. 그러나 미드는 인간을 I와 Me, '주체적 자아와 사회적 자아간의 끊임없는 변증법적 상호작용'으로 보기 때문에 인간간의 상호작용과정에서 구성되는 사회도 기능이론이 상정하는 것처럼 초개인적인 객관적 실재는 아니다. 말하자면 사회는 상징적 상호작용을 통하여 구성되고 끊임없이 재구성된다(Mead, 1973).

결론적으로 상징적 상호작용이론의 관점은 사회현상을 연구함에 있어서, 상징을 교환하며 상호작용하는 구체적 인간을 분석의 중심으로 삼는다. 인간의 상호작용을 사회구조나 문화구조의 기저로 보고 인간을 사회제도나 규칙이 규정하는 역할을 수동적이고 무비판적으로 수용하는 기계적 존재가 아니라 사고하고 해석하며 의미를 부여하는 성찰력있는 존재로 간주하는 것이 상호작용이론의 특징이다. 상호작용이론은 사회의 문화규범이 사고와 행동의 틀을 규정한다고 보는 기능주의적 관점과 사회의 지배규범을 중립적인 것으로 간주하지 않는다. 결국 상호작용이론은 사회에서 이데올로기적 환상이 우리에게 주입되는 현상을 고발하고 있는 갈등이론을 "상호작용하는 행동의 주체로서의 인간"이라는 시각으로 보완하고 있는 셈이다.

따라서 상호작용이론은 교사와 학습자간의 상호작용에 의한 학습의 효과가 배가될 수 있다는 "상호학습(synergogy)"과 "현실성 학습", "문제해결 학습", "유희적 학습"(edutainment) 등 평생교육의 방법적 원칙의 중요성과 "학습권 사상"의 중요성에 대한 인식 기반을 제공하고 있다는 점에서 평생교육의 사회학적 기초로 자리매김할 수 있다.

3) 민속지론

민속방법론은 일반 민중이 그들의 일상사를 통해 예시하는 상호 작용 및 사회조직의 속성을 창출해 내고 이해하기 위해 사용하는 일반민중의 생활방법에 대한 체계적 이해와 관점을 가지고 있다. 따라서 이는 이론이 될 수도 있고, 방법론 특히 해석의 방법이 될 수도 있다.

민속방법론은 가핑클(Harold Garfinkel)이 상징적 상호작용론과 현상학을 종합하여 발전시킨 이론이자 해석적 방법론이다. 그에 의하면, 어떤 상호작용이든지 민중들의 상호작용은 상호작용을 전개하는 사람들 간에 전개되며 합의되어 나타나는 성취물이나 업적의 결과이다. 상호작용의 결과를 초래하는 상호작용 중에 사람들이 사용하는 상호작용의 절차나 지식은 합리적, 획일적, 계획적인 속성을 갖게 된다. 결국 상호작용의 합리적, 일관적, 계획적 속성을 이해하기 위해서는 상호작용에 참여한 사람들이 이미 알고 있는 것이 있는지 없는지 만약 있다면 과연 그것이 무엇인지에 대한 탐구가 필요하다.

민속방법론은 경험적 연구에서와 같이 사실의 발견에 관심이 있는 것이 아니라, 사회적 상황에서 사람들이 여러 사실들을 어떻게 지각하고 설명하고 있는가를 이해하는 데에 관심이 있다. 인간행동을 이해한다고 할 때, 그것은 단순한 대상이 아니라 의미의 구성체로서의 인간행동을 말한다. 민속방법론은 구성원들의 '의미구조'에 관심이 있고, 이 의미구조에 관련된 사회적 맥락의 이해에 관심이 있다. 그러므로 이는 사회적 상황의 참여자가 사회적 상황에 부여하는 해석과 의미 그리고 그 구조를 탐구하는 방법이라고 할 수 있다.

민속방법론자들은 사회적 실재론(social realism)을 거부한다. 즉 사회질서라는 실체가 "그 어딘가"에 존재한다는 입장을 철저히 거부한다. 사회적 실재론을 거부하기 때문에 민속방법론은 상징적 상호작용론자들에 비해 보다 급진적이다. 왜냐하면 상징적 상호작용론자들은 사회구성원들 간의 의미 공유와 사회체제의 실제성을 부정하고 있지는 않기 때문이다. 사회구성원들의 상징적 상호작용은 이미 상호작용자들에 의해 도달되고 성취될 목표를 전제하고 있다. 그러나 민속방법론자들은 집단구성원들간의 공유된 의미가 있거나 혹은 의미에 대해 이미 합의하고 있다는 전제를 부정한다. 개인은 오로지 '개인'만의 실제를 가지고 있을 뿐이다.

이들은 의도적으로 "사회적 신화"를 와해시키려고 하지는 않지만, 사회에 대한 입장은 다음 세 가지로 정리될 수 있다. 첫째, 사회적 실재를 알 수 있는 절대적 방법은 없다. 사회적 실제란 개인주의적이든 집단구성원 사이에 공유되는 것이든 간에 사회구성원 개인들이 상호작용하는 결과이다. 둘째, 사회적 실제는 객관적 독립적으로 존재하는 것이 아니다. 단지 사회구성원에 의해 진술되고 설명되는 것이기 때문에 사회적 실제의 내용은 관찰과 해석에 의해 파악될 뿐이다. 셋째, 사회구성원들은 사회적 실제의 의미에 대해 일정한 합의를 가지고 있지 않다. 상호작용을 행하고 있는 사람들은 그들이 마치 공유된 의미를 갖고 있는 양 상호 묵인한 채 행동할 뿐이다. 결국 합의된 동의란 사회구성원들 간에 항상 동일한 의미를 지칭하지는 않지만, 그래도 일정한 규칙에 의거하여 그들이 그 무엇인가를 이야기하며 행위하고 있다는 식으로 상호작용하는 사람들의 언행을 상대방에게 인지시켜 마침내 소기의 목적을 성취하게 만드는 의도적 방법을 지칭할 뿐이다. 한마디로, 거시사회학에서 주목하는 '사회구조' 대신, 민속방법론적 접근은 개인의 상호작용에서 발생하는 '의미구조'에 대해 주목한다.

한 예로, 민속방법론은 학교교실 내에서 전개되는 학생, 교사, 집단 간 상호작용으로서의 교실활동의 분석에 관심을 갖는다. 즉 교사, 학생간의 상호작용과 언어적 의사표시, 교사가 사용하는 언어, 개념, 교실활동 참여자들의 의사결정 등을 연구한다. 그것은 학생, 교사, 행정가들이 어떻게 교육이라는 사회적 현상의 실체를 구축하며 정의하고 있는가와 그들에 의해 구축된 사회적 실제와 정의감각이 어떻게 교육과정 및 사회화에 영향을 미치고 있는가에 관한 것이다.

민속방법론의 연구방법은 한가지로 통일되어 있지 않고 다양한 방법을 활용한다. 초기 민속방법론적 교육학자들은 언어 분석이나 대화분석을 즐겨 사용했다. 그러나 이들은 점차 의도적 실험, 상황분석, 참여관찰, 질문지, 면담, 생애사 등 일차자료에 대한 이차적 내용분석 등도 시도한다. 이러한 다양한 방법에도 불구하고 공통점은 양적 방법 대신 질적 연구방법을 택하고 있다는 점이다.

민속방법론자들은 기존의 교육학자들은 학교교실, 학교 등에서 일어나는 사회 현상을 구체화된 사물로 간주해 버렸다고 비판한다. 즉 기존의 교육학자들은 학교와 교실현장에서 발견되는 사회적 사실을 고정된 것, 불변적인 것으로 간주한 나머지 해당 교실의 사회적 사실이 사회구성원들의 활동에 의한 "과정"에 의해 조정되거나 변경된다는 점을 무시하고 있다는 것이다. 그러나 민속방법론적 접근에서는 교육전체 속에서 이뤄지는 개인적 자기교육과정이 중요하다. 이제 민속방법론적 교육학이 대답해야 할 남은 질문은, "과연 교육현장의 사실이 상황부가적이고 개체적으로 파악될 뿐이라면 그런 파편적 현상이 어떻게 과학적 지식으로 환원될 수 있는가?"이다.

그럼에도 불구하고 교육학 연구의 새로운 방법론이면서 이론으로 자리매김하고 있는 미시적 접근 영역들은 새로운 교육학 이해의 시각을 열어놓고 있다. 구체적으로 이는 교육과정의 사회학이라는 신교육사회학의 기초를 쌓는 동시에 특히 교육과정 중 미시적 영역인 개인적 자기교육과정 즉, "학습"의 본질성에 대한 접근을 활성화하여 평생교육체제를 구현하는 중심이론인 "학습사회론"의 형성에 기반을 제공하였다고 할 수 있다.

3. 신교육사회학의 패러다임

50년대와 60년대를 지배한 구조기능주의의 입장을 견지하는 학자들은 교육의 제 문제를 해결하기 위하여 그리고 사회의 불평등 문제를 완화하기 위하여 교육의 기회균등, 교육의 효율성, 교육 이탈자에 대한 관리, 통제, 보상교육 및 보충교육 프로그램 실시 등에 관심을 두고 문제 해결에 접근하기 시작했다. 그러나 이와 같은 접근들은 기대와는 달리 학교교육이 사회평등화에 기여하지 못할 뿐만 아니라 오히려 계층 간의 위계화를 심화시키며 이로 인하여 파생되는 사회불평등이 점점 심각할 정도로 첨예화되는 현상을 맞게 된다. 그리하여 영국에서는 거시적 관점에서 문제 해결을 하려는 구조기능주의의 방법론을 비판하고 학교의 내부 현상에 관심을 가지게 되었다.

대표적인 학자로는 영(Michael Young)을 들 수 있다. 1970년 그는 ≪지식과 통제(Knowledge and Control)≫라는 논문을 발표하여 교육에 대한 새로운 해석과 교육사회학이 지향해야 할 방향을 제시하였다. 그에 의하면 기존의 교육사회학으로는 교육의 기회균등, 학교의 효율적 운영 그리고 교육의 이탈자의 통제 등의 문제가 해결되지 않는다. 이는 학교나 교실에서 일어나는 제도적 장면이나 상호작용 그리고 교육과정에서 지식의 선발과 조직에 대한 고려를 하지 못했기 때문이다. 특히 그는 교육과정에서 지식의 선발, 조직, 배분에 대한 사회학적 관심을 강조했다. 지식은 주어진 것이라기보다는 탐구의 대상이다. 이러한 관점에 대해 고버트(Gorbutt)는 신교육사회학(New Sociology of Education)이라고 명명하고 이를 대안적 패러다임이라고 주장했다(정우현, 1991).

그동안 교육학을 지배해 온 기능이론과 갈등이론은 교육과 사회의 관계를 거시적 관점에서 분석하고 교육의 사회평등 또는 불평등 기능을 밝히는 데 있어서 투입-산출의 모형에 의존하였기 때문에, 여기서는 '교육과정'이 암흑상자로 간주되었다. 이렇게 종래의 교육학이 교육과 불평등을 사회구조의 수준에서 논의하고 있는 동안 영국의 일부 교육사회학자들은 새로 일기 시작한 지식사회학의 관점과 현상학, 상징적 상호작용론, 민속방법론의 등장으로 교육내용과 학교의 내적 과정에 시선을 돌리고 있었다.

영이 주도하기 시작한 교육과정의 사회학은 '교육내용을 구성하는 지식'에 초점을 두고 있다. 지식은 인간의 주관과는 무관하며 그렇다고 사회적, 역사적 조건을 초월하여 객관적으로 구성되고 유지되는 것도 아니다. 오히려 모든 지식은 사회적, 역사적으로 구성된다. 또한 지식은 사회적, 역사적으로 구성되기 때문에 교육을 통해 얻는 지식은 절대적인 것도 임의적인 것도 아니다. 그렇다고 어디선가 불쑥 나타난 것도 아니다. 다만 당시 그 사회에서 집단적으로 주어진 유용한 의미의 체계일 뿐이다.

만하임(Karl Mannheim)은 학교가 특정사회계층의 현실적 이해관계를 지식으로 변형시켜 학생들에게 가르치고 있다고 보았다. 즉 학교에서 가르쳐지는 지식은 인간이 사회적으로 구성한 많은 지식 중에서 어떤 원칙에 의해서 선택되거나 혹은 배재된 지식이다. 즉 교육내용을 구성하는 지식은 특별집단의 이해관계에 따라서 좌우된다.

교육내용으로 선택된 지식은 선택 집단의 이익을 대변하고 기존의 지위체제를 유지하여 주는 의식체계와 이데올로기적 성격을 갖는다. 그러므로 교육과정은 지식의 위계화와 분화를 만드는 사회에서의 권력과 분배를 반영한다.

이글스톤(Eggleston)에 의하면, 전통적으로 교육사회학자들은 오랫동안 선발과정에만 전념해 왔고 교육과정의 내용은 무시해 왔다. 설사 관심이 있더라도 기능주의적 관점에서 교육과정에 대한 "합의"의 가정에 기초를 두어 왔다. 그러나 최근 많은 비판적 사회학자들이 학교에서 가르치는 내용에 대한 관심을 기울이고 있다. 즉 이들에게 교육과정은 사회와 학교의 권력과 권위 구조를 확립 유지하는 중심요소이며 교육과정을 결정하는 과정은 사회통제의 과정이다.

웩슬러(Wexler)는 미국의 구조기능주의 사회학이 사회적 체계를 주어진 것으로 받아들이면서 개인적 출세를 결정하는 요인들을 규명하는 데에 집중한 나머지, 교육과 사회 일반에 펴져있는 불평등 요소간의 관계에 대한 연구는 소홀히 다루었다고 비난한다. 학교지식에 관한 연구도 없었던 것은 아니지만 개인의 학업성취에만 많은 관심을 기울여 학업성취에 영향을 주는 변인이나 결정인자를 찾는 데에만 열중했고 학교지식의 내용이나 학교지식을 규정하는 사회적 근거를 규명하는 일은 거의 방치해왔다. 즉 기존 사회학자들은 학생들이 배워야할 혹은 교사가 가르쳐야 할 지식은 이미 주어졌다고 전제하고 있다. 그러나 1960년대의 학생운동과 흑인민권운동은 교육지식의 동질성 혹은 획일성에 제동을 걸었고 학교지식의 중립성에 대한 비판을 시작했다. 문화상대론이나 지식의 정치화이론은 미국의 교육사회학자들로 하여금 학교지식을 재고하게 했고 학교지식을 기존의 연구방법 및 이념과는 전혀 다른 입장에서 연구하도록 만들었다(김억환, 1988).

영에 의하면, 교육과정이란 특정한 시대에 요청되는 지식을 선정하고 조직하는 것이다. 그런데 중요한 것은 어떤 특정한 지식이 왜 그리고 어떻게 선정되는가가 밝혀져야 한다는 사실이다. 그러나 기능주의에 입각한 교육사회학은 지식의 선정과 조직을 산업사회의 가치나 목표에 부합하는 보편적 가치로 간주해 버린 나머지 갈등론자들의 비판에도 불구하고 '교육과정의 선정과 조직에 내포되는 문제'들을 분석하려 하지 않았다. 그에 의하면, 교육과정은 주어지는 것이 아니다. 그럼에도 불구하고 그동안 학교는 지식을 '이미 주어진 것'으로 간주하여 학교에서 다루는 지식에 대하여 이견을 내지 않았다. 또한 교육과정에서 지식의 조직과 정치적 권력의 관계에 대해서도 관심이 없었다. 따라서 영은 이제 '교육과정에 대한 분석'이 새로운 교육의 사회학적 연구의 중심에서야 한다고 주장한다(Young, 1971).

번스타인(Bernstein)은 학교에서 선호하는 지식과 분화는 보편적이고 합일적인 것이 아니라 오히려 지배계층이 향유하는 것으로 지배계층의 이익을 반영한다고 주장한다. 따라서 지배계층의 아동은 하위계층의 아동보다 학업성취에서 월등하며 미래에 차지할 지위에 대해서도 유리한 입장에 놓인다. 요컨대 학교에서 다루는 지식과 교육내용은 알게 모르게 대부분 중상류사회의 문화를 반영하고 있다. 따라서 이들과 다른 문화 속에서 살아가는 중하류 노동계층의 아동들은 우선 교육에서 다루어지고 있는 교육내용들이 자신들이 일상에서 접하는 문화내용과 다르기에 학업성취가 어렵다.

결국 이들의 주장에 의하면, 우리가 교육의 내용으로 다루는 일반 지식이 객관적 근거를 갖는다거나 아니면 역사와 사회를 초월하는 초가치적인 것이 아니라는 사실이다. 교육의 내용으로 교육과정에 편입시켜 가치화시키고 절대화시키는 지식은 허상일 뿐이며 지배집단과 권력집단의 의도적 조작일 뿐이다.

교육내용으로서의 교육과정의 허구성을 지적하는 교육과정의 사회학은 상징적 상호작용론에 영향을 받아 전개되었다. 상징적 상호작용론에 의하면, 인간은 대상 또는 사물이 지니는 의미의 바탕 위에서 그 사물에 대해 행동한다. 또한 이와 같은 의미는 인간들 사이에서 일어나는 사회적 상호작용에서 나오는 것이며, 대상을 다루어 나아가는 인간의 해석과정을 통하여 처리되고 수정된다. 이렇게 본다면 인간은 자기 세계의 창조자이며 존재하는 내재적 심리구조에 의해 규제되지 않은 채 외부의 자극에 의해 단순히 반응하는 존재가 아니다.

상징적 상호작용론은 겉으로 드러난 것만을 대상으로 이의 분석에 집중하는 행동주의적 사회과학 방법론에 대해서 인식론적 문제를 제기한 것이라고 할 수 있다. 행동주의가 밖으로 드러난 관찰 가능한 인간의 행동만을 분석의 대상이라고 주장한 것과는 달리, 상징적 상호작용론은 인간의 행동을 이해하기 위해서는 인간의 내면과 저변을 들여다보아야 한다는 입장을 취한다. 따라서 교육내용으로서의 교육과정 역시 상징적 상호작용의 과정을 통해서 새롭게 수립되고 지속적으로 반성적으로 갱신될 수 있어야 한다.

블루머(Blumer)는 자아를 하나의 과정(process)으로 보며 자기 자신과의 교섭인 자아교섭(self-interaction)을 가능하게 하는 '반성적 과정'이라고 본다. 인간은 자기 스스로에게 지시할 수 있고 그가 인지하고 분류하며 평가한 것을 두고 스스로의 행동을 궁리하여 조직해 간다. 즉 인간은 어떤 외부적 자극에 대해 단순히 기계적으로 반응하는 것이 아니라 능동적이며 삶의 의미를 스스로 해석하고 상징을 사용하며 아울러 자기 자신과도 교섭하는 존재이다.

또한 이들의 관점이 취하고 있는 관점은 물론 지식사회학(Karl Manheim)에도 근거를 두고 있다. 지식사회학은 지식이란 사회적으로 구성되는 것이기 때문에 우리가 믿고 있는 역사와 사회를 초월하는 보편타당한 절대지식은 없다고 하면서 '지식의 상대성'을 주장한다. 설령 절대지식이라고 믿는 것도 실은 지배계급의 이익을 반영한 지식일 뿐이다(김억환, 1988). 물론 이러한 지식관은 상대주의적 한계를 가지고 있다는 비판을 받는다. 그럼에도 불구하고 이러한 관점은 지식에 대한 인간의 자율적인 사고를 개방하고 이를 증진시킨다는 점에서 긍정적인 평가를 받고 있다.

그러나 과연 교육과정의 사회학자들이 얼마나 과학적으로 학교의 '지식과 교육과정'을 연구했는가에 대한 비판은 여전하다. 즉 이들의 주장은 아직 일반화가 될 만큼 충분히 객관적이고 과학적인 근거를 확보하고 있지는 못하다. 즉 연구방법론 또는 탐구 방법상의 어려움이 그것이다. 따라서 교육과정의 사회학은 문제 제기에는 성공적이었다고 해도 이를 논증할 만한 구체적인 연구는 아직 부족하다. 따라서 이러한 관점 역시 해석적 접근으로 분류하는 학자군도 많다. 그러나 영(Young)과 데이비스(Davies)는 교육과정의 사회학이 종래의 규범적 패러다임을 공격하면서 자신들의 해석적 패러다임을 구축하는 것 자체가 혁명적이라고 주장한다.

정리하자면, 교육과정의 사회학은 종래 학교교육 연구에서 무시되어 왔던 교육과정에 대한 미시사회학적 분석의 필요성을 부각시킴으로써 교육사회학자들에게 새로운 시각을 부여했다. 즉 이들은 교육의 사회학 연구 영역과 대상을 확대시켰고 학교의 내적 과정을 탐구하는 미시적 접근을 강조함으로써 기존의 거시구조적 접근과 균형적 관점을 견지하는데 기여했다. 또한 교육과정의 사회학은 지식사회학의 영향을 받고 민속기술방법과 상징적 상호작용론 등 해석학적 패러다임을 가지고 지식의 문제와 관련하여 교사-학생간의 상호작용, 교사가 사용하는 범주 또는 개념 및 교육과정 안으로 관심을 집중시켰다. 물론 이에 대한 경험적 연구는 아직 태부족이다.

그러나 교육과정의 사회학적 패러다임은 절대지식의 부정과 지식의 상대성 및 자율적 창출 가능성을 강조함으로써 평생교육의 시대에 지식창출을 통한 신지식인 배양 및 창의적 지식을 기반으로 하는 지식기반사회를 구축하는 새로운 지식관을 구축한 셈이다. 또한 이는 평생교육 및 학습의 시대에는 절대지식의 주입과 암기보다는 "학습하는 방법의 학습"(learning to learn)이 보다 중요하다는 사실도 강조한 셈이다. 왜냐하면 지식과 교육과정은 모두 상대성을 가지고 있기 때문에 창조의 가능성을 시사하며, 동시에 지식의 습득은 학습하는 방법을 알게 됨으로써 심층학습 또는 메타학습(Meta-Learning)이 가능하다는 논리적 기반을 제공하고 있기 때문이다.

4. '학습권'과 학습사회

1) 학습권(學習權) 사상

21세기 평생교육은 교육패러다임의 전환이자 대안적 교육개념으로 이해되고 있으며 심지어 새로운 교육정책의 차원으로 발전하고 있다. 오늘날 평생교육에 대한 연구의 주 흐름은 전통적인 교육과정을 새로운 시각으로 통찰하도록 자극하고 있다. 전통적인 교육의 권위는 이제 개인의 창의성과 능력개발을 중요시하는 "학습권"(the right to learn, 1985년 파리 UNESCO 국제회의)의 사상을 수용하고 있다. 즉 평생교육이 언급하는 교육 과정의 개념은 우리 인간의 "학습" 본능을 재고시켜주었다. 왜냐하면 학습은 교육에서 매우 동적인 개념이기 때문이다. 급변하는 사회에서 동적인 학습의 개념에 대한 본질 규명은 교육의 현장에서 보다 중요하고 구체적인 과제가 되었다. 실제로 동적인 개념으로서 학습 본질은 원래부터 우리의 삶의 본질에 가장 가까이 있다.

이제 교육과정은 전통적인 학교교육에서의 핵심이었던 순수한 지적 영역에 국한되지 않고, 삶과 존재(being)의 모든 차원을 포함한다. 이는 1972년 포르(Faure) 보고서에서 시작된 "존재로의 학습"(Learning to Be)의 내용과 의미를 계승한다. 존재로의 학습은, 첫째, 삶의 다양한 문제, 도전 그리고 위기에 맞설 수 있는 전체적 삶의 능력을 배양하는 학습이며, 둘째, 끝없는 자기 개발(self-development) 과정으로서의 학습이다. 한마디로, 21세기 평생교육은 "존재로의 학습"을 위한 기본 조건이어야 하며, 부단한 자기 개발을 위한 환경이어야 한다.

1980년 중반부터 UNI(Unesco Institute of Education)는 데이브(Dave)의 주도 하에 "평생교육을 위한 학습의 기초 영역"을 선정하고 분석하는 작업을 시작했다. 즉 이들은 평생교육의 시대를 살아가는 우리가 평생 동안 교육받고 학습해야 할 기초 지식 영역들이다. 아울러 이들은 끊임없는 평생교육의 연구 대상이며 평생교육 실천의 내용, 방향 그리고 목표를 정위한다. 이른바 커뮤니케이션(communication), 신체적 인간(corporal man), 시간(time), 공간(space), 예술(art), 시민(the citizen), 윤리적 영역(the ethical domain), 테크놀로지(technology) 그리고 과학적 영혼(the scientific spirit) 등 총9개의 영역이 그것들이다. 그런데 이러한 9개의 영역들은 별개로 독립될 수 없이 서로 엇물려 있으며, 반드시 학제간의 연구를 통하여 연구 대상물로 자리 매김할 수 있는 속성을 가지고 있다.

1986년 UNI는 각각의 전문 분야에서 독특한 이론을 구축하고 있는 세계 각국의 전문학자 군을 선정하여, 이들에게 각각 논문을 받아서 한 권의 책으로 펴냈다. 물론 평생 학습의 영역에 대한 개개의 연구는 학제간의 연구로서 진행되었다. 또한 "서론"과 "개별 연구를 종합한 내용"은 랑그랑(Lengrand)이 맡았다.

랑그랑은 우선 학교와 사회변화의 관계를 분석하고, 분석의 결과를 토대로 "새로운 교육 질서"를 구축하고자 했다. 그에 의하면, 시대가 요구하는 "새로운 교육 질서"는 무엇보다도 평생교육의 중심축인 "계속교육"과 "성인교육"에의 강조를 통하여 접근될 수 있다. 이는 전통적인 한시교육으로서의 학교교육과 학령기의 과학 미신에 대한 정면 도전이었다. 그가 의미하는 새로운 교육질서는 평생 동안 계속되는 교육에의 실천을 의미한다. 이는 그동안 전통적 학교교육의 틀 속에서 점차 위상을 상실하여 온 "계속성", "창조성" 그리고 "학습"의 개념에 대한 향수에서 비롯된다. 그는 이러한 잊혀진 인간적 교육 개념을 다시 교육의 현장에 부각시킴으로서 평생교육론의 가능성을 찾고 있다. 한마디로, 랑그랑에게 이러한 세 가지 개념으로의 회귀는 평생교육론 주창의 근거가 된다.

그러나 이 세 가지 요인들은 따로 떼어 내어 별도로 언급하기 어렵게 서로 엇물려 있다. 이러한 엇물림은 더 나아가 평생교육론에 근거를 제공하는 학습 개념의 본질을 전체적(holistic)으로 해석하게 한다. 한마디로 계속성과 창의성이 결여된 학습은 본질 상 불가능한 것이다. 또한 전통적 학습 개념으로는 평생교육을 위한 학습의 계속성과 창의성이 보장되지 않는다. 따라서 평생교육의 기초를 위한 학습 영역을 발견하는 일은 "존재로서의 학습" 즉 "생존 그리고 삶으로서의 학습"에 중요한 토대를 제공하게 된다.

평생교육을 향한 개념적 엇물림의 과정은 결국 학습의 개념으로 귀결된다. 평생교육을 가능하게 하는 학습 개념은 "학습사회론"(Learning Society Theories)의 탄생으로 보다 구체화된다. 평생교육의 1차적 환경을 구축하는 학습 행위를 통해 우리는 자아실현, 완전한 인간, 교육 평등, 참된 가치 실현, 삶의 질 향상에 접근한다. 결국 평생교육의 기초로서 학습 영역을 발견하고 탐구하는 작업은 평생교육 연구의 중핵과제가 된다.

구체적으로, 커뮤니케이션의 학습은 평생 동안 언어적 관계 형성에 기여하고, 신체적 인간에 대한 학습은 감성적 차원을 과학적으로 이해하도록 한다. 시간과 공간의 영역은 유한자로서 태어나는 인간이 평생 동안 터득해야 할 학습과제가 되며, 예술 영역은 우리의 삶과 정신의 객관화인 문화 이해의 본질로서 그리고 심미적 감각의 발달을 정리하는 커뮤니케이션의 기준으로서 우리가 평생 동안 학습해야 하는 지적 탐구의 대상이 된다.

또한 인류의 역사를 시민권 사상의 발달이라고 본다면, 오늘날 소비자 주권 시대는 시민권의 성숙을 부추기는 민주주의를 보장한다. 민주주의는 계속 되어 가는 과정이다. 따라서 이 역시 평생 동안 우리가 학습해야 할 과제 영역이다. 인류의 역사는 공동체 문화를 누가 얼마나 어떻게 창조하고 유지하고 발전시켰는가와 결부된다. 우리가 가장 가치 있게 살아남을 수 있도록 하는 윤리적 영역에 대한 학습은 평생 동안 중단될 수 없는 학습의 이슈이며, 테크놀로지의 발전과 과학적 영혼의 문제는 한시교육으로서의 학교교육으로 완전히 해결될 영역이 아니다. 그러나 가장 중요한 사실은, 우리가 이러한 학습의 영역들을 전체적 맥락(context) 속에서 "계속적이고 창조적으로" 학습할 때 비로소 새로운 시대의 교육대안으로서 그리고 개혁교육의 새로운 패러다임으로서 평생교육의 위상은 정립될 수 있다.

2) 학습사회론

평생교육의 사회학적 기초는 「학습사회론」의 성립으로서 교육실천의 대안적 틀을 갖추게 된다. 학습사회라는 개념은 「학습심리」와 「사회화」의 개념처럼 오랜 역사를 가지고 있지만, '학습사회'라는 용어는 허친스(Robert Hutchins)의 『학습사회론(1968)』이 출판된 것을 계기로 한다. 물론 이는 학습사회론의 총론에 해당된다고 할 수 있다. 그 후 각론으로서 1972년 유네스코의 교육위원회에 제출된 포르 보고서(Faure Report)가 "존재를 위한 학습"(Learning to be)이라는 제목으로 작성되었으며, 그 이듬해인 1973년에 미국 카네기 고등교육위원회에 제출된 보고서인 "학습사회를 향하여"(Toward a Learning Society)는 학습사회라는 용어를 보편화시키고 일반화시키는데 기여했다. 1990년 유네스코에서 주장하는 "모두를 위한 교육"(Education for All)이나 1996년 OECD에서 개최된 회원국 교육장관들의 코뮤니크 보고 형식으로 발간된 "모두를 위한 평생학습"(Lifelong Learning for All)은 모두 학습사회론을 토대로 하는 평생교육 정책론이었다고 할 수 있다.

(1) 허친스의 확습사회론

허친스에 의하면(1968), 학습사회는 단순히 교육기회의 확대만을 의미하지 않는다. 즉 성인에게 교육의 기회가 개방되어 있다고 해서 그 사회가 학습사회가 되는 것은 아니다. 또한 교육제도가 잘 발달되어 있다고 해서 그 사회가 학습사회가 되는 것도 아니다. 허친스가 주장하는 학습사회는 "모든 사회구성원에게 언제라도 접할 수 있는 다양한 형식의 교육기회가 열려 있어 그들에게 다양한 교육을 제공할 수 있을 뿐만 아니라 세 가지 일, 즉 학습과 자아 실현 그리고 인간화라는 삶의 가치 전환에 성공한 사회를 의미한다(Hutchins, 1968: 164).

학습사회에서의 학습은 인생의 한 시기에 특정 장소, 특정 시간, 특정 내용을 가르치는 것이 중심이 되는 그런 교육이 아니다. 사회구성원 전체를 대상으로 정시제 혹은 기타 시간의 융통성을 부여하는 교육이 가능하며 그런 교육이 중심이 되는 사회를 의미한다. 이때 학습사회의 목표는 평생학습을 통한 '자아 실현'에 있다. 학습사회의 목적은 직업 획득만을 위한 것이 아니다. 인간의 자아 실현에 대한 가치가 우선되지 않고는 학습사회의 실현은 불가능하다.

전통적인 교육은 다분히 생산과 소비라는 두 개의 연결 고리에 국한된 교육이었다. 개인들은 좋은 직업을 얻기 위해 사회는 양질의 산업인력을 양성 배분하는 일에 국한된 목적 지향의 교육이었다. 교육은 정치, 경제, 사회 발전에 있어서 중요한 기능과 역할을 수행한다는 인식 아래, 인간을 자본 혹은 소비재로 보는 경제학적 시각이 지배적이었다. 1960년대부터 교육이 경제발전에 기여한다는 생각은 슐츠(Th. W. Schultz, 1963)를 비롯하여 여러 경제학자들에 의해 보다 구체화되었다. 이때부터 초 중등의 학교교육은 경제 성장 특히 국민 총생산의 증가에 기여하는 체제로 개편되었다.

전통적인 고전적 경제발전이론은 경제 성장의 요인으로 노동과 토지 그리고 물적 자본을 들었다. 그러나 산업화가 촉진되면서 질적인 노동력이 생산경제를 좌우한다는 연구결과가 속출하면서 인간자본론(human capital)이 득세하게 된다. 그러다가 1960년대 중반부터 이러한 인간자본론에 입각한 인력교육에 대한 교육투자에 강한 의문이 제기되기 시작했다. 특히 교육경제학자이며 교육의 사회학자들인 보울스와 긴티스 같은 급진론자들은 슐츠 등 인간자본론을 주창하는 학자들의 논리를 비판하고 나섰다. 즉 이들에 의하면 인간자본론은 교육을 '경제의 시녀'로 전락시키는 관점이다. 특히 교육의 인본주의자들은 교육은 경제나 정치의 수단이 아니고 그 자체가 목적이 되어야 한다는 이상론까지 들고 나왔다. 이러한 논리는 교육과 학습이 자아실현을 궁극의 목표로 계속적이고 평생 동안 수행되어야 하는 영역임을 요구하기 시작했다. 결국 허친스는 인간에게 교육과 학습은 성인기 이후에도 계속되어 평생 동안 지속되어야 함을 주장하면서 이는 인간성 상실을 방지하는 차원에서도 중요함을 피력했다. 학습사회는 이러한 평생교육의 실현을 가능하게 한다.

(2) 유네스코의 학습사회론

1972년 유네스코 교육개발 국제위원회에 제출된 포르 보고서는 "존재를 위한 학습론"을 모토로 하고 있다. 이는 종전의 학습 개념인 "지식을 위한 학습"(learning to know)과 "소유를 위한 학습"(learning to have)의 개념에 대한 새로운 학습개념의 제시이다.

오늘날 정보통신혁명은 인간을 육체노동으로부터 해방시키고 지식노동사회를 가속화시키고 있다. 수명이 늘어나고 여가 시간이 늘어나면서 학습할 수 있는 조건도 향상되면서 평생학습에의 욕구는 점점 더 커지고 있다. 합리와 이성으로 대표되는 모던의 시대가 포스트모던 즉 탈합리, 탈이성으로 대변되는 탈근대의 시대로 변화되면서 우리는 문화적 감성이 폭발되는 사회를 맞고 있다. 다양성의 사회가 도래한 것이다.

이제 이러한 다양성과 탈형식의 사회를 맞아 교육은 일정한 틀과 형식을 기초로 하는 공교육과 형식교육 일변도의 교육관에서 벗어나야 한다. 우리는 이제 삶의 질을 추구하는 과정에서 자아실현으로서의 자기교육을 중시하는 "학습의 시대"(The Learning Age/ T. Blair)를 맞고 있다. 전통적인 교육관은 수동적인 인간을 강조하였다. 이제 새로운 교육관은 능동적 인간과 그의 창의성 또는 창의적 잠재 본능에 초점을 맞추고 있다. 심지어 우리는 이제 생존 그 자체를 위하여 지식을 창출해야 하는 운명을 맞고 있다.

과거 우리는 "알기 위해 학습하고, 소유하기 위해 학습"하였다. 그러나 오늘날 우리는 '존재를 위한 학습'을 해야 한다. 유네스코 포르 보고서의 핵심은 바로 이러한 '탈소유의 양식을 위한 새로운 학습관'의 강조이다. 학습사회에서 학습은 더 이상 소유를 위한 학습이 아니라 존재를 위한 학습이어야 한다. 우리에게 이 시대의 '존재학습'은 생존전략과도 통한다. 생존하지 못하면 존재할 수 없다.

일례로 기업이 생존하지 못하면 구성원들은 생존하지 못한다. 반대로 오늘날 기업은 생존이 곧 성장이다. 따라서 우리는 오늘날 살아남기 위해서는 학습할 수밖에 없다. 생존학습이 곧 성장이고 자아실현이다. 이런 의미에서 존재학습은 생존학습과 그 맥을 같이한다. 또한 이는 종전의 '소유학습'이 아닌 '탈소유 학습'이어야 한다. 권력 또는 지위 등 하여간 무엇인가를 가지기 위한 목적으로 학습하던 시대는 이미 지났다. 무엇인가를 가지기 이전에 무학습과 무지는 생존 자체와 존립 자체를 위협한다. 지식기반사회는 이러한 논리를 보다 명백히 한다. 또한 탈소유 학습이라는 것은 지식을 한번 소유한 것으로 모든 것이 끝나는 종래의 교육관에서 탈피하는 것을 의미한다. 탈소유 학습으로서의 존재학습은 지속적인 생존을 위한 학습으로서 자아실현이라는 지속적인 성장을 목표한다. 이는 급변하는 사회에 대한 직접적인 대응이며 변화에 대한 능동적 도전이다.

또한 보고서는 학습사회에서 중요한 인간상은 신체적, 지적, 정서적, 윤리적 차원의 통합에 의한 완전한 인간이다. 이는 과거 계급, 일, 직업, 이데올로기, 지배가치 및 규범 등에 의해 분할된 인간상이 아니다. 바로 이러한 인간상을 가능하게 하는 조건이 학습사회이며, 이 사회에서의 학습은 평생 동안 지속될 수밖에 없다(Faure et al., 1972).

(3) 카네기 고등교육위원회의 학습사회론

미국의 카네기 고등교육위원회의 보고서(Carnegie Commission on Higher Education, 1974)는 어떠한 교육이든 교육의 목적은 인간의 자아실현에 있다는 점에는 공감하지만 실용적 관점을 강조하여, 직업교육을 중심으로 하는 학습사회론을 전개하고 있다. 특히 급속하게 고학력화되는 미국사회에서 고학력 인플레의 문제를 사회문제화하고 있는 이 보고서는 '중등이후의 교육'(post-secondary education)의 활성화를 대안으로 하고 있으며 이 영역이 평생교육의 중심이 되어야 함을 강조하고 있다. 이 보고서는 학력주의를 부추기는 졸업장 우선주의와 취업공장으로 전락한 고등교육이 1960년대 이후 미국 고등교육의 방향을 상실하게 했다고 진단한다. 그 결과 장기간에 걸친 청소년의 교육은 사회로부터의 격리를 의미하게 되었고 이는 청소년과 노동시장의 불균형 문제를 낳게 했다.

이러한 현실에 대해 카네기 보고서는 개인이 노동과 교육, 봉사를 자기의 희망에 따라 자유롭게 선택할 수 있는 새로운 교육 시스템의 도입을 건의했다. 이는 회귀교육이나 순환교육에 의해 가능하다. 즉 일반 성인이나 청소년들에게 중등이후의 초급 고등교육 과정인 지역사회대학(community college) 또는 기술전문대학에의 진학을 확대하여 이들이 시간제로 등록하거나 아니면 계속교육을 통하여 "일과 학업"을 병행할 수 있는 시스템을 구축하는 것이 중요하다. 이로써 이 보고서는 지역사회대학이 활성화되는 계기를 마련해 주었다. 초급 고등교육의 기회 확대 보장은 청소년기에 학교에서 습득하는 자격의 유무로 그 이후의 인생이 구속받지 않도록 하기 위함이며, 이들이 성인이 된 이후에도 평생동안 다양하고 체계적인 학습기회를 보장하는 첫단계로서 중요성을 갖는다.

카네기 보고서가 제안하는 학습사회의 학습 내용은 허친스나 유네스코의 전략보다 더 광범위하고 실용적이다. 허친스는 주로 일반교양을 위한 평생학습을 주장했지만, 카네기 보고서는 여기에다 기술훈련과 준 학문적 프로그램, 비학문적 프로그램을 통한 학습을 포함하고 있다. 보고서는 이러한 폭넓고 다양한 학습 프로그램을 모든 국민에게 장애없이 완전 개방하기 위해서는 학습사회의 건설이 가장 중요한 과제라고 보고 있다. 물론 이 보고서는 노동에의 참여가 인간에게 삶의 질을 보장하고 동시에 그런 활동만이 생활의 중심이라고 주장하는 데에는 비판의 여지도 있다. 그럼에도 불구하고 시대적으로 "현실적인 전환"이 요청되는 가운데에서 시도된 직업기술적 차원의 평생학습사회의 이상은 다른 학습사회론에 비하여 구체적이고 실용적인 목적에 지향되어 있다는 평가이다.

(4) 일리치의 학습사회론

일리치(Ivan Illich)는 자신의 저서 『탈학교사회(Deschooling Society, 1971)』에서 학습사회론을 주장하고 있다. 일리치의 학습사회론은 카네기의 학습사회론에 학습방법론을 제공하고 있다. 그에게서 진정한 교육의 목적은 개인적으로는 자아실현이고 사회적으로는 억압적 요소를 제거하는 것이다. 그러나 지금의 학교교육은 이와 같은 교육을 외면하고 있으며 오로지 국가 발전이나 생존을 위한 수단적인 목적만 추구하고 있다. 이러한 점에서 일리치는 진정한 교육이 이루어지지 못하는 현실에서 제도화된 기존 학교교육은 폐지되어야 한다고 주장한다. 그의 '탈학교사회'(De-schooling Society)에 대한 주장이 그것이다. 물론 그가 주장하는 것은 학교교육이나 교육 그 자체가 아니라, 인간을 억압하는 제도화된 현행 학교교육의 잘못된 측면의 폐지이다.

지금까지의 학교교육은 교사와 학생의 신분이 하나의 고정된 틀로 굳어져 있어 사회가 아무리 급변하여도 이에 따른 새로운 학습을 불가능하게 한다는 비판을 받고 있다. 이러한 폐쇄 구조는 평생교육기관이나 고등교육기관에서도 마찬가지이다. 프레이리는 이러한 현상을 보고 지금까지의 교육은 학생들이 학교라는 교육은행에 공탁금을 예치하고 축적하는 "은행저축식교육"(banking education)이라고 비판한다. 이러한 은행저축식 교육에서는 지식을 주고받는 것이 기계적이고 사무적이다. 학생이 무엇을 어떻게 활용하는지는 학교에서 책임이 없으며 또한 관심도 없다. 프레이리는 은행적립식 교육에서는 다음과 같이 모든 교육이 이분화되어 있다고 주장한다.

첫째, 교사는 가르치고 학생은 가르침을 받는다.

둘째, 교사는 모든 것을 알고 학생은 아무 것도 모른다.

셋째, 교사는 생각하고 학생들은 생각의 대상이 된다.

넷째, 교사는 말하고 학생은 유순하게 듣는다.

다섯째, 교사는 훈련시키고 학생은 훈련을 받는다.

여섯째, 교사는 선택하고 그가 선택한 것을 학생들에게 강요하며 학생들은 이를 따른다.

일곱째, 교사는 행동하고 학생들은 교사의 행동을 통해 행동한다는 환상을 갖는다.

여덟째, 교사는 지식의 권위를 자신의 직업상의 권위와 혼동하고 그 권위로써 학생들의 자유를 억압한다.

아홉째, 교사는 교육과정의 주체이며 학생은 단지 객체에 지나지 않는다.

이러한 교육모델에 있어서 지식은 가르치는 교사가 학습자들에게 제공하는 시혜적인 것이다. 따라서 이러한 교육에 있어서는 학습자의 자유와 자율성, 경험과 지식은 무시되게 마련이다. 은행저축식 교육은 학습자들이 지식을 암기하는 것으로 만족해야 하는 수동적 대상이다. 교육을 통한 자아실현과는 거리가 멀다. 따라서 일리치는 이러한 교육문제를 극복하는 대안으로서 "새로운 학습망"(new learningweb)을 제안하고 있다. 일명 "학습망이론"(Learning-Thcory)이다.

일리치가 교육대안으로서 제안하는 "학습망이론"의 요점은 다음과 같다.

첫째, 누구든지 학습하고자 한다면, 인생의 어느 때라도 학습을 위한 필요한 수단이나 교재를 자유롭게 활용할 수 있는 학습망이 구축되어야 한다.

둘째, 자기가 알고 있는 지식과 정보를 다른 사람과 공유하고 교류할 수 있어야 한다.

셋째, 배우고자 하는 모든 사람들에게 학습을 위한 기회가 부여되어야 한다.

일리치의 학습망이론이 나오기 이전에 이미 스웨덴에서는 학습망이론의 배경이 되었던 '학습서클'(Studiezirkel)이 운영되고 있다. 1894년 학습서클의 창시자 오스카 올슨(Oscar Ollsson)은 학습서클을 지역사회교육의 발전 모태로 삼고 이를 실천했다. 그러나 스웨덴의 학습서클이 본격화된 시기는 제2차 대전 후이다. 스웨덴 정부는 1948년부터 학습서클에 국비보조를 하고 있다. 현재 학습서클의 98% 정도가 국가 보조를 받고 있는데, 국가 보조금을 받기 위해서는 다음과 같은 조건을 갖추어야 한다(Cropley, 1979).

첫째, 학습활동을 4주 이상 최저 20시간(1시간=45분 단위) 실시하거나. 주 2회 이내로 1회 3시간을 넘지 않아야 한다.

둘째, 매 학습서클 모임 시 지도자를 포함해서 5명 이상 20명 이내의 참가자가 있어야 한다.

셋째, 교육단체에 의해 승인된 기본 학습과제를 사용하며, 교육단체에 의해 인정된 학습지도자가 있어야 한다.

넷째, 특정 과목 또는 과목군의 테두리 내에서 체계적인 학습 활동이 실시되어야 한다.

현재 스웨덴의 학습서클이 채택하고 있는 과목은 대체로 예술분야와 사회과학 분야 그리고 외국어 분야이다.

일리치의의 학습사회론은 지금과 같은 위계 중심의 학교교육이나 비인간화된 학교운영 구조를 해체하고 새로운 학습망을 건설하는 것을 주장한다. 일본의 경우에도 이러한 학습망 이론에 터한 "~를 위한 모임"을 지역자치단체의 지원으로 활성화시키고 있다. 즉 학습을 원하는 사람들은 누구든지 언제 어디서라도 쉽게 접근할 수 있는 조건으로서 열린 학습망은 일리치가 원하는 학습사회의 일차적 조건이다. 학습자의 신분, 연령, 지위, 성별, 인종 등에 관계없이 누구든지 항상 자아실현을 위한 학습을 가능하게 하는 사회적 학습 인프라를 구축하는 것이 바로 '학습사회'의 몫이다. 이러한 학습사회를 구성하는 학습망의 건설은 컴퓨터 혁명을 기화로 확산되는 원격교육 및 사이버교육 그리고 MOOC(Massive Open Online Course) 즉 온라인 공개수업을 통하여 그 실현 가능성이 급격하게 높아지고 있다.

● 참고문헌

권이종, 최은실, 권두승, 이상오 (1998). 신교육사회학 탐구-학교교육과 사회교육의 새로운 이해. 서울: 교육과학사.

김억환 (1988). 신교육사회학 입문. 서울: 박영사.

우기동(편역) (1986). 철학연습. 서울: 미래사.

정우현 (1991). 교육사회학 연구. 서울: 교육과학사.

Althusser, L. (1971). *Ideology and ideological state appratuses*. In: Brewster(ed.) Lenin and philosophy and other essays. London: New Left Book.

Carnegie Commission On Higher Education (1974). *Toward Learning Society*. N.Y: McGraw Hill Co..

Cropley, A. J. (1979). *Lifelong Education: A Stocktaking*. Hamburg: UNESCO Institute for Education.

Faure, E. & Others (1972). *Learning To Be: The World of Education Today and Tomorrow*. Paris: UNESCO.

Gintis, Herbert & Bowles, Samuel (1986). *Democracy and capitalism: property, community, and the contradictions of modern social thought*. New York: Basic Books.

Giroux, H. (1983) *Theory and Resistance in Education*, Westport, CT: Bergin and Garvey Press.

Husserl, E. (1962). Ideas: General introduction to pure phenomenology. Trans. w. R. Boyce Gibson, New York: Collier Books.

Hutchins, R. M. (1968). *Learning Society*. New York: New American Library.

Illich, I. (1972). *Deschooling Society*. N.Y.: Harper & Row.

Mead, G. H. (1973). Geist, Identität und Gesellschaft. Frankfurt/a. M.: Suhrkamp

Sarup, M. (1983). *Marxism, Structualism, Education*. London: The Falmer Press.

Schultz, W. (1963). *The Economic Value of Education*. New York: Columbia University Press.

Young, M. F. D. (1971). Knowledge and Control. In: M. F. D. Young (ed). Knowledge and Control. London: Macmillan.

제8장

평생교육의 심리학적 차원

1. 탈(脫) 학령기 가설

우리는 "교육"이라고 하면 우선 아동과 청소년을 대상으로 하는 교육을 생각한다. 심지어 "학령기"(學齡期) 언어의 속박을 벗어나지 못하고 교육은 학령기를 지나면 더 이상 필요도 없고 가능하지도 않으며 의미가 없다고 믿고 있다. 따라서 학교도 아동 및 청소년들에게만 가능하고 이 시기에만 학교에 다니면 된다는 생각이 만연되었다. 물론 "학교=교육"이라는 등식이 만들어낸 산물이다. 그러나 오늘날처럼 급변하는 사회환경 속에서 성인의 연령에도 심지어 노인기에도 교육과 학습이 필요하다는 인식이 확산되면서 평생교육의 가능성이 학습심리학의 차원에서 새로운 연구와 논의의 테마로 떠오르고 있다.

오래 전부터 우리는 교육과 학습의 가능성을 아동 및 청소년기 즉 소위 학령기라는 제한된 틀 속에서 인식해 왔다. 이러한 인식의 전통은 고전적 학습심리학자들의 주장인 "청소년-학습최대-가설치 이론"(Adoleszenz-Maximum-Hypothese)에 기인하고 있다(Verres-Muckel, 1974: 18). 즉 이 학습 이론에 의하면 우리 인간은 지적 능력의 성장이 청소년기를 기점으로 정지되기 때문에, 교육과 학습은 소위 학령기로 제한될 수밖에 없으며 이후의 교육과 학습은 별 필요성도 의미도 없다는 것이다.

그럼에도 불구하고 학령기 이후 소위 성인기의 학습가능성에 대한 연구는 끊이질 않았다. 왜냐하면 이미 학교가 번성했던 산업혁명기에도 정규학교 제도 이외의 장소와 기관에서 성인교육이 실제로 실시되고 있었기 때문이다. 그리고 이미 언급한대로 플라톤의 아카데미아, 아리스토텔레스의 리세움, 프톨레마이오스 II세의 무세이온 등 고대 그리스의 교육기관들도 실제로는 처음에 '성인귀족이 다니는 학교'로 출범했으며, 중세 계몽주의 교육에서 중요한 영역은 대학교육과 교회와 수도원에서의 성직자 교육으로서 성인대상의 교육이 이루어져 왔다(이상오, 2005). 다만 후계자 교육이라는 명목 하에서 소위 학령기로 제한되는 학교교육이 보다 성장을 했을 뿐이며, 아울러 노동과 생계를 책임지는 직업과 일의 세계에서 성인들에게는 교육과 학습에 할애할 시간적-경제적 여유와 여가가 여의치 못한 관계가 형성된 것은 사실이다. 따라서 상대적으로 성인들의 교육 및 학습 참여율이 저조할 수밖에 없었다. 그러나 급변하는 사회환경적 요청에 따라 성인기에도 교육과 학습에의 욕구는 계속되어 왔다.

특히 오늘날은 보다 더 성인들의 교육 및 학습에의 필요성과 의미가 부각되고 있다. 아동 및 청소년기를 대상으로 하는 교육활동 못지않게 성인들을 위한 학습 및 기능의 습득을 돕는 교육활동의 필요성이 점차 증대되고 있는 것이다. 이를테면, 각종 사회교육/평생교육 기관에서는 물론 대부분 성인 학습자들을 대상으로 하는 대학(교) 및 대학원 그리고 각종 교사 및 행정요원의 연수와 보수교육을 담당하는 훈련기관 등에서 다양한 성인 교육활동을 실시하고 있다. 따라서 우리는 이제 성인들의 학습 특성과 능력을 밝혀내기 위하여 성인심리학의 도움을 필요로 하게 되었다.

이와 관련하여 우선적으로 일반 학습심리학과 교육심리학은 이들에 대한 교육과 학습을 보다 효율적으로 실시할 수 있도록 학습대상자들의 학습 요구 및 동기상태, 학습내용의 조직 및 이를 위한 구안, 그리고 학습환경의 조성 및 교사와 학습자간의 상호작용 등 제반 학습 활동의 과정을 심리학적으로 연구하는 학문 영역으로 자리잡게 되었다. 따라서 평생교육의 영역에서는 교육의 개념을 학교교육을 벗어나서 우리 인간에게 평생동안 적용될 수 있는 학습 능력, 범위, 내용 등 교육 및 학습의 가능성과 특수한 방법 등을 찾아내기 위한 관심 또한 높아지게 되었다.

평생교육의 심리학은 평생교육과 연관된 제반 학습과정을 심리학적인 지식과 이론을 적용하여 연구하는 학문분야의 하나이다. 따라서 평생교육의 심리학의 주요한 연구대상 및 주요 연구과제들은 다양한 특성을 지닌 교육대상자들의 심리적 특성을 밝혀내는 일과 이들을 상대로 행하여져야 할 교육활동에 있어 이들의 평생교육 적응성과 필요성에 대한 과학적 측정과 이해, 연령별 발달 단계별 발달과업과 학습가능성의 연관 관계에 대한 이해, 효과적인 학습 및 학습지도원리의 발견, 그리고 이들의 교육을 효율적으로 맡아 수행하는 평생교육사의 자질과 태도, 평생교육의 계획, 진행, 결과 및 그 효과를 측정하고 평가하는 활동 등 전반에 걸쳐 광범위한 영역을 과학적-객관적 방법을 적용해서 연구하게 된다. 이와 같은 시각에서 본다면, 평생교육의 심리학은 일반 교육심리학의 차원 보다 광범위하고 다양한 대상과 내용들을 취급하여야 한다. 특히 그 가운데서도 가장 핵심이 되는 교육 수혜자인 '성인들'의 모든 학습활동과 관련된 심리학적 접근 및 이해가 주축이 된다.

평생교육의 심리학에서 이론적 기반은 인간의 학습능력이 생애의 어느 일정한 시기에 한정되지 않고 평생에 걸쳐 이루어진다는 전 생애 발달 심리학과 성인심리학적 연구에서 볼 수 있다. 결국 아동과 청소년들을 대상으로 하는 아동 및 청소년 발달, 아동 및 청소년의 심리 및 이들의 학습을 중심으로 하는 교육심리나 학습심리가 평생교육에 많은 시사점을 제공해 주고 있지만, 청소년기 이후의 성인 및 노년층에 대한 교육과 연관지어 볼 때 오히려 성인층을 연구의 대상으로 하는 새로운 심리학적 관심 및 연구의 필요성이 더욱 부각되고 있다고 할 수 있다(김지자, 1986). 결국 평생교육의 심리학적 기초에 대한 연구를 위해서는 성인(노인)심리학 또는 성인(노인)의 학습심리에 대한 연구가 핵심과제가 될 것이다. 왜냐하면 아동 및 청소년을 대상으로 하는 학습심리학에 대한 연구는 교육심리학의 영역에서 이미 오래 전에 기초적-일반적 토대를 구축했다고 간주되기 때문이다.

2. 생애발달론

1) 지능(intelligence)의 발달

19세기 발달심리 및 학습심리학 영역이 청소년기까지의 인간성장 및 학습의 가능성을 낱낱이 밝혀냄으로써 학교청소년교육을 학문적-이론적으로 크게 발전시켜 놓았다고 한다면, 20세기에 들면서 인간의 심리 특히 성인의 심리학적 연구결과는 성인교육학(Andragogy)의 성립에 발판을 구축해 주었다(Knowles, 1970)

특히 이러한 과정에서 성인학습자들의 경우 특수한 분야에 따라서 제각기 다른 연령 수준까지 성장발달이 가능하다는 사실을 밝혀 놓은 대표적인 몇몇 학자들이 견해를 살펴보면 다음과 같다.

(1) 돈다이크(E. L. Throndike) : 그가 1882년에 발표한 "성인학습의 비율에 관계되는 수준기표에 대한 연구"는 고전적 학습이론에 속한다. 이는 성인교육의 가능성을 이해하는 차원에서 본다면 인류 최초의 성인학습 심리 연구에 속한다. 이 연구에 의하면, 인간의 지능 발달은 20세부터 25 사이에 최고 절정기가 된다. 따라서 이 시기에 학습능력 역시 최고조가 된다. 그러나 연구는 그 이후에 학습 능력이 완전히 소실된다는 것은 아니라

는 가설을 입증하고 있다. 즉 인간은 대략 42세까지 매년 약 1%의 지능 쇠퇴 현상을 보인다. 한마디로 연령과 관련한 학습능력의 곡선에 대한 지력의 영향은 극히 미미한 편이다. 결국 연구는 지능의 차원에서만 보더라도 성인의 학습 가능성은 얼마든지 남아 있다는 사실을 입증하고 있다.

(2) **존스와 콘라드**(Johns and Conrad, 1933) : 이들의 연구에 의하면, 10세부터 60세 사이의 사람들을 대상으로 군대용 지능검사(Army Alpha Test)를 실시한 결과 16세까지는 지능의 성장이 급격한 반면 18세부터 20세까지는 어느 정도의 성장을 보이나 그 이후는 점차 감소추세를 보인다. 또한 연구는 50세 성인의 지능지수와 16세 청소년의 검사결과는 거의 비슷하며, 이들의 지적인 능력의 퇴화속도 역시 그 영역에 따라 다르다는 사실을 밝혀냈다. 이밖에도 상식적 지식이나 어휘력은 연령의 증가에도 불구하고 거의 감소하지 않는다는 점이 이 연구에 의해 밝혀졌다.

(3) **웩슬러**(Wechsler, 1958) : 그의 성인지능검사에 의하면, 성인들의 언어능력 검사 중 어휘력, 상식 및 판단력 등의 검사결과는 그 발달이 40세까지 이루어지고 있으며, 어휘력의 경우는 60세까지도 그 발달 곡선이 완만한 상승세를 보이고 있다고 밝히고 있다. 또한 성인들이 지적 능력을 활용하여 문제를 해결하는 능력이나 창의력에 있어서도 청소년층에 뒤진다고 볼 수 없다. 특히 창의력에 있어서는 일반적으로 25세부터 40세 사이가 가장 높게 나타났다. 즉 창의적 활동의 절정기는 대략 35세 전후로 나타났으며, 특히 연구는 사회적으로 공헌한 유명한 사람들의 생애 가운데는 70~80세에 이르기까지 창의적인 생산 활동이 왕성했음을 밝혀내기도 했다(예 : 괴테, 83세에 〈파우스트〉완성/베르디, 〈성공〉 85세에 작곡).

(4) **카텔**(Cattell, 1963)과 **호른**(Horn, 1978) : 이들은 자신들의 연구

결과를 통하여 우리 인간의 지적 영역은 '유동성 지능'(fluid intelligence)과 '결정체성 지능'(crystallized intelligence) 지능의 영역으로 나뉜다는 사실을 주장했다. 즉 우리 개개인들은 문화적 내용과는 관계없이 그 나름대로의 독특한 사고력의 선천적 유전성을 전개시키고 청소년기에 최고조로 발달되는 유동성 지능을 가지고 있는 반면, 주변의 문화적 자극과 환경변화에 동화됨으로써 그가 살고 있는 주변환경과 문화권에서 습득한 지식과 기술을 그 자신의 사고와 행위에 적용시키는 결정체성 지능을 가지고 있다. 이 연구는 특히 후자 즉 결정체성 지능이 성인기 동안 오히려 계속해서 증가한다는 사실을 밝혀냈다(이연섭, 1983).

• 유동적 지능

유동적 지능은 개인이 속한 문화와 교육활동과 무관하게 이루어지는 우연적 학습과정(incidental learning process)에서 나타나는 개인적 사고력의 정도를 말하는데, 이것은 연령이 높아짐에 따라 점점 감퇴한다. 즉 유동성 지능은 타고난 능력으로서 경험이나 교육과 무관하게 학습량이 많다고 해서 발달되는 것은 아니며 시간이 갈수록 점점 감소된다. 특히 유동성 지능은 유전이나 성숙 정도 등 선천적이다. 연령이 증가하여 신체요인이 감퇴하는 정도에 따라서 지적 능력 역시 자연적으로 감퇴하게 되는데, 몸과 마음의 속도, 암기능력, 지각능력, 추리력, 추상적 문제 해결 능력, 개념형성 사고, 귀납적 사고 등이 이에 해당된다. 결국 이는 탈(脫) 문화적-환경적 지능으로서 지각능력이나 기억용량 같은 정보처리의 용량과 속도에도 관련이 된다.

• 결정체적 지능

결정체적 지능은 문화과정이나 학습활동을 통하여 발달되는 것으로 후천적이며 경험적이다. 즉 우리가 살고 있는 문화 속에서 습득하는 경험과 지식은 이의 형성과 발달에 결정적이다. 따라서 학습량이 많을수록, 경험을 많이 할수록 정보와 지식을 많이 갖출수록 결정체적 지능은 높아진다. 이 지능은 연령이 높아짐에 따라서 반드시 낮아지는 지적 능력이 아니다. 오히려 연령이 높아짐에 따라 특정한 영역에서는 지적 능력이 높아질 수 있는 것을 의미하기도 한다. 말 그대로 시간의 흐름에 따라서 보다 완성적인 결정체가 되는 지능을 말한다. 이를테면, 언어 능력(언어 이해)와 기술(description) 능력은 사고능력과 논리적 추리력에 해당되는 지적 능력으로서 결정체적 지능의 대표 영역이다. 이 밖에도 분석과 통합의 능력, 문제해결 능력, 일반상식, 이해력, 지혜로운 판단능력 등이 이에 해당된다.

(5) 샤이(Schaie, 1977) : 그는 지능의 발달을 다음과 같이 연령 발달 단계에 따라 분석하였다.

첫째, 아동 및 청년기는 갖가지 지적인 능력을 습득하는 단계이다.

둘째, 성인초기는 정보 및 기술의 습득단계를 넘어선 성취의 단계이다.

셋째, 중년기는 책임수행의 단계이다.

넷째, 노년기는 재통합의 단계이다.

그는 자신의 연구를 통하여 "일반적으로 지적능력이 나이가 먹어감에 따라 감퇴된다는 것은 대체로 근거 없는 낭설이다"라고 하면서, 연령의 증가가 지적능력의 퇴화와 결정적으로 관계를 가지고 있지 않다는 사실을 주장하였다.

이상의 연령별 지능발달에 관한 심리학적 연구결과들을 토대로 성인학습에 대한 심리적 가능성을 유추해 보면 다음과 같은 몇 가지 사실로 정리될 수 있다.

첫째, 인간의 지능은 아동기를 거쳐 청년기에 이르러 절정에 이른 후 성인기에는 쇠퇴할 것이라는 전통적 견해들은 재고될 필요성이 있다.

둘째, 성인들에게도 학습의 능력이 지속된다는 사실은 인간 모두에게 평생학습의 가능성을 뒷받침하여 주는 결과를 제시하고 있다. 이러한 사실은 이제까지 모든 학습은 청년기까지 이루어지며, 성인 및 노년기에는 새로운 학습의 필요성이 있다하더라도 지식이나 기능의 습득이 불가능하다는 통념에 대하여 확실한 반증을 제시하고 있는 셈이다.

셋째, 성인기의 지능에 관한 연구결과들로부터 지적 능력에 대한 인식의 변화 및 그 연구방법의 다양화가 요청된다고 할 수 있다. 또한 지능의 측정에 있어서도 과연 어떠한 측면이 지능 측정의 내용으로 부과되어야 하는 것인지 아니면 연령에 따라 과연 어떠한 것이 적합한 지능의 측정 방법인가에 대한 보다 과학적인 연구 과제가 제기된다고 할 수 있다.

2) 성격(Personality) 발달

평생교육은 지적인 차원에서 새로운 능력의 습득에 그치지 않고 성격의 변화까지 가능하게 한다는 것을 많은 심리학적 연구가 입증하고 있다.

일반적으로 성격이란 인간 개개인이 환경에 적응해 나가는 방법을 결정해 주는 사고방식이나 독특한 행동양식이다(이훈구, 1991). 이러한 성격은 비교적 지속적인 개인의 특성으로서 주로 아동기와 청년기를 통하여 형성되고 있다. 또한 성격이란 행동이나 환경에 대한 어떤 적응방식으로서 개체가 보여주는 어떠한 경향성을 말한다. 그러나 그 경향성은 언제까지나 하나로 고정되는 것은 아니다. 왜냐하면 성격은 늘 발달되고 재구성되기 때문이다.

결국 성격이란 아동기와 청년기를 통해서만 결정되고 고정되어지는 것이 아니라, 성인기를 포함한 전생애를 통해서 변화되고 새롭게 결정되어진다는 사실을 알 수 있다. 이러한 사실 인식에 근거를 제공한 중요한 연구들을 정리하면 다음과 같다.

(1) 에릭슨(Erikson, Erik, 1963) : 그의 유명한 성격발달이론인 심리사회발달의 8단계 이론에서는 성격조차도 생후 초기로부터 노년기에 이르기까지 성장하고 계속 발달하고 있음을 보여주었다(이훈구, 1991). 에릭슨은 그의 발달이론을 점성적 원리(epigenetic principle)로 설명하고 있다. 즉 자궁 내에서 태아가 자라날 때를 잘 관찰해 보면 신체의 어떤 기관이 어떤 특정한 시기에 나타나서 결국은 유아의 완성된 형태로 발전하듯이 성격도 같은 과정으로 발달해 간다는 원리이다.

에릭슨의 성격발달단계 중 처음의 다섯 단계는 아동기와 청소년기에 관련된 것이며, 마지막의 세 단계는 성인초기와 중년기, 노년기에 관련되는 것이다. 즉 개인들의 사회에서 각자에게 부과되는 요구를 만족시키기 위하여 각 발달단계마다 독특한 자아능력을 발달시켜 나간다. 그러나 중요한 것은 이러한 성격 형성의 과정을 거치면서 개인은 성격 발달상의 위기를 맞게 되는데 이러한 위기를 극복하는 과정에서 인간은 성숙하게 된다. 여기에서는 성인교육과 관련된 마지막 세 가지 단계에 관해서만 에릭슨의 이론들을 간단히 언급하고자 한다. 왜냐하면 이 영역이 바로 성인교육 및 학습의 가능성을 탐구하는 데에 중요한 단서를 제공하기 때문이다.

첫째, 친밀감 대 고립감(Intinacy vs. Isolation)은 청년기 또는 초기성인기(Young Adulthood)에 나타날 수 있는 특성이다. 이 시기의 중요한 사회관계는 결혼, 직업 및 직장, 대학 생활, 모임 등을 통하여 여러 다양한 형태의 인간관계를 맺으면서 지속적으로 타인들과 사회적 관계를 맺으면서 서로 지식과 경험을 나누는 단계가 된다.

정체감을 추구하고 확고한 후에 나타나는 이 시기는 타인과 융합하고 싶어하고 또한 열정적이다. 이것이 친밀감의 준비이다. 반면 이 단계에서의 위험은 자기와 똑같은 사람들과의 친밀한 관계와 경쟁적이고 투쟁적인 관계를 경험하는 것이다. 이러한 경험이 고립감으로 이어질 수 있다.

둘째, 생산성 대 침체감(Generativity vs. Stagnation)은 중년기

(Middlb Adulthood)에 나타날 수 있는 특성이다. 이 시기에는 새로운 가정의 형성으로 분업 혹은 분가를 하게 되고 가정에서뿐만 아니라 사회에서도 가장 생산성이 높아지는 시기이다. 생산성이란 주로 다음 세대에 대한 지도와 관심에서 나타난다. 이러한 지도과정에 참여할 수 없는 사람들은 침체감과 자기골몰에 빠지게 된다.

셋째, 통합성 대 좌절감(Ego Integrity Despair)은 특히 후기성인기 즉 노년기(Late Adulthood)로 접어들면서 나타날 수 있는 특성이다.

이 단계에서 만일 전 단계까지의 발달이 성공적으로 이루어졌다면, 노년을 흔쾌한 마음으로 맞이할 수 있으며 자기의 완성을 위해 몰두 할 수 있을 것이다. 그러나 그렇지 못할 때 그 개인은 절망감을 느끼게 되며 그때까지의 자신의 생애가 쓸모 없고 낭비되어 왔다고 느끼게 될 것이다.

이상에서 살펴본 바와 같이, 결국 자아의 건전한 발달은 성인기에 와서도 개인의 자유와 책임감이 잘 조화된 속에서 성인의 역할을 충실히 이행해 나갈 수 있도록 하는 것이 관건이다.

(2) **뉴가텐**(Neugarten) : 그에 의하면 성격의 형태로서의 통합성, 방어성, 수동적 의존성 및 비통합성 등은 연령에 관계없이 나타나고 있다. 이는 비교적 지속되고 있는 것으로 보이나 성격의 다른 측면인 내면적 정신차원 예를 들어 활동적이냐, 내향적이냐 외향적이냐 하는 측면은 연령에 따라 현격한 차이가 있다. 그러므로 중년이후의 내면세계는 젊은 층보다 훨씬 더 내관적이고 자아 반성적인 특징이 있으며, 외부세계 지향성에서 내면세계 지향성으로 바뀌어 가는 경향이 있다고 주장하였다(Schaie and Geiwitz, 1982).

(3) **올포트**(Allport) : 프로이트(Freud)를 비롯한 많은 성격이론가들은 인간의 성격형성을 유아 시절 경험의 부산물(또는 포로)로 생각하였지만,

올포트는 그것은 단지 신경증환자에게만 적용되며, 성숙하고 건강한 성격의 사람들은 무의식적인 힘에 의해 지배되고 조절되지 않는다고 믿었다. 즉 건강한 사람들의 성격은 무의식적인 갈등에 의해 움직여지는 것이 아니고, 이성적이고 의식적인 차원에서 행동하고 그들을 인도하는 힘을 충분히 인식할 뿐 아니라 이러한 힘을 조절할 수 있다고 확신했다(듀에인 슐츠/ 이혜성 옮김, 1982).

이상 성인기 및 노년기에 이르는 성격발달의 제반 이론을 바탕으로 하여 볼 때, 유아기나 청소년기의 성격특성이 성인기 이후까지 남아 있거나 큰 영향을 미치기보다는, 오히려 성인기 이후는 성격의 재통합 과정으로 성인기 이전에 성격상으로 해결하기 못했던 문제들을 현실적으로 통합할 수 있게 된다는 것을 시사해 주고 있다.

3. 성인기의 발달과업

허비거스트(Havighurst)에 의하면, 개인의 생애 중 어떤 특수한 시기에 나타나는 과업으로서, 그 과업을 훌륭하게 성취하면 행복을 누릴 수 있고 후일에 겪게 될 다른 과업도 잘 치러나가게 된다. 그러나 만일 이에 실패하면 개인적으로 불행을 초래할 뿐만 아니라 사회의 인정도 받지 못하고 후일에 겪게 될 과업도 잘 치를 수가 없게 된다. 버나드(Bernard)는 "발달과업이란 평생단계의 특정시기에 나타나며 개인이 속한 문화적 압력을 감당하기 위해 성취해야 할 학습과제"라고 정의한다. 따라서 인간이 평생동안 학습해야 할 어떠한 과제라는 입장에서 발달과업을 이해한다면, 발달과업은 평생교육에 있어서 바로 학습내용이 되는 것이다.

평생교육에 대한 심리학적 이해와 관련하여 성인의 발달과업을 성인전기, 성인후기, 노년기로 구분하여 제시하면 다음과 같다.

1) 성인전기(25~35세)

① 지적 영역

- 수입에 알맞는 합리적인 가정관리를 할 수 있는 지식 갖기.
- 직업에 발전할 수 있도록 지식, 정보, 기능을 발전시키기.
- 현대 산업사회의 구조를 이해하고 적응하기.
- 사회생활을 원만히 할 수 있는 상식과 식견을 넓히기.
- 가족생활, 부부생활을 원만히 할 수 있는 성지식을 습득하기.

② 정의적 및 사회적 영역

- 배우자와 원만한 인간관계 가지기.
- 자녀를 성공적으로 출산하고 잘 기르기.
- 직장에서 자신의 일을 만족스럽고 보람있게 수행하기.
- 직장이나 단체생활에서 선의의 경쟁을 하고 원만한 인간관계 맺기.
- 자녀들의 필요를 잘 헤아려 부모로서 역할 다하기.
- 진지하고 풍부한 사회생활 영위하기.

③ 신체적 영역

- 정상적인 신체기능 유지를 위한 운동하기.
- 과로, 과음, 지나친 흡연 등을 삼가기.
- 건강을 해치지 않도록 규칙적인 생활하기.
- 가정과 주위의 청결한 환경을 유지하기.

2) 성인후기(35~60세)

① 지적 영역

- 일정한 경제적 생활수준을 세우고 유지하기.
- 직업이 요구하는 새로운 지식과 능력을 계속 추구하기.

- 자녀나 청소년을 건전하게 양육하고 교육하기.
- 사회변천에 적응할 수 있는 지식과 기능 갖기.
- 사회제도, 규범, 기관 등에 대한 지식과 활용능력 갖기.

② 정의적 영역

- 배우자 및 자녀와 인격적인 관계 유지하기.
- 새로운 가족을 맞아들이고 융화하기.
- 취미를 살려 여가를 유용하게 보내기.
- 젊은층을 이해하고 함께 어울리기.

③ 사회적 영역

- 부모로서 자녀에게 해야 할 역할과 책임 다하기.
- 손아래 사람과 부하를 선도하고 좋은 영향력을 주기.
- 사회의 윗사람으로서 알맞는 역할과 도리를 다하기.
- 미풍양속을 실천하고 발전시키기.
- 노인 부모를 편히 모시기.
- 사회적 지위나 성취에 알맞게 처신하기.
- 지역사회와 국가발전을 위한 활동에 적극적으로 참여하기.

④ 신체적 영역

- 중년기에 생리적 변화를 받아들이고 적응하기.
- 적당한 섭생과 충분한 휴식으로 신체적 기능을 보전하기.
- 규칙적인 운동으로 체력을 유지하기.
- 질병에 대한 광범위한 지식을 갖고 가족의 건강을 보호하기.

3) 노년기(60세 이후)

① 지적 영역

- 세대차와 사회변화를 이해하기.

• 은퇴생활에 필요한 지식과 생활 배우기.
• 정치, 경제, 사회, 문화에 대한 최신 동향 알기.
• 건강증진을 위한 폭넓은 지식 갖기.

② 정의적 영역

• 적극적으로 일하고 생활하려는 태도 유지하기.
• 취미를 계속 살리고 여가를 즐겁게 보내기.
• 정년퇴직과 수입감소에 적응하기.
• 배우자 사망후의 생활에 적응하기.
• 동료 또는 자신의 죽음에 대하여 심리적으로 준비하기.

③ 사회적 영역

• 동년배 노인들과 친교 유지하기.
• 가정과 직장에서 일과 책임을 합당하게 물려주기.
• 가정이나 사회에나 어른구실 하기.
• 자녀 또는 손자들과 원만한 관계 유지하기.

④ 신체적 영역

• 줄어가는 체력과 건강에 적응하기.
• 노년기에 알맞는 간단한 운동을 규칙적으로 하기.

4. 성인의 학습심리

1) 성인학습의 조건: 성인학습자

성인교육은 학습과정에 참여하는 성인들의 자발성에 영향을 미치는 심리학적 요인에 관심을 가지게 된다. 학습에 대한 이와 같은 자발성은 일련의 태도 및 가치에 의해 영향을 받게 되며, 학습 그 자체, 학습자 자신, 특수한 학습 활동 및 조건, 그리고 특정 형태의 내용 등에 대한 성인 자신의 태도에 의존하게 된다. 예를 들어 학습을 무의미한 활동으로 간주하고 자신이 학습능력이 없다고 보며 특정한 학습 활동의 내용을 쓸모 없는 것으로 보는 성인은 평생학습에 별로 큰 관심을 나타내지 않을 것이다. 그러나 학습을 자신의 생활에 있어서 가치 있는 결과를 가져올 수 있는 유익한 활동으로 보고 자신을 유능한 학습자로 간주하는 성인들은 성인학습 및 평생교육/학습에 대해 높은 관심을 나타낼 것이다. 따라서 성인학습자의 관점에서 학습에 대한 준비성과 태도는 학습을 위한 개인적 선행조건으로 중요한 영역이 된다. 아울러 학습자가 가지고 있는 평생교육/학습에 대한 가치, 신념 그리고 자아개념 등도 중요한 변수로 작용하는 선행조건이라고 할 수 있다.

물론 성인학습에서는 자발적인 학습능력이 가장 중요하다. 한 예로, 자발적 학습능력은 도서관과 같은 외적 학습 자원에서 지식과 정보를 습득하는 방법으로 연결될 수 있다. 이는 학습자가 스스로 자신의 학습 전략을 세울 수 있는 능력과 자질 그리고 목표 달성으로 연결될 수 있다. 또한 그는 자신의 학습을 스스로 평가할 수 있는 자기 평가의 능력을 습득할 수 있을 것이다.

결국 이러한 선행조건들과 관련지어서 크로플리는 이상적인 성인학습자를 다음과 같이 규정하고 있다(Cropley, 1981).

첫째, 학습과 실생활 사이의 관계를 잘 알고 있는 사람이다.

둘째, 성인학습의 욕구를 인식하고 있는 사람이다.

셋째, 성인학습을 수행하려는 동기가 높은 사람이다.

넷째, 성인학습을 하기 위해 필요한 자아개념을 소유하고 있는 사람이다.

다섯째, 성인학습을 하는데 필요한 능력을 소유하고 있는 사람이다.

여섯째, 개인의 목표를 실제적으로 설정하는 능력을 소유하고 있는 사람이다.

일곱째, 이미 습득한 지식을 적용하는 효용성을 갖춘 사람이다.

여덟째, 자신이 행한 학습을 평가하는 효용성을 갖춘 사람이다.

아홉째, 정보를 입수하는 능력을 소유하고 있는 사람이다.

열째, 다양한 학습전략을 이용하여 다양한 상황에서 학습하는 효용성을 갖춘 사람이다.

열한 번째, 도서관이나 매체 등 학습보조자료를 활용하는 기술을 갖춘 사람이다.

열두 번째, 다양한 교과영역의 자료를 활용하고 이해하는 능력을 소요한 사람이다.

성인학습자에 대한 테마는 최근 들어 활발한 논쟁의 대상이 되고 있다. 이러한 논쟁은 일반적으로 성인기는 학습능력이 감퇴된다고 믿는 개념이 잘못된 견해라고 믿는 주장과 실지로 지적 학습능력은 연령의 증가와 함께 감퇴한다는 주장에 의해 대별된다.

성인과 아동, 노인과 젊은 성인 사이에는 학업성취에 있어서 차이가 있는 것은 분명하다. 그러나 학업 성취의 능력과 학습 능력 및 학습 가능성의 차이는 별개일 수 있다. 즉 학업성취 능력의 차이를 전통적으로 학교를 졸업하는 학령기의 전후에만 국한하여 학습능력이 있느냐 없느냐에 관한 문제로서 보는 것에는 함정이 있다. 다시 말하면, 학습내용의 형태, 학습하기에 가장 좋은 환경, 학습이 진행되는 속도나 효율성 등의 차이에서 비롯된 학업성취의 능력은 학습 능력의 차이라고 단언하기 힘들다. 또 아니면 흥미 및 동기 그리고 이와 유사한 요인들의 차이에서 비롯된 문제로 본다면 이 역시 학습 능력의 감퇴 현상을 일반화할 수 있는 문제가 아니다. 일예로 우리가 흔히 성인교육의 현장에서 볼 수 있듯이 다양한 연령층의 사람들 사이에 존재하는 학업성적의 차이는 어떤 연령수준 이상이 되면 기본적인 학습능력이 없어지기 때문이라고 보기 힘들다. 오히려 이러한 현상은 학습자와 학습상황의 특수한 특성에서 비롯되는 것이라고 보아야 할 것이다.

결국 최근 들어 많은 연구들은 이러한 의문을 가지고 성인학습자와 아동-청소년 학습자간의 본질적인 차이점이 무엇인지를 규명하기 위해 보다 과학적인 접근을 시도하고 있다. 일반적으로 성인들은 주어진 학습상황에서 자신의 목표를 보다 분명히 달성하고자 하며, 과연 무엇이 자신에게 유용한 교과인지에 대해 보다 확고한 판단을 할 능력을 가지고 있으며 이에 대한 분명한 가치 및 신념 체계를 형성하고 있다는 사실을 많은 연구에서 밝혀진 바 있다. 즉 성인학습자가 추구하는 학습 내용과 목표는 교사에 대한 의존도에 의해 크게 좌우되기보다는 학습자 자신이 가치가 있다고 판단한 것을 학습하려는 욕구를 가지고 있다는 점이다. 이러한 것은 어떻게 보면 자신의 실생활에 비교적 직접적으로 적용될 수 있기 때문일는지도 모른다.

녹스(Knox, 1977)의 연구에 의하면, 성인학습자들은 자신이 미처 알지 못했던 문제에 대한 해답을 얻는데 더 적합하다고 간주되는 학습 방식을 취득하고자 하지만, 주변의 사회 환경 요인 및 자극에 더욱 민감하여 이를테면 다른 사람들 앞에서 자신의 무능함을 들어내 보이거나 속물근성을 가진 것으로 취급받는 것을 가장 두려워하는 경향이 있다. 일반적으로 이들은 추상적이고 비현실적인 지식과 정보를 학습하려고 하지 않는 소위 학습내용에 대한 선별력과 판단력을 본능적으로 소유하고 있다. 이는 학교교육의 차원에서 보면 학업성취에서 불리한 조건이 된다. 왜냐하면 주입식 학교교육에서 학습내용의 선별력과 판단력은 오히려 학습 방해 요소로 작용할 수 있기 때문이다. 학교교육은 무조건으로 수용해야 하며, 무조건적인 수용에서만 학업성취가 높게 나타날 수 있다. 학교교육에 대한 비판적 수용이라든지 선별적 수용으로는 학업성취가 높을 수 없다.

또한 그의 연구에 의하면, 성인학습자들에게는 자신이 학습할 수 있는 능력이 보잘 것 없다고 자신을 과소 평가하는 경향이 점점 일반화된다. 이러한 사고를 가진 자들은 대개 실패한 학교경험의 영향력이 강하다고 볼 수 있다. 결국 이러한 학습 장애와 방해의 모든 요인들에 대한 분석은 성인학습자들에게 있어서 학습은 단지 자신의 실제 학습능력에 의해서가 아니라, 오히려 학습의 다른 외적 요인들에 의해서 많은 영향을 받는다는 주장과도 일치하고 있다.

그레고르(Gregor, 1982)는 캐나다 대학에서의 실제 수업장면과 관련하여 성인학습자들의 특성에 관해서 연구한 바 있다. 그의 연구에 의하면, 성인학습자들의 태도는 성인교육의 원리에서 본다면 매우 정상적이고 합리적인 것으로 나타났다. 이를테면, 성인학습자들은 강의 중심·지식 주입식 교육 방법인 "전통적 학교교육의 방법"을 자신들에게도 그대로 적용하는 교수들에게 나쁜 반응을 나타냈다. 이러한 전통적 교육 방식은 오히려 성인학습자들을 학습 성취의 측면에서 의기소침하게 하는 결과를 초래하였다. 또한 성인학습자들은 이러한 교수방법에 만족할 만한 평가를 내리지 않았다. 결국 전통적 교육 방법으로는 성인교육자와 성인학습자간에 의미 있는 교육현상이 발생할 수 없는 것으로 분석되었다. 그레고르는 자신의 연구를 통하여 "성인들은 청소년들과 다르게 학습하고 다른 방식으로 접근시켜야 할 것이다"는 가설을 입증한 셈이다. 따라서 연구의 결론은 성인학습자들을 위한 특별한 교수방법의 배려가 없이는 매우 다양한 학습욕구를 가진 성인학습자들을 가르칠 수 없다는 사실이었다.

이러한 연구의 맥락 속에서 노울즈(Knowles, 1970)는 전통적 페다고지(pedagogy)와 대조가 되는 개념으로서 안드라고지(andragogy)라는 개념을 제시한바 있다. 오래 전부터 캐나다 성인교육협회(Carnadian Association for Adult Education, 1982)는 성인학습자들에게 적합한 교수방법을 개발하는데 지대한 관심을 기울려 왔던 대표적인 성인교육기관 중의 하나이다. 캐나다 성인교육협회는 과거 학교교육에서 체험한 부정적 교육경험을 가지고 있는 대부분의 성인학습자들에게는 이론적 차원에 머물고 있던 앤드라고지의 방법을 적극적으로 도입 실시했다. 우선 이들은 전통적 교육기관에서 전적으로 경시되어 왔던 학습 내용과 방법들 이를테면 특별한 영역에의 오리엔테이션, 대화체 나래이션, 카운슬링 등 개발된 성인교수기법을 현장에 적극 도입 활용하면서 전미 지역을 중심으로 학문적으로 연구되고 현장에서 일반화되는 계기를 마련하게 되었다.

마지막으로 성인학습자의 학습스타일은 크게 세 가지 유형으로 나뉜다.

첫째, 시각적 학습자 유형이다. 이들은 눈으로 보고 관찰하면서 학습자료를 주시하면서 배우는 경향이 있다. 시각적 학습자들은 학과의 내용을 완전히 이해하기 위해서 강사의 얼굴 표정, 몸 제스추어 등을 자세히 보기를 원한다. 이들은 시각적 장애를 피하기 위해 교실 앞에 앉는 경향이 있다. 이들은 그림으로 생각하고 시각적 디스플레이로부터 가장 잘 배운다. 수업 또는 토론하는 동안 이들은 지식과 정보를 모두 흡수하기 위해서 상세하게 노트필기 하는 방법을 주로 사용한다.

둘째, 청각적 학습자 유형이다. 이들은 들으면서 귀를 귀울이면서 그리고 말하면서 배우는 경향이 있다. 이들은 수업, 토론 그리고 브레인스토밍을 통해서 가장 잘 배운다. 이들은 소리의 크기(ton), 소리의 높낮이(pitch), 소리의 속도(speed) 그리고 서로 다른 소리의 뉘앙스(speech nuances)에 귀를 기울임으로써 중요한 의미를 해석한다. 텍스트에 기록된 정보나 지식은 이들에게 듣기 전에는 거의 의미가 없다. 이들은 큰 소리로 텍스트를 읽고 테이프 레코더를 사용함으로써 가장 잘 배운다.

셋째, 키네스테틱 학습자(Kinesthetic learners) 유형이다. 이들은 스스로 경험하면서, 움직이면서, 행하면서 배우는 경향이 있다. 이들은 자신의 손을 통하여 - 접근해보고 주변의 물리적 세계를 적극적으로 탐색하면서 - 가장 잘 배운다. 그들은 오랜 시간동안 앉아서 베우는 방식에서는 어려움을 가지고 있다. 그리고 이들의 학습은 활동과 탐색을 위한 이들의 요구에 의해서 좌우된다.

2) 성인학습의 특징

성인교육의 대상은 이미 학교교육 마쳤거나 연령적으로 성인기에 도달한 사람이므로 그 교육활동은 직접·간접으로 직업생활 및 일상과 관련을 갖기 마련이다. 뿐만 아니라 모든 사회 영역에서 요구되는 전인적 생활인으로서의 역할을 감당해야 할 입장에 놓여 있기 때문에 성인학습은 아동 및 청소년 학습과는 달리 다음과 같은 특성들을 가지고 있다(박노열, 1987).

(1) 자발성

성인교육에 참여하는 사람은 학교교육처럼 어떤 의무적인 학습활동을 요구받는 것이 아니라, 학습함으로써 어떠한 형태로든지 자기에게 가치가 있고 유익하다는 판단에서 참여하게 된다. 만약 학습자가 얻으려고 하는 욕구에 만족할 수 없다면 더 이상 성인교육에 참여할 동기는 생기지 않는다. 따라서 평생교육을 주도하는 기관에서 학습목표의 설정이나 학습의 내용 및 방법 등을 결정할 때 성인학습자의 의견이 반영되지 않는다면 그 교육의 효과와 효율성은 거의 없다고 할 수 있다. 이런 의미에서 볼 때 성인교육자들이 학습목표의 설정이나 학습계획의 작성에 있어서 주도적 역할을 하게 되지만, 그 원칙이나 역할은 바로 성인들의 자발적인 학습욕구에 근거하여 수행해야 한다. 따라서 성인교육은 성인 자신들이 스스로 원하고 스스로 교육하고 학습하는 자기교육(self-education)이며 자기학습(self-learn-ing)이며 아울러 학습을 통한 자기관리(self-management)라고 할 수 있다.

(2) 현실성

성인은 아동처럼 미래사회의 활동을 위해 학습하는 것이 아니다. 성인들은 대부분 직·간접으로 일정한 직업과 일에 종사하고 있고 가정과 사회생활에서도 주도적인 역할을 담당하고 있다. 따라서 현실적 직업이나 사회생활에 관련된 학습요구가 성인에게는 가장 중요하다. 또한 성인의 현실적 경험 세계는 학습의 목표, 내용, 방법 속에 구현되게 되며, 일상생활 속에서 닥치는 문제 해결 능력과 지식을 학습하여야 한다. 결국 학교교육은 청소년들의 미래를 계획시키지만, 성인교육은 성인들이 실제에서 당면하는 현실을 직시하고 파악하고 분석할 수 있는 능력을 배양시키며 더 나아가 성인들의 현실적인 경험을 토대로 현실 문제를 해결할 수 있는 지식과 능력을 배양하여야 한다.

(3) 비기준성

학교교육은 미래를 위한 훈련의 과정이므로 학교나 교사들이 어떤 기준을 설정하여 그 기준에 어느 정도 도달했는지를 측정할 수 있다. 그러나 성인들은 각자 그들이 놓여 있는 각기 다른 현실 상황에 처해 있기 때문에 어떤 기준에 맞춰 학습지도를 할 수 없다. 성인은 이러 이러한 수준의 교육을 받아야 한다는 일률적이고 획일적인 기준이 있을 수 없다. 왜냐하면 성인은 다양한 경험과 다양한 목표를 가진 다양한 기준을 익히는 학습자이기 때문이다. 따라서 성인교육에 있어서는 실로 다양한 형태의 교육 내용과 방법이 모색되어야 한다. 물론 직업이나 생활환경이 같거나 비슷한 경우에는 그 학습자들간에 어느 정도 동질성의 학습요구와 필요성이 주어질 수 있기 때문에 성인학습을 어느 정도는 조직화할 수는 있다.

(4) 비체계성

성인들은 성인교육에 참여할 때 어떤 학문이나 이론을 원론부터 체계적-단계적으로 깊이 이해하기보다는 대부분 현재 자신들의 생활방식과 경험 영역에 보다 더 커다란 관심을 가지고 있다. 드물게는 자신의 현실성에 직접 관련이 없는 어떤 학문을 더 깊게 연구하고자 하는 성인학습자도 있다. 그러한 성인은 대학과 대학원이 개설한 정규 대학 강좌에서 학습할 수 있을 것이다. 그러나 대부분의 성인들이 교육 및 학습에 참여하는 이유는 자신의 현재 직업관련 업무, 현재 놓여진 위치, 현재 자기 생활의 의미, 해결해야 할 현실의 문제들 그러한 문제를 극복하기 위한 구체적인 방법들을 알고 싶어 하기 때문이다. 성인들에게 닥치는 문제들이란 언제나 같은 종류의 것들도 아니고 미리 예측할 수 있는 것들도 아니다. 그러므로 문제해결의 방법이 미리 학습될 수도 없다. 다만 방법을 모색할 수 있는 방법을 배우는 학습이 가능할 뿐이다. '학습하는 방법에 대한 학습'(learn how to learn)이 그것이다. 또한 현실 생활 속에서 생겨나는 문제에 직접 대응하고 이를 해결하기 위한 준비 학습으로 교육이 전개될 수 있다. 즉 성인학습 활동은 사소한 지식과 정보일지라도 이를 실제 생활에 즉각 응용할 수 있는 실천적 교육활동을 말한다. 결국 시시각각으로 돌변하는 문제 상황을 체계적으로 학습할 수 없다는 한계 속에서 비정형적이고 비체계적인 형태일지라도 돌발적 현실 상황에 대한 순발력과 다각적 대응 방법을 비정형적, 비체계적으로나마 다양하게 습득할 수 있어야 한다. 다양한 상황 해결의 학습 방법인 '시뮬레이션 학습'과 '상황중심 학습'(situated learning/ Lave&Wenger, 1991) 등은 이러한 비체계적인 학습의 전형이라고 할 수 있다.

(5) 상호작용의 상호학습

학교교육은 대체로 교사가 아동들에게 일방적으로 주는 형식의 교육이다. 그것은 아직 아동들은 미숙한 상태에 있고 교사보다는 모든 면에 있어서 지식이나 경험이 부족하다는 판단 때문이다. 그러나 성인을 대상으로 하는 교육 및 학습 관계는 상호 인격적 관계에서만 가능하다. 이런 의미에서 페다고지(pedagogy)가 어린 학생들에게 적합한 교육 방법이라면, 앤드라고지(andragogy)는 성인교육의 방법이 된다. 페다고지의 어원은 일정한 수준까지 "어린이를 끌어준다"는 의미를 가지고 있으며, 앤드라고지는 상호 인격적 관계(andros)에서 이루어지는 상호학습의 관계를 의미한다.

따라서 성인교육은 학교교육과는 달리 성인교사(지도자)와 성인학습자 간에 서로 지식과 정보를 주고받는 수평적 상호작용의 관계에서 가능하다. 한마디로 서로 대등한 관계에서 이루어지는 앤드라고지의 장은 상호 간의 양방향 '열린대화'에서 가능하다. 이는 상호 인격적 인정에서 상호학습을 기초로 하는 민주주의 교육의 기본 목표와도 일치한다.

(6) 학습과정 중시

성인교육은 학교교육에서처럼 지식 그 자체의 획득을 목표로 하지 않는다. 성인교육의 목적 중 하나는 지식을 얻는 과정을 배우는 것이다. 그러므로 성인교육의 지도자들은 지식을 주입시키는 것이 아니라, 성인들이 학습할 수 있도록 조력의 역할을 해야 하는 학습촉진자(facilitator)가 된다. 이들은 성인 개개인의 학습을 장려하고 더 나아갈 수 있도록 학습을 안내하여 성인들을 자극하는데 관심을 써야 한다. 성인교육자는 성인과 지식의 가운데에 있는 중개자로서의 역할을 효과적으로 해야 한다. 학습자들의 흥미를 유발시켜 학습자료, 학습 내용 그리고 학습 목표에 접근시켜야 한다. 한마디로 성인교육자는 성인학습자들의 교육적 조언자이며, 지식과 정보의 안내자(guidance)이며 학습활동의 조정자(mediator)가 된다.

(7) 경험(중심)학습

학교교육에서는 학생들의 직접 경험 대신 윗 세대들의 삶의 경험과 문화

양식을 습득하는 간접 경험의 방법을 통하여 교육의 목표를 달성한다. 아직 학생들에게는 이렇다할 만한 경험 내용이 없기 때문이다. 그러나 성인교육에서는 성인학습자들이 그동안 살면서 부딪혔던 경험 영역들을 중심으로 학습 과정을 꾸며낸다. 인생에서 겪었던 생활 경험의 영역들이 학습 내용으로 결정되고 그 경험 영역을 중심으로 새로운 지식과 정보를 확장시킨다. 경험 중심의 교과 과정은 성인 학습자 자신의 직접적 경험을 바탕으로 하기 때문에 이들의 자발적인 학습 동기 유발에도 효과가 있으며, 아울러 현실 문제에 대한 접근을 용이하게 해 준다. 그러나 경험은 접근할 수 있는 학습 자료로서 재구성될 수 있어야 한다.

구체적으로 성인의 학습을 위해 학습 과정으로 재구성되어야 하는 성인학습자의 생활 경험 영역들은 중요하다. 성인학습을 위하여 재구성되어야 하는 생활경험(life experiences)의 영역들은 다음과 같은 특성을 가지고 있다.

첫째, 경험의 재구성은 목표 지향적이고 행동 중심적이어야 한다.

둘째, 경험의 재구성은 현실적 문제 해결을 위해 간추려지고 즉시 활용될 수 있어야 한다.

셋째, 교실에서는 물론 인간활동이 가능한 어떠한 장소에서라도 경험이 학습자료화 될 수 있도록 재구성되어야 한다.

넷째, 개인에게 기능적이고 의미 있도록 경험은 재구성되어야 한다.

다섯째, 학습의 내용은 학습자들이 참여하고 결정했던 경험의 영역이어야 한다.

여섯째, 경험은 학습자들에게 새로운 전망과 가능성 그리고 의미가 있는 것으로 재구성되어야 한다.

일곱째, 성인들이 자신의 삶을 계속하여 연구하고 학습하도록 자극하고 격려하는 데 촉진제가 될 수 있도록 경험은 재구성되어야 한다.

3) 성인학습의 원리

성인들의 신체적, 지적, 정의적인 특성을 이들의 학습능력 및 그 효과와 관련시키며, 성인 및 노인을 대상으로 하는 평생교육에 있어서 학습자들은 물론 평생교육을 계획하고 실시하는데 도움이 될 수 있는 학습원리들은 다음과 같다(정지웅, 김지자. 1986).

첫째, 성인들의 학습에 있어서는 이들의 학습능률을 높이기 위하여 충분한 시간적 배려가 주어져야 한다. 연령의 증가와 더불어 주어진 자극에 대해 개인의 반응속도는 늦어질 수밖에 없기 때문에, 성인들에게는 주어진 사태를 좀 더 긴 시간을 들여 서서히 지각하고 파악하며 천천히 사고하고 반응하도록 시간적 여유가 주어야만 할 것이다.

둘째, 성인의 학습에는 각종 태도와 성격적 특성을 포함하는 정의적인 요인에 대한 충분한 배려가 주어져야 한다. 즉 정의적인 요인의 학습을 중요시하여 성인들도 젊은 청소년들처럼 잘 배울 수 있다는 자신감을 갖게 하고 아울러 학습의 계획에 있어서도 성취감, 성공감을 강조하는 방향으로 학습 자료가 준비되고 제시되어야만 할 것이다.

셋째, 성인학습은 학습자 각자의 자아개념을 적절히 개발할 수 있도록 이들의 교육적 요구를 진단하고 그의 경험을 계획하도록 하여야 한다. 성인들을 위한 평생교육은 성인학습자들의 자아개념을 적절히 개발시키고 내면으로부터의 동기를 유발시킴으로써 스스로 적극적인 학습참여자가 되도록 분위기를 조성해 주어야만 한다.

넷째, 성인들을 위한 학습은 각자의 과거경험을 최대한 살리는 방향으로 서로의 경험을 나누는 방법으로 이루어져야 한다. 개개인의 경험은 전통적인 지식의 전달이나 강의 방식보다는 시청각 방법, 토의법, 실험 실습, 현장 견학 등과 같은 실천적 학습에 의해서 보다 효과적으로 되살아나기 때문이다.

다섯째, 성인의 학습은 성인들의 발달과업에 적합한 학습경험을 시간계획에 잘 반영시켜야 한다. 성인들로 하여금 학습의 동기유발을 촉구하고 학습의 준비도 즉 태세를 갖추도록 하기 위해서는 성인들을 보다 나은 성취의 모델과 접하도록 하거나 보다 높은 수준의 포부 및 자기진단적 과정 등을 통하여 성인들의 학습의욕을 자극하고 고무함으로써 이런 학습의 준비도를 자연스럽게 고양, 개발시킬 수 있을 것이다.

여섯째, 성인들의 학습은 문제중심 지향적이어야 한다. 이는 아동이나 청소년의 학습이 교과중심지향이라는 점에서 차이를 보이는 것으로 이들의 학습활동이 미래의 활동을 위한 것이라 한다면, 성인들의 학습은 현재의 생활 속에서 부딪히는 문제들을 해결하기 위해 지극히 빠른 시일 내에 모든 것을 즉시 활용하고자 하는 데 역점을 두어야 한다.

이 밖에도 에서리지(Etherige)는 성인교육에 있어서 성인학습자의 개념을 논하기 위해서는 다음과 같은 성인학습자의 행동 특성들을 고려해야 한다고 주장하고 있다.

첫째, 성인들은 자발적으로 학습하기를 원해야 한다.

둘째, 성인들은 교수-학습과정에 능동적으로 참여할 때 학습효과가 크다.

셋째, 성인들은 비형식적 분위기에서 더 잘 반응한다.

넷째, 성인들은 실제적 문제들을 다루는 학습상황에서 훨씬 빠른 속도로 진보한다.

다섯째, 성인들은 단조로운 학습방법보다 다양한 방법이 동원될 때 흥미를 더 잘 유발한다.

여섯째, 성인들에게 각 단계마다 교육적 강화가 요구된다.

일곱째, 평생교육에 있어서 목표나 수행해야 할 과제가 애매함 없이 분명해야 한다.

여덟째, 성인들에게 두려움이 없이 새로운 기술을 연마하도록 허용되어야 한다.

에서리지의 이와 같은 조건들은 성인들이 체계적 학습으로 유인하고 진행시키는 성인교육자에게 성인학습에 대한 올바른 인식을 갖도록 하는 조건들이라고 볼 수 있다. 즉 성인학급을 운영함에 있어서 비록 그것이 형식적 교육형태를 취하기는 하나 학교수업에 있어서 흔히 볼 수 있는 것처럼 교사가 중심이 되는 것을 경계하고 성인학습자가 주도적 역할을 해야 함을 강조하고 있는 것이다.

4) 성인의 학습동기

(1) 잠자는 학습동기

동기는 긍정적인 만족을 창조하거나 아니면 부정적인 결과를 피하기 위한 기대로부터 나온다. 따라서 기대 없는 동기는 불가능하다. 또한 동기화된 기대는 학습 동기를 유발시킨다. 기대는 동기를 낳고 동기화된 기대는 학습 동기를 낳는다. 이렇게 탄생하는 학습 동기는 학습의 성과를 유실하게 할 것이다. 따라서 원칙적으로 동기 없는 학습은 성공할 수 없으며, 동기화될 수 없는 학습은 불가능하다. 물론 동기 없는 학습 즉 학습동기화가 불필요한 학습현상이 존재하지 않는 것은 아니다. 일반적으로 학교교육에서의 학습동기화는 이러한 원칙을 벗어난다. 물론 모두 그런 것은 아니지만, 일반적으로 학교에서는 학생들에게 공부와 학습을 억지로 강제하고 강요하는 편이다. 강요된 학습은 목표를 달성하기 이전에 우선 지겹고 고통스럽다. 많은 학생들이 학교에 가기 싫어하는 이유는 학습강제 때문이다. 그러나 억지로 하는 강제적 학습은 동기화되지도 않은 것이며, 이러한 학습은 성공할 확률이 낮다. 따라서 이렇게 강요된 학습결과 역시 현실적인 욕구와도 거리가 멀다. 학교가 학생들에게 공부와 학습을 강요하고 강제할 경우, 이는 성공할 수 없는 교육을 전제하고 있는 것이다. 그럼에도 불구하고 학교에서의 성공 즉 성적향상은 강제적이고 강요적일 때 최적이라는 연구결과들도 더러 나오고 있다. 이렇게 보면, 학습강제와 강요는 '학교에서의 성취'를 보장하는 셈이다. 그러나 강제학습의 결과는 인간의 실제적 요구를 충족시키는 교육결과가 아니다. 단지 이는 학교결과일 뿐이다. 엄밀히 말하면, 이는 극히 자연스럽지 못하고 인간의 학습본능도 무시한 채 오로지 사회적 요청에 따라 인위적이고 강제적으로 파행 운영되고 있는 학교교육의 위선이다. 따라서 학교교육이 반드시 개혁되어야 한다는 근거가 여기에 있다.

한편, 성인학습자들에게 학습에의 동기화는 단순한 도식으로 파악될 수 없으며, 선형적(lineal)으로 이해될 수 있는 것도 아니다. 오히려 이는 비선형(non-lineal)적이며 복합적이기까지 하다. 왜냐하면 성인들에게 학습동기화의 조건은 아동 청소년들처럼 주로 지적 능력에만 국한되는 것이 아니며, 오히려 생리적-물리적 차원 즉 건강의 문제와 생리적 욕구와 보다 깊은 관련을 맺고 있기 때문이다. 즉 설령 어떤 성인에게 학습하고자 하는 의욕과 의지는 충분하다고 하더라도, 나이를 먹음에 따라 계속 감퇴하는 시력과 청력 그리고 근육 능력과 지구력 등의 노쇠현상은 건강상의 문제 및 생리적인 장애를 유발한다. 이로써 성인학습자들에게는 원래 의도한 학습활동을 전개할 수 없는 악조건이 발생할 수 있다. 물론 성인들은 학습을 위해서 가장 중요한 지적 능력 역시 감소되는 과정에 들어 서 있다. 물론 이는 성인연령기에 발생할 수 있는 학습동기화의 장애에 대한 공통적 특성이며 동시에 성인들의 일반적 개연성이다. 이러한 공통적 특성은 고사하고 개인별로 보더라도 각 성인 개개인의 학습동기화는 천차만별이며 다양하다. 따라서 특정한 성인교육의 프로그램이 목표하는 공동의 학습목표는 이들에게 똑같은 동기유발을 야기해 내기 힘들다. 또한 똑같은 프로그램에 참가하는 성인학습자들이라고 할지라도 개개인의 기대치는 사뭇 다르다. 기대치의 차이도 동기화의 차이로 이어지는 중요한 단서가 된다. 심지어 성인교육 프로그램에 참가하는 성인들 중에는 지식학습 자체 보다는 학우, 이웃들과의 친선이나 사교 - 이성교제도 포함됨 - 그리고 어울림이나 인간관계 등 삶의 학습에 의해서 보다 더 동기화되고 고무될 수도 있다. 따라서 성인기에 학습동기화의 수준과 정도 그리고 결과는 완전히 비선형적으로 복잡하게 이루어지며 심지어 복합적 현상이라고 할 수 있다. 결국 성인교육자들은 성인학습자들에게 최적화되는 소위 안정적인 학습동기화에 보다 많은 관심과 대책을 마련해야 할 것이다.

(2) 내적 동기와 외적 동기

동기는 우선 내적 동기와 외적 동기로 구분된다. 또한 사실 자체에 들어있는 동기화는 내적 동기화이며, 외부적 자극에 의해 이루어지는 동기화는 내적 동기화가 된다. 교육에서는 양 차원의 동기 및 동기화 과정이 모두 중요하다. 특히 직업적 자격증이라든지 졸업증서 같은 것은 외적 동기가 될 수 있으며, 이는 학습자로 하여금 외적으로 학습동기화를 가능하게 한다. 내적 동기화는 교육프로그램 자체 속에 들어 있다. 내적 동기화가 이루어진 학습자들에게는 외적 동기는 크게 작용하지 않을 수도 있다. 또한 내적 동기화는 외적 자극에 비교적 안정되어 있으며 심지어 외적 동기화와는 무관할 수도 있다.

그러나 외적 동기화와 내적 동기화는 결코 대립적이거나 아니면 반대적 병립이 아니다. 차라리 양 차원은 상호 보충적이며 보완적인 경우가 더 많다고 할 수 있다. 즉 외적 자극에 의해서 내적 동기화가 이루어질 수도 있으며, 내적 동기의 수준과 정도에 따라서 외적 동기화가 강화될 수 있다. 이를테면, 학습자의 취미나 기호 그리고 성향이나 성격은 대표적인 내적 동기로 이어질 수 있는데, 이는 외적 동기에 영향을 받을 수 있다. 자격증 등 외적 동기에 의해서 개인적 성향이나 취미가 보다 확고하게 촉진될 수 있으며, 성격이나 취향 등 내적 성향에 따라서 외적 동기화가 급진전될 수도 있다. 물론 반대로 외적 동기가 내적 동기를 약화시킬 수도 있으며, 느슨한 성격이나 취향 등의 내적 동기로 인하여 졸업해야 한다는 외적 동기화가 별 의미 없는 것으로 간주되는 경우도 발생한다.

또한 외적 동기화가 되지 않았기 때문에 내적 동기화가 이루어지지 않았다가 갑자기 외적 동기화에 의해서 내적 동기화가 촉발되는 경우도 있다. 예를 들면, 컴퓨터 작업의 성과에 대하여 잘 모르고 있던 소위 컴맹의 학습자가 컴퓨터의 능률성과 효율성을 알고 난 다음에는 스스로 컴퓨터를 보다 잘 배우고 써 먹을 수 있는 궁리를 하게 되는 경우가 이에 해당된다. CAD의 필요성을 인식하지 못하거나 효율성을 알고 있지 못할 때 디자이너들은 회사에서 제공하는 CAD 프로그램에 참여하여 학습하고자 하는 생각을 못하게 된다. 그러나 CAD의 유용성을 알고 난 다음에는 CAD 프로그램에 참가하는 것을 습관화한다. 물론 이때에는 (지적) 호기심도 작용한다고 볼 수 있다. 하여간 이는 아직 외적 동기화가 안 되었기 때문에, 내적 동기화가 이루어질 수 없는 경우들이다. 반대로 내적 동기화가 이루어지지 않았기 때문에, 외적 동기가 무용지물이 되는 경우도 있다. 예를 들면, 모바일 문화의 피해성에 대하여 편견과 선입견 – 이를테면, 비인간적 문화상품이라는 – 을 가지고 있는 성인학습자에게 누군가가 모바일 폰을 공짜로 준다고 해도 아무 소용이 없다. 완고한 고집과 관습으로 인하여 내적 동기화가 이루어지지 않는 경우에는 외적 자극도 소용이 없으며, 그에게는 결코 어떠한 외적 동기화도 일어나지 않는다. 따라서 그에게는 모바일 폰의 복잡한 그러나 유용한 기능에 대한 학습활동이 이루어지지 않는다. 아마도 내적 동기화와 외적 동기화가 꼭 일치할 때 학습효과는 최대치가 일어날 수 있으며, 반대로 내적 동기화와 외적 동기화가 완전히 불일치할 때 학습효과는 최저치에 달하게 될 것이다.

5) 성인의 학습 장애

(1) 학습 불안

불안은 빠른 속도로 사고의 장벽으로 이어진다. 사람이 불안하면 사고의 폭도 제한되며 양질의 사고능력도 반감된다. 따라서 학습에 대한 불안은 학습장애를 유발한다. 성인학습자들에게 발생할 수 있는 불안은 다음과 같은 상황에서 비롯된다(Kraemer/ Walter, 1994: 43): 첫째, 프로그램이 낯설게 느껴질 때; 둘째, 새로운 사람들과의 교제가 어려울 때; 셋째, 상황은 대충 예견하지만 학습 환경이 무구조적이고 비조직적일 때; 넷째, 부정적 학교경험이 연상될 때; 다섯째, 언어적 표현이 능숙하지 않을 때; 일곱째, 학습내용을 잘 이해하지 못할 때; 여덟째, 이로 인하여 성인교육자에게 자신이 인정받지 못하고 있다는 인식에 도달할 때, 아홉째; 학습내용과 목표 그리고 방법 등 - 때로는 평가 기준 - 이 생소하거나 명확하게 이해되지 않을 때 성인학습자들은 불안하다. 이러한 불안은 학습 불안으로 이어지고, 이는 곧 학습장애로 나타난다.

성인교육자들이 학습자들의 학습 불안과 학습 장애의 문제에 대처하기 위해 주의해야 할 점도 많다. 일반적으로 성인교육자들에 의해서 학습자들에게 행사되는 학습 불안과 학습장애는 주로 "초과된 요구"(Ueberforderung)에 기인하고 있다(Kraemer/ Walter, 1994: 44). 이를테면, 과다한 지식 및 정보의 양, 수업과정의 빠른 전개, 사전 지식의 무시 등은 학습참여자들을 정신적으로 지치게 하고 학습현장에서 퇴출시키는 역할을 한다. 또한 성인교육자는 자신의 수업이 매력적이며 매우 중요하다고 생각하는 데도, 학습자들의 수업 참여가 성실하지 못하다고 투정이나 비난을 해서는 안 된다. 또한 이러한 이유로 그가 성인학습자들을 수동적 학습자로 간주하거나 아니면 학습 지구력이 부족한 사람들로 매도해서도 안 된다. 학습자 개개인이 처한 상황들 그리고 학습 환경 및 조건들이 천양지차(天壤之差)이고, 학습에 대 학습 불안과 학습장애는 상대적으로 줄어들 수 있다는 점도 새삼 명심해야 할 대목이다.

(2) 집중력 장해

학습이 효과적으로 이루어지 못하는 가장 중요한 근거는 역시 학습자들의 집중력 부족에서 기인한다. 이는 전적으로 학습자 개개인의 책임이다. 그러나 우리는 교육의 과정에서 학습자들의 집중력을 방해하는 요인들이 있다는 사실을 인식하게 된다. 즉 학습자들의 집중력은 얼마든지 방해를 받을 수 있다. 집중력의 방해는 집중력 장애로 이어진다. 집중력 장애는 하품, 졸음과의 싸움, 잦은 헛기침, 다른 참가자들과의 잡담, 더 이상 함께 작업하지 않음, 공간을 떠남 등 외적으로 표현되기도 하지만, 편향적 이해, 산만한 사고, 내적 불안, 노이로제, 화가 남 등 내적으로 표현되기도 한다.

집중력 방해의 원인 역시 내적인 차원과 외적인 차원으로 구분된다. 대표적인 내적 원인으로는 육체적-정신적 질병, 영향 결핍, 배고픔, 과로, 피곤함, 무관심, 고민, 갈등, 정신적 방황 그리고 동기 상실 등을 들 수 있으며, 반면 과부하, 주변 소음, 안락하지 못한 공간과 너무 불편한 책걸상, 산소결핍, 어두운 조명, 좋지 못한 앉은 자세, 너무 많은 지식과 정보, 너무 쉽거나 어려운 교재, 지루한 교재, 적은 매력, 너무 긴 학습단위 등은 외적 원인에 해당된다. 특히 직장에서 오랜 시간동안 업무에 지친 상태로 성인교육의 현장에 들어오는 학습자들에게는 과로와 피로 그리고 스트레스 등이 학습에의 집중력을 계속해서 방해할 것이다. 진지한 교육과정 중에도 성인교육자와 성인학습자 간에 이루어지는 가볍고 자유로우며 개방적인 대화와 의사소통의 과정에서 이러한 집중력 장애요소는 크게 제거될 수 있을 것이다.

집중력 장애의 문제에 보다 강도 있게 대처하기 위해서 성인교육자가

할 수 있는 일들은 다음과 같이 정리될 수 있다(Kraemer/ Walter, 1994: 44-45):

첫째, 집중력의 문제와 직접 만나고 교제한다. 즉 집중력에 장애되는 것이 무엇인지 교육자와 학습자간에 열린 대화와 상담이 이루어질 수 있다,

둘째, 충분한 휴식을 준다. 많은 연구에서 휴식은 집중력감퇴를 예방하는 데 특효가 있는 것으로 밝혀지고 있다. 성인교육자들은 휴식 동안에 수업 공간도 환기된다는 사실을 명심해야 한다. 일반적으로 많은 연구들은 현재 학습공간에서 학습하고 있는 자들에게 요구되는 최적의 휴식 시간은 10분 정도로 밝혀내고 있다. 따라서 "10분간 휴식"은 과학적인 근거에 의한 결과이다. 그러나 때에 따라서는 휴식 시간에 융통성을 발휘해야 할 것이다. 아울러 그렇다면 몇 분간 수업을 하고 휴식을 해야 하는가에 대하여는 아직 일치된 연구결과가 나오고 있지 않다. 일반적으로 학교에서는 50분(저학년은 40분) 수업을 하고 10분간 휴식하는 것으로 되어 있다. 그러나 성인학습자들에게 이러한 수업 시간이 그대로 적용되는 데에는 문제가 없지 않다. 그렇다고 수업 시간을 무조건 줄이라는 것도 근거가 박약하다. 학자들에 따라서는 - 비록 근거는 박약하지만 - 성인학습자들에게 1단위 수업시간을 최대 150분까지 해도 무난하다고 보는 견해도 없지 않다.

그러나 독일의 성인교육학자 자이페르트(Wolfgang Seifert)는 - 그의 전공은 사회학이기 때문에 비록 임상실험이나 의학적인 근거에서는 박약하다고 할 수 있지만 - 성인학습자들에게는 "20분 강의에 20분 휴식"이 가장 적당하다는 견해를 밝히기도 했다. 물론 강의 위주의 수업이 아닐 때 즉 실습 또는 게임이나 소집단토의 등 다양한 수업방법을 적용하는 경우는 일단 예외가 된다. 단지 "수동적 학습자 대상 의 주입식 강의가 쉬지 않고 20분을 넘게 되면, 성인학습자들에게 이미 학습에서 최소한 요구되는 집중력을 기대하기는 어렵다는 판단이다. 또한 그는 주입식 강의로만 20분이 지나면 집중력의 회복 시간도 그 정도 되어야만 성인학습의 효과가 기대된다

고 하면서 20분 휴식을 주장하기도 했다. 그러나 성인학습자들에게 어쩔 수 없이 발생하는 집중력 방해 요인들을 제거하여 집중력 장애 문제에 대처하고 집중력을 회복시키는 것이 중요하기 때문에, 성인학습자들의 개인차와 개별성을 고려한다면 수업 시간이나 휴식 시간은 아동기나 청소년기에 비해서 특히 나이의 폭도 넓고 신체적-생리적 노화현상도 개인차에 따라 천차만별인 성인기에는 보다 "융통성 있게" 운영될 수 있어야 할 것이다.

셋째, TV, DVD, OHP, 실물화상기, 파워포인트, 환등기, 신문 등 각종 매체들을 활용하거나 집단동학에 기초한 집단활동, 소그룹활동, 프로젝트 학습, 벽보판, 부즈그룹, 학습조직 등 적극적이고 능동적이며 자율적이고 자발적인 자기주도의 학습을 가능하게 하는 다양한 학습방법들을 사용(병행)하여 지속적인 학습관심을 유도할 필요가 있다.

(3) 긴장과 스트레스

현대인들의 삶은 긴장과 스트레스의 연속이다. 긴장과 스트레스는 사람들을 지키고 피곤하게 한다. 긴장과 스트레스에 지친 대부분의 현대인들은 만성피로증후군에 시달리면서 살아가게 된다. 따라서 만성피로증후군은 특별한 지병이라기보다는 차라리 현대를 살아가는 문명인들에게 그림자처럼 따라 다니는 운명이라고 해야 할 것이다.

긴장과 스트레스는 성인학습자들에게 집중력의 방해한다. 따라서 성인교육은 - 과목이나 수업 내용과 무관하게 - 반드시 성인학습자들에게 운명이 되어 버린 긴장과 스트레스를 풀어주는 것을 병행하면서 이루어져야 한다. 긴장해소는 집중력 장애를 예방하고 학습 장애를 방지한다. 따라서 성공적인 성인교육은 긴장해소와 함께 이루어질 때 가능하다.

천부적인 성인교육자들은 성인학습자들에게 수업(강의) 시작 전에 또는 수업의 중간 중간에 긴장해소를 위하여 무엇인가를 준비한다. 대표적인 도입 프로그램으로 대중화되고 있는 각종 "얼음 깨기 프로그램"(Ice Breaking)은 학습자들의 긴장해소를 위해 유익하다고 평가된다. 또한 천부적인 성인교육자는 성인학습자들과 강의 시작 전 또는 중간 중간에 "긴장해소를 위한 가벼운 체조"를 함께 하기도 한다. 물론 체조란 원래 전문강사들에 지도에 의해 이루어지는 것이 원칙이지만, 수업 중간 중간에 긴장과 스트레스로 뭉친 학습자들에게 가볍게 긴장을 풀어주기 위해 도입되는 비숙련의 정도는 어느 정도 허용될 수 있는 범위이다.

자, 지금부터 허리를 펴고 최대한 편히 앉는 자세를 고쳐 보세요, 그리고 앉으신 상태에서 두 다리를 자신의 어깨 넓이로 벌리세요. 그리고 깊게 숨을 들이마셔 보세요. 그리고 내 뱉으세요. 크게 하품도 보시고 뒤로 기지개를 펴 보세요. 아 하고 목청도 좀 가다듬고요. 이제 두 손을 머리 위로 올리고 몇 초 동안 힘을 주면서 온 몸을 긴장시켜 보세요. 이제 온몸을 최대한 비틀어 보세요. 이제 손을 내리면서 좌 우에 앉아 있는 옆 사람의 손을 잡습니다. 서로 눈이 마주치면 좀 어색하니까 그냥 모른 척하고 무조건 슬쩍 잡는 겁니다. 이번에는 숨을 크게 들이 쉬면서 잡은 손을 꽉 쥐십시요. 있는 힘을 다해서 꽉 쥐는 겁니다. 됐습니까? 이제 손에 힘을 쫙 빼십시요. 다시 한번 있는 힘을 다해서 손을 꽉 쥐십시오. 그리고 다시 힘을 풀어 주세요. 이제 아쉽지만 옆 사람의 손을 놓으시고, 숨을 크게 들이마셨다가 다시 크게 내 쉬십시오. 그리고는 이제 좀 전에 손을 꽉 쥐면서 괴로움을 주었던 옆 사람들과 인사하십시오. 안녕하십니까. 좀 전에는 실례가 많았습니다.

(5) 기억 장애

인간은 나이를 먹어 가면서 기억능력의 저하 현상이 발생하는데, 기억능력의 저하는 학습을 습관화하는데 장애물로 등장한다(Kraemer/ Walter,

1994: 47). 그러나 생리적인 현상은 어쩔 수 없다. 어쩔 수 없는 기억능력의 저하는 성인학습자들에게 피치못할 학습장애로 이어질 수 있다. 그러나 기억능력의 저하로 인하여 학습에의 습관마저 감소된다고 한다면, 이에 대하여 성인교육자는 보다 신중하게 접근해야 한다. 당장 학습에의 습관이 저하된다면, 성인교육은 성인학습자들에게 계속적이고 지속적인 학습참여에의 동기를 부여하는 것이 쉽지 않게 된다.

따라서 성인교육자는 바람직한 성인들의 학습활동을 지원하기 위해 기억증진의 방법(Mnemotechnische Mehtode)을 병행 시도할 필요가 있다. 일반적으로 성인교육자들이 사용하고 있는 방안은 세 가지 범주로 알려져 있다: 시각화, 풍부화, 구조화가 그것들이다.

가. 시각화

성인학습자들은 "개념"보다는 "그림"으로 이해하는 편을 더 선호한다. 의학적으로 본다면, 인간의 뇌는 외부로부터 유입되는 지식과 정보를 구두로 저장할 때 보다는 그림으로 저장할 때 훨씬 더 쉽고 빨리 그리고 금방 사라지지 않도록 깊숙이 정착시킬 수 있다. 이는 학교 아동 및 청소년교육에서도 중요하다. 이미 16세기부터 코메니우스(Amos Commenius)에 의해 시작된 감각적 실물주의는 바로 이러한 시각화의 원리를 처음 교육에 접목시킨 엄청난 사건이었다. 그는 자신의 주저서인 "대교수학"에서는 실물지도와 실물학습에 대한 자세한 교수방법론을 제시하고 있다.

또한 의학적으로 인간의 인지능력은 오감(五感) 중에서 "시각"에 약 70% 이상을 의존하고 있다고 알려져 있다. 이렇게 본다면 학습에서 지식과 정보의 시각화 또는 그림(또는 사진, 동영상 등)으로 제시하기는 중요한 의미를 지니고 있다고 할 수 있다. 이 역시 어린 아동청소년들의 학습에서도 마찬가지이다. 그러나 이러한 시각화 학습은 성인학습에서 보다 절실한 문제라고 할 수 있다.

따라서 사진이나 그림 아니면 동영상을 사용하여 시각적으로 제작된 교재들은 모든 지식과 정보를 보다 사실적이고 실감 있게 묘사함으로써 수업 내용을 보충하고 보완할 수 있을 뿐만 아니라, 단어나 언어로 표현되는 것보다 훨씬 더 많은 이야기를 해 준다고 볼 수 있다. 또한 그림들은 시각적 연상 작용을 유발시킴으로써(구조화) - 특히 성인들이나 노인들에게 - 기억능력을 증진시키는 효과를 내기도 한다.

나. 풍부화

세상에는 어렵게 접근될 수 있고 어렵게 이해될 수밖에 없는 세계가 존재한다. 그러나 우리가 이러한 어려운 접근을 보다 용이하게 할 수 있는 방법을 찾아낸다면, 세상에는 그리 어려운 문제만이 주어지는 것은 아니다. 이렇게 어려운 접근을 용이하게 하는 방법 중의 하나가 바로 풍부화(豊富化, anreichern)이다. 예를 들어, 강을 건너 저편에 있는 외딴 섬으로 접근하는 일이 매우 곤란하고 어렵다고 할 때, 해결 방안 중의 하나는 그곳으로 건너갈 수 있는 다리를 많이 만드는 방법이다. 특히 여러 가지 핸디캡을 가진 성인학습자들에게는 접근하기 어려운 지식의 세계가 많이 존재할 수 있다. 이럴 경우 성인교육자는 학습자들이 용이하게 난해한 지식의 세계에 도달하기 위해서 다리 이를테면 "정보의 다리"(Bruecken der Informationen)를 만드는데 도움을 주어야 한다. 즉 정보를 풍부하게 제공하는 것이다. 설령 목표 지점은 같다고 하더라도, 접근하는 방법들은 다양할 수 있다. 성인교육자는 학습자들에게 이러한 사실을 인지하고 기억하도록 하며 피부적으로 느끼도록 한다. 또한 성인교육자는 정보를 풍부하게 제공함으로써 이들에게 정보 유지와 회상에서도 용이하게 한다. 예를 들면, 학교교육에서 학생들이 애용하는 "자습서" 또는 "참고서" 등이 바로 정보의 다리에 해당된다. 그러나 물론 정보의 다리를 건너게 되는 자는 학습자 자신이다. 따라서 정보의 다리를 잘 활용하여 무사히 목적지에 도달하기 위해서 학습자들이 정보의 다리의 유용성을 인식해야 한다. 이는 마치 종유동굴에서 바닥으로부터 석순이 자람으로써 하나의 종유석이 완성되는 것과 같은 원리이다. 그럼에도 불구하고 성인교육자가 피할 수 없는 임무는 정보를 계속 제공하는 것이다. 언젠가는 정보의 다리 즉 아름다운 종유석이 완성될 것이다.

다. 구조화

아직 구조화되지 못한 정보들은 산만하다. 또한 산만하고 정리되지 않은 지식과 정보들은 쉽게 망각될 수 있다. 일반적으로 구조화된 정보는 문맥(context)에 따라 정리된다. 늑대와 표범은 같은 동물이라는 사실만 알고 있으며, 더 이상의 학습은 가능하지 않다. 늑대는 개과(果)에 속하고 표범은 고양이과에 속한다는 사실을 알게 됨으로써, 우리는 계통학이나 계보학 또는 유전학과 진화론에 관심을 가지게 된다. 이렇게 구조화된 정보와 지식은 연상 작용이라는 사고능력의 촉진에 영향을 준다. 따라서 지식과 정보의 구조화는 기억 증진에 도움을 준다.

일반적으로 다음의 범주들은 잘 알려진 구조화의 방법들이다(Kraemer/Walter, 1994: 47).

첫째, 공통성을 찾아내어 묶어 주기
둘째, 차별성을 찾아내어 묶어 주기
셋째, 중요한 것과 중요치 않은 것을 구분하기
넷째, 상위와 하위를 구별하기

이러한 구조화의 시도들을 시각적(그림, 화상 등)으로 또는 도식적으로 표현한다면, 학습효과는 배가될 것이다.

(5) 교재(教材) 불만

성인교육의 현장에서 성인학습에 참가하고 있는 성인들은 다양한 경험의 소유자들이며 다양한 경험으로부터 자신의 학습목표를 유추해 내고 있다. 따라서 이들의 학습관심을 자신들의 개별적인 경험들과 직 · 간접으로 밀착되어 있다. 다양한 경험과 다양한 관심 그리고 다양한 습관과 다양한 목표 그리고 이에 대한 다양한 가치와 의미를 가지고 있는 성인학습자들에게 - 그것이 아무리 보편타당하고 객관적, 과학적인 결과라고 할지라도 - 획일적으로 하나 또는 두개의 교재를 모든 사람들의 공통교재로 선택하여 사용한다면, 이는 처음부터 문제가 아닐 수 없다. 특히 성인교육자가 선택된 획일적 교재만으로 전체의 학습과정을 진행해 간다면, 성인학습자들의 반응은 보다 비판적이고 저항적으로 될 수 있다.

왜냐하면 성인학습자들은 성인교육자에 의해 선택된 교재(또는 교안)와 자신이 스스로 작성한 교재를 서로 비교하면서 학습한다. 여기서 학습자 스스로 작성한 교재라는 것은 - 대부분이 언어나 문자로 기록되지는 않을지 모르지만 - 학습자 자신이 머리 속에 구상하고 있는 대본(臺本, script) 즉 생각의 모음집을 말한다. 이러한 생각의 모음집은 학습자들의 고유한 경험영역에서 비롯된다. 아니면 인생을 하나의 연극으로 본다면, 아마 이는 연극의 대본일 수도 있다. 한마디로 성인교육의 현장에 비록 성인교육자에 의해서 특정한 교재가 선택되어 사용될지라도 또한 교안대로 수업이 진행될지라도, 성인학습자들의 마음속에는 분명히 자신만의 고유한 교재 즉 자기경험이라는 특별한 교과서가 존재하고 있다는 뜻이다. 그런데 중요한 것은 성인들이 가지고 있는 고유한 교재 즉 이들만의 고유한 경험적 교과서 또는 대본(각본)이 성인학습에서는 - 우리가 알게 모르게 - 보다 결정적인 교재로 작용하고 있다는 사실이다. 왜냐하면 개인에게 자신의 경험을 그것이 나쁜 경험이었다고 판단되기 전까지는 매우 소중한 것이며 자존의 영역이기 때문이다. 따라서 이들에게 "교재 불만"은 극히 당연한 것이고, 이러한 교재 불만은 곧바로 학습장애로 이어진다.

물론 성인교육자에 의해 선택된 교재나 교안이 중요하지 않다는 의미는 아니다. 이러한 교재와 교안은 미궁 속을 헤매고 있는 학습과정에서 가이드라인을 제공할 수 있는 아리아드네의 실(Leitfaden der Ariadne, 입문서 또는 이정표)의 구실을 한다는 커다란 장점이 있다. 이러한 이정표로서의 교재와 교안은 엉뚱한 환상이나 상상의 낭비, 그리고 하찮은 경험을 중심으로 산만하게 흩어지는 사고로부터 발생할 수 있는 "헛수고의 학습"을 방지해 주는 역할도 한다. 또한 정해진 교재와 교안은 원칙적으로 다양할 수밖에 없는 성인교육의 프로그램들을 산만하고 비구조적으로 운영되지 못하도록 하여 효율성을 떨어뜨리는 수업을 방지하는 효과도 가지고 있다. 물론 정해진 교재와 교안은 학습자들이 집에서도 예습하고 복습할 수 있는 기회를 제공함으로써 후속 학습을 보다 용이하게 도와주는 역할도 한다.

따라서 성인교육자들은 교재 선택 및 교재 사용에서도 많은 융통성을 제시할 수 있어야 한다. 심지어 성인학습자들의 학습능력은 학교아동들의 경우보다 개인차의 폭이 훨씬 크게 때문에, 앞서 가는 자와 쫓아가지 못하는 자의 격차는 실로 엄청나다. 따라서 학습템포에서도 보다 커다란 융통성이 요구된다. 이러한 융통성 있는 수업을 성공적으로 이루어내기 위해서 천부적인 성인교육자는 학습자들과 평소 대화와 상담의 기회를 많이 가지려고 노력하고, 수업 역시 대화와 의사소통을 중심으로 하는 토론학습, 패널학습, 심포지엄, 콜로키엄 등 다양한 대화수업을 기획, 설계, 운영한다.

그러나 일반적으로 성인교육의 현장에서 선택된 교재에 대하여는 학습자들이 그의 과학성과 객관성에 대하여 신뢰를 가질 수 있어야 한다. 과학적-객관적 지식을 매개로 "교과서(典範, text)"로 제작된 교재들은, 첫째, 학습을 동기화시키는 데 충분한 기여를 할 것이며, 둘째, 필요한 지식과 정보를 중재할 것이고, 세 번째, 회고할 수 있는 기회를 제공할 것이다(Kraemer/ Walter, 1994: 49). 또한 성인학습자들이 가질 수 있는 교재 불만의 주원인으로는 학습자들이 교재를 제대로 읽어내지 못할 수 있다는 사실을 꼽을 수 있다. 즉 성인학습자들이 교재를 읽고 해석해 내는 독해의 능력이 부족하거나 아니면 잘못된 독서 습관 때문에 교재의 의미를 잘 못 파악할 수 있는 가능성은 충분하다. 따라서 천부적인 성인교육자들은 이들에게 특별히 "바람직한 독서"를 할 수 있도록 유도하기도 한다. 즉 형편없는 독서능력으로는 문제를 해결할 수 없도록 과제를 내주거나 질문을 한다거나 아니면 독서력과 독서 습관을 배양하고 촉진시킬 수 있는 방법을 구상하면서 수업진도를 조정해 나간다. 심지어 이들은 바람직한 독서방법에 대하여 특별히 강의하기도 하고 별도로 "독서연구 동아리"를 만들어 운영하기도 한다.

특히 오늘날 성인교육은 독서 중심의 수업 방법을 활용하는 단계에 있기도 하다. 1994년 학습조직(Learning Orgarnization)이라는 개념이 나오면서부터 기업체 성인교육의 현장에서 책읽기 중심의 성인학습법이 실용화되어 왔다. 그러나 이러한 독서중심의 학습법은 이미 위에서 본 것처럼 특히 서구 성인교육의 원형이기도 하다. 특히 미국에서 1727년 벤자민 프랭클린(Benjamin Franklin)과 그의 동료들에 의해 조직된 미국의 준토(Junto) 독서 클럽은 시민도서관의 독서클럽운동으로 확산되는 계기가 되었으며 이로써 미국성인교육이 활성화된 역사가 있다. 따라서 우리는 바로 이러한 독서중심의 학습이 성인교육방법의 원형이었음을 상기할 수 있다.

독서를 통해서 학습자들은 사고능력을 배양할 수 있는데, 첫째, 인지능력, 둘째, 기억능력, 셋째, 발산적 사고 능력, 넷째, 수렴적 사고 능력, 다섯째, 비판적 사고 능력이 그것들이다. 이렇게 본다면 인간에게 중요한 사고

능력들은 거의 모두 독서를 통하여 이루어진다고 해도 과언이 아니다. 따라서 독서는 인간의 삶에서 대단히 중요하다고 할 수 있다. 성인교육이 우리들에게 문제의식과 문제해결에 기여해야 한다고 한다면, 성인교육자는 성인학습자들에게 직접적으로는 "바람직한 독서능력을 배양하는 독서연구 및 독서교육"에 기여해야 할 것이며, 간접적으로는 독서능력의 배양을 토대로 하는 학습의 기회를 보다 풍부하게 제공할 수 있어야 할 것이다.

● 참고문헌

김지자 (1986). "성인교육학의 심리적 기초", 현대의 사회교육: 평생교육 논문집. 한국교육학회 평생교육연구회편. 서울: 정민사.

이상오 (2005). 평생교육론 - 역사, 조건, 전망. 서울: 문음사.

이훈구 (1991). 심리학자가 내다본 일의 세계. 서울: 나남.

정지웅, 김지자 (1986). 평생교육학 개론. 서울: 서울대학교 출판부.

듀에인 슐츠 (1982). 성장심리학(이혜성 옮김). 서울: 이화여자대학교출판부.

Cropley, A. J.(1981). "Lifelong Learning: A rationale for teacher training". *Journal of Education for Teaching. Vol. 7*.

Gregor. A. (1985). "The Professors Perception of the Teaching Role". *Proceedings of the Seventh International Conference on Improving University Teaching*. London: Croom Helm.

Knox, A. B. (1977). *Adult development and Learning*. San Francisco: Jossey-Bass.

Knowles, M. S. (1970). *The Modern Practice of Adult Education. Andragogy Versus Pedagogy*. New York: Association Press.

Kraemer, S. / Walter, K.-D. (1994). *Effektive Lernen in der Erwachsenenbildung*. Donawoerth: Hueber-Holzmann.

Lave, J. & Wenger, E. (1991). *Situated Learning: Legitimate Peripheral Participation* (Learning in Doing: Social, Cognitive and Computational Perspectives). Cambridge University Press.

Schaie, W., Geiwitz, J. (1982). *Readings in adult development and aging*. Boston: Little, Brown.

Verres-Muckel, M. (1974). *Lernproblem Erwachsener*. Stuttgart, Berlin, Koeln, Mainz.

제 III 부

평생교육의 구성요소

제9장

안드라고지

1. 안드라고지의 재발견

18/19세기 자유주의와 낭만주의의 물결 속에서 성인교육의 현장은 꾸준히 인간학(Anthropologie)적 차원에서 이론적으로 논쟁되고 검토되어 왔다. 즉 성인 개개인을 존중하여야 한다는 차원에서 성인을 "문화적 존재"(homo cultus/ Cicero)로 부각시킴으로써, 성인교육은 일반적 인간교육으로 자리를 잡아가는 계기가 되었다. 이를 토대로 성인교육의 실제영역에서는 1910년부터 학문적-이론적 차원의 연구가 활성화되는 계기가 마련되었다. 1950년대부터 성인교육을 이론적으로 연구하는 학자들은 안드라고지(Andragogik, andragogy)라는 용어를 선호하면서 성인교육의 실제에 대한 이론적 연구에 박차를 가하게 되었다. 결국 이러한 과정에서 성인교육은 일반적 아동교육 및 직업교육과 함께 제3의 교육노선으로 자리를 잡게 되었다. 그러나 성인교육의 형태 변화에도 불구하고 성인교육은 항상 코스(courses)와 프로그램(programs) 중심으로 운영되었으며, 학습공동체(learning communities)를 지향하며 집단학습 즉 그룹워크(group work)의 교육방법을 유지하는 전통을 이어 갔다.

일반적으로 우리는 교육이란 삶의 시작과 함께 있어 왔다고 이해한다. 이 말은 우리의 삶에서 교육이라는 말이 있기 이전에 이미 우리는 교육하고 교육받고 살아왔다는 말과 통한다. 이러한 관점에서 보면, 삶은 그 자체가 교육이었고 그 역도 마찬가지라고 할 수 있다. 따지고 보면 우리의 삶에서 교육 아닌 것이 하나도 없으며 교육 없이 우리 인간이 살아남을 수 있는 확률은 매우 낮다. 이러한 근거에서 18세기 독일의 계몽철학자 칸트(Immanuel Kant, 1724-1803)는 "인간은 교육을 받을 수 있는 유일한 피조물(homo educandus)"이라고 했다.

그러나 교육의 개념이 다양화되는 데에는 별도의 역사를 가지고 있다. 왜냐하면 우리는 오랫동안 "교육이란 윗세대가 어린세대에게 영향을 주기 위해 수행하는 것"(Schleiermacher)으로 이해해 왔기 때문이다. 일반적으로 교육을 의미하는 페다고지(pedagogy, Pädagogik)라는 말은 이를 잘 대변하고 있다. 즉 페다고지란 어원적으로 "아동(Ped)을 이끌어주는(agogy)" 것을 말하는데, 이럴 경우 교육은 누군가가 누군가를 끌어주는 것이 된다. 일반적으로 나이 많은 성인이 나이 어린 아이들을 끌어주거나 많이 아는 사람이 적게 하는 사람을 지도하는 것이 교육인 것이다. 이렇게 공식화된 교육의 의미에 성인교육을 대입시키면 성인교육은 '성인이 성인을 이끌어주는 것'이 된다. 잘 교육된 성인이 덜 교육된 성인을 끌어준다. 이러한 의미에서 지금도 성인교육(Erwachsenenbidlung, adult education)이라는 말 대신 성인페다고지(Erwachsenenpädagogik)로 표현하는 학자들도 있다.

이러한 학자군은 유럽 대륙에 적지 않으며 유럽의 교육 역사 및 전통을 잘 이해하면 쉽게 이해되는 말이기도 하다. 구체적으로 말하면, 잘 교육되고(Gelehrte) 도야된 자들(Gebildete)이 보통의 성인들에게 교육을 베풀 수 있다는 말이 된다. 칸트는 "인간이라고 다 같은 인간이 아니다"라고 하는 파스칼의 구분(동물-인간-신)을 인용하면서 보다 잘 계몽된 인간과 계몽 대상의 인간을 구별했다. 교육의 정도 차에 따라서 인간은 동물이 될 수도 있고 신(神)이 될 수도 있다는 의미이다. 전통적인 유럽 계몽주의에서 보는 교육개념이 바로 그것이었다. 이는 먼저 계몽된 자가 덜 개화된 사람들에게 교육을 베푸는 계몽주의 교육관에 기인한다. 당시에는 성인대상의 교육 영역에서도 이런 범주를 벗어날 수 없었다. 그럼에도 불구하고 성인페다고지라는 명칭은 성인교육에 관한 연구의 영역을 교육학의 영역으로 끌어들이고자 하는 노력의 하나였다고 본다면 그 의미가 있다고 할 수 있다.

제1차 세계대전 후에 성인교육에 대한 이론적이고 학문적인 연구가 본격화된다. 초등학교 교사로서 낮에는 아이들을 가르치고 저녁에는 그 아이들의 부모를 비롯하여 주변의 성인들을 가르쳐서 당시 '국민교육의 아버지'로 알려진 독일의 하이넨(Anton Heinen)을 위시하여 에르트베르크(Robert von Erdberg, 1866-1929), 로젠슈톡(Eugen Rosenstock, 1888-1973) 그리고 프리트너(Wilhelm Fliter, 1889-1990) 등이 대표적인 이론가로 꼽힌다. 그러나 성인교육에 대한 이론적 연구는 교육학의 영역에서 보다는 비교육학적인 분야 이를 테면 의학, 보건학, 신학, 법학, 생물학, 심리학, 정치-경제학 그리고 사회학 분야 등에서 크게 발전된다. 특히 독일에서는 성인교육이 사회학(Soziologie)의 연구대상이 되면서 사회개혁 및 민주주의 발전의 수단으로서 간주되기에 이른다. 많은 사회학자들은 국민교육의 역사적 성장과 발전상에 깊은 관심을 갖게 되는데, 그 근거로 이들은 사회적 공동체의 파괴, 민족파괴 등 시대적인 위기에 처하여 국민교육운동이 발발하게 된 현상들을 추적했다(Weniger, 1955: 416).

또한 하이넨(Anton Heinen)과 대학교수인 크라트(Fritz Klatt)의 자극으로 시작된 독일의 호헨로트(Hohenrodt) 그룹은 이론적 성인교육의 연구에 많은 업적을 남기면서 안드라고지(Andragogik)의 성립에 새로운 비전을 제시하였다. 이 그룹에는 프리트너(Wilhelm Flitner)와 안츠(Joseph Antz) 같은 당시 유명한 교육학자들이 참여하고 있었는데, 이들은 연구의 활성화를 위해 성인교육연구에서 교육학의 우위성을 주장하지 않고 성인교육의 연구가 간학문적인(interdisciplinary) 영역에서 발전되어야 한다는 전제 속에서 다(多) 학문간의 엇물림을 통한 협동연구를 주창하고 나섰다. 또한 이들은 성인교육의 연구는 인간학적이고 역사학적인 배경을 가진 응용과학이 되어야 한다는 사실도 주장했다. 따라서 자연과학 및 기술공학 또는 의학을 전공한 학자들도 성인교육의 전문가로서 교수-학습 방법의 문제와 교육체제 구성의 문제에 기여할 수 있고, 과학적 지식과 사고체계를 아마추어 수준의 성인교육자에게 전수시킬 수 있었다. 이러한 다양한 지식의 전수를 통한 "전환"은 바로 안드라고지(Andragogy)의 연구에서 고유한 과제이자 중요한 영역이 되어 갔다.

한편, 천문학 교수였던 포에르스터(Wilhelm Foerster, 1832-1921)는 성인교육의 연구 영역에서 30여 년 동안 대가로 알려져 있다(Iven, 1995: 56). 물론 그의 동료들은 그의 행동반경에 아주 못마땅하게 생각했다. 학문의 요람으로서 대학을 상아탑으로 규정하고 있었던 당시의 학자와 교수들에게 과학의 대중화는 과학의 비(非)과학화와 같았다. 특히 그가 베를린에 "가수(歌手) 아카데미"를 세우고 강의했을 때, 그의 동료들은 경악하면서 그를 소위 "딴따라 학자"로 불렀다. 그러나 무엇보다도 포에르스터가 성인교육 영역에서의 보여준 가장 뚜렷한 행보는 독일의 대학확장운동(university-extension-movement)에 적극적으로 참여하고 심지어 이를 주도하였다는 사실이다. 그런데 중요한 사실은 이러한 그의 행동은 많은 우여곡절 끝에 학자들의 사회적 참여에 대한 종전의 편견을 불식시키는 계기를 만들게 되었다는 사실이다. 그의 범세계적인 명성 때문에 이러한 그의 태도는 결국 이웃국가인 영국, 오스트리아 그리고 다른 나라에 파급되면서 대학의 학자들이 이제는 상아탑(象牙塔)을 벗어나 실제로 성인교육의 현장에 직접 나서는 경향이 가속화되기 시작했다.

그 동안 대학이라는 상아탑에 갇혀서 진리만을 탐닉하고 연구와 가르침의 자유만을 부르짖던 이들 스스로가 넓게 개방된 성인교육의 현장으로 나서게 된 동기는 성인교육의 현장에서는 교육과 학습의 관계가 모두 자율적이고 자발적이며 개방적이라는 점에 매력을 느끼면서부터였다. 또한 이들은 학교교육이 끝난 다음에도 교육의 기회는 누구에게나 계속 연장되어야 한다는 데에 깊은 공감대를 가지게 되었다. 심지어 이들은 점차 학교교육이 반강제적이고 의무적인데 반하여, 학교 후 성인교육은 참여의 자유와 자율성이 보장되어야 교육의 원래 취지가 달성될 수 있을 것으로 판단했다. 왜냐하면 이들은 자신들도 본래의 직업이 아닌 자원봉사의 개념 또는 부업으로 성인계몽 및 성인교육운동에 참여하기 때문에, 학습의 참여자들에게도 자발성과 자율성을 보장해 주어야 교육의 효율성이 높을 것이라는 신념을 갖게 되었기 때문이다. 즉 성인들에게 수혜되는 교육은 항상 현실문제 극복을 위해 매우 중요하고 긴요흔 일이지만 강제적이거나 강압적이면 오히려 역효과가 날 수 있을 것이다. 그러나 성인교육자들은 그것이 본업이 아니고 단지 부업으로서 활동하는 대가로 소위 얄팍한 대중학자로 인식되는 일은 여전했다.

이러한 사회적 평가는 성인교육이 비전문적 성격을 바탕으로 대중에 인기만을 찾아다니는 인기몰이 지식으로 전락하고 있다는 비판의 화살을 면치 못하게 된다. 따라서 19세기 말과 20세기 초에 들어 성인교육자들은 성인교육기관으로서 전문적 인스티튜트(Institut)의 필요성을 제기하고 나섰다. 바르텐바일러(Fritz Wartenweiler, 1889-1986)는 스위스에 교사-트레이닝-컬리지(college)에서 디렉터로 몇 년을 보낸 후 헤르츠베르크(Herzberg)에다 새로운 기숙컬리지를 설립 운영하는데, 이는 곧 새로운 형태의 스위스 성인교육센터로 평가되기도 했다(Graab, 1967). 물론 이 센터는 그룬트비히(Nikolaj Frederik Severin Grundtvig, 1783-1872)의 국민대학(High Folk School, Volkshochschule)을 모태로 하고 있다. 바르텐바일러는 강의와 세미나 동안 교육의 권위적 요소들을 최대한 배격한다는 의미에서 자유로우면서 수평적인 인간관계에서 수업계획을 구상하고 실천했다. 이는 정도가 심하여 심지어 너무 지나치게 자유분방하다는 비판적 평가를 받기도 했다. 특히 그는 성인교육이란 반드시 "모두를 위한 교육"(Education for all)으로 발전되어야 한다는 사실을 강조하면서, 국가가 교육정책으로서 성인교육에 보다 체계적이고 조직적으로 관여하여야 한다고 주장했다. 이러한 연유로 그는 교육자문위원으로 또 성인교육운동가로서 국가정책의 결정 과정에 깊이 관여하기도 하였다. 그는 이러한 활동을 통하여 소수 계층에게만 개방되는 특수 영역의 성인교육도 문제이지만, 낮은 계층 또는 노동자 계층의 다수에게만 개방되는 성인교육도 문제라고 주장했다. 따라서 그는 진정한 성인교육은 전 국민이 동등하게 참여하여 시민전체를 대상으로 하는 성인교육임이 중요하다는 사실을 지적했다. 즉 그의 탁월성은 바로 "모두를 위한 교육"(Bildung für Alle)으로 성인교육의 가능성을 처음으로 역설했다는 점에 있다. 그는 지방과 도시를 빈번하게 오가며 시민자유주의와 전체주의 그리고 전쟁과 평화에 대한 순회강연을 하였으며, 자신의 강연들을 토대로 쓴 "기술 대 자연 - 자연 대 기술"(Teche vs Natur - Natur vs Techne)같은 베스트셀러를 출간하기도 했다.

또한 그룬트비히의 성인교육철학에 근거하여 세워진 수많은 덴마크의 향토국민대학들(Folks High Schools)을 모델로 하여 독일의 대표적인 성인교육기관으로 자리 매김에 성공한 국민대학기관들(Volkshochschulen)은 다른 한편으로는 국가 구속적이고 국가 독점적 성인교육의 노선과 "자유성인교육"(Freie Erwachsenenbildung)의 노선 간 격한 논쟁과 투쟁의 결과로 탄생했다. 물론 독일의 국민대학은 자유성인교육의 노선이 승리한 결과였다(Becker, 1961: 16). 이렇게 성립된 독일의 국민대학은 독일 연방정부의 『성인교육기본법』에 의거한 "독일국민대학연합"(Deutsches Volkshochschul-Verband)의 직속기관으로서 교육프로그램의 기획부터 시작하여 프로그램 운영, 교환, 마케팅까지 이

연합체의 관할 하에서 운영되고 있다. 한마디로, 독일의 국민대학('시민대학'이라고 번역되기도 함)은 국가로부터 공교육기관으로 법적-제도적-재정적 지원을 받고 있지만, 운영은 교육기관의 자율성에 입각한 지방정부의 자치에 속하며 성인들이 성인교육에 참여하는 것은 의무적이거나 강제적이 아니고 완전한 자유이다.

독일에서 국민대학이 가장 번성했던 시기는 1920년대 바이마르 공화국 시대이다. 이때 약 3천개의 국민대학이 설립되는 붐을 이루었는데, 여기서 교육의 주 영역은 정치적 성인교육이었다. 그러나 정치적 차원에서 자유성인교육기관으로서 시작한 국민대학은 파당적인 정치교육이나 일방적인 선동에 치우치는 일을 배격하고 중립적인 입장에서 민주시민 의식함양의 교육에 진력하고자 했다. 비록 전문적인 성인교육기관의 설립이 성인교육을 전문적인 연구의 분야에서 발전시키지는 못했다고 하더라도, 이로써 성인교육의 이론 영역은 보다 포괄적 시각을 가진 전문가들에게 개방되는 간학문적 영역으로 발전할 수 있는 기반을 쌓게 되었다.

그러나 성인교육을 학문적 영역 즉 교육학의 영역에서 본격적으로 연구할 수 있는 계기를 마련하게 된 것은 "안드라고지"(Andragik, andragogy)라는 용어가 세간에 알려지면서부터 시작되었다고 할 수 있다. 안드라고지라는 용어는 1833년 독일의 성인교육자였던 카프(Alexander Kapp)에 의해 최초로 사용되었다. 그는 자신의 저서 안드라고긱(Andragogik)에서 이 개념을 "성인 연령기의 도야교육"(Bildung in mänlichen Alter)라는 개념으로 해석하였다(Pöggeler, 1975: 17). 물론 이는 카프가 플라톤의 『메논』에 대한 자신의 박사학위 논문을 책으로 출간한 것이다. 여기서 우리는 카프가 성인기의 교육을 "페다고지"(Pädagogik)나 "에어찌웅"(Erziehung)이라는 단어와 연결을 시키지 않고 "빌둥"(Bildung)이라는 말을 사용한 점에 대하여 주목해야 한다. 즉 카프는 영어권 단어로 똑같은 해석이 불가능한 빌둥(Bildung)의 의미를 차용하면서 성인교육(Erwachsenen-Bildung)

에 관한 이론적 영역을 '안드라고지'로 해석했던 것이다. 한마디로 그가 새로운 개념으로서 사용한 안드라고지의 의미는 페다고지, 에어찌웅이 아닌 빌둥의 역사와 깊은 관련을 맺고 있다. 오늘날 우리는 독일어의 "빌둥"이라는 단어를 우리 말로 "도야"로 번역하고 있다. 도야란 일반적으로 고차원적인 정신적인 세계에서의 교육을 의미한다(Böhm, 1988: 87).

대략 15세기 신비주의가 시작된 유럽대륙에서 활성화되기 시작한 이 개념은 문학자들에게서 시작되어 교육의 세계에 도입된다. 정신과 심신을 도야하는 일은 문학과 예술을 통한 사유의 세계에서건 아니면 교육의 현장에서건 한 인간이 전인격적으로 성장하기 위한 전제조건이 되었다(Böhm, 1988: 87). 그러나 이러한 도야의 개념은 한편으로는 "교육은 소유"(Bildung ist Besitz)라는 사실을 각인시켜 준 개념이기도 하다. 따라서 인류 문화의 비평가로서 그리고 사회개혁 운동가로서 자처했던 초기 성인교육자들에게 빌둥의 개념은 그 동안 도야라는 소유를 통하여 성역화하여 온 기득권 세력과 이들의 영역에 대한 도전이었다.

이미 유럽의 민중사는 교육적 소유에 대한 강한 저항을 보여 왔다. 그러면 그럴수록 귀족과 기득권층의 교육적 소유는 다양한 방법과 다양한 내용으로 발전되어 갔다. 중상 시민계층이 아무리 돈을 많이 벌어도 이러한 교육적 소유를 극복하고 교육적 소유에 의한 계층상승을 꾀하는 데에는 항상 한계가 있었다. 대표적인 것이 바로 교육현장으로 "도야"의 개념을 차용한 것이었다. 도야란 실지로 내용의 문제였음에도 불구하고, 귀족계층과 기득세력에게는 서민과 평민계층과는 "또 다른 교육 영역"으로 소유의 영역으로 전유되었다. 따라서 초기 성인교육자들은 비제도권 교육의 영역인 성인교육의 영역에서만이라도 이러한 이상이 실현될 수 있기를 기대했다. 실제로 성인도야의 이상은 계몽시대 이후 강화된 도야의 전유를 일반 시민 모두에게 대중화하는 의미가 내포되어 있었던 것이다.

결국 안드라고지를 성인 연령기의 "빌둥"이라고 해석한 카프는, 그동안 성인 또는 기득권의 귀족계층에게 전유되어 왔던 빌둥(도야)의 개념을 학문적으로 일반 서민/평민층의 성인에게 개방하는 계기를 만들어 놓으면서 계몽주의와 신분계급사회에서의 수직적 교육관이었던 페다고지(pedagogy) 중심의 교육관에 일대 반격을 시도한 셈이었다. 이러한 역사는 이미 위에서 본 것처럼 성인교육 개념의 뿌리로 작용한 '국민교육'(Volksbildung)의 개념 역시 빌둥(도야)이라는 용어를 차용한 것과 메타포의 유래가 같은 맥락이라고 할 수 있다.

이렇게 의미되기 시작한 안드라고지의 개념은 한동안 특수 계층의 반발과 논쟁의 결과 한동안 사용되지 못하다가, 1921년 플리트너(Wilhelm Flitner)가 『일반평민의 도야(Laienbildung)』라는 저서를 발간하면서 성인교육의 이념적인 논쟁이 다시 본격화되었다. 이 책이 나오면서 이제 도야는 특수 계층의 소유가 아니라 일반 평민들 모두에게도 평등하게 개방되어야 하는 개방적 평등교육의 영역임이 주장되었다. 결국 이러한 논쟁의 맥락에서 성인기의 도야개념을 연구하는 과학으로서의 안드라고지는 평생 남녀평등사상을 주장하면서 성인교육의 실천가로 유명했던 독일의 오이겐 로젠슈톡-후에시(Eugen Rosenstock-Huessy)에게서 계승된다.

"후에시"는 로젠슈톡의 부인의 이름이다. 그는 결혼 후 부인의 이름을 자신의 이름에 붙여 사용하면서 남녀평등권 쟁취를 위한 여권운동을 이끄는 성인교육자로 군림했다. 그는 자신과 피히트(Georg Picht)의 공동논문인 〈성인교육을 위한 싸움 속에서(1926)〉에서 안드라고지라는 용어를 페다고지 및 데마고지(Demagogik, 선동)라는 개념과 차별화되는 독특한 의미에서 사용하고 있다(Rosenstock-Huessy & Picht, 1926). 그에게는 어린아이들을 무엇인가 목표로 계속 끌어주는 페다고지나 일반 백성, 민중 그리고 하층민을 선동하는 일은 시대적인 오류이며 똑같은 구시대적 발상이었다. 그는 계몽주의 교육관과 정치관을 같은 선상에서 보았다. 즉 어린이를 "어리다는 이유로" 교사가 일방적으로 끌어주어야 하듯이, 일반 서민 역시 "어리석다는 이유로" 귀족을 위시한 사회적 지도층이나 기득권자들이 자신들이 원하는 곳으로 이끌어주어야 한다는 소위 계몽주의 사고방식의 종식을 선언했다.

로젠슈톡은 적어도 이미 나이가 찬 성인세계에서는 어린아이들의 세계에서처럼 그러지 않았으면 좋겠다는 의도를 피력하고 있었다. 즉 특히 신분계급사회가 무너지면서 민주사회에서는 명실 공히 성인(成人)들이란 - 또는 인간들 - 모두 평등하고 동등한 차원에서 살아가야 하는데, 아직도 상하 구분이 확실하고 신분적 위계질서를 강조하는 페다고지나 데마고지(demagogy, 선동)의 차원에 얽매인다는 사실은 결코 시대착오적인 일이 아닐 수 없었다. 당시 유럽의 학교교육에서도 종래의 계몽주의 교육에 대한 비판을 토대로 하는 "개혁교육학"(Reformpädagogik)의 움직임이 강하게 확산되고 있었다. 따라서 이러한 판국에서 하물며 비제도권 교육으로서 학교 이외의 장소에서 비교적 자유롭고 자발적인 참여를 원칙으로 하여 성숙되어 온 성인교육의 현장은 아직도 계몽주의적 사고방식을 타파하지 못하는 현실을 심각하게 고발할 수밖에 없었다. 로젠슈톡에 의하면, 성인교육은 특별한 교사, 방법, 철학을 요구하며, 안드라고지라는 용어가 이러한 특별한 요구사항에 정확하게 일치한다는 것이었다(Nottingham Andragogy Group 1983: v).

한편, 오스트리아에서는 한셀만(Heinrich Hanselmann)이 자신의 저서 『안드라고지(Die Andragogik, Zurich, 1951)』에서 이 용어를 또 다른 차원에서 차용하고 있다. 그는 이 책에서 안드라고지라는 개념을 "성인의 도야에 도움을 주기 위하여 비종교적-비정치적인 정통교육학적(orthopädagogisch)으로 지향된 이론"으로 정의하고 있다(Pöggeler, 1975: 18). 안드라고지라는 개념을 정통교육학의 영역으로 끌어들이려는 그의 시도는 그 동안 타학문영역에서 비학문적인 시각으로 연구되는 성인교육의 연구영역을 교육학적 관점에서 다시 검토해 보아야 함을 의미한다.

결국 그는 비교육학 영역에서의 연구가 성인교육의 연구에 기여하는 데에는 한계가 있음을 지적하면서 성인교육학의 학문적 방향을 안드라고지라는 개념에 국한시켰다. 한마디로 그에 의하면 안드라고지가 곧 교육(학)인 것이다.

이어서 1957년 독일의 성인교육학자인 푀겔러(Franz Pöggeler)는 『안드라고지로의 입문』(Einführung in die Andragogik)이라는 책을 펴낸다. 그는 이 책에서 성인교육의 학문적 성격을 규정하는 개념으로서 안드라고지의 의미를 재발견했다. 이러한 안드라고지는 휴울(C. O. Houle, 1961), 타우(A. Tough, 1971), 노울즈(M. Knowles, 1970; 1980) 등에 의해 영미 대륙에 차용되었고, 70년대 성인교육학의 형성을 위한 방향으로 부각되었다(Merriam, 1993: 9).

특히 노울즈는 1970년 『성인교육의 현대적 실천: 안드라고지 대 페다고지(Modern Practice of Adult Education: Andragogy versus Pedagogy)』를 발표하면서 안드라고지라는 개념을 기존의 페다고지와 반대의 개념으로 소개했으며, 그 10년 후인 1980년 이의 개정판인 『성인교육의 현대적 실천: 페다고지에서 안드라고지로』(Modern Practice of Adult Education: from Pedagogy to Andragogy)에서 안드라고지의 실천 모형을 선보이고 있다. 그는 성인교육이란 페다고지와는 전혀 다른 새로운 개념으로서 안드라고지가 성인교육의 진정한 원리이자 방법으로 이해되어야 한다는 주장을 했다.

노울즈는 자신의 스승이며 미국성인교육의 아버지로 불리는 린드만(Eduard C. Lindeman, 1885-1953)의 저서 『성인교육의 의미(The Meaning of Adult Education, 1926)』를 안드라고지의 내용과 방법으로 재해석하였다. 즉 성인은 자율적이고 자발적인 학습능력을 가지고 있기 때문에, 어린이들과는 달리 자율성이 더 많이 인정되는 범위에서 교육되는 것이 마땅하다. 또한 성인학습자는 자기 스스로 학습하려는 자기 주도적 학습을 할 수 있으며, 일상에서 얻은 자신의 "경험"을 가장 중요한 텍스트로 하는

"학습참여자"(TeilnehmerInnen, Adressaten)에 해당된다. 따라서 이들은 자신이 살아 온 경험을 바탕으로 미래보다는 현실적인 문제를 해결하는 데에 주력하며 스스로 학습결과의 평가도 가능하다. 즉 안드라고지는 - 성인교육의 다른 모델들도 비슷하지만 - '삶의 경험'(life experience)을 학습의 원천(resource)이자 자극원(stimulus)으로 간주한다(Merriam & Carffarella, 1999: 263).

한편, 성인교육의 현장에서는 교수-학습과정은 상호교호적이며 쌍방 책임적이어야 한다. 또한 성인교육자는 공동학습자(co-learner)와 학습촉진자(facilitator)로 활동해야 한다. 그러나 성인 학습자들의 능력과 자질 그리고 성향에 따라 때에 따라서 성인교육의 현장은 전통적인 페다고지의 방법과 내용을 거부할 수 없는 상황도 연출될 수 있다는 휴울, 타우, 런던(Jack London), 맥켄지(L. McKenzie), 텐넌트(M. Tennant) 등 주변 학자들의 지적과 비판에 따라서 노울즈는 자신의 초기 주장을 완전히 수정하게 된다. 즉 페다고지와 안드라고지의 원리, 내용, 방법은 서로 상이한 차원을 달리지만 성인학습자의 교육준비 및 조건에 따라 양자의 차원이 병행될 수 있다는 논리로 선회한 것이다.

결론적으로, 종래의 교육개념 즉 아동 및 청소년 대상의 학교교육학을 페다고지라고 한다면, 안드라고지는 성인을 위한 새로운 교육학을 의미한다(Schmidt, 1990: 20). 그러나 이는 단순한 교육의 영역이나 범위에 대한 논쟁에 그치는 것이 아니었다. 페다고지가 어원적으로 "아동을 끌어준다"는 의미를 가지고 있다면, 안드라고지는 "성인들 간의 인격적-인간적 교류 관계"이라는 의미를 가지고 있다. 또한 어의 상으로만 본다면 안드라고지라는 단어는 인간(man)을 뜻하는 andros(고대 그리스어 ἀνήρ, anēr)와 이끌다(to lead)를 의미하는 ἄγω(ágō)의 합성어이다. 따라서 안드라고지는 진정한 "인간교육, 인성교육"을 의미한다고 볼 수 있다. 왜냐하면 과거에 인간이라고 하면 이는 성인들을 의미했지, 아이들은 인간이 아니었기 때문이다.

루소 이전에 어린이는 인간 취급을 하지 않았다고 본다면, 인간은 오로지 성인이 되어서야 사람은 인간이 되는 것이다. 따라서 이러한 의미에서 우리는 안드라고지를 "성인의 교육"이라고 - 안드라고지의 개념사(槪念史)에 대한 해석은 생략하고 - 편리하게 번역하고 있지만, 역사적으로 볼 때 안드라고지는 진정한 '인간교육'을 의미한다고 할 수 있다. 다만 안드라고지의 대상은 - 아직 인간이 아닌 아동이 아니라 - 성인이 되는 것이다. 따라서 이를 종합하면 안드라고지는 "성인들 간의 인간교육"으로서 인간간의 위계관계가 평등관계를 기반으로 하는 인격적 차원이라고 할 수 있다. 하여간 안드라고지는 한편으로는 오늘날 성인교육의 기본원리와 방법론에 대한 논의에 불 붙여 놓는 계기가 되었으며, 다른 한편으로는 성인교육의 학문적 성격에 대한 논의를 불러 일으켰다. 즉 안드라고지는 성인교육연구의 영역에 본격적으로 일반교육학자들이 가담하게 되는 계기를 촉발시킴으로서 성인교육학의 성립조건에 대한 새로운 비전을 제시하였다고 할 수 있다.

2) 페다고지와 안드라고지의 관계

원래 교육의 과정은 "요람에서 무덤까지" 계속적이다. 한 개인의 교육적 미래와 성인이 된 후에도 인성의 전개는 대부분 그가 청소년기에 받았던 교육의 유형, 생각, 신념, 습관, 학교평가 그리고 가정교육에 의해 결정된다. 이러한 교육의 계속성(continuity)은 청소년교육을 통하여 성인기를 기다릴 것이 아니라 성인을 위한 교육의 원칙과 방법론이 각 연령에 따라 조금씩 수정되어 처음부터 적용되어야 한다는 사실을 의미한다.

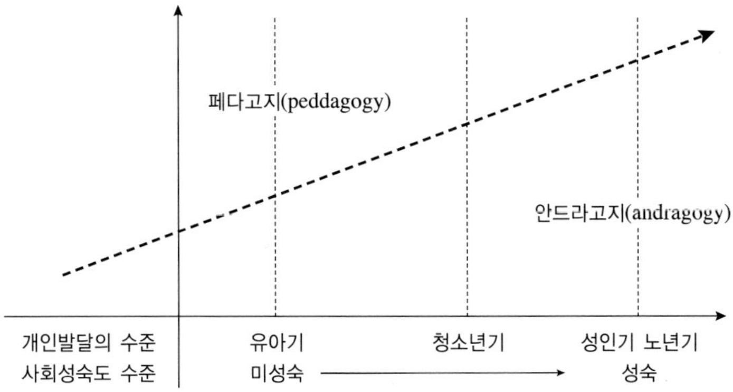

[그림 4-1] 페다고지와 안드라고지의 관계

즉 페다고지(pedagogy) 뿐만 아니라 안드라고지(andragogy)의 요소가 아동 청소년기에도 적용되어야 한다. 물론 일반적으로 성인기 또는 노년기로 갈수록 안드라고지의 적용도가 커지고 아동기로 갈수록 페다고지의 적용도가 커져야 한다. 그럼에도 불구하고 아동기 교육에 안드라고지의 요소가 전혀 적용되지 않는 현실은 문제이다. 결국 아동기, 청소년기, 성인기에 페다고지와 안드라고지의 요소가 병존하지만 그 정도는 달라야 할 것이다. 또한 개인차에 의하여 페다고지와 안드라고지가 적용되는 정도도 달라져야 한다.

이미 언급한대로 1980년대부터 안드라고지가 성인교육학의 영역에서만 사용될 필요가 없다는 반성과 비판은 노울즈 자신을 위시하여 다른 학자들에게서도 나오기 시작했다. 우선 노울즈는 안드라고지가 오로지 성인들에게만 적용되어야 하는지에 대한 의문 속에서 페다고지-안드라고지의 대립적 차원에 대한 종전의 자신의 입장을 바꾸었다. 그는 페다고지-안드라고지는 교육이 '교수자 중심'에서 '학습자 중심'으로 중심이 이동될 뿐이지 교육과 학습은 여전히 동일한 연속선상에서 이루어진다는 신념을 가지게 된다(Merriam & Caffarella, 1999: 275). 즉 두 가지 접근 방식은 상황에 따라서 안드라고지는 아동과 성인에게 적합하게 적용되어야 한다(Merriam, et al, 2007: 87) 다만 노울즈는 안드라고지가 성인학습의 동기(motivation)와 관련할 때 가장 잘 설명될 수 있다는 입장을 취하고 있다: 즉 알려는 요구(needs to know), 경험 또는 실수에 기반을 둔 학습토대(foundation), 학습주체로서의 자아개념(self-conception), 중요성에 대한 준비성(readiness), 문제 중심의 학습 지향성(orientation), 내적 동기화(internal motivation) 등의 개념들은 안드라고지의 영역과 통한다(Knowles, 1984).

한편 핸슨(Hanson, 1996)은 학습에서의 차이는 나이와 그 사람의 생애의 단계와 관계되는 것이 아니라 학습자의 개별적 특성과 다양한 교육환경 내에서의 맥락, 문화, 능력의 차이에 관련된다고 설명하면서 안드라고지-페다고지의 대립개념을 극복하고자 했다(Hanson, 1996: 107). 키드(Kidd, 1978)는 한걸음 더 나아가 안드라고지는 평생교육 내지 평생자기개발의 차원에서 논의될 필요가 있다고 주장하기도 했다(Kidd, 1978). 결국 페다고지와 안드라고지는 대립이거나 반항이라고 할 수 없다. 교육의 효율성과 효과성 그리고 바람직한 성과를 위해서는 서로 상보적이어야 한다.

이렇게 본다면 위의 그림[4-1]에서 보는 바와 같이, 개인발달의 수준(연령 수준)에 따라서 성인기로 갈수록 안드라고지의 원리와 방법이 보다 많이 적용되어야 교육의 효과가 높아질 수 있다. 반대로 유아기에는 페다지고지에 많이 의존하는 교육원리와 방법이 보다 적격이다. 그렇다고 유아기에는 전혀 안드라고지가 적용되지 않는 것이 아니다. 반대로 페다고지의 원리와 방법 역시 성인기와 노년기에 절대 적용될 수 없는 것이 아니다. 예를 들면, 안드라고지의 속성인 자기주도성의 학습은 성인기에는 유효하고 우월한 장점을 가지고 있지만, 아직 미숙한 유아들에게 자기주도성을 과신하는 것은 교육을 마치 방치와 방기로 흐르도록 할 가능성이 있다. 즉 유아기에는 다른 연령 때 보다 더 많이 아동을 이끌어 주는 - 비록 타율적이고 수동적인 교육이라고 비판하더라도 - 페다고지의 원리와 방법을 적용하는 것이 교육의 효율성과 효과성의 차원에서 보다 바람직하다고 할 수 있다.

한편 청소년기에는 도식적으로 본다면, 이론상으로 반(50%) 정도는 안드라고지가 적용되어야 한다. 그럼에도 불구하고 주로 청소년기를 담당하는 우리의 학교에서는 안드라고지의 요소는 거의 찾아 볼 수 없고 오로지 페다지고지의 원리와 방법만이 유효한 것으로 되어 있다. 바로 이러한 점에서 우리는 오늘날 학교의 문제가 발생함을 인식하게 된다. 실제로 교육(education)은 안드라지고지의 영역 안에 페다고지의 영역이 존재한다고 할 수 있다. 즉 페다고지와 안드라고지가 모여서 교육의 형태(Gestalt)를 형성한다고 할 수 있다. 이를 도식화하면 그림 [4-2]로 나타난다.

[그림] 4-2 교육(education)

또한 사회적으로도 그 사회의 성숙도(민주화 수준 등)에 따라서 달라진다. 즉 성숙한 사회의 교육은 안드라고지의 원리와 방법에 많이 의존하게 되고, 반대로 사회의 성숙도가 낮은 사회에서는 페다고지가 보다 주효하게 작용한다고 할 수 있다. 따라서 사회가 아직 미성숙의 상태인데도 불구하고 오로지 안드라고지만을 - 페다고지의 병폐를 비판하고 반대로 안드라고지가 인간적인 교육에 보다 가깝다는 이유 하나 만으로 - 고집한다면 현실과 이상의 괴리감은 쉽게 극복되지 못할 것이다.

결국 자신의 안드라고지 이론에 대한 수많은 비판을 수용하고 자신의 재고(rethinking)를 통하여 노울즈는 페다고지와 안드라고지를 결정하는 것은 물리적 나이가 아니라 상황(situation)이라는 결론을 짓는다(Merriam & Caffarella, 1999: 275). 즉 교육현장에서 페다고지와 안드라고지의 적용은 상황에 따라서 달리 적용될 수밖에 없다.

[표 4-1] 페다고지와 안드라고지의 비교

구분	페다고지	평생교육
학습동기	타율성, 강제성	자율적, 자기주도성
교육형식	획일성, 동질성, 규격성	다원성, 이질성, 다양성, 보편평, 개성
입학전형	정원 제한	원칙적으로 무제한
평가	입시, 시험평가, 결과평가 중심	자기 기술적 평가, 과정평가 중심
교육과정	미리 짜여진 교육과정, 교육권	학습자가 선택하는 교육과정, 학습권
교사방법	이론, 입시, 교수자 중심	대화중심(세미나, 토론) 현장학습, 체험학습
교사역할	지식 매개자	안내자, 조력자, 학습 도우미
지식	미래의 효용도 중시, 미래준비	현재 효용도 중시, 현재의 문제해결
목표	자격증, 졸업 등 형식요건 획득	자격증, 생활 및 직업교양, 실질적 능력
학습형태	출석 학습, 학교울타리학습	자율학습, 열린 학습, 전방위 학습

3) 안드라고지의 성인교육학적 확장

오늘날 안드라고지는 성인교육의 이론이며 실천을 의미한다. 이럴 경우 안드라고지는 성인교육 영역에서 완성도와 충족도 면에서 최대치가 되는 것을 의미한다. 구체적으로 안드라고지를 연구하는 학자들의 정의는 조금씩 다르다. 그러나 안드라고지에 대한 정의는 두 개의 중요한 골격하에서 이루어지고 있다. 하나는 성인을 위한 수직적 평생교육(lifelong education)과 수평적 평생교육(life-wide education)을 파악하는 이론(theory) 및 실천(practice)에 관한 과학적 접근이며, 다른 하나는 노울즈(Malcolm Shepherd Knowles, 1913-1997)의 전통에 따라 자기주도적이고(self-directed) 자율적인 학습자들과 학습의 촉진자(facilitator)로서 교사들의 인본주적 개념에 토대를 둔 특별한 이론적-실천적 접근이다. 이렇게 본다면 안드라고지는 학습 자체의 본질(the nature)에 관하여보다는 성인학습자의 특성(characteristics)에 대하여 보다 많이 알려주고 있다고 할 수 있다(Merriam & Caffarekka, 1999: 267).

오늘날 안드라고지의 용어는 많은 학술문헌을 통해서, 성인교육실천, 교육의 바람직한 가치, 특별한 교수방법, 교육의 반성적 성찰 그리고 교육의 학문적 원리 등으로 학자들에 의해서 광범위하게 해석되면서 전통적인 성인교육의 개념을 질적으로 확장시키고 있다. 한마디로 전문용어로서의 안드라고지는 '전통적인 가르침의 개념'(taught)과 자기주도성(self-directed) 사이의 모순에 대한 논쟁에 적극 활용되고 있다(Hansman, 2008).

원칙적으로 안드라고지의 가설 중 하나는 성인들은 그들이나 다른 사람들의 학습을 위한 원천으로서 사용될 수 있는 경험의 깊이와 폭을 스스로 가지고 온다는 점이다(Merriam & Caffarella, 1999: 326). 이러한 전제하에서 안드라고지를 기반으로 하는 성인교육에는 7개의 기본원칙이 존재한다(Canadian Literacy and Learning Network).

첫째, 성인들은 스스로 배우기를 원한다. 즉 성인들에게 배움의 욕구는 자발적이다. 이에 비해 아이들의 학습은 대부분 타율적이고 수동적이다. 따라서 성인들은 자신들의 학습 방향을 자유롭게 정할 때 보다 효과적으로 배운다. 그리고 이들은 새로운 기술을 발전시키고 특별한 유형의 지식을 획득하고자 하는 강한 내적동기를 가지고 있다.

둘째, 성인들은 자신들이 배울 필요가 있다고 느끼는 것만을 학습하려고 한다. 성인들은 학습에 접근하는데 있어서 실질적이며 현실적이다. 이들은 그것은 지금 여기서 나에게 어떻게 도움이 되는가? 나에게 이 콘텐츠는 중요한가, 그리고 어떻게 연결되고 일상에 적용될 수 있는가? 하는 질문이 학습을 선택하는 관건이다. 따라서 안드라고지는 성인에 대한 가르침이 '가르쳐지는(taught) 콘텐츠'보다 '학습의 과정'(process)에 초점을 맞출 필요가 있다.

셋째, 성인들은 무엇을 하면서 배운다. 물론 아이들도 무엇을 하면서 배운다. 그러나 성인들에게는 학습에서 '참여'(Participation)가 무엇보다도 중요하다. 아울러 사례연구, 역할놀이, 시뮬레이션 그리고 자기 평가 등은 매우 유용한 성인교육의 전략이 된다. 이런 맥락에서 성인교육자는 가르치는 자(lecturer) 또는 채점하는 자(grader)라기 보다는 학습의 촉진자(facilitator) 내지 가이드(guide), 도우미(helper)이며 학습의 자원(resource)으로서의 역할을 떠맡아야 한다.

넷째, 성인학습은 문제(problem)에 초점을 두며 그러한 문제는 매우 현실적이다. 아이들은 지식과 기술을 단계적으로 계속해서 배운다. 성인들은 문제로부터 시작하고 문제를 해결하기 위해서 일한다. 즉 성인학습의 목표는 문제해결(problem-solving)이며 문제극복(solution)이다.

다섯째, 경험은 성인학습에 영향을 준다. 성인들은 아이들보다 이미 살아오면서 겪은 많은 경험을 가지고 있다. 이는 성인학습의 환경이며 자료의 토대가 될 수 있다. 따라서 성인학습자들은 자신이 이미 해 온 경험을 재구조화하고 재구성하는데 주력한다. 한마디로 성인학습에서 '경험'은 학습소재이며 원천이다. 아니면 지금까지의 경험을 획기적으로 전환하기 위해서 학습한다. 이럴 경우에도 성인학습자의 과거 경험은 '반성적 학습'에 기여한다.

여섯째, 성인들은 비공식적인 상황에서 가장 잘 배운다. 아이들의 학습은 공식적 커리큘럼을 따라야 한다. 성인들은 자신들이 알고자 하는 내용의 가치와 니즈(요구, Needs)에 따라서 어디서라도 학습만 하면 충분하다고 여긴다. 즉 공식적이고 형식적인 학습이 중요한 것은 아니다. 아울러 성인학습자들은 자신들이 성취하려는 특별한 학습 목표, 학습 환경을 만드는 데에서 얻는 존재감 그리고 학습과정에 적극적으로 참여하는 것이 중요하다. 이러한 참여학습은 학습을 보다 능동적으로 만들고 효과있게 한다.

일곱째, 성인들은 가이드(Guide)를 원한다. 성인들은 이들이 자신들의 상황 또는 자녀들의 상황을 개선하는 데 도움을 줄 수 있는 지식과 정보를 원한다. 이들은 자신들이 하고자 하는 것을 말로 하길 원하지 않는다. 따라서 이들은 실제 현장에서 행하면서 하는 실행학습(action learning)을 선호한다. 이들은 자신들의 개인적 니즈(Needs)에 근거하여 학습을 선택한다.

역사적으로 노울즈는 2차 세계대전 말부터 안드라고지라는 전문용어를 미국성인교육의 연구영역에 도입하기 위해서 많은 자료를 수집하기 시작했다. 그런 와중에 노울즈는 1966년 보스톤에서 두산 사비세비치(Dusan Savicevic)을 만나게 되는데, 이 자리에서 그는 유럽적 맥락에서 안드라고지가 어떻게 사용되고 있는지에 대해서 두산 사비세비치로부터 듣게 된다. 노울즈는 안드라고지가 이미 유럽에서는 일반화된 개념으로 성인교육의 이론이면서 동시에 실천적 개념으로 사용되고 있다는 사실도 확인하였다. 이 자리에서 사비세비치는 노울즈에게 성인교육과 성인학습의 연구를 위해서는 대학 수준에서 안드라고지 학과(department)가 운영되어야 한다는 주장을 펴기도 했다(Savicevic, 1999: 97). 이러한 정보를 토대로 1967년 노울즈는 안드로고지("androgogy")라는 용어를 가지고 미국의 성인교육이론을 설명하기 시작했다. 그러나 얼마 후 메리암-웹스터(Merriam-Webster)에 자문을 받은 후 그는 안드라고지("andragogy")라고 스펠링을 정확하게 수정하였으며, 성인학습에 관한 이념을 설명하는 데에 있어서도 '안드라고지'라는 용어를 자신있게 사용하기 시작했다. 특히 안드라고지가 성인학습(adult learning)에 특별하다는 관점에서 그는 자기주도학습(self-directed learning)의 개념과 안드라고지를 연결시켰다

(Knowles, 1975).

한편, 오늘날 유럽의 안드라고지는 유고슬라비안 성인교육 저널인 『Andragigija(1969)』의 전통을 위시하여, 유고슬라비안 안드라고지 학회('Yugoslavian Society for Andragogy'), 체코 올로모우스의 팔라스키 대학교의 안드라고지 성당학회(Katedra sociologie a andragogiky, 1990), 프라하 대학교(Prague University)의 성당안드라고지(Katedra Andragogiky, 1993), 슬로베니아의 슬로베니아 공화국 안드라고지 센터(Slovenia's 'Andragoski Center Republike Slovenije')와 여기에서 발간되는 학술지(Andragoska Spoznanja) 등이 유럽 안드라고지의 연구전통을 계승하고 있다. 또한 1995년에는 독일의 밤베르크 대학교(Bamberg University)에서는 학문연구를 위한 안드라고지의 분야에서 정교수자리가 만들어졌다. 급기야 오늘날 안드라고지는 모든 유형의 성인교육학 이론, 교육과 트레이닝에서의 반성과 성찰, 그리고 인간본위의 각종 교육프로그램뿐만 아니라 HRD의 영역에서도 연구의 폭을 넓히고 있다.

● 참고문헌

Böhm, W. (1988), *Wörterbuch der Pädagogik*, Begründet von Wilhelm Hehlmann, Stuttgat: Alfred Kröner Verlag.

Iven, Mathias (1995). *Dreimal Foerster-Beiträge zu Leben und Werk von Wilhelm Foerster*. Milow: Schibri.

Becker, Helmut (1961). Die Volksschule im öffentlichen Bildungswesen, in: *Volkshochschule. Handbuch fur Erwachsenenbildung in der Bundesrepublik*, hrsg. von Deutschen Volkshochschul-Verband. Stuttgart: Ernst Klett Verlan. 13-22.

Hansman, C. (2008). Adult Learning in Communities of Practice: Situating Theory in Practice. In: Chris Kimble, Paul Hildreth and Isabelle Bourdon (ed.) *Communities of Practice: Creating Learning Environment for Educators. Vol. 1.*

Hanson, A. (1996) The search for separate theories of adult learning: does anyone really need andragogy? In: Edwards, R., Hanson, A., and Raggatt, P. (eds.) *Boundaries of Adult Learning. Adult Learners, Education and Training. Vol. 1* (p. 107) London: Routledge.

Kidd, J. R. (1978) *How Adults Learn* (3rd. edn.). Englewood Cliffs, N.J.: Prentice Hall Regents.

Knowles, M. (1975). *Self-Directed Learning*. Chicago: Follet.

Knowles, M. (1984). *The Adult Learner: A Neglected Species*(3rd Ed.). Houston: Gulf Publishing.

Merriam, Sharan B., Caffarella, Rosemary S. (1999). *Learning in Adulthood*. A Comprehensive Guide. Second Edition. San Francisco: Jossey-Bass Publishers.

Nottingham Andragogy Group (1983) *Towards a Developmental Theory of Andragogy*, Nottingham: University of Nottingham Department of Adult Education. 48 pages. Brief review of the andragogy debate to that date. Section 1 deals with adult development; section 2 with the empirical and theoretical foundations for a theory of andragogy; and section 3 proposes a model and theory.

Pöggeler, Franz (1975). Einführung in die Andragogik. In: Handbuch der Erwachsenenbildung. Bd.1. Stuttgart, Berlin, Mainz: Kohlhammer.

Savicevic, Dusan (1999): Understanding Andragogy in Europe and America: Comparing and Contrasting. In: Reischmann, Jost/ Bron, Michal/ Jelenc, Zoran (eds): *Comparative Adult Education: the Contribution of ISCAE to an Emerging Field of Study*. Ljubljana, Slovenia: Slovenian Institute for Adult Education, 97-119.

Weniger, Erich (1955). "Volksbildung im Licht der Soziologie und Pädagogik". In: *Bücherei und Bildung, 7. Jg. Heft 12. Dezember.*

제10장

경험학습

1. 경험주의 학습이론

미국의 실용주의 교육철학자 듀이(John Dewey, 1859-1952)에 의하면, 교육은 인간이 생존하는 한 어디에서나 존재한다. 그에 의하면 삶이 곧 교육이다. 그러나 그는 보다 구체적인 표현을 사용한다. 즉 '생활(生活)이 곧 교육'이다. 생활하는 한 우리는 교육의 틀을 벗어날 수 없다. 교육은 바로 생활을 위하여 존재한다. 특히 사회생활과 교육은 불가분의 관계를 가지고 있다. 왜냐하면 사는 동안 우리는 무수한 '경험'을 할 수밖에 없으며, 그 경험은 교육을 통하여 전승되고 발전되기 때문이다. 이는 교육의 사회적 의의를 본질로서 강조하는 것이다. 이러한 연유에서 그의 교육관은 "경험학습" (experiential learning)내지 "체험학습"(learning by doing)으로 불린다. 특히 듀이는 자신의 오래된 저서 『경험과 교육(Experience and Education, 1938)』에서 생활경험(life experiences)와 학습(learning) 사이의 연결에 관하여 가장 사려깊은 관찰을 한 바 있다(Marriam & Caffarella, 1999: 223). 더 나아가 그는 모든 진정한 교육은 모두 경험을 통해서 이루어진다고 주장했다(Dewey, 1938, 13).

실제로 우리는 살아가면서 계속적으로 경험을 습득하고 경험을 재구성한다. 따라서 우리의 삶에서는 항상 새로운 경험이 첨가될 수밖에 없다. 이러한 맥락에서 경험을 통한 학습은 듀이에게 가장 중요한 교육관이 될 수 있었다. 그러나 학교에서는 '선택된 경험'만을 교과로서 전달한다. 실제적으로 우리가 학교에서 가르치고 배우는 경험은 직접적인 것 보다는 간접적인 것이 대부분이며, 현실적 경험 보다는 과거의 경험이 대부분이다. 즉 교과서에는 과거 선조들의 경험이 문서로 기록되어 있으며, 직접 학생들이 경험하는 것이라기보다는 남들이 한 경험을 적어 놓은 책에서 간접적으로 체득하는 것이다. 이러한 상황을 보면서 듀이는 오늘날 학교교육은 간접경험만을 가르치는 '반쪽교육'으로 전락했다고 본 것이다. 교육은 모든 경험을 다루어야 한다.

따라서 듀이는 교육과 학습은 학교라는 장소에 국한되지 않고 교육은 생활 현장이라면 사회 어디에서도 언제든지 이루어져야 한다고 주장한다. 그에 의하면, 사회 전체가 교육과 학습의 현장이 되는 교육사회와 학습사회의 건설은 얼마든지 가능하다. 또한 그러한 교육사회와 학습사회가 정상이다. 이러한 환경 속에서 자연스럽게 생활하다 보면 교육과 학습은 늘 수반되게 마련이다. 그의 대표적인 저서 『민주주의와 교육(1916)』에서 이러한 사상이 핵심이다. 민주주의 사회에서 자연스럽게 이루어지는 민주교육은 학교교육에 국한되는 것은 아니다. 반대로 민주주의로의 사회개혁을 위한 교육은 항상 이루어져야 한다. 즉 장소와 시간에 구애 없이 이루어지는 교육이 바로 민주주의 교육이며 이것이 진정한 인간교육인 것이다.

한마디로 교육의 목적을 개개인의 최대 성장과 발달의 추구로 보고 교육을 통한 민주사회의 실현이라는 이념은 오늘날 평생교육의 철학적 기초를 마련해 주고 있다. 물론 이러한 개인의 성장과 사회적 발전의 뿌리는 '경험'이다. 경험을 구축하고 재구조화하고 재구성하는 가운데에서 개인은 성장하고 사회도 성장한다. 이러한 경험의 재구조화를 통하여 성장하는 개인과 사회는 민주시민과 민주사회의 구성원이 된다. 왜냐하면 민주주의의 주인은 개인이고 개인의 경험세계를 재구조화하는 가운데에서 이루어지는 '반성적 성찰'(reflective thiking)은 민주사회를 만드는 동력으로 작용하게 된다. 바로 교육은 개인의 경험을 통하여 학습할 수 있도록 도와주는 일을 해 주어야 한다. 경험은 반성적 성찰을 통하여 스스로 좋은 경험으로 거듭나면서 경험은 재구조화되고 지속적으로 재구조화되는 경험은 직접경험과 간접경험이 가능한 경험학습 즉 온전한 학습을 가능하게 한다. 온전한 학습을 통해 성장하는 사람이 온전한 사회를 만든다. 듀이의 의하면, 그것이 민주사회이며 민주주의이다. 역으로 민주사회는 학습자에게 모든 경험을 수용하게 하는 경험학습을 가능하게 한다. 왜냐하면 민주주의는 어느 순간에 완성된 성체가 아니고 계속해서 완성되어가야 하는 이데올로기이기 때문이다.

실제로 교육을 통한 민주주의 건설에 대한 이상은 제자인 브라멜드(Theodore Brameld)에 의해 계승된다. 그는 존 듀이의 경험주의 교육관을 계승하면서 진보주의 교육철학을 정립한 바 있다. 특히 그는 학교울타리로 제한된 학교교육은 인간에게 본질적으로 요구되는 경험교육을 충분하게 할 수 없음을 지적하고 있다. 개인적 진보나 사회적 진보는 온전한 경험교육, 경험학습의 완성에 달려 있다.

2. 성인교육과 경험학습

성인들은 아무 것도 쓰여 지지 않은 백지(白紙)가 아니다. 성인들은 지금까지 성장하면서 누구든지 이미 일상과 사회현실 속에서 수많은 다양한 '경험'들을 축적해 왔다. 한마디로 성인은 경험의 산물이다. 말 그대로 성인(成人) 즉 이루어진 사람들이다. 또한 성인들은 지금도 나름대로 가정과 사회 그리고 일터에서 알게 모르게 자신의 전공능력과 사회능력 등을 발휘하면서 살고 있다. 모두가 경험의 세계이다. 활동 역시 경험에서 시작되고 또 다시 경험으로 축적된다. 따라서 성인의 학습과정은 이들 개개인이 가지고 있는 선(先) 경험들을 기반으로 하여 (재)조직되어야만 교육은 보다 생산적으로 결과할 것이다. 이런 의미에서 미국 성인교육의 아버지인 린드만(Eduard C. Lindeman)은 성인학습에 관한 4개의 주요한 가설 중 하나로 성인들의 경험을 꼽았다: "성인 교유에서 가장 높은 가치의 원천은 학습자의 경험이다. 경험은 성인학습자의 살아 있는 교과서가 된다."(Lindeman, 1961: 6-7) 그의 제자인 노울즈(Malcom S. Knowles) 역시 "성인들은 늘어나는 경험의 저수지를 축적하는데 이들은 점점 더 학습을 위한 풍부한 원천이 된다"고 부연 설명한다(Knowles, 1980: 44).

한편, 과거 학교에서 얻은 부정적 학습경험은 성인학습의 장애물로 작용할 수 있다. 학교공부에 대하여 지겨운 추억만을 가지고 있는 성인들은 프로그램이 아무리 우수하고 매력적이라도 성인교육에 접근조차 하기 어렵다. 또한 많은 연구들은 교육경험이 적은 성인들이 교육경험이 많은 성인들에 비하여 성인교육 프로그램에의 참여도가 낮다는 사실을 실증적으로 보고하고 있다. 물론 이러한 조사 결과는 단순히 학력 격차에 따른 차별성만을 의미하지 않는다. 성인들에게 계속적인 배움에의 욕구는 학력 차 이외에도 개인차에 해당될 수 있다. 즉 보다 많고 다양한 교육경험은 개인에게 공부와 학습에 대한 지겨운 추억 보다는 학습과 교육에의 매력을 훨씬 더 보장하거나 보장할 것이라는 비전을 제시할 수 있다. 이를테면, 교육과 학습을 통한 성공 체험이라든지 교육 후의 비전 등이 교육경험을 통해 얻을 수 있는 매력에 해당된다고 할 수 있다.

그러나 모든 성인학습자들이 과거의 학교경험이나 학습경험에만 좌우되는 것은 아니다. 보다 중요한 것은 "지금 여기서"인데, 성인교육에서는 당장의 문제해결이나 위기극복이라는 학습동인이 존재한다. 특히 공식적인 학교교육의 방식과는 판이한 성인교육의 프로그램을 직접 체험해 본 성인들에게는 과거 학교에서의 부정적 학습경험조차 별 의미가 없어진다. 오히려 아직도 많은 성인교육의 현장에서는 성인교육의 고유성과 원리를 제대로 인식하지 못한 채, 구태의연하게 과거 학교에서 가르치고 배우던 방식으로 교육과 학습이 이루어지고 있다는 점이 문제다. 다시 말하면, 아직도 많은 성인교육의 현장에서 활동하는 성인교육자(adult educator)는 성인교육의 원칙에 무지한 편이다. 아니면 편의상 이러한 원리 원칙을 무시하고 성인교육을 수행하는 경향도 없지 않다.

따라서 성인의 학습을 위해 충분히 자극이 되고 조건화된 성인학습자들에게 성인교육자가 해야 할 중요한 과제는 이들 성인들이 텍스트와 바람직한 교제를 하도록 주선하는 일이다. 텍스트와의 교제란 문헌이나 교과서(敎材)와의 교육학적 만남과 사귐을 뜻하지만, 현실이라는 거대한 텍스트와의 인간학적 만남도 의미한다. 성인학습에 참여하는 성인들은 뚜렷한 학습목표와 과제에 지향되어 있다. 그들은 성인학습에서 익힌 새로운 지식과 기술을 실제로 자신의 일과 업무에 직접 투입하여 활용할 수 있기를 원한다. 이는 성인들이 아동들에 비해서 아직 경험하지 않은 또는 더 이상 경험할 기회도 없을지도 모르는 새로운 미지의 세계에 대한 지적 호기심이 떨어지기 때문이라는 뜻이 아니다. 성인기에는 지적 호기심도 점차 편협해진다고 단정할 수도 없다. 다만 성인학습자들의 지적 호기심은 반드시 "무엇을 위해서" 즉 특정한 - 대부분 현실적 - 목표로 지향된다는 사실이다. 성인학습자들이 성인교육을 통하여 추구하는 목표는 획일적이고 고정된 것이 아니다. 오히려 모든 성인학습자가 바라는 것은 제각각 다를 수 있기 때문에 학습목표는 다양하기 그지없다. 이를테면, 직업세계에서의 진급이나 성취 등 직업적 상승, 새로운 환경 조건 하에서의 적응능력 제고, 원만한 대인관계 기술 습득, 새로운 지식의 습득, 건전한 가정생활, 건강생활, 부모 역할, 자격증 취득 등이 주로 성인학습의 목표에 해당될 수 있을 것이다.

따라서 텍스트 또는 교재(교과서) 역시 성인학습자들의 과거 경험들 그리고 미래의 예측 경험들과 결부되는 것이 바람직하다. 결국 성인들이 가지고 있는 삶의 경험, 직업경험, 일상경험 그리고 수집된 정보와 지식의 경험들과 새로운 텍스트와의 교육학적 만남은 성인학습자들이 성인교육의 현장에서 추구하는 바람이자 동시에 학습목표가 될 것이다. 성인교육자는 비록 이들이 가지고 있는 지식과 정보 또는 경험들이 더 이상 쓸모없이 낡고 보잘 것이 없을지라도 이들의 삶의 경험들은 모두 존중되어야 할 것이다. 왜냐하면 새로운 이해는 전이해(Bultmann)나 선판단(Heiderger) 같은 선입견과 편견으로부터 시작될 수 있으며, 체험이 표현으로 이어짐으로써 이해가 가능해지는 해석학적 순환(Schleiermacher, Dilthey)을 통해서 가능하기 때문이다. 따라서 이들에게 경험이 비록 선입견이나 편견으로 이루어졌다고 할지라도 이들은 성인학습의 전제조건으로 대단히 중요하다. 따라서 성인교육은 선입견과 편견으로 조직된 과거의 경험들을 새로운 매개물들을 - 이를테면, 새로운 교과서 - 통하여 학습자들로 하여금 자신이 처한 경험의 현주소를 해석하도록 하고 개인적-사회적 상황에 따라 자신의 현주소를 객관적으로 이해하고 평가하도록 하는 것이다.

더 나아가 성인교육은 학습자들이 과거 자신이 쌓은 경험들을 스스로 반성적으로 사유하도록 하고 심지어는 비판까지 할 수 있도록 함으로써, 앞으로 실생활과 문제 상황에 보다 유익하게 대응할 수 있는 새로운 경험들을 창조해 나가도록 돕는다. 따라서 바람직한 성인학습자는 모든 경험의 세계에 항상 열려 있어야 한다. 텍스트와의 엄숙한 만남을 통하여 지금까지의 경험들을 해석, 검토, 반성, 비판함으로써 얻어지는 새로운 경험세계는 학습자들에게 항상 열려있는 공간이며, 성인교육자는 학습자들에게 항상 열려있는 경험의 세계를 매개하고 중재할 수 있어야 한다.

3. 콜브(Kolb)의 경험학습모형

경험학습이란 말 그대로 '경험을 통한 학습의 과정'이다. 그런데 경험학습에서 중요한 것은 경험에 대한 '반성과 성찰'(reflection) 또는 '반성적 관찰'(reflective observation/ Kolb)을 통하여 배움이 이루어진다는 점이다(Felicia, 2011: 1003). 실습학습(Hands-On Learning)은 경험학습의 한 형태지만, 실습학습을 하는 동안 모든 학습자들이 반성적 성찰을 하는 것은 아니다. 그러나 일반적으로 경험학습은 학습자들이 상대적으로 수동적인 역할을 하는 기계식(rote) 또는 교수학적(didactic) 학습과는 다르다(Beard, 2010: 20). 경험학습은 액션러닝(action learning), 모험학습(adventure learning), 자유선택학습(free choice learning), 협력학습(cooperative learning) 그리고 서비스학습(service learning) 같이 다양한 능동적 학습(active learning)의 형태와 깊은 관련은 있지만 동의어는 아니다(Itin, 1999).

경험학습은 종종 경험교육(experiential education)과 동의어로 사용된다. 그러나 경험교육이 광범위한 교육철학인 반면, 경험학습은 개인의 학습과정을 고려하는 것이다(Breunig, 2009: 122). 즉 경험학습은 학습자와 학습 맥락에 관련된 보다 구체적 이슈들과 관련이 있다. 경험을 통한 학습의 일반적 개념은 고대에서부터 유래한다. BC 350년 경 아리스토텔레스는 자신의 저서 『니코마코스 윤리학(Nicomachean Ethics)』에서 우리가 그것을 할 수 있기 전에 배워야 하는 것들을 위해서 우리는 그것들을 하면서 배운다고 기록했다(Nicomachean Ethics, 1908) 그러나 교육학적 접근으로서 경험학습은 보다 최근의 수확물이다. 특히 경험학습의 개념을 확실하게 한 사건은 1970년대 콜브(David A. Kolb)가 존 듀이, 쿠르트 레빈 그리고 장 피아제의 작품에 크게 의존하면서 경험학습에 대한 현대적 이론을 발전시키는 경험학습모형(Kolb experiential learning model)

을 제시하면서 비롯되었다(Dixon, Adams, Cullins, 1997: 41).

경험학습은 개인의 학습과정에 초점을 둔다고 했다. 경험학습의 한 사례는 동물원에 가서 동물들을 관찰하면서 동물원 환경과의 상호작용을 통하여 배우는 것이다. 반면에 책으로부터 동물들에 관하여 읽는 것은 경험학습이 아니다. 따라서 우리가 타자의 경험에 관하여 읽거나 듣는 대신 자신이 알고 있는 정보와 지식을 바탕으로 직접 보고 만지고 느끼고 발견하고 실험하면서 - 즉 오감(五感)을 모두 활용하면서 - 경험학습을 한다. 두 번째는 현장경험을 통한 학습이다. 이를테면 기업체 현장, 경영교실, 인턴십, 그리고 직장내 학습, 경력개발 그리고 직업실습 (job-shadowing/ work shadowing) 등 현실적 환경을 경험하면서 학생들은 경험학습을 할 수 있다. 경험학습의 세 번째 사례는 자전거를 어떻게 타는지에 대한 학습의 사례를 들 수 있다(Kraft, 1994). 구체적으로 학습자들은 '여기 지금 자전거'(bike in the here-and-now)를 물리적 차원에서 경험한다. 자전거 타기를 직접 경험해 보면서 많은 것을 생각하고 느끼는 것이 곧 학습이다.

이러한 경험학습은 우선 '반성적 관찰'을 위한 기회를 제공한다. 즉 학습자들은 무엇이 잘 못되었는지, 아니면 무엇이 효과적이었는지 작용하는지에 대해서 '반성적 관찰'을 통하여 학습하게 되며 개선 방법에 대해서도 생각하는 기회를 가진다. 모든 과정이 경험학습의 과정이다. 즉 자전거 타기의 모든 새로운 시도는 이전의 경험, 생각과 반성(적극적 실험)의 순환적 패턴에 의해서 새로운 정보와 지식을 습득하게 한다(Kolb, 1984: 21).

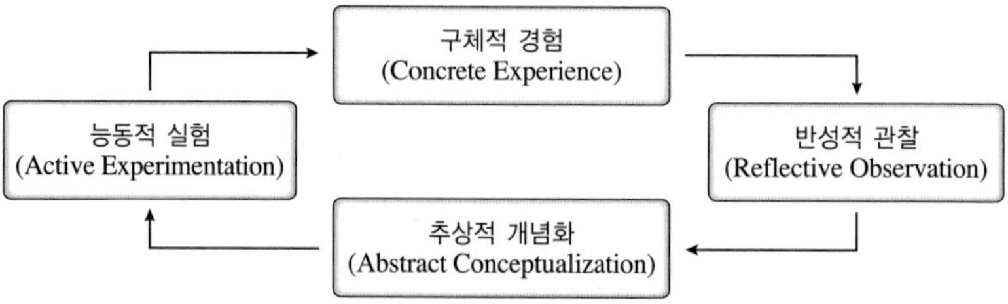

〈그림 10-1〉 콜브의 경험학습모형(ELM)

원칙적으로 경험학습은 교사(lector)나 가르치는 자(instructor) 없이도 가능하다. 왜냐하면 개인의 직접경험에 의한 '의미 만들기'의 과정에서 학습이 이루어지기 때문이다. 그러나 지식의 습득이 비록 학습을 통하여 자연스럽게 일어나는 고유의 과정이라고 할지라도 진정한 학습경험은 특정한 요인을 필요로 한다(Itin, 1999). 콜브(Kolb)에 의하면, 지식은 개인적이고 환경적인 경험을 통하여 지속적으로 획득된다(Merriam, Caffarella, & Baumgartner: 2007). 따라서 경험학습을 가능하게 하는 특정한 환경적 요인은 대단히 중요하다. 경험학습의 환경이 바로 그것이다. 아울러 콜브는 진정한 지식을 경험으로부터 획득하기 위해서 학습자는 다음과 같은 4가지 능력을 가지고 있어야 한다고 주장한다.

첫째, 학습자는 경험에 적극적으로 개입하려는 의지를 가지고 있어야 한다.

둘째, 학습자는 경험에 대해서 반성(또는 반성적 사고)할 수 있어야 한다.

셋째, 학습자는 경험을 개념화하는 분석적 기술을 구사할 수 있어야 한다.

넷째, 학습자는 경험으로부터 얻어진 새로운 아이디어를 활용하기 위해서 의사결정능력과 문제해결기술을 소유하고 있어야 한다.

한편, 경험학습은 학습자의 자기주도성(self-initiative), 학습의도성 그리고 능동적 학습상황을 필요로 한다(Moon, 2004: 126). 이런 의미에서 콜브의 경험학습모형은 다음 단계로의 전이를 고려하기 위한 틀로서 활용될 수 있다(Kolb, 1984). 문(Jennifer A. Moon)은 경험학습에 다음 단계들이 도입된다면 보다 효과적일 것이라는 사실을 주장했다. 첫째 반성적 학습의 단계, 둘째, 특정한 행동으로부터의 학습결과의 단계, 셋째, 피드백에 의한 학습의 확장 단계가 그것들이다(Moon, 2004: 126). 이러한 학습의 과정은 학습자 개인에게는 판단력 느낌 또는 기술력에서의 변화로 나타날 수 있다(Chickering, 1977: 63). 아울러 이는 선택과 행동을 위한 지침에 대한 판단의 방향을 제공할 수 있다(Hutton, 1980: 51).

대부분의 교육자들은 '경험'이 학습과정에서 중요한 역할을 한다는 사실을 알고 있다. 또한 경험으로부터 학습을 하는 과정에서 발생하는 감성과 느낌의 역할은 경험학습의 중요한 부분으로 인식되어 왔다(Moon, 2004: 126). 그러나 이러한 요소들이 경험학습발생의 개연성을 좋게 할지는 모르지만, 경험학습은 이들 없이도 얼마든지 발생한다. 오히려 경험학습에서 활성화되는 것은 학습자들은 직접 자신들이 경험에 몰두하는 용기를 얻게 된다는 사실이다. 그리고 나서 이들은 분석적 기술을 사용하면서 자신들의 경험에 대해서 반성하는 용기를 얻게 된다, 이러한 반성은 이들이 새로운 지식에 대해서 보다 나은 이해를 얻고, 보다 긴 시간 동안 정보를 유지하기 위함이다.

한마디로, 반성(reflection)은 경험학습과정의 결정적 부분이다. 왜냐하면 경험은 나쁜 경험도 있고 좋은 경험도 있을 수 있기 때문이다. 또한 경험이 모두 학습으로 연결되는 것도 아니다. 이러한 의미에서 듀이는 이미 경험이 학습 또는 교육적 학습으로 이어지기 위해서는 계속성(continuity)과 상호작용(interaction)이 전제되어야 한다고 주장한 바 있다(Dewey, 1938: 27). 즉 경험은 과거의 경험과 미래의 경험이 연속선상에서 상호영향관계에 있을 때 학습으로 이어지며, 피드백 내지 반성을 통한 상호작용의 과정 속에서 학습으로 현상한다. 결국 학습을 유발하는 경험은 결코 어떤 순간에도 고립되지 않는다(Merriam & Caffarella, 1999: 223). 다시 말하면, 학습이 단순히 경험으로부터 유발되는 것이라기보다는 오리혀 경험과 학습은 상호작용의 동역학(dynamics) 속에 상호 정위되어 있다고 할 수 있다(Usher el., 1997: 107).

반성은 경험학습 자체처럼 촉진될 수도 있거나 아니면 독립적으로 발생할 수도 있다. 듀이는 반성적 사고(reflective thought)는 상호관계로부터 성장하고 상호관계를 지원한다고 설명한다. 반성적 사고는 학습을 위한 디딤돌을 만들고 더 나아가서는 경험과 반성을 가능하게 한다(Kompf, & Bond, 2001). 이는 경험학습과 반성적 학습이 순환적인 과정이라는 사실이다. 이렇게 학습은 반성과 경험을 통하여 발전된다. 경험학습과 반성의 촉진은 교육적 도전이다. 경험학습의 촉진자는 주로 학습자들에게 질문을 하면서 반성적 대화를 이끌어 가는데, 그는 경험 전, 경험 중 그리고 경험 후에 발생하는 새로운 생각과 새로운 학습으로 나가는 길을 여는데 도와줄 수 있다. 이를테면, 제이곱슨과 루디(Jacobson & Ruddy, 2004) 는 콜브(Kolb, 1984: 21)의 '4단계 경험학습모형'과 파이퍼와 존스(Pfeiffer & Jones, 1975)의 5단계 경험학습곡선을 경험학습의 이론적 틀을 제공하는 대표적 사례들이라고 보았다. 이들은 이러한 단순하지만 실천적으로 질문하는 이러한 모형들이 많이 만들어져서 학습자들이 경험학습에서 비판적 반성을 많이 할 수 있도록 활용되어야 한다고 강조한다. 일반적으로 이들은 "5가지 질문 모델"(5 Questions model)을 사용한다(Jacobson, & Ruddy, 2004).

1. 당신은 알고 있었나요?
2. 왜 그런 일이 발생했나요?
3. 그것은 삶에서 일어나는 일인가요?
4. 왜 그것이 일어나나요?
5. 당신은 그것을 어떻게 활용할 수 있나요?

일반적으로 학습의 촉진자(facilitator)들은 학습자들이 경험을 한 후 이러한 질문을 한다. 이러한 질문을 통하여 촉진자들은 학습자들의 경험에 대하여 비판적 반성을 하도록 하고 그들이 어떻게 그들만의 삶에 학습을 적용할 수 있는지에 대해서 스스로 이해하도록 이끈다(Jacobson & Ruddy, 2004). 비록 질문들은 단순할지라도 콜브, 파이퍼 그리고 존스의 이론을 적용하는 촉진자들에게는 상대적으로 경험이 부족한 면을 보완해 줌으로써 학습을 심도있게 이끌 수 있도록 해 준다.

이것은 학습과정에서 매우 중요한 학습자의 경험인 반면, 촉진자가 이들의 경험을 학습상황으로 몰고 가는 방법이라고 할 수 있다. 그러나 촉진자 또는 교육자가 경험학습에 반드시 필요한 것은 아니다. 다만 이들은 경험학습의 개연성을 개선하는 데 도움을 준다. 오히려 경험학습의 메커니즘(mechanism)은 분석적 기술을 사용함으로써 가능한 경험에 대한 학습자의 반성이다. 한마디로 경험학습에서는 학습자의 반성 내지 반성적 사고가 발현되지 않는다면 어떠한 촉진자나 교육자의 역할도 의미를 상실한다. 이러한 맥락에서 본다면 콜브의 경험학습모형은 경험과정에서 발생되는 반성 내지 반성적 사고를 실천하면서 이를 이론화하는 과정(추상화 개념화)의 순환성을 반영하고 있다고 할 수 있다.

4. 경험학습과 평생교육

전통적으로 아동청소년을 대상으로 하는 학교교육에서는 경험학습이 거의 자취를 감추었다. 입학시험(입시)중심의 교육제도에서는 경험학습이 자리매김할 여지가 좁아진다. 왜냐하면 경험은 입학시험에 출제되지 않기 때문이다. 특히 우리나라처럼 입시가 치열한 나라에서는 경험학습은 학습개념에 포함되지 않는다. 즉 모든 학교는 교과서(text) 중심 교육이며 교과서의 문서기록만이 시험 출제의 대상이다. 물론 오늘날 학교교육의 현장도 많이 변하고 있다. 내신 성적에 수행평가(performance assessment, 修行平價)가 도입되면서 부분적으로나마 학교교육에서 경험학습의 영역이 반영되기 시작했다. 사전적 정의에 의하면, 수행평가란 교사가 학생이 학습과제를 수행하는 과정이나 그 결과를 보고, 그 학생의 지식이나 기능이나 태도 등에 대해서 전문적으로 판단하는 평가방식으로서 학생 스스로가 자신의 지식이나 기능을 나타낼 수 있도록 성과물(듣기, 말하기, 쓰기, 보고서, 포트폴리오, 작품 등)을 제출함으로써 경험학습의 정도를 인정하는 평가방식을 말한다.

또한 대학입시에서 수시평가의 비중이 확대되고 입학사정관제도가 도입되면서 경험학습의 영역의 반영도가 높아지고 있다. 학교교육에서 경험학습이 보다 활성화된 계기는 '체험학습'(體驗學習) 개념의 등장이다. 물론 이는 체험학습을 중심으로 하는 대안학교가 정규학교에 체험학습이 자리잡는데 중요한 자극제로서의 역할을 했다고 할 수 있다. 2016년부터 도입된 자유학기제는 중학교 과정 1학기를 체험학습 위주로 커리큘럼을 운영하도록 명시하고 있다. 이제 체험학습으로 명명되는 경험학습은 아동청소년대상의 학교교육에서도 영역이 점차 확대되고 있다고 할 수 있다.

원칙적으로 교육은 '지식'(知識)을 매개로 한다. 학교에서 가르치고 배우는 지식은 '교과서'(教科書)에 실려 있다. 따라서 전통적으로 학교교육은 교과서 중심의 교육으로 일관될 수밖에 없다. 교과서가 곧 지식인 셈이다. 따라서 평가도 교과서 중심으로 이루어진다. 물론 시험이 교과서에서 나왔느니 안 나왔느니, 변별력이 있느니 없느니 하는 논쟁은 여전히 끊이질 않는다. 이러한 논쟁은 소위 사교육(私教育)의 문제로 비화되기도 한다. 교과서에서 배우지 않는 것은 사교육을 통해서도 알아야지만 입시에서 유리하다는 것이다.

결국 교과서는 학교교육에서 중심일 수밖에 없다. 이러한 상황에서 경험학습을 도입한다면, 시험에서 불리해진다. 첫째 이유로는 경험학습은 학교진도에 방해가 된다는 점을 들고 있다. 경험학습은 교과서 암기학습에 비해 속도가 느리다는 것이다. 왜냐하면 경험학습은 시행착오(試行錯誤)의 학습이기 때문이다. 둘째 이유로는 경험학습은 평가기준을 세울 수 없다는 점을 들고 있다. 과연 학습과정에서 어떤 경험이 일어났으며 그러한 경험을 평가할 수 있는 척도가 객관적이지 못하다는 것이다. 예를 들면, 수행평가나 입학사정관제 그리고 각종 체험학습의 결과는 아무리 노력해도 주관적인 평가라는 인식을 벗어날 수 없다. 즉, 평가의 공정성 시비에 몰린다.

그럼에도 불구하고 학교교육이 경험학습을 인정할 수밖에 없는 이유도 존재한다. 교과서 중심의 학교교육이 한계를 나타내고 있기 때문이다. 첫째, 만약 교과서가 낡은 경우나 잘 못된 경우에는 결국 학생들에게 소의 '죽은 지식' 내지 '잘 못된 지식'을 가르치고 배운다는 한계가 발생한다. 둘째, 교과서의 내용은 암기로 해결될 수 있기 때문에 암기지식교육으로 흐르게 된다. 지식획득을 위해서는 암기도 중요하겠지만 (산)경험을 통해 직접 체득하고 의미를 이해할 필요도 있다.

지식은 크게 직접지식과 간접지식으로 나뉜다. 직접지식은 직접 경험하고 체험함으로써 얻어지는 지식으로 일명 '산 지식'이라고도 하며, 간접지식은 이미 오래전부터 존재하는 문서로 기록된 지식(일명 교과서 지식)을 암기하거나 이해함으로써 습득하는 지식이다. 학교교육에서도 경험학습이 필요한 근거이다. 교육은 지식을 매개로 이루어진다고 했다. 즉 간접지식만이 지식이 아니고 직접지식도 지식이다. 따라서 학교교육이 정상적으로 이루어져야 한다면, 직접지식 즉 경험지식도 함께 다루어져야 한다. 이는 전통적인 학교교육이 비판받는 근거이며 한계이기도 하다.

한편, 성인교육의 현장에서는 원칙적으로 정해진 교과서가 없다. 삶 자체가 교과서이다. 따라서 성인교육의 프로그램들은 현장체험, 실기, 실습, 훈련 등 체험학습 프로그램으로 구성된 경우가 태반이다. 물론 일부 자격증 코스나 학점은행제 같은 학점취득 과정은 준(準) 학교교육의 형태로 운영되는 관계로 교과서 중심으로 운영된다고 할 수 있다. 그럼에도 불구하고 학교교육에 비하면 성인교육은 경험학습 중심이라고 할 수 있다. 물론 경험학습의 개념은 위에서 본 것처럼 성인교육의 전유물은 아니다. 따라서 경험학습의 개념은 아동청소년의 교육부터 성인의 교육까지 평생에 걸쳐

를 가지고 있다. 역사적으로 레오나르도 다빈치는 자기주도의 자기교수를 실천한 사람이라고 할 수 있다. 즉 그는 학교에 다닌 것이 아니고 스스로 자기학습을 위해서 이 공방 저 공방을 편력하면서 자기수업과 자기공부를 하면서 스스로 교수된 자기주도학습의 실천가로 평가된다.

원칙적으로 성인학습은 자기 주도로 이루어진다. 또한 성인학습자들은 자발적이고 자율적인 학습자들이다. 이러한 의미에서 성인교육학자 가운데 최초로 휼(Cyril O. Houle)이 "성인의 학습은 반드시 자기주도학습"(Self-Directed Learning)이어야 한다고 선언했다(Houle, 1961). 이후 이 개념은 타우(Allen Tough)를 위시하여, 롱(Huey B. Long), 노울스(Malcom S. Knowles), 스피어(Georg Spear), 모커(Donald Mocker), 부룩필드(Stephen Brookfield), 콘페서 부부(Confessore, Gary J. & Sharon), 캔디(Phillip Candy), 카파렐라(Rosemary Caffarella), 오드넬(Judith O'Donell), 웨스트(Russel F. West) 등에 의해 사용되면서 일반화가 되었다. 만약 성인들이 학습현장에 참여하여 학습을 하고자 하는 의도를 가지고 있다면, 그는 이미 자율적이고 자발적 존재로서 자기주도로 학습을 수행할 수 있는 조건이 부여되어 있다는 뜻이다.

자기주도학습(self-directed learning)은 능동적이고 적극적인 학습 능력을 내포한다. 물론 성인학습에 참가하는 성인들도 여전히 과거 학교수업에서처럼 학습에 수동적이고 의존적인 경우도 많다. 그러나 성인학습자는 원칙적으로 학습에 능동적이며 적극적일 수밖에 없으며, 자율적이고 자발적일 수밖에 없다. 왜냐하면 그는 학습에 참여하고자 할 때 이미 그가 선택한 학습에서 추구하는 목표와 과제 그리고 효과와 결과에 대하여 분명한 의지와 판단을 가지고 들어오기 때문이다. 만약 성인학습자가 학습의 현장에서 성격상의 이유로 또는 조건과 환경 상의 이유로 아니면 다른 장애 요소에 의해서 어쩔 수 없이 수동적이고 의존적으로 학습활동에 참여할 수밖에 없다면, 그의 성인학습은 실패로 끝날 수밖에 없다. 왜냐하면 수동적이고 의존적인 학습활동으로 성인교육의 효과와 결과는 미미하게 나타날 수 밖에 없기 때문이다. 예를 들어, 결코 학교교육에서처럼 의무적이거나 강제적이지도 않은 성인교육의 현장에 학습자가 들어 올 때에는 어떤 분명한 목표를 가지고 신념을 성취하기 위할 것인데 이를 위해서는 학습참여가 자율적, 자발적, 적극적, 능동적으로 즉 자기 주도적으로 이루어져야 성과가 있을 것이다. 학교처럼 의무적인 출석의무가 강제되는 곳에서 성인교육은 성공할 수 없다(Kraemer/ Walter, 1994: 36).

구체적으로 성인학습자들이 추구하는 자기주도학습의 목표를 학문적으로 분류해 보면 크게 세 가지로 나타난다(Merriam & Caffarella, 1999: 290-292). 첫째, 매슬로우(Abraham Maslow)와 로저스(Carl Roges)의 인본주의 심리학(humanistic philosophy)에 기반을 둔 '개인적 성장'(personal growth)이다. 이에 대해서는 노울즈(1975. 1980)에 의한 연구가 대표적이다. 둘째, 전환학습(transformative learning)을 자기주도학습의 중심으로 하는 것이다. 이에 대해서는 메치우(1985)와 브룩필드(Brookfield, 1985, 1986)의 연구가 대표적이다. 셋째, 비판능력을 고취시키는 해방학습(emancipatory learning)과 사회적 행동(social action)을 목표한다. 여기서는 대화를 통한 민주적 참여(democratic participation)가 중요한 역할을 한다. 이에 대해서는 콜린스(Collins, 1996)의 연구가 대표적이다. 즉 성인학습자들에게 자기주도학습은 위의 세 가지 목표가 조금씩 다른 비중으로 혼재되어 있다고 할 수 있다.

자기주도학습의 개념은 자기규제학습(self-regulating Learning)과 구별될 필요가 있다. 전자가 원어(self-directed leaning) 대로 '스스로 방향이 지어진 학습'이라는 개념으로서 엄밀히 말하면 스스로 동기화되고 스스로 내용을 정하면서 목표를 찾아가는 매우 자연스러운 속성을 가지고 있다면, 후자는 단계적 도달 목표와 내용 그리고 이에 따른 계획표, 시간관리, 자기관리, 단계별 목표 등을 엄격하게 조직화한다는 의미를 내포하고 있다. 물론 양자가 목표달성을 위한 자율성을 강조하는 것은 동일하지만 접근방법에서는 전혀 다른 차원이다. 즉 전자는 '존재론적 차원'(ontological dimension)이며, 후자는 '인식론적 차원'(epistemological dimension)이다.

실제로 인식론적 차원에서 자기주도학습의 모형에 대한 연구는 지금까지 크게 세 가지 유형으로 발전되어 왔다(Merriam & Caffarella, 1999: 293-305). 첫째, 자기계획학습(self-planned learning)의 모형이다. 이는 타우의 박사학위논문의 주제인 '성인자기교사'(adult self-teachers) 개념의 연장선 상에서 설계되는 '선형적 모형'(Linear Models)이다. 대표적 연구는 타우의 후계자들과 노울즈에 의해 이루어졌다. 둘째, 상호작용 모형(Interactive Models)이다. 이 모형에서는 자기주도학습의 상황을 형성하기 위해 집단적으로 상호작용하는 학습자 개개인의 고유한 환경, 학습자의 개인적 특성, 인지적 과정 그리고 학습의 맥락 등이 중요한 기회요인들이다. 이는 스피어(Spear, 1988), 카발리에(Cavaliere, 1992), 브로켓와 하임스트라(Brockett & Hiemstra, 1991), 데니스(Danis, 1992), 개리슨(Garrison, 1997) 등의 모형으로 계승 발전되었다. 마지막으로 세 번째는 '교수자 모형'(Instructional Models)이다. 여기서는 교수자에 의해서 공식적 또는 비공식적 상황 속에서 설계된 조직된 프로그램(organized programs)과 활동(activities) 그리고 상황 내에서의 통제(control)와 비의존성(independence)이 핵심 개념이다. 이에 대한 연구로는 그로우(Grow, 1991)의 단계별로 계획된 자기주도학습모형(SSDL: 4. Staged Self-Directed Learning)과 하몬드와 콜린스(Hammond & Collins, 1991)의 해방학습모형이 대표적이다.

2. 자기주도학습과 평생교육

자기주도학습의 개념은 성인기 학습자들에게 지배적이라고 할 수 있지만, 유아, 아동, 청소년기에도 결코 간과할 수 없는 영역이다. 따라서 자기주도학습을 연령 단계에 따라 도식화 해 보면 아래[그림 11-1]와 같이 그려질 수 있다. 여기서 타인주도학습(other-direction learning)은 타인지시적 가르침(instruction)의 개념으로서 타율적이고 수동적인 교육/학습의 개념을 의미한다. 이러한 도식은 공교롭게도 위에서 제시된 페다고지와 안드라고지의 관계와 일치한다. 이렇게 본다면 안드라고지의 개념과 자기주도학습의 개념은 성인교육 내지 평생교육의 핵심영역에 해당된다고 할 수 있다(Merriam & Caffarella, 1999: 118).

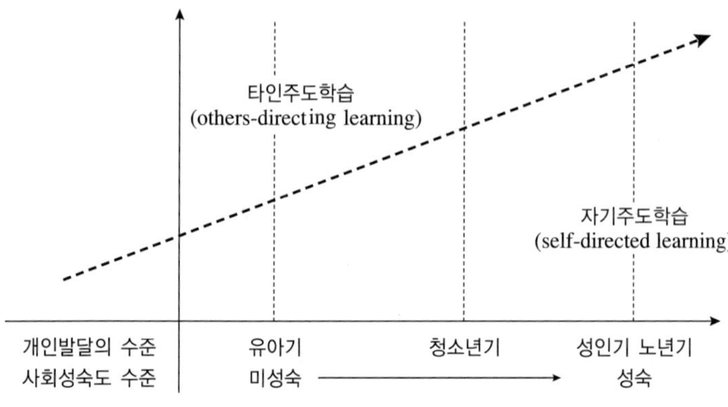

[그림11-1] 자기주도학습-타인주도학습

인본주의 심리학자 맥그리거(Douglas McGregor)는 인간의 본질과 행동에 관한 기본 가정을 성악설이 기초한 X이론과 성선설에 기초한 Y이론의 두 유형으로 개념화하였다(Mcgregor, 1960: 154). 일반적으로 학교교육이 주로 X이론에 입각하여 학생들을 다루고 있다고 한다면, 반대로 성인교육은 주로 성인학습자들을 Y이론에 입각하여 이해하고 있다. 왜냐하면 학교는 이미 반강제적이며 인위적인 사회제도로 군림하고 있으며, 반대로 성인교육기관은 문제해결 및 위기극복이라는 인간의 본능적 욕구로부터 시작되는 자연발생적 교육기관에 해당되기 때문이다. 따라서 명백한 문제해결 및 문제해결의 과제와 목표를 가지고 있는 성인학습자들은 자신의 미래를 위해 자율적이고 자발적이며 적극적이고 능동적인 인간유형일 수밖에 없다. 또한 이들은 자신들의 학습과정에도 책임의식을 가지고 있기도 하다. 따라서 이들은 때로는 스스로 교육과정과 커리큘럼을 조정함으로써 스스로 시간 관리를 하기도 하고 특별한 과제와 주제를 부과시키기도 하며, 필요에 따라서는 별도로 학습경비지출 및 재정운영까지 관여하기도 한다. 이러한 관점에서 볼 때, 성인교육자는 성인학습자들에게 자율과 자발성 그리고 적극성과 능동성을 최대한 허락할 수 있는 자기주도성의 교육프로그램을 계획하고 실천할 필요가 있다.

그러나 맥그리거의 〈X-Y 이론〉이나 - 위의 '안드라고지'에서 살펴 본 - 아지리스의 〈성숙-미성숙 이론〉은 성년과 미성년의 구분을 물리적-신체적 나이로만 구분할 수는 없다. 성인이 되어도 아직 미성숙한 경우도 허다하고 아직 아동이나 청년이지만 여느 성인보다 정신연령이 탁월한 경우도 있다. 우리 말에 '철들자 망령'이라는 말이 있다. 성인이 아이들보다 못하다는 말이다. 반대로 '애 늙은이'라는 말도 있다. 신체적으로는 어린 나이지만 여느 성인보다 나은 정신능력을 가지고 있다는 말이다. 따라서 자기주도학습과 타인주도학습의 관계는 평생동안에 걸쳐서 이루어지는 것이지, 전자는 성인기에 후자는 아동기·청소년기에 해당된다는 이분법적 도식은 의미가 없다.

한편, 인간에게 자발성(spontaneity, autonomy)은 학습에서 높은 동기화를 의미한다. 따라서 자발적으로 학습에 참여하는 성인은 높게 동기화되어 있는 학습자이다. 그러나 물론 높은 동기화나 자발성도 다음과 같은 상황에서는 별 성과를 내지 못할 수도 있다(Kraemer/ Walter, 1994:

36): 첫째, 잘못된 경험, 둘째, 학습 결과의 과대평가, 셋째, 불충분한 시간계획, 넷째, 잘못된 프로그램 선택, 다섯째, 부적합한 강의실 또는 학습장소 같은 불리한 환경조건, 여섯째, 강한 직업스트레스 및 공부스트레스, 일곱째, 수업방법 및 내용에 대한 불만족, 여덟째, 성인교육자에 대한 불만 등으로 인하여 높게 동기화된 자발적인 학습자들이라고 할지라도 오히려 학습장애로 닥칠 수도 있다. 그러나 상기 8가지 장애요인들 중에서 성인교육자에 대한 불만은 좋은 학습 분위기, 학우관계의 조성, 기분전환, 건의 및 원만한 의사소통 등 대체동인들을 통하여 어느 정도 문제를 해소시킬 소지가 다분한 항목이다. 그러나 나머지 항목들은 학습장애를 유발하는데 거의 결정적인 역할을 하는 대목이기 때문에 특히 세심한 관심이 요청된다고 할 수 있는 대목들이다.

이렇게 본다면, 자기주도학습을 가능하게 하는 '자발성과 높은 동기화'는 아동청소년기보다 성인기에 월등하다는 이분법적 논리를 세울 수 없다. 이를테면. 아동청소년들도 학습동기화의 조건이나 환경만 잘 갖추어진다면 성인들보다 훨씬 더 자발적으로 자기주도학습을 할 수도 있다. 반대로 성인들도 타인주도학습에 의해 오히려 더 큰 학습성과를 올릴 수도 있다. 이를테면 특정한 교육훈련목표를 가지고 있는 기업체나 공무원연수원 같은 곳에서 이루어지는 산업교육, 인적자원개발(HRD), 직무교육, 안전교육 등은 자기주도학습에만 의존할 수 없다. 오히려 타인주도학습의 효과가 배가될 수도 있는 영역이다. 오늘날 아동청소년의 학습은 타인주도로 이끌어질 때 보다 더 효과가 날 것이라는 가설로 이루어지고 있지만 실제로 자기주도로 자율적으로 이루어질 때 '가장 바람직한 학습'이 될 수 있다는 연구결과도 공감을 얻고 있다. 따라서 위에서 보는 것처럼 자기주도학습-타인주도학습의 도식 역시 평생동안 이루어지는 평생교육의 차원에서 이해될 필요가 있다.

3. 자기주도학습과 반성적 과정

자기주도학습의 개념은 독학(獨學)의 개념과 유사하다. 그러나 독학은 자기학습(self-learning)에 보다 가깝다. 즉 독학은 가르치는 사람이 없지만 스스로 공부하는 것을 말한다. 독학의 역사는 무척 오래되었다. 아마도 인류의 탄생과 함께 독학의 역사가 시작되었다고 해도 과언이 아니다. 세상에 학교가 탄생하기 이전에는 독학으로 배웠을 것이다. 또한 학교가 있어도 이런 저런 이유로 학교에 갈 수 없는 사람들은 혼자 배웠다. 이런 의미에서 오늘날도 독학의 개념은 여전히 유효하다. 심지어 오늘날에도 학교를 다니지 않고 혼자 공부하면서 학위를 취득할 수 있는 '독학사제도'가 존재한다.

자기주도학습의 개념을 잉태시킨 독학(자기학습)의 개념은 산업혁명의 시대에 본격적으로 시작되었다고 할 수 있다. 산업혁명은 학교제도가 전성기를 맞게 된 기점이기도 하다. 그러나 19세기 이전에는 초등학교 교육만 받고 나중에 도제로 봉사하면서 중요한 발명가로 활약한 사람들이 많았다. 특히 산업혁명을 이끌었던 사람들의 대부분은 자기교육(self educated)을 통하여 성장했다. 증기기관을 발명한 제임스 와트(James Watt, 1736-1819)가 대표적이다. 그는 학교에 갈 수 있는 환경이었음에도 불구하고 호기심과 상상력을 바탕으로 혼자 스스로 공부하고 연구하면서 즉 독학으로 증기기관을 발명했다.

> "와트는 영국 스코틀랜드 지방의 그리녹에서 태어났다. 아버지는 그리녹의 시의회 의원이면서 조선 및 건축사업을 벌이고 있었다. 할아버지는 수학을 가르치던 교사였고, 아버지와 삼촌은 측량기사였다. 이런 환경 속에서 와트는 어릴 적부터 과학과 기술에 많은 관심을 가졌다. 그의 교육에서 가장 중요한 근원이 되었던 곳은 학교가 아니라 아버지의 작업장이었다. 와트는 거

기서 자신의 공구와 작업대를 갖추고 각종 기구의 모형을 제작하는 일에 몰두했다. 그는 열일곱 살 때 도구 제작자가 되기로 결심하고 런던과 글래스고에서 도제훈련을 받았다."(송성수, 2005: 53)

하늘을 나는 꿈을 가졌던 라이트형제 즉 형인 윌버(Wilbur Wright, !867-1912)와 오빌(Orville Wright, 1871-1948) 역시 독학으로 세상을 놀라게 한 사람들이다.

"라이트 형제의 아버지는 목사였으며, 집안 형편은 그리 넉넉하지 못했다... (하여) 윌버와 오빌은 둘 다 고등학교를 다니다가 학업을 중단했다. 자신들의 재능을 살려 발명가의 길을 가는데 학교수업이 별로 도움이 되지 않는다고 판단했던 것이다. 그들은 아버지를 도와 교회에서 인쇄일을 하다가 기계 폐품을 모아 활자인쇄기를 만들었다... 1892년 12월 라이트형제는 자전거 가계를 차렸다. 친구가 타고 다니다가 고장 난 자전거를 분해하여 부속품을 갈아 깨끗이 수리해 준 것이 계기가 되었다... 라이트 형제는 1896년 8월 어느 날, 독일의 릴리엔탈이 글라이더를 타고 시험 비행을 하던 중 추락사했다는 기사를 읽었다... 그는 세상을 떠나기 직전에 다음과 같은 감명 깊은 말(유언)을 남겼다. '인류의 행복을 위해 누군가 내 뒤를 이을 사람이 나타나리라고 믿는다. 그것을 생각하면 이제까지의 나의 노력과 연구가 결코 헛된 일이 아닐 것이다. 그러므로 나는 기쁜 마음으로 눈을 감는다.' 라이트 형제는 자전거 가계를 운영하면서 거둔 수익으로 릴리엔탈의 뒤를 이어 하늘을 나는 기계를 연구하기로 결심했다. 고등학교도 졸업하지 못한 라이트형제는 독학으로 수학과 물리학을 공부했다.... 라이트형제는 새가 공중에서 방향을 틀 때 날개를 어떻게 비트는지에 대해 자세히 관찰한 후 겹날개 연을 날리면서 조정법을 익혔다. 또 그들은 목제 상자로 약 2미터의 간단한 풍동(風洞, 바람이 부는 실험용 터널)을 만들어 실험을 했다... 드디어 1903년 12월

17일, 키티호크에서 세계 최초의 엔진을 단 비행기 '플라이어 1호'가 넓은 하늘을 나는 행사가 거행되었다. 비행사는 동생인 오빌, 비행시간은 12초, 날아간 거리는 36.5미터로 기록되어 있다... 그들은 1904년 9월 15일까지 총 마흔아홉 번의 비행을 했으며, 9월 2일에는 1킬로미터를 비행하는데 성공했다.... 1909년에 라이트 형제는 데이턴에 회사를 설립한 후, 프랑스에 항공학교를 개설하는 등 비행기를 적극적으로 선전하고 보급하기 시작했다. 그들은 여덟 시간 가량 비행할 수 있는 비행기를 제작하는 데 성공했고, 그것은 본격적인 항공기 시대를 여는 기폭제로 작용했다."(송성수, 2005: 215-222)

천재 발명가 에디슨(Thomas Alva Edison, 1847-1931)과 테슬라(Nicola Tesla, 1856-1943)의 경우도 양상은 비슷하다. 학교(교육)와 일찌감치 담을 쌓게 된 에디슨은 과학적인 방법으로 테크놀로지를 구현하는 방식을 거부하고 대신 오로지 피나는 노력 및 반복되는 시행착오의 경험을 통해서 노동자들이 테크놀로지를 획득했던 전통적 방식을 중시했던 반면, 비록 학비 때문에 대학을 중퇴했던 테슬라는 테크놀로지의 취득 역시 '과학적 접근'으로 얼마든지 가능하다고 생각했다(송성수, 2005: 194). 또한 코닥 사진기를 발명한 조지 이스트먼(George Eastman, 1854-1932)의 경우는 어렸을 때 가난 때문에 학교에 다니는 것을 포기하고 독학으로 건판제조법을 익힌 후, 어느 정도 사업을 일군 후에는 자신의 회사를 항상 학습하는 조직으로 만들고자 했는데, 그 첫째 방법은 로체스터 대학과 MIT에 많은 돈을 기부하면서, 두 대학 출신의 인재를 적극 활용했다(송성수, 2005: 172). 이밖에도 독학으로 자신을 세운 사람들은 역사상 부지기수로 존재한다.

오늘날은 일상이 온라인 인터넷 상에서 거의 가능하다. 앞으로 미래 인류는 학교에 가지 않고서도 인터넷 상에서 평생동안 자기주도로 자신이 원하는 지식과 정보를 탐색하고 획득할 수 있다. 과거에 대학에 진학하는 중요한 이유 중의 하나는 대학에는 상급 수준의 책을 읽을 수 있는 도서관이 있으며 고품격의 강의를 들을 수 있었기 때문이었다. 그러나 오늘날은 거의 모든 책을 사이버 상에서 e-Book의 형태로 접할 수 있으며, MOOCs(Massive Open Online Courses)의 출현은 자기학습의 조건을 충족시켜 주고 있다.

물론 지금도 대학이나 학교는 학위를 취득하기 위해 중요하다. 그러나 이미 우리는 학위 역시 온라인상에서 취득하고 있다. 앞으로 온라인 학위의 비중이 강화된다면, 상대적으로 학교 학위의 위세는 약해질 것이다. 온라인상에서도 평생학습의 개념이 일반화되고 있는 것이다. 그렇다면 이제 교육은 평생학습을 통해 이루어지며 이는 학습자의 독학능력 내지 자기주도학습의 역량에 달려 있다고 해도 과언이 아니다. 스스로 검색하고 스스로 학습할 수 있는 능력만 개발된다면 자기교육은 평생동안 가능하다. 이렇게 본다면 평생학습시대에 필요한 교육은 바로 '자기주도학습의 역량'을 길러주는 일이다. 이제 교육자는 학습자들이 자기주도학습을 할 수 있도록 환경과 조건을 조성해 줌으로써 '교육학적 분위기'를 매개하고, 학습의 촉진자, 도우미, 코치, 멘토, 컨설턴트, 가이드 등으로서의 역할을 수행함으로써 학습자들과의 '교육학적 관계'를 조성할 수 있어야 한다.

그러나 성공적인 자기교육(self-educated)은 부단한 자기훈련(self-discipline)과 반성적 역량을 요구한다. 반성적 역량을 통한 자기교육은 자기주도학습을 가능하게 한다. 따라서 자기주도학습은 반성적 사고를 통한 반성적 실천과 순환적인 관계를 가진다. 즉 반성적 사고와 반성적 실천을 함으로써, 학습은 자기주도적으로 이루어지며 자기주도학습을 통하여 반성적 사고와 반성적 실천은 강화된다. 한마디로 자기학습(self-learning)이 자기주도학습(self-directed learning)으로 전환되기 위해서는 반성적 과정(반성과 성찰, 반성적 사고, 반성적 실천 등)이 '자기교육(self-educated, self-taught)의 방향으로 중재되어야 한다. 왜냐하면 자기주도학습은 학습의 '방향을 스스로 정위해 나가는'(self-directed, self-disciplined) 과정을 내포하고 있기 때문이다. 결국 자기학습(self-learning)이 자기교육(self-educated)으로 그리고 자기주도학습(self-directed learning)으로 전환되는 과정에서 제반 '반성적 과정'(reflective procedure)은 매개체의 역할을 한다.

● 참고문헌

송성수(2005). 기술의 프로메테우스: 인물로 보는 기술의 역사. 서울: 신원문화사.

Kraemer, S./ Walter, K.-D. (1994). Effektive Lernen in der Erwachsenenbildung. Donawoerth: Hueber-Holzmann.

Tough, A. (1971). *The Adult's Learning Projects: A Fresh Approach to Theory and Practice in Adult Learning.* Toronto: Ontario Institute for Studies in Education.

Houle, C. O. (1961). The Inquiring Mind. Madison: University of Winsconsin Pressw.

Knowles, M. S. (1975). *Self-Directed Learning.* New York: Association Press.

Merriam, Sharan B., Caffarella, Rosemary S. (1999). *Learning in Adulthood. A Comprehensive Guide.* Second Edition. San Francisco: Jossey-Bass Publishers.

제12장

전환학습

1. 전환학습이론의 성립

전환학습(Transformative Learning)은 '의식의 전환'(transformation of conscience)과 '관점의 전환'(transformation of perspective)을 목표한다. 이런 의미에서 전환학습은 의식전환학습 내지 관점전환학습으로 지칭되기도 한다. 전자는 학습의 인지적 과정(cognitive process)에 관계한다. 메치로우(Jack Mezirow)가 인지전환에 강조를 두었다면, 롱(H. B. Long, 1991)은 관점전환에 보다 주목한다(Merriam & Caffarella, 1999: 319). 물론 의식과 관점의 전환은 동일한 영역의 다른 면일 뿐이다. 결국은 모두 상관적 개념이다. 이러한 전환학습이론의 철학적 배경은 마르크시즘을 수용하는 프레이리(Paulo Freire)로부터 나왔다.

전환학습이론(transformative learning theory)은 3가지 차원 즉 자아(self)에 대한 이해의 변화가 일어나는 심리적 차원, 신념체계의 수정이 일어나는 확신적 차원 그리고 마지막으로 생활양식의 변화가 일어나는 행동적 차원을 가지고 있다.

> "전환학습은 근본적인 세계관의 변형과 자아의 특별한 역량을 통한 의식의 확장이다. 전환학습은 무의식의 상징적 콘텐츠에 감상적으로 접근하고 수용하기도 하고, 기초적 전제를 비판적으로 분석하는 것과 같이 의식적으로 정위된 과정을 통하여 촉진된다."(Elias, 1997: 3)

다시 말하면, 전환학습은 의식적이든 무의식적으로든 콘텐츠에 접근하고 이를 분석함으로써 '기존에 가지고 있던 세계관'(presupposition)을 변형시킬 수 있는 자아의 역량을 학습으로 키우고 이를 통하여 마침내 의식 전환을 이루는 것을 목표한다.

> "인간이 된다는 조건 내지 특징은 우리가 우리의 경험의 의미를 이해해야 한다는 것이다. 혹자들에게는 권위적 인물에 의해 무비판적으로 동화된 설명만으로도 충분할 것이다. 그러나 현대 사회에서 우리는 타인의 목적, 신념, 판단 그리고 느낌에 따라 행동하는 것보다는 우리만의 해석을 만드는 법을 학습해야 한다. 그러한 이해를 촉진하는 것이 성인교육의 핵심 목표이다. 한마디로 전환학습은 자율적인 사고를 발전시킨다."(Mezirow, 1997: 5)

이런 맥락에서 메치로우는 '(전환)학습이란 의미를 만드는 활동'(meaning-making activity)이라고 정의한다(Merriam & Caffarella, 1999: 319). 물론 성인기의 모든 학습이 '전환적'으로 이루어지는 것은 아니다(Mezirow, 1991: 223). 그럼에도 불구하고 우리의 일상에서는 전환학습으로 이어지는 관점 및 의식의 전환은 알게 모르게 늘 발생하고 있다. 그것은 일정 기간 동안 의미 체계에 변환의 축적으로 인해서도 발생할 수 있지만, 메치로우는 일반적으로 삶의 위기 또는 주요 생활 변화에 의해 유발되는 "당황스러운 딜레마"(disorienting dilemma) 상황에서 발생한다고 주장한다(Mezirow, 1995: 50). 학교교사나 교육자에 의해서 의도적으로 만들어지는 경우에도 - 비록 그것이 덜 극적인 곤경상황이라고 하더라도 - 전환학습은 발생할 수 있다.

전환학습의 중요한 사안은 개인들이 자신들의 가정과 신념을 비판적으로 반성(reflection)함으로써 자신들이 기존에 가지고 있는 참조의 틀(frames of reference)을 변형시키는 것이고, 자신들의 세계를 규정하는 새로운 방법을 구현하는 계획을 의식적으로 만들고 완성하는 것이다(Mezirow, 1997). 이러한 과정은 근본적으로 합리적이며 분석적이다(Grabove, 1997: 90-91). 왜냐하면 학습은 단순히 지식의 축적으로만 끝날 수 있기 때문이다. 따라서 메치로우는 성인 교육자들이 이러한 종류의 비판적 반성을 촉진시킬 책임을 가지고 있다고 보았다(Merriam & Caffarella, 1999: 320).

1970년대부터 메치로우(Jack Mezirow)는 '전환학습이론'을 지난 20년 동안 심도있게 발전시켜 왔다. 메치로우의 이론은 성인들이 자신들의 삶의 경험을 어떻게 해석하고 어떻게 의미를 만드는가에 대해서 주목한다(Merriam & Caffarella, 1999: 319). 그 후 이론은 학습자가 자신들의 경험의 의미를 해석하고 유효하게 하고 이를 어떻게 공식화하는지에 대하여 포괄적이고 복잡하게 기술하는 방식으로 진화해 왔다(Cranton, 1994: 22). 그런데 메치로우의 전환학습이론은 개인적 차원과 사회적 차원의 의미 구조 모두에 초점을 맞추고 있다(Merriam & Caffarella, 1999: 263). 그에 의하면, 특히 자신들의 '의미 도식들'(meaning schemes/ 특정한 믿음, 태도 그리고 감정적 반응들)을 바꾸려는 학습자들은 반대로 관점 전환으로 이어지는 자신들의 경험에 대한 비판적 반성에 참여해야 한다(Mezirow, 1991: 167). 즉 의미 구조를 구성하는 의미 도식들은 기존의 도식 내로 아이디어를 통합시키거나 추가함으로써 변형될 수 있다. 그런데 이러한 의미 도식들의 전환은 학습을 통하여 아주 빈번하다고 할 수는 없지만 꾸준하게 일어난다. 특히 1978년 이후 그에 의해 활성화된 전환학습이론은 자기 자신과 자신이 살고 있는 세계를 보는 방법에서의 '변화'(change) 즉 극적이고 근본적인 변화에 관한 것이다(Merriam & Caffarella, 1999: 118).

메치로우에 의하면, 관점전환(perspective transformation)은 주로 다음과 같은 상황에서 발생한다. 즉 '방향잃은 딜레마'(disoriented dilemma), 자기 시험, 소외감, 타인과의 관계 불일치, 새로운 행동을 설명하는 선택, 새로운 방법으로의 확신 쌓기, 행동단계의 계획, 계획을 행하는 지식 획득, 새로운 역할을 가진 실험, 해체 후 재통합의 상황 등이 그것들이다(Merriam & Caffarella, 1999: 321).

2. 전환학습이론에 대한 비판

메치로우의 전환학습이론에 대한 비판적 반응은 수년 동안 계속되어 왔다(Cranton, 1994; Taylor, 1998). 물론 대부분의 연구들은 메치로우를 지지한다. 그러나 일부는 메치로우가 합리성(rationality)과 비판적 반성(critical reflection)에 지나친 중요성을 부과하고 있다는 결론을 짓고 있다(Taylor, 1998: 33-34).

훗날 타일러(Edward W. Taylor, 2001)는 합리성이나 논리성 대신 감정(feeling)과 감성(emotion)의 역할도 전환학습에서는 중요하며 이를 위해서 에 대하여 전환학습에 대한 신경생물학적 연구를 제안했다. 이는 전환학습과정에서 합리성과 감성 사이의 간극을 메워주는 역할을 한다. 구체적으로 타일러는 자기공명영상술(MRI: magnetic resonance imaging)과 양전자 방출 단층촬영(PET: positron emission tomography) 같은 현대첨단기술을 사용함으로써 일단 감성과 감정 영역에서 비과학적이고 애매모호한 주관적 요소들은 제거하고자 하였다. 그는 실험을 통해서 인간의 신경 뇌 시스템은 언제든지 당황스러운 딜레마의 상황과 이로부터의 극복하려는 여정을 관장하고 있다는 사실을 밝혀냈다. 이는 인간에서 천부적인 항상성(homeostasis)의 작용 때문일 수도 있다. 이러한 신경생물학적 연구는 학습과정에 작용하는 인간의 무의식적인 생각과 무의식적 행동과 관련이 있는 습관, 관습, 태도 그리고 선호도를 나타내는 암묵적 기억 기능의 중요성을 강조한다. 이러한 영역은 합리적 학습이나 논리적 차원이 아니다.

인간의 학습과정은 분명히 합리적인 측면을 가지고 있다. 그러나 인간의 학습은 역시 영혼적 차원 내지 감성적 전환으로 설명될 수 있는 심층적 경험을 하기도 한다. 이를테면 인종차별, 성차별 그리고 다른 억압적 태도 같은 부정적 경험이 학습자들로 하여금 세계에 대처하고 세계를 이해는 방법으로서 발전되어 왔다고 한다면, 이는 결과적으로 불유쾌한 감정적 차원이라고 할 수 있다. 이러한 유형의 학습은 크게 학습자들에게 두 가지 차원의 의지를 요구하게 된다. 하나는 보험이나 상황에 나약해질 수밖에 없는 의지일 것이고, 다른 하나는 우리의 태도와 가설에 대하여 도전적으로 대응하려는 의지가 될 것이다. 전자는 수동적 학습으로 일관될 것이고, 후자는 적극적 학습으로 나아갈 것이다.

결과적으로 이러한 이론들은 전환학습을 '직관적이고 감정적인 과정'으로 연구의 관심을 확장시켜 주었다. 특히 더크스(John M. Dirkx), 보이드(Robert D. Boyd), 마이어스(J. Gordon Myers) 그리고 루에더(Rosemary R. Ruether)는 메치로우(Mezirow)의 합리적, 인지적, 분석적 접근을 보다 직관적이고 창의적으로 해석하면서 전환학습을 전체론적 시각(holistic view)에서 볼 수 있도록 해 주었다(Grabove, 1997: 90).

전환학습에서의 이러한 관점전환은 무엇보다도 전환학습의 이론을 분석심리학 내지 심층심리학에 근거하여 전환교육이론을 발전시킨 보이드(Robert Boyd)의 공이라고 할 수 있다. 보이드에게 전환이란 "보다 커다란 인격 통합으로 결과하는 의식의 확장과 개인적 딜레마의 해결을 포함하는 인격의 근본적 변화”를 말한다(Taylor, 1998: 13) 이는 개인적 비전을 창출하거나 아니면 인간이 된다는 것이 무엇을 의미하는지를 지원하는 이미지, 상징, 메시지 같은 특별한 근거에 호소한다(Boyd & Meyers, 1988). 이를 위해서 학습자는 ‘의미’에 대한 다른 대안적 표현을 수용하거나 항상 이에 열려 있어야 한다. 그래야만 우리는 언젠가 메시지가 진짜라는 사실을 인식한다(Boyd & Myers, 1988: 277). 보이드에게 전환학습의 목표는 개인으로 하여금 이전의 패턴이나 지각의 방법이 더 이상 중요하지 않다는 사실을 인식하게 하고, 아울러 새로운 방법을 선택하거나 수용하여 마침내 신구패턴을 통합할 수 있을 때 가장 비판적인 단계가 발생할 수 있다는 사실을 알게 하는 것이다.

최근의 일부 연구들은 메치로우가 제시한 ‘방향잃은 딜레마’(disoriented Dilemma)에 대해서 주목하고 있다. 한마디로 삶의 딜레마 상황에서의 전환학습의 문제이다. 특히 성년들에게 닥치는 ‘고독한 상황’은 성인학습의 핵심 주제가 될 수 있는데, 이를테면 사랑하는 사람과의 이별이나 사별(死別)로 인해 생기는 상실감과 좌절감이 파괴적인 현실로 다가올 때, 이들에게 발생하는 전환의 과정을 학습의 차원에서 탐구해 왔다(Moon, 2011). 심지어 또 다른 연구들은 전환학습을 ‘자살’의 맥락에서 다루고 있다(Sands, 2010: 99). 이러한 경우에 삶의 딜레마는 고인과의 관계에 대한 개념적 혼란, 선입견과 오해 그리고 이에 대한 의문 그리고 슬픔의 극복과정에서 발생하는 고인과의 관계에 대한 의미해석 등 삶에 대한 의미이해는 보다 복잡하게 나타난다.

한편, 메치로우는 자기관점전환의 과정에서 자아(ego)의 역할을 핵심으로 본다. 보이드와 마이어는 이러한 메치로우와 달리, 자아뿐만 아니라 본성(nature)에 비중을 두는 심리사회적 차원에서 전환학습을 연구하면서 이성과 논리 중심으로 이동하는 분석의 틀을 사용하고 있다(Taylor,

1998).

전환학습에 대한 또 다른 정의는 오설리반(Edmund O'Sullivan)으로부터 나온다(O'Sullivan, 2003) 그에 의하면, 전환학습은 사고, 느낌 그리고 행동의 기본적 전제 속으로 심층구조적인 전환의 경험을 포함한다. 이는 세계의 존재방식을 극적으로 그리고 필연적으로 바꾸어 주는 의식의 교체라고 할 수 있다. 이러한 의식교체는 우리 자신과 자기 위치에 대한 이해를 포함한다. 이를테면 다른 사람들이나 자연세계와 우리의 관계, 계층, 인종 그리고 성의 연동적 구조에서 발생하는 역학관계에 대한 이해, 우리의 물리적 신체 인식, 삶에 대안적 접근을 위한 우리의 비전, 그리고 사회정의와 평화 그리고 개인적 즐거움을 위한 가능성의 감각 등이 그것들이라고 할 수 있다.

3. 전환학습이론의 전개

지금까지 전환학습에 대한 이해는 주로 서구의 전통적 관점인 합리적 사유에 의해 이루어져 왔다. 그러나 오히려 이러한 관점이 연구에 장애가 될 수도 있다는 입장을 가지고 있는 킹(Kathleen P. King)은 메타분석연구에 근거한 대안적 모델인 '전환학습 기회모델'을 제안한 바 있다(King 2005). 이렇게 다양한 관점에서 시도된 최근의 연구들은 어떤 하나의 관점이 다른 관점을 능가하거나 배제할 필요도 없다는 사실을 보여주고 있다. 이를테면 모든 관점은 나름의 의미를 가지고 있으며 동시에 한계도 여전하다. 그야말로 전환학습에 대한 관점전환이다. 이를테면 메치로우(Mezirow)와 더크스(Dirkx)는 2005년 국제전환학습컨퍼런스에서 전환학습에 대한 자신들의 견해를 공개적으로 토론의 주제로 제시한 바 있다. 크랜톤(Patricia Cranton)에 의해 진행된 공개토론은 컨퍼런스가 끝난 이후에도 이 메일을 통하여 지속되었으며 지속적으로 검토되면서 전환교육저널(Journal of Transformative Education)에 실리기도 했다. 특히 더크스(Dirkx)는 내적 세계의 힘으로부터 외적 세계로의 관점이 변화하는 과정에서 중심 역할을 하고 있는 '주체성'(subjectivity)에 초점을 맞추었다. 즉 관점전환의 중심은 주체적 자아이다.

반면 메치로우는 이미 개인이 가지고 있는 가설 내지 선입견에 대한 비판적 평가를 강조한다. 비록 이들의 접근은 다르게 보이지만, 이들은 몇몇 측면에서 서로 관점이 비슷하다는 사실에 동의한다. 즉 모든 개인은 이미 의미를 잃었거나 또는 지금은 기능하지 못하고 있지만, 세상은 자신의 존재에 대한 의식과 인식을 제고해 주는 전환의 틀을 잠재적으로 제공하고 있다는 사실이다. 이때 우리는 세상을 참조사회(reference society)라고 부른다. 한마디로 세계와 나 사이에 존재하고 있는 '의미'에 대한 해석의 가능성(잠재성)은 상존한다. 이렇게 본다면 두 관점은 해석과 이해를 보다 깊게 하는 전환교육으로서의 학습방법을 구현하는데 있어서 대단히 중요하다(Dirkx, Mezirow & Cranton, 2006). 즉 자기시험과 가설검증을 위한 의식있는 자아와 주체성은 전환학습의 중심이다.

전환학습을 정의하는데 어려움 중의 하나는 그것이 '의미만들기'(meaning making) 내지 비판적 사고(critical thinking) 같은 개념들이 경계선 상에서 나타난다는 사실이다. 의미만들기(meaning making, constructing meaning)라는 용어는 듀이(John Dewey), 몬테쏘리(Maria Montessori), 피아제(Jean Piaget), 브루너(Jerome Bruner) 그리고 비고츠키(Lev Vygotsky) 같은 학자들의 작품이다. 엄밀히 말하면 이는 구성주의적 접근에서 종종 발견된다. 이러한 구성주의에서의 '의미'는 지식 내지 인식으로부터 구성된다.

한편, 더크스(John Dirkx)는 전환학습을 사회의 민주적 비전을 증진시키고 개인의 자기실현을 목표하는 성인교육에서 일어나는 의미제조과정으로 설명한다(Dirkx, 1998) 학습은 삶의 준비가 아니고 그 자체가 삶이다. 따라서 전환학습은 지금 여기 그리고 학습환경 내에서의 느낌과 감성에 대한 인식에 초점을 둔 의지의 진정성을 요구한다. 개인과 광범위한 세계 사이의 관계는 학습에 작용하는 비판적 역할의 관점에서 논의된다. 더크스(Dirkx)는 우리의 감성과 느낌을 우리가 우리 자신, 타인과의 관계 그리고 우리가 객관적이든 주관적이든 우리 경험의 모든 측면을 어떻게 이해하는가에 대해서 학습하는데 도와주는 일종의 언어로 기술한다. 우리가 누구이고 세계와 우리의 관계가 무엇인지에 대한 감각은 우리 자신과 세계와의 보다 심층적인 참여로 이어지면서 자연스럽게 학습과정으로 들어가야 한다. 메치로우는 모든 학습은 변화이지만 그러나 모든 변화가 전환은 아니라고 설명한다(Mezirow, 1991) 즉 전수교육(transmissional education), 교번교육(transactional education) 그리고 전환교육(transformational education) 사이에는 차이가 있다(Miller & Seller, 1990).

무엇보다도 지식은 교사로부터 학생들에게 전수된다. 특히 처음 듀이가 주창한 '교번교육'에서는 학생들이 가치있는 경험을 가지고 경험, 탐구, 비판적 사고 그리고 다른 학습자들과의 상호작용을 통하여 가장 잘 배울 수 있다는 사실을 주장한다. 전환학습과 관련한 몇몇 연구들은 교번교육의 영역 속에 있다. 따라서 몇몇 작가들의 주장에서 나타나는 '전환'은 실제로 교번교육에서 말하는 학습 즉 교번학습의 범주에서 크게 벗어나지 않는다는 주장도 설득력을 얻고 있다(Cragg, 2001). 다시 말하면, 전환(transformation)과 교번(transaction) 간의 개념논쟁은 늘 열려 있는 실정이다.

브룩필드(Stephen D. Brookfield)에 따르면, 학습은 만약 그것이 한 사람이 생각하거나 행동하는 방법에 대한 근본적 질문이나 재질서화를 포함할 때만 오로지 '전환적'이라고 인식될 수 있다. 그것은 헤게모니적 의미에의 도전이라고 할 수 있다(Brookfield, 2000) 다른 말로 하면, 전환학습으로 결과하는 것은 반성뿐만 아니라 극히 당연시되는 가설에 대한 비판적 반성, 인식 그리고 분석 등이 포함된다.

4. 현장에서의 전환학습

전환학습에 대한 위의 연구과정의 발달을 종합해 보면, 전환학습에는 크게 두 가지 차원에서 발생한다. 이들은 서로 모순 관계에 있다. 하나는 비판적 반성에 의존하는 합리적 접근이며, 다른 하나는 통찰과 감성에 의존하는 비합리적 접근이다. 그러나 두 관점의 차이점은 '강조의 문제'일 뿐이다. 다시 말하면, 무엇을 어떻게 강조하는가에 따라서 관점이 달라지는 것이지, 하나가 다른 하나를 완전히 배제하는 것은 아니다. 두 관점은 합리적 과정을 활용하고 창조적 과정의 일환으로서 보다 세련된 상상력과 해석력을 요구한다. 따라서 전환학습의 두 다른 관점은 그것이 실제에서 어떻게 일어나는가의 사례에서 보면 전환학습이론에 단일한 모델은 존재하지 않는다는 사실을 알게 해 준다(Cranton, 1997 & Taylor, 1998). 그러나 전환학습이 성인학습의 목적이 될 때에는, 그것이 발생할 수 있는 특별한 학습환경이나 학습 조건이 고려되어야 한다.

첫째, 성인교육자의 역할이다. 전환학습을 촉진하기 위한 성인교육자의 역할은 현재의 가설(assumption, 선입견, 고정관념, 현재의 일시적 생각)을 인식하게 되고 이를 비판하는데 있어서 학습자들을 지원하는 것이다. 이는 그들의 해석, 믿음, 습관 또는 특정한 관점 그리고 타인의 가설(고정관념, 선입견)까지를 포함한다. 성인교육자들은 학습자가 참고의 틀을 인식하는 데에 있어서 실제의 사례를 제공할 수 있어야 한다. 그렇게 하면서 교육자들은 다른 관점으로부터 '문제'(problem)를 재규정하도록 독려할 수 있어야 한다(Mezirow, 1997). 학습의 목적은 학습자들이 현재 자신들이 겪고 있는 생활경험의 의미를 만들어 내기 위해서 '학습공동체'를 창조하는 것인데, 이는 이들의 공유경험 속에서 통합된다(Loughlin, 1993: 320-321). 따라서 교육자들은 성인학습자들에게 효과적으로 대화와 토론에 참여하는 기회를 제공할 필요가 있다(Mezirow, 1997). 왜냐하면 대화와 토론은 (학습)공동체를 존재하게 하는 기본 조건이기 때문이다. 특히 열띤 토론은 신념, 느낌 그리고 가치를 평가하게 할 정도로 강력하다(Cranton, 2006). 물론 공동체를 가능하게 하는 대화와 토론은 증거에 대한 검증, 논쟁을 통한 상대 입장의 인식과 이해 그리고 다른 관점에 대한 비판적 검토를 통한 다양한 해석을 가능하게 하고 이에 대한 배후를 평가하는 구체적인 목적을 가지고 있다. 이러한 과정은 다분히 변증법적이다.

학습자들은 대화와 토론을 통하여 상대방이나 동료가 무엇을 어떻게 해석하고 이해하는가를 확인할 수 있을 뿐만 아니라, 그들의 신념과 결부된 양질의 지식과 정보를 근거로 상호학습의 내용과 방향을 판단을 할 수 있다. 교육자들은 은유의 분석, 개념의 지도 만들기(concept mapping), 의식의 고양, 삶의 역사들, 지식의 틀, 사회적 행위에의 참여를 포함하는 방법들의 실천을 통하여 대화하고 토론하게 함으로써 학습자들로 하여금 비판적 반성과 경험을 할 수 있도록 독려할 수 있어야 한다(Mezirow, 1997).

또한 교육자는 대화와 토론 중에 학습자들 간의 동등한 참여를 독려할 수 있어야 한다. 즉 모든 학습자가 학습에 가능한 낙오 없이 모두 참여할 수 있어야 한다. 이렇게 본다면, 참여(participation, engagement)는 성인학습에서 중요한 방법이기도 하다. 이를 위한 교육자의 전략은 학습자들 간의 대화와 토론의 방향을 세심하게 모니터링하고 대화와 토론 그리고 학습에 모두 동등하게 참여하고 있는지를 확인하는 역할을 하면서, 학습공동체의 구성원들에게 참여의 과정과 절차를 체계적으로 조직하면서 참여학습을 독려하는 것이다. 즉 교육자는 다른 관점으로부터 논쟁의 여지가 있는 진술, 해석, 주장 등을 통하여 열린 대화를 독려할 수 있어야 한다. 주의할 것은 교육자가 토론이나 담론의 형태와 방향을 자신의 의도대로 유도하는 일은 피해야 한다(Cranton, 2006)

교육자의 역할은 학습자들이 자율적으로 사고할 수 있도록 교육목표들을 수립하는 것이다. 교육자가 대화와 토론을 통하여 학습자의 비판적 반성과 경험을 촉진할 수 있을 때 비로소 학습자들에게 자율적인 사고가 가능하다. 자율적으로 생각하는 것의 뿌리는 아동기에서 시작하고 성인기에도 영원히 지속된다. 교육자는 성인학습자들이 가설(고정관념, 일시적 생각)을 평가하는 데에서 보다 비판적으로 될 수 있도록 도와주고, 참조의 틀과 대안적 전망을 하는데 있어서는 보다 더 지원하며 아울러 신념과 관련한 판단에 접근하고 도달하는데 타인과의 협력을 효과적으로 도와준다(Mezirow, 1997).

학습계약(learning contracts), 그룹 프로젝트, 역할 놀이, 사례 연구 그리고 시뮬레이션 같은 수업방법의 실행을 통하여 발견학습(discovery learning)을 촉진하는 것 역시 성인교육자의 역할이다. 이러한 방법들은 학습자들이 자신들의 삶의 맥락 속에서 개념들을 실험하고 새로운 지식의 정당성을 분석하도록 도와줌으로써 결과적으로 전환학습을 촉진하게 된다(Mezirow, 1997).

또한 성인교육자와 학습자 간에 신뢰를 쌓고 학습자와 학습자들 사이에서 감각적 관계의 발달을 용이하게 하는 환경을 만드는 것 역시 성인교육자의 역할인데, 이는 전환학습을 촉진하는 근본적인 원칙이기도 하다(Taylor, 1998). 특히 성인교육자는 학습하고 학습을 통하여 변화하는 모습을 보여줌으로써 스스로 역할모델로서 기여하게 된다(Cranton, 1994). 중요한 것은 성인교육자들은 스스로가 성인교육을 실천하면서 학습자들이 반성적 과정을 경험학습할 수 있도록 돕는 것이다(Cranton & King, 2003).

둘째, 학습자의 역할(The role of the learner)이다.

교육자는 학습자들에게 학습의 목표가 자신들, 타자들 그리고 사회규범에 대한 지식을 구성할 때 학습촉진자(facilitator) 내지 가이드(guide)로서의 역할을 한다. 반대로 학습자는 학습 환경과 학습과정에서 자기주도적 학습자로서의 역할을 하게 된다(Cranton, 2006).

모든 학습자들은 동료학습자들이 학습하는 것을 돕기 위해서도 자신의 시민성, 존경심 그리고 책임감을 포함하는 교실 내에서의 규범을 창조하는데 있어서 주역이 되어야 한다. 이를 위해서 학습자들은 주어진 학습 환경 내에서 다양성을 적극 수용해야 하며, 동료협력을 통한 상호학습을 목표해야 한다. 학습자들은 의심의 여지가 없는 기존의 참조 틀을 변형시키기 위해서 그들의 고유한 가설(고정관념)에 비판적으로 마주서야 한다. 특히 의사소통적 학습(communicative learning)을 통하여 학습자들은 기존의 의도, 가치, 믿음 그리고 느낌을 강조하는 가설(고정관념)에 대하여 비판적 반성을 주도하고 공유해야 한다(Mezirow, 1997). 학습자들은 자신과 타자의 가설(고정관념 등)을 비판적으로 반성할 때 참조의 틀에 대한 객관적인 재구조화(re-framing)에 개입되는 것이다. 그렇지 않으면 주관적 재구조화가 일어난다(Mezirow, 1997). 그런데 때에 따라 주관적 재구조화는 보다 위험할 수 있다.

이렇게 본다면 가장 쉬운 학습자의 역할은 대화, 토론, 담론에 적극적이고 능동적으로 참여하는 것이다. 대화와 토론을 통하여 학습자들은 그들에게 소통되고 있다는 것을 확인할 수 있는데, 이것이 바로 협력학습(collaborative learning)을 촉진한다(Mezirow, 1997).

셋째, 성인교육자를 위한 전문성 개발이다.

가르침에 관한 전환학습은 교육자들이 비판적으로 그들의 실제를 검토하고 그들의 실제를 이해하는 대안적 해석의 관점을 발달시킬 때 가능하다(Cranton, 1997). 성인교육자의 전문성 발달의 역할이라는 관점에서 볼 때 학습자들에게 이러한 비판적 검토능력을 길러주는 것은 필수적 과제이다.

전문성 개발의 역할은 성인교육자들로 하여금 가르침에 관련된 그들의 심리 습관에 관한 인식을 얻는데 조력하는 것이다(Cranton & King, 2003). 이러한 전문성 개발이 일어날 때 비로소 성인교육자들은 학습자들의 실생활, 학습자들이 가지고 있는 가설(고정관념 등)의 일관성을 구성하고 있는 가설 그리고 실제에 대한 그들의 대안적 전망을 전개해 나가는 상상적 가설 등을 비판적으로 검토할 수 있게 된다(Cranton, 1996).

또한 성인교육자들은 학습자들이 대화와 토론을 통하여 자기 비판과 자기 반성의 경험을 쌓을 수 있도록 환경과 기회를 제공할 수 있는 전문적 능력을 개발할 필요가 있으며. 물론 이는 교육현실에서 도전일 수 있겠지만 스스로 사회변화의 에이젼트(agent)로 보일 수 있도록 자질을 강구할 필요가 있다(Lysaker & Furuness, 2011).

특히 전환학습을 위한 전문성 개발을 위한 전략은 실행계획(action plan), 반성적 활동(reflective activities), 사례연구(case studies), 커리큘럼 개발(curriculum development), 그리고 비판이론담론(critical-theory discussions)의 과정을 포함한다. 특히 실행계획과 반성적 활동은 교육의 전문직에 관한 비판적 반성의 모델링과 실제를 제시하며, 가르침과 학습경험을 위한 지침을 제공한다(Cranton & King, 2003).

현실생활 사례의 활용을 통한 사례연구들은 가설 분석의 기회뿐만 아니라 선택과 실행의 결과 분석의 기회를 제공한다. 따라서 성인교육자들은 학습자들로 하여금 사례연구에 충실할 수 있는 기반을 제공해야 한다. 특히 사례연구의 활용은 실제에 초점을 두고 있지만 이는 성인교육자의 철학과 실천의 양면을 반영한다(Cranton & King, 2003). 왜냐하면 사례연구란 구체적인 사례를 그대로 기술하고 묘사하는 것이 아니라 이에 대한 해석, 비판, 반성 그리고 이를 통한 진정한 실제에 대한 이해를 목표하기 때문이다. 마지막으로 성인교육자에 의한 성인학습 커리큘럼의 개발은 이론과 실천을 연결하는 계기를 만든다. 특히 전환학습을 위해서 도입되는 새로운 교수기법들은 비판이론과 비판적 담론에 근거한다. 왜냐하면 비판이론이나 비판적 담론은 성인교육자가 학습자들에게 제공하는 지식과 정보의 선택을 비판적으로 검토하도록 격려하면서 기존의 지식과 정보의 의미와 목표를 늘 의문시하도록 하면서 실행될 수 있기 때문이다(Cranton & King, 2003). 이는 전환학습이론이 일반적인 학습이론과 구별되는 지점이기도 하다.

● 참고문헌

Boyd, Robert D., and Myers, J (1988). Gordon. "*Transformative Education." International Journal of Lifelong Education 7, No. 4* (October-December 1988): 261-284.

Brookfield, S. (2000). Transformative learning as ideology critique In J. Mezirow & Associates (eds.). *Learning as transformation. Critical perspectives on a theory in progress*. 125-150. San Francisco, CA: Jossey-Bass.

Cragg, C.E., Plotnikoff, R.C., Hugo, K. &Casey, A. (2001). "Perspective transformation in RN-to-BSN distance education." *Journal of nursing education, 40(7)*

Cranton, P. (1994). *Understanding and Promoting Transformative Learning: A Guide for Educators of Adults*. San Francisco, CA: Jossey-Bass.

Cranton, P. (1996) *Professional Development as Transformative Learning: New Perspectives for Teachers of Adults*. San Francisco, CA: Jossey-Bass Inc.

Cranton, P. (ed.) (1997). Transformative Learning in Action: Insights from Practice. *New Directions for Adult and Continuing Education. No. 74*. San Francisco, CA: Jossey-Bass, Summer 1997.

Cranton, P. & King, K. P. (2003). Transformative learning as a professional development goal. *New Directions for Adult and Continuing Education, No. 98*, 31-37. San Francisco, CA: Jossey-Bass.

Dirkx, J. M. (1998). *Nurturing soul in adult education*. Retrieved from https://www.msu.edu/~dirkx/DIRKX.CHP.htm#N_1_ on October 17, 2014.

Dirkx, J.M., Mezirow, J., & Cranton, P. (2006). Musings and reflections on the meaning, context, and process of transformative learning: A dialogue between John M. Dirkx and Jack Mezirow. *Journal of Transformative Education, 4(2), 123-139.*

Elias, D. (1997) It's time to change our minds: An introduction to transformative learning. *ReVision, 20(1).*

Grabove, Valerie (1997). "The Many Facets of Transformative Learning Theory and Practice." In: P. Cranton(ed.). *Transformative Learning in Action: Insights from Practice. New Directions for Adult and Continuing Education. No. 74*, 89-96. San Francisco, CA: Jossey-Bass, Summer 1997.

King, Kathleen P. (2005). *Bringing transformative learning to life*. Malabar, FL: Krieger.

Loughlin, Kathleen A. (1993). *Women's Perceptions of Transformative Learning Experiences Within Consciousness-Raising*. San Francisco, CA: Mellen Research University Press.

Lysaker, J. & Furuness, S. (2011). Space for transformation: Relational, dialogic pedagogy. *Journal of Transformative Education, 9(3)*, 183-187.

Merriam, Sharan B., Caffarella, Rosemary S. (1999). *Learning in Adulthood. A Comprehensive Guide*. Second Edition. San Francisco: Jossey-Bass Publishers.

Mezirow, J. (1991). *Transformative Dimensions of Adult Learning.* San Francisco, CA: Jossey-Bass.

Mezirow, J. (1995). *"Transformation Theory of Adult Learning." In: M. R. Welton (ed.). Defense of the Lifeworld*. 39-70. New York: SUNY Press.

Mezirow, J. (1997). Transformative Learning: Theory to Practice. *New Directions for Adult and Continuing Education, 74*, 5-12.

Miller, J. P. & Seller, W. (1990) *Curriculum: perspectives and practice*. Toronto: Copp Clark Pitman.

Moon, Paul J. (2011). "Bereaved elders: Transformative Learning Late in Life. Adult Education Quarterly". *Adult Education Quarterly. 61 (1)*: 22-39.

O'Sullivan, E. (2003) "Bringing a perspective of transformative learning to globalized consumption." *International Journal of Consumer Studies, 27(4)*, 326-330

Sands, Diana.; Tennant, Mark (2010). "Transformative Learning in the Context of Suicide Bereavement". *Adult Education Quarterly. 60 (2)*. 90-99.

Taylor, Edward W. (1998). *The Theory and Practice of Transformative Learning: A Critical Review*. Information Series No. 374. Columbus: ERIC Clearinghouse on Adult, Career, and Vocational Education, Center on Education and Training for Employment. College of Education,the Ohio State University.

에필로그:
학습노마디즘

21세기는 노마드(Nomad) 즉 (신)유목민(遊牧民)의 시대이다. 사람들은 세계 각국을 분주히 돌아다니지만 어디에도 집은 가지고 있지 않다(McLuhan, 1995: 97). 지 부터 약 40여 년전 '지구촌사회(Global Society)'를 예언했던 맥루한(Marshall McLuhan)의 미래는 오늘날 현실이 되었다.

> "산업시대는 많은 사람들에게 어느 정도 안락하고 편안한 삶을 선사했다. 하지만 대량 노동과 대량 생산의 시대는 우리를 끔찍하게 예속시켰다... 이 시대는 인간을 노동에 지나치게 얽매이게 했고, 개인과 사회를 마비시킬 정도로 융통성 없는 시스템을 구축했다."(군둘라 엥리슈, 2002: 10)

지금까지 정주민(定住民)의 역사는 산업화의 역사화 함께 해 왔다. 즉 공장과 일터는 사람들을 지속적으로 한 곳으로 모아 놓았다. 그러나 정주민의 역사는 탈산업화의 역사와 함께 우리의 삶에서 점점 사라지고 있다. 어떻게 보면, 정주성(定住性)은 아주 잠깐 인류의 역사에 끼어들었을 뿐이다(자크 아탈리, 2005: 18) 인류는 원래 노마드(nomad) 즉 유목민으로 출발한다. 인간은 먹이를 구하기 위해 떠나고 오아시스를 찾아 떠났으며 맹수의 추격을 따돌리기 위해 또한 안전한 곳을 찾아 방랑의 길을 떠났다.

> “5백만 년 전 ‘오스트랄로피테쿠스”라는 특별한 종이 나무에서 내려와 두 발로 서서 동남아프리카의 풍경들을 유심히 바라보았다. 3백만년 뒤, 오스트랄로피테쿠스의 후손인 ’호모 하빌리스‘와 ’호모 루톨펜시스‘는 걸을 수 있었기에 존속할 수 있었다. 이들은 돌을 도구로 사용했고 아프리카 전역을 돌아다녔다. 그들의 주거지는 그들의 삶과 마찬가지로 불안정했다.... 1백만년 뒤에 최초의 인간인 ’호모 에르카스테르‘가 생겨 났다. 이들은 여행에 더욱 적응을 잘 했다.... 호모 에르가스테르의 후손이면서 다른 종인 ’호모 에렉투스‘는 살던 곳을 떠 났다. 그로부터 몇만년 동안에 이들은 아프리카의 나머지 지역, 유럽, 중앙아시아, 인도, 인도네시아, 중국 등지를 발견하였다... 적어도 1백만 년 전에 아프리카에서 ’호모 사피엔스‘가 생겨났듯이, 이어서 선조들보다 더 잘 걷는 하이델베르크인이 나타났다. 그들은 더 똑바로 섰고 뇌도 더 커졌다.... 이렇게 오랜 시간이 흐르는 사이에 살아남은 종들은 유랑 생활에 가장 잘 적응한 종들뿐이다. 그리고 이동하면서 할 수 있는 사냥과 채취 기술만이 진보했으며... 이들은 불, 도구, 무기, 기억들처럼 갖고 다닐 수 있는 것 빼고는 아무 것도 소유하지 않았다. 세상을 보는 방법도 모두 유랑의 필요성과 연결되어 있었다... 언어들이 생겨나고 분화되었다. 인간과 마찬가지로 언어도 여행에 의해 진화되었다.“(자크 아탈리, 2005: 19-21)

한마디로 노마드의 세계는 ‘국경없는 세계’(군둘라 엥리슈, 2002: 242)이다. 이들에게는 “이동이 최고의 선”(군둘라 엥리슈, 2002: 247)이다. 기원 전 가나안 땅을 찾아 떠난 ‘유태인들의 엑소더스’로부터 ‘영원한 노마드였던 훈족’(자크 아탈리, 2005: 162)만 하더라도 인류에게 유랑의 역사는 정착의 역사보다 훨씬 길다. 오늘날 인간은 달나라까지 날라 갔다. 지금은 인류는 호시탐탐 우주여행을 통한 또 다른 유랑을 계획하고 있다. 이렇게 본다면, 노마디즘은 인간에게 삶의 본질이었으며 삶의 본능이었다. 직업의 세계도 마찬가지이다.

> "미래는 끊임없이 움직일 것이며, 국경도 없고 영토도 없을 것이다. 분권화되고 촘촘하게 연결되어서, 권력은 중앙에 집중되지 않고 오히려 개인에게로 향하게 된다. 정착을 선호하고, 일에 질질 끌려 다시는 월급쟁이들은 점차 자신의 노동력을 자유롭게 사용할 줄 아는, 노마드(유목민)처럼 움직이는 직업인으로 변해야 할 것이다."(군들라 엥리슈, 2002: 11)

21세기 삶의 공동체는 '지식사회'(Knowledge-based Society)이다.

> "지식은 오늘날 의미 있는 유일한 자원이다. 이제 전통적인 생산요소들 - 토지, 노동, 자본 -은 사라진 것은 아니지만 부차적인 것이 되어버렸다. 그것들은 얼마든지 획득할 수 있는 것들이며, 더구나 지식이 있다면 아주 쉽게 얻을 수도 있는 것들이다. 새로운 의미의 지식은 실용성으로서의 지식이고, 사회적 지위와 경제적 성과를 얻을 수 있는 수단으로서의 지식이다."(피터 드러커, 2001: 57)

그러나 21세기 지식사회는 지식노마드(Nomad of Knowledge)의 시대이다. 즉 지식은 국경도 없으며 민족도 없이 끊임없이 유랑한다. 특히 IT 혁명과 디지털 혁명의 결과로 인터넷으로 연결된 세상에서 이제 지식인들의 유랑은 한계가 없다.

> "유목민을 뜻하는 노마드(Nomad)는 라틴어에서 나온 말이지만 원래는 그리스어 nomas에서 유래되었다. 노마스는 '몫을 나누다'는 nemein과 '할

당된 곳을 떠돈다'는 as의 합성어이다. 자연이 내 몫으로 할당한 초원을 이리저리 떠돌아다니며 양과 염소들에게 풀을 뜯게 하고 마실 물을 찾아다니는 사람들이란 뜻이다. 노마드는 이처럼 사전적 의미로는 유목민이라는 뜻을 지녔지만 21세기 새로운 인간 유형을 말한다. 유목민처럼 자유롭게 거주와 직장의 이동이 빈번한 사람들, 자유로우면서도 창조적인 사고방식을 갖춘 사람들, 새로운 방식의 인간관계 네트워크, 그리고 무엇보다 디지털 문명에 능숙한 사람들을 의미한다... 세계가 곧 나의 집이라고 생각하는 사람들이다. 이들이 디지털 노마드이다."(손관승, 2003: 131)

인터넷으로 열린 세상을 살고 있는 21세기 지구촌 사람들은 페이이북, 트위터, 카카오토크, 링키드인, 소셜미디어, 소셜커머스, 네트워킹 게임 등을 통하여 늘 소통하고 있다. 이들은 이미 하나의 연결망 속에서 함께 살고 있다. 이제 세상의 모든 지식들은 서로 모이고 섞이면서 지식의 통섭(conciliation), 융복합(inter-discipline, trans-discipline) 현상도 팽창하고 있다. 그야말로 생태학적 지식사회가 출현한 것이다.

지식노마드는 생태학적 지식사회를 가속화시킨다. 왜냐하면 이들은 계속 유랑 즉 이동하고 유전하기 때문이다. 이들은 자신의 지식을 가지고 이동하며 또 다른 지식을 찾아서 이동한다. 이들의 지식은 상호 접속되고 상호연결된다. 지식공동체가 형성되는 것이다. 그러나 이러한 지식공동체는 끊임없이 유전(流轉)한다. 이들은 계속 국가와 국가, 지역과 지역의 경계를 넘어서 이동한다. 이들에 의해 형성되고 유전되는 지식공동체는 자연스럽게 학습공동체로 이어진다. 왜냐하면 학습은 인간에게 본능이기 때문이다. 이렇게 탄생하는 지식공동체와 학습공동체는 자기창조하고 공동체 속에서 서로 공진화하는 생태계를 꼭 닮았다. 지식노마드의 지식들은 끊임없는 유랑 속에서 만남과 접속을 통해서 서로 '공진화'한다. 이러한 지식의 공진화 속에서 새로운 지식이 창조된다. 이는 생태계에서 모든 생명이 자기창조를 통해 네겐트로피(negative entropy)를 생성해 내는 이치와 다름이 없다. 인간도 학습으로 새로움을 스스로 창조하는 한, 세상에서 살아남는 조건은 보다 유리해 진다.

인간의 삶은 크게 두 가지 부류를 지향한다. 하나는 안전하게 사는 것이고, 다른 하나는 위험을 무릅쓰고 모험을 하면서 살아가는 것이다. 이는 개인에게도 마찬가지이고 사회에게도 마찬가지이다(미셸 마페졸리, 2008: 185). 노마드의 삶은 후자에 속한다.

노마드의 특권은 '방랑(放浪)의 자유'이다. 방랑의 자유는 자신의 영토를 탈출한다. 이러한 의미에서 노마드의 삶은 곧 탈영토화(deterritorializations)를 말한다. 보다 큰 삶을 위해 탈영토화를 주장하는 들뢰즈(Deleuze)에게 있어서 바람직한 삶은 유목민처럼 탈주선(light of flight)을 따라 다른 삶의 영토, 다른 삶의 방식, 다른 사유, 다른 가치를 찾아 끊임없이 이동하는 삶이다(목영해, 2009: 125).

그러나 이러한 자유 영원한 방종을 허락하지는 않는다. 이들은 유랑하면서 자신의 영토를 벗어나지만 그것은 영원한 영토이탈이 아니다. 언젠가는 다시 그 영토로 또는 다른 영토로 회귀한다. 노마드들이 추구하는 탈영토화는 곧 창조적 재영토화(reterritoralizations)를 예고한다. 이렇게 본다면, 이들의 유랑은 '역동적인 정착'을 추구한다(미셸 마페졸리, 2008: 190). 즉 이들은 노마드적 궤적(nomadic trajectory)을 남기면서, 언제든지 (또 다른) 영토 위에서 살아가며 영토를 가지고 있다(Deleuze/ Guattari, 2002: 380). 다시 말하면, 탈영토화와 재영토화는 모든 것을 수정해 놓는 것은 아니며 다만 (지구의) 선택을 결정할 뿐이다(Deleuze/ Guattari, 2002: 54). 즉 탈영토화는 노마드들에 의해서 시작되는 것처럼 보이지만, 따지고 보면 탈영토화는 노마드에게 새로운 영토를 제공하는 방식 속에서 지구 스스로가 그렇게 하는 것이다(Deleuze/ Guattari, 2002: 381). 왜냐하면 지구는 이미 생성초기부터 스스로 지질층의 형질 변화를 스스로 진행시켜 왔기 때문이다(Deleuze/ Guattari, 2002: 52). 결국 노마드들은 지구 지질층의 자연스러운 형질변화에 따라 스스로를 이동시키는 것일 뿐이다. 이렇게 본다면, 노마디즘(Nomadism)은 지구라는 자연에 구속되어 살고 있는 인간에게 삶의 본질인 셈이다. 즉 인간은 호모 노마드(homo nomad)이다. 맥카우(Graig O. McCaw)는 다음과 같이 말한다: "인간은 노마드로 시작했다. 바로 이것이 인류에게 가장 본질적인 상태일 수 있다."(Tsugio/ Manners, 1997: 1)

그러나 중요한 것은 이로써 '새로움'이 탄생한다는 사실이다. 그러한 새로움은 "이타성과의 관계, 이타성과의 연결"(미셀 마페졸리, 2008: 187)을 통한 축제적 융합(미셀 마페졸리: 2008: 198)이다. 왜냐하면 노마디즘에서는 지속적인 상호작용의 왕래만이 있을 뿐, 절대적인 대립관계는 없기 때문이다(자크 아탈리, 2005: 126).

> "방랑은 어떤 의미에서는 나와 자연의 통합성을 가져다준다. 그것은 또한 나와 타인의 통합성 역시 가져다준다. 방랑은 작은 개인으로서의 나를 총체적인 거대한 나의 안으로 인도한다. 모든 것은 자신과 사물 내에 존재하는 신적인 것을 일깨워준다. 이것을 우리는 '사회적 신'이라고 부를 수 있다... 방랑은 전체 집합체 안으로 개인을 데리고 오는 것이다. 그 집합체는 자연적 집합체일수도 있고 공동체적 집합체일 수도 있다. 이것은 세계의 유기적 개념으로 이해될 수 있다. 이것은 세계의 유기적 개념으로 이해될 수 있다. 이것은 이별, 구분, 사회적 또는 인식론적 단절을 넘어서는 어떤 것이다. 구분, 인식론적 단절 등은 그동안 서구에서 계속해서 사용했던 것이었다. 방랑은 개인의 폐쇄성을 깨고, 역동성을 다시 가져오며, 또한 사물들이 서로 융합되지 못함을 극복시켜주고, 직업적, 이데올로기적, 성적 정체성의 고정적인 면을 극복시켜주며, 삶의 가치를 복원시켜준다. 방랑은 정확히 말해 합리성, 경제성에 의해서 상처받고 소외되었던 개인과 집단의 삶에 활력을 불어 넣어 준다.

이 합리성과 경제논리가 근대성의 모토였던 것은 우리가 잘 알고 있다. 이러한 사실에서 방랑은 인간의 현실에서 더 부드럽고 더 자연스럽고 더 생태학적인 비전을 복원시킨다."(미셸 마페졸리, 2008: 202-203)

결국 학습노마디즘(Nomadism of Learning)은 노마드들의 "영혼의 방랑"(미셸 마페졸리, 2008: 199)인 것이다. 즉 '방랑하는 학습' 즉 학습노마디즘은 모험을 통한 영혼적(지성적) 새로움을 창조하는 과제를 수행할 수 있도록 한다. 우리가 정착민의 삶에 익숙해지면서 과거 낙타를 타고 정해진 길도 없는 사막에서 이리도 가보고 저리도 가보면서 엄청난 상상력을 발휘하면서 자신만의 길을 개척하고 때로는 영원한 생명수인 오아시스도 발견하기도 했던 고대 이집트인들과 소아시아계통의 유목민들에게서 볼 수 있었던 상상력의 세계를 잃어버린 지 오래이다. 새로운 유목민의 삶 즉 네오 노마디즘(Nomadism/ 미셸 마페졸리, 1997)이 시급하게 요청되는 대목이다.

그러나 이러한 영혼의 방랑은 - 카오스 이론에서 말하는 - '혼돈 속의 질서'를 기약하며, 항상성(Homeostais)의 본능 덕분에 발생하는 "카오스의 가장자리"(Prigogine)에서 창발(創發)하는 '새로운 지식의 창출'을 가능하게 한다. 이렇게 본다면 미래의 '학습형 인간' 에게 최적의 생존조건은 학습생태계를 계속 유랑하는 '학습노마디즘'일 수밖에 없다. 따라서 '학습'(learning)은 지식노마드에게 주어진 사명(mission)이 된다. 즉 이들에게는 끊임없이 학습하면서 - 자연스럽게 - 지식이 새롭게 탄생한다. 새롭게 탄생하는 지식은 이들에게 또다른 학습을 요청한다. 학습과 지식이 순환(circle)되고 상승순환(spiral)되는 과정이 학습노마디즘에서 끊임없이 창조적으로 이루어지는 것이다. 이러한 학습-지식이 선순환되는 지식노마디즘의 과정에서 우리는 새로운 지식의 탄생(발생)을 전망할 수 있다.

● 참고문헌

목영해 (2009). 현대교육사상. 진보주의 교육론에서 노마디즘 교육론까지. 도서출판 문음사.

손관승 (2003). 노마드. 디지털시대의 엘리트. 서울: 북@북스.

군둘라 엥리슈 (2001). 잡노마드 사회(이미옥 옮김). 서울: 문예출판사.

미셸 마페졸리 (2008). 노마디즘(최원기, 최항섭 옮김). 서울: 일신사.

자크 아탈리 (2005). 호노 노마드(이효숙 옮김). 서울: 웅진닷컴.

피터 드러커 (2001). 프로페셔널의 조건(이재규 옮김). 서울: 청림출판.

Deleuze/ Guattari (2002). *A thousand plateaus. capitalism and schizophrenia*. Translated and foreword by Brian Massumi, University of Minnesota Press, Minneapolis, London.

McLuhan, M. (1995). *The Global Village. Der Weg der Mediengesellschaft in das 21. Jahrhundert*. Frankfurt/a. M..

Tsugio Makimoto/ David Manners (1997). *Digital Nomad. Wiley.*

찾아보기

찾아보기

찾아보기

찾아보기

ㅎ

기타